Waldhorst/Schreiner
Computernetzwerke

E-Book inklusive

Mit folgendem Code können Sie die E-Book-Ausgabe dieses Buches downloaden:

`c87z3-ypbvj-ja1a1-1wrue-nngom`

Registrieren Sie sich unter
plus.hanser-fachbuch.de/ebookinklusive
Das E-Book können Sie auf Ihrem Rechner*, Tablet-PC und E-Book-Reader nutzen.

* Systemvoraussetzungen: Internet-Verbindung und Adobe® Reader®

Oliver P. Waldhorst
Rüdiger Schreiner

Computernetzwerke

Von den Grundlagen zur Funktion und Anwendung

9., überarbeitete Auflage

HANSER

Über die Autoren:
Prof. Dr. Oliver P. Waldhorst, Offenburg
Rüdiger Schreiner, Schopfheim

MIX
Papier | Fördert gute Waldnutzung
FSC® C016368

Print-ISBN: 978-3-446-48383-5
E-Book-ISBN: 978-3-446-48485-6
E-Pub-ISBN: 978-3-446-48623-2

Die allgemein verwendeten Personenbezeichnungen gelten gleichermaßen für alle Geschlechter.

Bibliografische Information der Deutschen Nationalbibliothek:
Die Deutsche Nationalbibliothek verzeichnet diese Publikation in der Deutschen Nationalbibliografie; detaillierte bibliografische Daten sind im Internet unter http://dnb.d-nb.de abrufbar.

Vilshofener Straße 10 | 81679 München | info@hanser.de
www.hanser-fachbuch.de
Lektorat: Sylvia Hasselbach, Kristin Rothe
Herstellung: Grazyna Lada
Copy editing: Sandra Gottmann, Wasserburg
Coverkonzept: Marc Müller-Bremer, www.rebranding.de, München
Covergestaltung: Thomas West
Titelmotiv: © Max Kostopolus
Satz: le-tex publishing services GmbH, Leipzig
Druck: Elanders Waiblingen GmbH, Waiblingen
Printed in Germany

Inhalt

Vorwort

Vorwort zur neunten Auflage

Wieder einmal steht eine neue Auflage dieses Buches an – und ich freue mich sehr, erneut die Ehre zu haben, es aktualisieren zu dürfen. Wie schon bei der letzten Überarbeitung habe ich mich bemüht, die Entwicklungen der letzten Jahre in der Netzwerktechnik aufzunehmen und einzuordnen.

Ein Schwerpunkt lag diesmal darauf, bestehende Kapitel zu aktualisieren und neue Technologien aufzunehmen. Gleichzeitig habe ich Technologien, die inzwischen keine praktische Relevanz mehr haben, bewusst in einen historischen Kontext gestellt. So bleibt das Werk aktuell, bietet aber zugleich einen Blick auf die Entwicklungslinien, die unsere heutigen Netzwerke geprägt haben.

Neben der inhaltlichen Aktualisierung habe ich Wert auf eine einheitlichere und flüssigere Sprache gelegt. Fachbegriffe wurden vereinheitlicht, uneinheitliche Schreibweisen bereinigt und die Nutzung von englischen Begriffen reduziert. Ziel war es, die Lesbarkeit zu verbessern, ohne die fachliche Präzision zu beeinträchtigen.

Ich hoffe, dass auch die neunte Auflage für Auszubildende, Studierende und alle technisch Interessierten ein informatives, verständliches und zugleich unterhaltsames Werk ist. Und wie immer gilt: Über Anregungen, Hinweise und Korrekturen freue ich mich sehr.

Offenburg, im August 2025

Oliver P. Waldhorst

Vorwort zur achten Auflage

Computernetzwerke von Rüdiger Schreiner – ein Buch, das Generationen von Auszubildenden und Studierenden einen einfachen Einstieg in die Welt der Netzwerke ermöglicht hat und daher durchaus als Standardwerk bezeichnet werden darf. Umso mehr fühle ich mich geehrt, dass man mir das Vertrauen geschenkt hat, das Buch für die achte Auflage zu aktualisieren.

Seit der ersten Auflage sind fast 18 Jahre vergangen. Im Zeitalter der Computernetzwerke sind das Jahrhunderte! Kaum ein Gebiet ist einem so schnellen Wandel unterworfen. Und so ist es in der Geschichte des Buches nicht selten vorgekommen, dass Technologien und Trends, die in einer Auflage als „die Zukunft" angekündigt wurden, beim Erscheinen der nächsten Auflage bereits Standard oder gar veraltet waren.

Ein Überblick über die historische Entwicklung der Computernetze mit allen jemals relevanten Technologien hat sicherlich seinen eigenen Wert. In einer zu großen Häufung werden Ausführungen zu historischen Technologien aber schnell als Ballast empfunden – gerade in einem Buch, das in die Materie einführen soll. Aus diesem Grund habe ich mich von manchen Themen getrennt.

Bei der Aktualisierung anderer Themen habe ich darauf geachtet, die für eine Einführung in die Materie wesentlichen Aspekte hervorzuheben. Damit erfüllt das Buch weiterhin seinen Zweck, einen niederschwelligen Einstieg in die Thematik zu bieten. Spezialliteratur zu einzelnen Themen findet sich an anderer Stelle. Auf diese wird in den zentralen Kapiteln des Buches verwiesen.

Den Lesern der Vorauflagen danke ich für ihre Hinweise und Korrekturen. Allen Lesern der 8. Auflage wünsche ich viel Freude bei der Lektüre und würde mich natürlich über erneutes Feedback freuen.

Offenburg, im Juli 2023

Oliver P. Waldhorst

Vorwort zur 1. Auflage

Noch ein Buch über Netzwerke? In jeder Buchhandlung gibt es sie bereits meterweise. Aber dieses Buch unterscheidet sich von den anderen und hat eine besondere Geschichte. Der beste Aspekt daran ist, dass es nicht geplant war. Beruflich arbeite ich sehr viel mit Computerbetreuern zusammen, in allen Schattierungen der Ausbildung und des Wissensstandes, von Hilfsassistenten ohne Computererfahrung bis hin zu professionell ausgebildeten Fachkräften.

Wenn diese Probleme haben, die sie nicht lösen können oder Beratung brauchen, wenden sie sich an mich. Und dies in einer völlig inhomogenen Umgebung, mit Windows, Linux, Mac, Sun, etc. Die Fluktuation ist sehr groß, in großen Teilen der Umgebung muss das Rad ständig neu erfunden werden.

Im Laufe der Jahre fiel mir auf, dass immer wieder dieselben Fragen, immer wieder Verständnisprobleme an denselben Stellen auftreten. Weshalb? Netzwerke sind heute eine unglaublich komplexe Angelegenheit. Aber wie der Computer selbst, finden sie immer mehr Einzug auch in Privathaushalte. Längst ist die Zeit vorbei, in der es zu Hause nur wenige Rechner gab. Längst sind wir so weit, dass viele Haushalte mehrere

Computer besitzen und untereinander Daten austauschen und ans Internet wollen. Viele Spiele sind netzwerkfähig geworden, Drucker, Faxgeräte und Scanner werden gemeinsam genutzt. Oft ist es kein Problem, ein paar Rechner zusammenzuhängen und ein kleines Netzwerk zum Laufen zu bekommen. Aber wenn es Probleme gibt, sind die meisten verloren.

Ebenso ist in kleineren und mittleren Unternehmen (oft durch die Aufgabentrennung in großen Unternehmen ebenso) das IT-Personal meist auf die Betreuung der Rechner und Server ausgerichtet. Das Netzwerk wird meist eingekauft und als Black-Box betrieben. Netzwerke sind oft ein „Buch mit sieben Siegeln" und eine Infrastruktur, die wie das Telefon behandelt wird. Jeder verlässt sich darauf, aber wenn es nicht funktioniert, ist die Katastrophe da. Oft wird „gebastelt", bis es irgendwie funktioniert, ohne darüber nachzudenken, dass es noch viel besser sein könnte, performanter und stabiler und nicht nur einfach funktionieren kann.

Im Bereich Netzwerk gibt es eine unheimliche Grauzone des Halbwissens. Ähnliches sieht man bei den Betriebssystemen. CD rein, Setup angeklickt, 15-mal „OK" gedrückt und der Rechner läuft – solange, bis es Probleme gibt.

Viele sind sehr interessiert am Thema Netzwerk. Der Einstieg aber ist schwer, das Thema ist keine Wochenendsache und meist fehlen die Ansprechpartner. Beklagt wird von den meisten, dass es auf dem Markt entweder Bücher gibt, die nur sehr oberflächlich sind, oder aber sofort auf einen Level gehen, in dem der Einsteiger verloren ist. Weiter sind sehr viele Bücher zu einem hochspeziellen Thema geschrieben worden und erlauben so nur den Einstieg in kleine Teilbereiche. Oft ist die Sicht der Lehrbücher herstellerbezogen. Linux-Netzwerke, Windows-Netzwerke, meist Nebenkapitel in Büchern über die Betriebssysteme selbst. Oder es sind Bücher von Herstellern der Netzwerkgeräte, die detailliert das Featureset und die Konfiguration beschreiben.

Sicher sind diese Bücher sehr gut – aber nicht für einen Einstieg geeignet. Sie behandeln speziell die Konfigurationen und Möglichkeiten ihrer Geräte und Umgebungen – und nicht der Standards. Auch sind sie nicht für einen Heimanwender geeignet, der mehr verstehen will, und ebenso nicht für eine Firmenleitung oder IT-Abteilung kleiner und mittlerer Umgebungen, die strategisch entscheiden müssen, welchen Weg sie im Bereich Netz gehen wollen.

Dieselbe Erfahrung musste ich selbst machen, als ich erstmalig mit dem Thema Netzwerke konfrontiert wurde. Es gibt viele gute Kurse und Ausbildungen, meist von den Herstellern der Geräte. Eine Privatperson oder kleine Firma kann aber nicht tausende Euro bezahlen, aus einfachem Interesse. Immer wieder erkläre ich dasselbe neu. Und oft hörte ich: „Kannst Du mir nicht ein Buch empfehlen, das wirklich einen Einstieg erlaubt? Das so viel Grundwissen vermittelt, dass man versteht, wie das alles funktioniert, aber auf einer für jedermann verständlichen Basis? Ohne aber nur oberflächlich zu sein? Das ein breites Spektrum des „Wie" bietet, verstehen lässt und den „Aha-Effekt" auslöst?"

Ein Bekannter, der gutes Computer-, aber kein Netzwerk-Know-how hatte, bat mich, ihn ins ThemaNetzwerke einzuweisen. Wir trafen uns eine Weile regelmäßig und ich überlegte mir, wie ich ihn an das Thema heranbringen kann. Aus diesen Notizen, „Schmierzetteln" und Zeichnungen stellte ich eine kleine Fibel zusammen. Weiter fand ich Interesse in einem Computer-Verein, baute die Unterlagen aus und hielt den ersten „Netzwerkkurs". Die Resonanz war enorm. Nie hätte ich gedacht, dass so viele Interesse haben. Vom Schüler, der seine PCs zum Spielen vernetzen will, über den KMU-Besitzer, der Entscheidungsgrundlagen sucht, bis zum IT-Spezialist, der über den Tellerrand schauen wollte, war alles vertreten.

Die Teilnehmer brachten mich auf die Idee, aus den Unterlagen ein Buch zu machen. Dies ist die Geschichte dieses Buches. Das Ziel ist, dem Leser zu ermöglichen, Netzwerke wirklich zu verstehen, egal ob in großen Umgebungen oder zu Hause. Das Ziel ist, soviel Know-how zu erarbeiten, dass der Interessierte versteht, wie es funktioniert und aufbauen kann, und der Einsteiger, der in Richtung Netz gehen will, das Handwerkszeug bekommt, um tiefer einzusteigen und sich an die „dicken Wälzer" zu wagen. Gezeigt wird, wie es wirklich funktioniert, wie es strukturiert ist und welche großen Stolperfallen es gibt. Genauso soll der Leser in der Terminologie firm werden.

Ein interessierter Einsteiger will nicht 200 Seiten Kommandozeile eines Routers lesen, sondern verstehen, was ein Router wirklich ist. Ist es sein Job oder Interesse, soll er dann nach der Lektüre dieses Buches in der Lage sein, die Erklärungen dieser Kommandozeile sofort zu verstehen. Das Hauptziel dieses Buches sind die Grundlagen und ihr Verständnis. Wer die Grundlagen verstanden hat, dem fügt sich alles wie ein Puzzle zusammen. Leider wird darauf in der Literatur zu wenig eingegangen. Diese Lücke will das Buch schließen. Ein gutes Fundament, Verständnis und „wirklich verstehen" ist der Leitfaden. Am Ende soll der Leser qualitativ, aber nicht oberflächlich, alle Informationen und Zusammenhänge kennen, wird arbeitsfähig sein, in der Terminologie firm und bereit für den nächsten Schritt. Die Grundlagen werden mit Absicht ziemlich tief behandelt, denn ein Verstehen der Basis ist immer Voraussetzung für ein fundiertes Wissen. Dies ist in jedem komplexen Thema so. Daher gibt es einige Exkurse in die Physik und Mathematik. Das hört sich abschreckend an, sie sind aber, so hoffe ich, für jeden verständlich gehalten.

Das Buch wurde bewusst als ein Buch zum Lesen geschrieben. Trockene Theorie, die manchen bekannt ist, manchen nicht, habe ich als Exkurse an das Ende des Buches ausgelagert, um den Fluss nicht zu stören. Wer diese Grundlagen nicht hat, ist gebeten, sich die Mühe zu machen, diese Exkurse zur richtigen Zeit zu lesen; es wird im Text jeweils darauf verwiesen. Ich rate dazu, das Buch nicht einfach wie einen Roman zu lesen, sondern sehr bewusst und kapitelweise. Es stecken viele Informationen in sehr kompakter Form darin. Man ist leicht versucht, es in einem Zug zu lesen, doch wird dabei eine Menge untergehen. Ein Repetitorium und Fallbeispiele geben am Ende die Möglichkeit, mit dem Erlernten umzugehen.

Zum Schluss möchte ich nicht versäumen, einigen Personen zu danken, die einen großen Anteil am Entstehen der Unterlagen beziehungsweise des Buches hatten: Herrn Prof. Dr. F. Rösel für die Chancen und die Möglichkeit der Weiterbildungen; Herrn Dr. H. Schwedes für die Korrekturlesung und die wertvollen Anregungen; der Linux Usergroup Lörrach e. V. für das tolle Feedback; Herrn H. Volz für die akribische fachliche Korrekturlesung und seine Anmerkungen; Herrn Dr. P. Zimak für die stets offene Türe und die vielen beantworteten Fragen in den letzten Jahren; und nicht zuletzt ganz besonders meiner Familie für die gestohlene Zeit.

Das Buch ist aus den Erfahrungen in Jahren der Praxis entstanden – es ist ein Buch der Praxis und ein dynamisches Buch, das aus ständigem Feedback gewachsen ist. In diesem Sinne wünsche ich Ihnen möglichst großen Gewinn und viel Spaß bei seiner Lektüre. Eines haben mir die bislang abgehaltenen Netzwerkkurse und Diskussionen gezeigt: Ein so trockenes Thema wie Netzwerke kann auch Spaß machen! Interessant ist es allemal.

Lörrach, im Oktober 2005

Rüdiger Schreiner

1 Zur Geschichte der Netzwerke

1.1 Die Anfänge der Netzwerke

In der Anfangszeit der Datenverarbeitung standen zentrale Rechner im Mittelpunkt, die von wenigen Spezialisten betrieben werden konnten. In Firmen, Institutionen und Universitäten wurden die Daten auf- und vorbereitet und dann zentral im Großrechner verarbeitet. Meist waren die Systeme und Programme proprietär, der Weg der Daten war denkbar umständlich. Die meisten Daten mussten in Form von Papier oder mobilen Datenträgern zur Zentraleinheit gebracht, eingegeben und die Ergebnisse nach der Verarbeitung ebenso wieder abgeholt werden.

Die Programme zur Verarbeitung der Daten wurden meist selbst geschrieben und auf Lochkarten, Lochstreifen und anderen damals gebräuchlichen Datenträgern codiert und jeweils vor der Verarbeitung der Datensätze in das System eingelesen.

Eine erste Abhilfe brachten Terminalsysteme. Hier wurden Terminals (im Prinzip nur ein Monitor und eine Tastatur) ohne eigene Intelligenz an Großrechner angeschlossen und boten so einen Zugriff auf die Ressourcen bis hin zum Arbeitsplatz an (zum Beispiel IBM, Digital und Siemens).

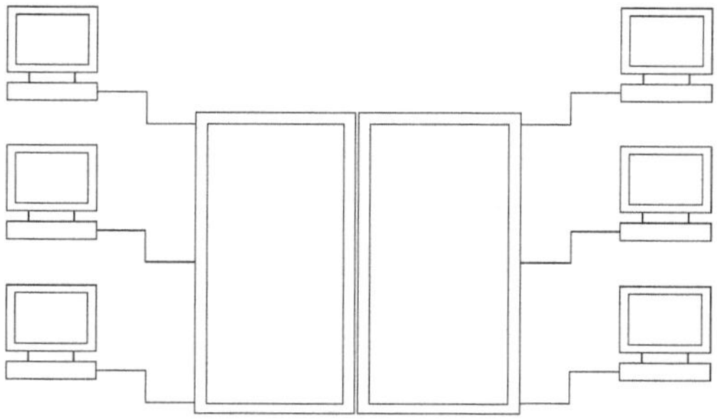

Bild 1.1
Ein Terminalsystem: An einer großen Zentraleinheit, welche die gesamte „Intelligenz" beherbergte, waren Terminals ohne eigene Intelligenz angeschlossen. Somit hatte jeder Zugriff auf die vom Großrechner gebotenen Ressourcen.

Mit der beginnenden Entwicklung der Personal Computer (PC) kam die eigene Verarbeitungskapazität bis an den Arbeitsplatz heran.

Vor allem aus Kostengründen wurde sofort die Frage nach einer gemeinsamen Nutzung von Ressourcen laut (Laserdrucker waren damals um ein Vielfaches teurer als heutige Modelle). Auch war es umständlich, die Daten auf einem PC zu erzeugen und anschließend, wie damals üblich, per Diskette oder Ausdruck weiterzugeben.

Hinzu kam, dass Datensicherung, Benutzerverwaltung und Systempflege auf jedem Rechner einzeln durchgeführt werden mussten, was einen hohen administrativen Aufwand bedeutete. Was früher zentral am Großrechner administriert wurde, musste nun an jedem Arbeitsplatz einzeln bewältigt werden. Die Lösung war die Vernetzung. Sie bot Datenaustausch und -sicherung, Ressourcenteilung, zentralisierte Userverwaltung und -authentifizierung in einem an.

Mit der zunehmenden Kommunikationsfähigkeit und Leistungskapazität der PCs wurde in den 1990er-Jahren ein Ende der zentralen Großrechner vorausgesagt. Heute zeigt sich jedoch eine weiterentwickelte Koexistenz beider Ansätze: Moderne Mainframes und leistungsfähige Servercluster übernehmen rechenintensive Aufgaben und bieten in virtualisierten und cloudbasierten Umgebungen skalierbare Dienste an. Fileserver und zentrale Speicherlösungen gewährleisten eine sichere und konsistente Datenhaltung, während spezialisierte Server wie Druck- oder Kommunikationsserver weiterhin gemeinsam genutzte Ressourcen bereitstellen. Die Arbeitsplatzrechner – ergänzt durch mobile Endgeräte und zunehmend auch Komponenten aus dem Internet der Dinge – bieten heute genügend Rechenkapazität für alltägliche Anwendungen und entlasten damit die zentralen Systeme, ohne deren Vorteile aufgeben zu müssen.

Das frühere Sternsystem, Zentraleinheit und sternförmig angeschlossene Datenterminals und das Peer-to-Peer-Netzwerk, ein vermaschter Netzwerkverbund von gleichwertigen Stationen, sind in heutigen Client-Server-Umgebungen zusammengeflossen.

In vielen Fällen tendiert man heute wieder dazu, Dienste auf Servern zu konsolidieren. Die Leistungsfähigkeit der Server ist enorm gestiegen, Terminalsysteme sind heute fast für alle Betriebssysteme erhältlich.

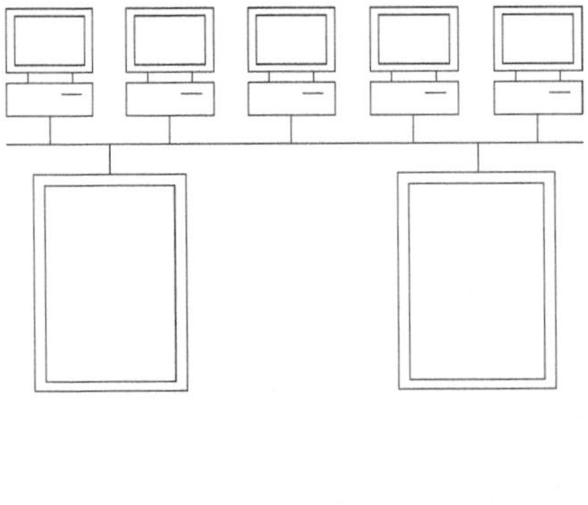

Bild 1.2
Ein heterogenes Netzwerk: Hier sind Clients und Server miteinander vernetzt. Die Server bieten spezielle Dienste an, die von allen genutzt werden können.

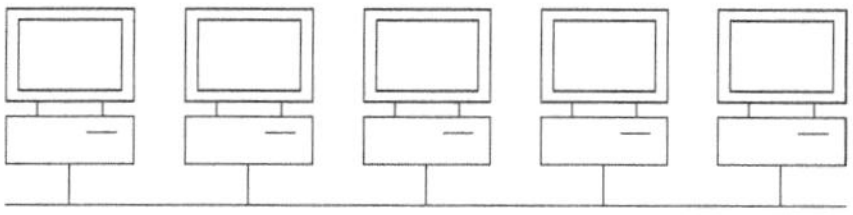

Bild 1.3
Ein Peer-to-Peer-Netzwerk: Gleichwertige Stationen sind untereinander vernetzt.

Im Laufe der Jahre wurden immer mehr dieser isolierten Netzwerke (Intranets) an das weltweite Internet angeschlossen. Ein Austausch von Daten ist daher weltweit möglich. Mehr zum Thema Internet folgt weiter unten.

1.2 Definition eines Netzwerks

Was ist denn nun ein Netzwerk? Der Begriff Netzwerk umfasst nicht nur die Welt der Computer. Das weltweite Telefonnetz, ISDN, der Verbund der Bankautomaten waren ebenfalls Beispiele für eigenständige Informationsnetzwerke. Viele dieser Netzwerke wurden inzwischen durch internetbasierte Dienste abgelöst.

Generell lässt sich daher definieren:

Ein Netzwerk ist eine Infrastruktur, die Endsystemen die Kommunikation, den Datenaustausch und die Nutzung gemeinsamer Ressourcen transparent ermöglicht.

Ein Endsystem ist dabei ein netzwerkfähiges Gerät, das Daten im Netzwerk sendet oder empfängt. Transparent bedeutet, der Endbenutzer muss sich nicht darum kümmern, mithilfe welcher Verfahren, Geräte und Medien die Informationen transportiert werden.

Hier in diesem Buch wollen wir uns mit Computernetzwerken (häufig auch Computer- oder Rechnernetze genannt) beschäftigen, obwohl durchaus Überschneidungen mit anderen Netzwerken auftreten. Ein Beispiel ist PPP (Point to Point Protocol), der Netzwerkzugang über den Telefonanschluss und ein Modem. Hier benutzt das Computernetzwerk die Infrastruktur des Telefonienetzwerks zur Datenübertragung.

Was muss beachtet werden, um eine bestehende Netzwerkinfrastruktur ausnutzen zu können? Welche verschiedenen Geräte und Medien sind im Einsatz, und was muss dabei berücksichtigt werden? Die Technik, die Geräte, die Verkabelung und die Softwareparameter, die im alltäglichen Gebrauch verwendet werden, stehen im Vordergrund dieser Einführung. Ebenso die Terminologie. Es gilt, in den gängigen Fachbegriffen firm zu werden. Das Ziel ist es, einen Einstieg in die Materie Netzwerk zu bekommen, der es ermöglicht, je nach Interesse, in die vielen verschiedenen Facetten des Themas tiefer einzusteigen. Die Frage „Wie funktioniert es?“ steht im Vordergrund, ebenso und vor allem auch das Verstehen der Grundlagen.

Im Laufe der Jahre wurden nun viele Typen von Netzwerken entwickelt, meist isoliert und herstellerabhängig. Mit der Einführung der (welt-)weiten Verbindungen mussten Standards ausgearbeitet werden, die entweder eine weltweite Konvergenz herbeiführten oder eine Übersetzung der Verfahren ermöglichten. Dies gilt für den physischen Aufbau (z. B. Netzwerkgeräte, Verkabelung) genauso wie für die Datenformate.

1.3 Das OSI-Modell

1984 entwickelte die ISO (International Standardization Organization) ein umfassendes Modell für die Kommunikation unter Computern, das OSI-Referenzmodell (Open Systems Interconnection). In diesem wird die Kommunikation zwischen Rechnern in sieben in sich abgeschlossene Schichten aufgeteilt. Jede Schicht kann somit einzeln weiterentwickelt werden, ohne die gesamte Kommunikation zu beeinflussen.

Tabelle 1.1 Das OSI-Modell in der Übersicht: Jede Zeile beschreibt eine Schicht des Modells.

Schicht 7	Anwendungsschicht	(Application Layer)
Schicht 6	Darstellungsschicht	(Presentation Layer)
Schicht 5	Sitzungsschicht	(Session Layer)
Schicht 4	Transportschicht	(Transport Layer)
Schicht 3	Vermittlungsschicht	(Network Layer)
Schicht 2	Sicherungsschicht	(Data Link Layer)
Schicht 1	Bitübertragungsschicht	(Physical Layer)

Für den Netzwerker sind die Schichten 1 bis 4 essenziell. Sie regeln die Datenübertragung an sich, die Schichten fünf bis sieben sind anwendungsbezogen. Pro Schicht sind viele verschiedene Standards definiert und implementiert.

Wichtig ist im OSI-Modell, dass die Kommunikation zwischen Rechnern und zwischen den Schichten geregelt ist. Ob PC 1 nun eine andere Implementierung der Bitübertragungsschicht benutzt als PC 2, muss für die anderen Schichten bedeutungslos sein. Genauso muss es egal sein, ob die Maschinen Unix, Mac OS, Windows oder ein anderes Betriebssystem benutzen.

1.4 Die Schichten des OSI-Modells

Zu Beginn ein kleiner Vorgriff. Der Leitfaden für den Einstieg in das Netzwerk wird das OSI-Modell sein, Schicht für Schicht. Daher ein kurzer Überblick. Einige Parameter sind sicher bekannt. Wie sie zusammenhängen, werden wir Schritt für Schritt erarbeiten.

Das OSI-Modell ist sehr wichtig. Im Umfeld der Netzwerker ist es eine Arbeitsschablone. Netzwerker reden z. B. von „Sicherungsschichtproblemen" und „Vermittlungsschichtgrenzen". Es ist daher wichtig, dieses Modell zu beherrschen. Aber genauso muss man immer bedenken, dass das OSI-Modell ist, was sein Name besagt – ein Modell. Es ist nirgends genau implementiert, es gibt etliche Abweichungen und Ausnahmen.

Es hilft uns aber, die Zusammenhänge zu verstehen, und es ist legitim, zunächst einmal anzunehmen, dass alles OSI-konform verlaufen würde.

1.4.1 Schicht 1 – die Bitübertragungsschicht (Physical Layer)

Hier sind, wie schon der Name sagt, die physischen Parameter definiert. Dazu gehören die Kabeltypen, die Anschlüsse, die Streckenlängen, die elektrischen Eckdaten wie Spannungen und Frequenzen. Getrennt wird hier in drei Bereiche:

- Der Nahbereich (LAN, Lokal Area Network, meist in einem Gebäude),
- mittlere Entfernungen (MAN, Metropolitan Area Network, meist Gebäudeverbindungen) und
- die Fernverbindungen (WAN, Wide Area Network, Fernstrecken bis weltweit).

Beispiele für Konzepte der Bitübertragungsschicht sind verschiedene Übertragungsmedien wie Kupferkabel, Glasfaser, Richtfunk, Signalform und Frequenzen im Medium.

1.4.2 Schicht 2 – die Sicherungsschicht (Data Link Layer)

Die Sicherungsschicht ist für eine Übertragung der Daten zwischen über die Bitübertragungsschicht verbundenen Stationen zuständig. Sie regelt den Zugriff und die Flusssteuerung, verhindert eine Überlastung des Empfängers und ist für die physische Adressierung innerhalb eines Netzsegments (siehe Abschnitt 3.1) auf dieser Schicht verantwortlich. Hier ist die erste Fehlererkennung implementiert. Die Topologie eines Netzwerks ist stark von dieser Schicht abhängig, sie definiert die Art und Weise, wie die Rechner und Netzwerkgeräte miteinander verbunden sind.

Hardwareadressen sind ein Beispiel für ein Konzept aus der Sicherungsschicht.

1.4.3 Schicht 3 – die Vermittlungsschicht (Network Layer)

In der Vermittlungsschicht des OSI-Modells wird die logische Adressierung (segmentübergreifend bis weltweit) der Geräte definiert. Die Routing-Protokolle dieser Schicht ermöglichen die Wegfindung in großen (bis weltweiten) Netzwerken und redundante Wege ohne Konflikte. Routing-Protokolle sorgen ebenfalls dafür, dass die Ressourcen in vermaschten Netzen mit vielen redundanten Wegen bei dem Ausfall einer Verbindung weiterhin benutzt werden können.

Quality of Service (QoS), Routing und das IPv4- oder IPv6-Protokoll sind Konzepte der Vermittlungsschicht.

1.4.4 Schicht 4 – die Transportschicht (Transport Layer)

Die Transportschicht beschreibt Mechanismen für den Datentransport zwischen Anwendungen und Prozessen auf verschiedenen Endsystemen. Die Transportschicht regelt das Datenmultiplexing, das heißt, mehrere Anwendungen höherer Protokolle können gleichzeitig Daten über eine Netzwerkverbindung transportieren. In der Transportschicht sind verbindungslose und verbindungsorientierte Dienste implementiert. Der Begriff Verbindung bezieht sich dabei auf eine logische Verbindung zwischen zwei Anwendungen bzw. Prozessen. Verbindungsorientierte Dienste können einen zuverlässigen Datenaustausch durchführen. Der Sender und der Empfänger kontrollieren ihre Möglichkeiten der Kommunikation (Aufbau einer logischen Verbindung), die Daten werden erst nach dieser Prüfung versandt. Eine weitgehende Fehlerkontrolle prüft die Daten und fordert entweder verlorene oder korrumpierte Daten zur erneuten Übersendung an. Am Ende der Kommunikation wird die Verbindung gezielt und kontrolliert wieder abgebaut. Verbindungslose Dienste verzichten auf den Verbindungsaufbau und -abbau sowie auf die Wiederholung der Übertragung verlorener oder korrumpierter Pakete. In der Regel führen sie dennoch eine Fehlerkontrolle durch. Dabei werden fehlerhafte Daten nicht erneut angefordert, sondern stillschweigend verworfen und nicht an höhere Schichten weitergegeben. In der Transportschicht wird nach definierten Anwendungen unterschieden. Hier beginnt die Kommunikation zwischen dem Netzwerk und der Anwendung.

Beispiele für Protokolle der Transportschicht sind etwa das TCP- oder das UDP-Protokoll.

1.4.5 Schicht 5 – die Sitzungsschicht (Session Layer)

Die Sitzungsschicht ist hauptsächlich eine „Serviceschicht“ für die bidirektionale Kommunikation von Anwendungen auf verschiedenen Endsystemen. Sitzungen und Datenströme werden angefordert, aufgebaut, kontrolliert und koordiniert. Meist bedienen sich die Services der Sitzungsschicht dabei der Dienstangebote der Transportschicht.

> Ein Beispiel für Protokolle der Sitzungsschicht ist unter anderem das SMB-Protokoll zum Drucken und zum Verbinden mit Windows-Freigaben.

1.4.6 Schicht 6 – die Darstellungsschicht (Presentation Layer)

Die Darstellungsschicht sorgt dafür, dass die Daten so bearbeitet werden, dass sie optimal ausgetauscht und verarbeitet werden können. Hierfür gibt es etliche standardisierte Kodierungs-, Konvertierungs- und Kompressionsverfahren, zum Beispiel für Verschlüsselungsroutinen, Zeichendarstellungen, Video- und Audioübertragungen.

> Beispiele für Standards der Darstellungsschicht sind MPEG, TIFF, GIF und ASCII.

1.4.7 Schicht 7 – die Anwendungsschicht (Application Layer)

Die Anwendungsschicht interagiert direkt mit der Software (Anwendung), die eine Netzwerkübertragung anfordert. Sie ermittelt, ob die Möglichkeit einer Verbindung besteht, und identifiziert und sucht Ressourcen.

> In der Anwendungsschicht arbeiten z. B. Client-Server-Systeme sowie Kontroll- und User-Interfaces.

1.5 Übertragungswege im OSI-Modell

Das OSI-Modell selbst bietet von sich aus keine Möglichkeit, Daten auszutauschen, sondern liefert die Rahmenbedingungen, mit denen ein Datenaustausch unter den verschiedensten Systemen reglementiert wird. Die Datenübertragung erfolgt in den einzelnen Schichten nach den von den Herstellern implementierten Regeln und wird dabei durch entsprechende Protokolle gesteuert.

Ein Protokoll ist also nichts anderes als eine Aufstellung von definierten Regeln zur Kommunikation. Dabei kommuniziert eine Schicht virtuell mit derselben Schicht (Anwendung/Protokoll) beim Kommunikationspartner. Der wirkliche Weg der Daten ist von oben durch die Schichten bis nach unten auf die Bitübertragungsschicht, dann die Übertragung über das Medium und beim Empfänger wieder vertikal nach oben.

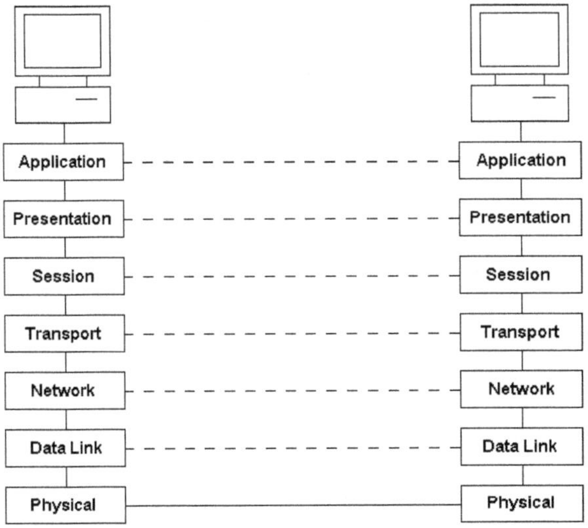

Bild 1.4
Die virtuelle (gestrichelt) und die echte Kommunikation: Jede Schicht kommuniziert scheinbar mit derselben auf dem Partner. In Wirklichkeit aber verläuft die Kommunikation vertikal durch alle Schichten nach unten, die Daten werden über die physischen Medien versendet und nehmen ihren Weg dann wieder vertikal bis zum Ziel.

Der große Vorteil ist, sofern sich die Hersteller an die Standards und Schichtung halten, dass jeder, der einen Dolmetscher für seine eigene Art der Implementierung einer Schicht anbietet, mit allen anderen kommunikationsfähig bleibt.

So ist es möglich, dass z. B. Apple-Computer, Intel-basierte Computer unter Windows oder Linux, Unix-Computer unter Solaris, oder DEC-Unix untereinander kommunizieren, Daten austauschen und gemeinsame Ressourcen anbieten und nutzen können.

Jede Schicht versieht das Datenpaket, das sie von der darüberliegenden Schicht zur Weiterverarbeitung erhält, mit einem eigenen Header – einem Zusatzblock am Anfang der Daten, der Steuer- und Adressinformationen enthält – und gibt es an die nächsttiefere Schicht weiter. Anschaulich kann man sich das wie ein eigenes „Kuvert" vorstellen, das jede Schicht um die Daten legt.

Beim Empfänger läuft es genau andersherum. Jede Schicht entfernt ihren Header und reicht das Paket nach oben weiter. Zum Beispiel ist die Transportschicht dabei absolut uninteressiert daran, wie das Paket vorher verpackt war und über welches Medium es transportiert wurde. Sie interessiert es auch nicht, was als Inhalt im Paket ist, lediglich der Transportschicht-Header ist für sie von Bedeutung. So wird deutlich, wie die Interkommunikation unter den verschiedensten Plattformen und Systemen möglich wird. Wenn die Protokolle korrekt implementiert sind, kann die Kommunikation reibungslos erfolgen.

Sind zwei völlig inkompatible Netze zu verbinden, muss ein Gerät dazwischengeschaltet werden, das eine Übersetzung vornimmt, bis zu der Schicht, die wieder gleich implementiert ist. Ein Beispiel der Bitübertragungsschicht ist ein Medienkonverter, der z. B. ein Kupfer- mit einem Glasfasernetz verbindet. Ein Beispiel der Sicherungsschicht ist ein Access Point, der ein WLAN-Netz mit Ethernet verbindet.

Ab dieser Übersetzung ist der Weg wieder völlig gleich. Die höheren Schichten bekommen von dieser Übersetzung nichts mit, ebenso wie der Anwender. Aber nochmals sei betont, das OSI-Modell ist ein Modell und fast nirgends strikt implementiert. Es ist unser Leitfaden und eine Vorgabe für die Hersteller.

Als Beispiel kann ein Brief an den US-Präsidenten dienen – unabhängig davon, ob er aus einer Großstadt oder von einer abgelegenen Insel stammt. Der Absender in der Großstadt schreibt seinen Brief und wirft ihn frankiert in den nächsten Postkasten. Die Post befördert ihn über diverse Sortier- und Verteilerstellen per Bahn, Lkw oder Flugzeug nach Washington und liefert ihn aus. Die Antwort des Präsidenten nimmt denselben Weg in die andere Richtung.

Der Absender auf der Insel geht dagegen zum örtlichen Telegrafenamt, von wo aus die Nachricht per Morsezeichen und Funk an die Küste übermittelt wird. Dort wird sie niedergeschrieben und per Fax nach Amerika geschickt. Der Kontaktmann des Inselbewohners bringt das Fax zum Dolmetscher, der es übersetzt und danach als Brief weiterschickt. Auch hier nimmt die Antwort denselben Weg zurück.

Weder der Präsident noch die beiden Absender haben eine Ahnung vom Transport. Der Präsident bekommt zwei Briefe. Vom unterschiedlichen Weg, den der Inhalt genommen hat, muss er dabei nichts wissen. Ebenso ist es den Absendern egal, ob der eine morst und der andere schreibt. Beide Nachrichten finden ihren Weg hin und zurück, trotz der unterschiedlichen Wege. Der sendet Morsesignale und erhält auf diese Weise auch die Antwort. Er braucht von allem anderen nichts zu wissen, virtuell hat ihm der Präsident per Morsezeichen geantwortet.

Der andere Absender versendet einen Brief – und bekommt einen solchen zurück. Er hat keine Kenntnis davon, dass ein weiterer Absender verwendet hat.

Beide haben aber ihr Ziel erreicht, sie haben kommuniziert. Sie könnten dies auch untereinander tun, auf dieselbe Art und Weise, ohne zu bemerken, dass sie lokal andere Methoden benutzen. Dies ist nicht das Ziel eines weltweiten Netzwerks. Ziel ist, dass jeder mit jedem kommunizieren kann und sich keine Gedanken machen muss, wie seine Daten transportiert werden.

1.6 Allgemeine Bemerkungen

Was ist nun wichtig zu wissen, um einen Betrieb aufrechtzuerhalten? Was muss man über die Implementierung der Hersteller in den Schichten wissen, um einen Betrieb zu garantieren?

Die Schichten 1 bis 4 sind netzwerkbezogen, die Schicht 5 bis 7 darstellungs- und anwendungsbezogen. Im Verlauf dieses Buches werden wir als „Netzwerker" die Schicht 1 bis 4 schrittweise und praxisnah kennenlernen. Die Schichten 5 bis 7 hingegen sind vor allem für Anwender und Anwendungsentwickler von Interesse. Daher werden wir sie nur am Rande betrachten, z. B. wenn wir in Kapitel 11 Netzwerkspeicher behandeln, die ein wichtiger Dienst in vielen Heim- und Firmennetzwerken sind.

Auf den Schichten 5 bis 7 arbeitet auch VoIP, dessen Bedeutung mit der Abschaltung von klassischen Telefonnetzen und ISDN immer größere Bedeutung gewinnt. Allerdings ist die Behandlung des Themas VoIP so komplex, dass sie den Rahmen dieses Buches sprengen würde, weshalb auf sie verzichtet wurde.

Wir werden sehen, dass sich die verschiedenen Implementierungen der Schicht und die Protokolle nicht absolut genau an das OSI-Modell halten. Es ist auch kein starres Gesetz, sondern ein Kommunikationsmodell. Leichte Abweichungen, die sich die Hersteller erlauben, sind ohne Bedeutung, solange sie irgendwann wieder an der Grenze der Schichten korrigiert werden. Ab dieser Stelle ist wieder eine native (OSI-konforme) Kommunikation möglich. Die Protokolle, die auf den verschiedenen Schichten angesiedelt sind, sind nichts anderes als festgelegte Regeln, nach denen verfahren werden muss. Benutzen alle dieselben Protokolle oder gibt es Protokollübersetzer, steht dem Datenaustausch nichts mehr im Wege.

Das OSI-Modell ist ein essenzielles Werkzeug im Netzwerkbereich. Jeder, der in diesem Gebiet tätig ist, sollte die Schicht und ihre Bedeutung genau kennen. Nochmals sei betont, dass das OSI-Modell ein theoretisches Referenzmodell ist. Wir werden es im Folgenden als Grundlage für die Darstellung betrachten und damit arbeiten. Gleichzeitig sollten wir stets im Hinterkopf behalten, dass es in der Praxis kaum exakt so implementiert ist, wie hier dargestellt. Dennoch ist es sinnvoll und unproblematisch, sich bei der Analyse und Planung an diesem Modell zu orientieren.

1.7 Zum Weiterlesen

In der Welt der Computernetzwerke ist vieles standardisiert, das bedeutet, dass in offiziell verabschiedeten Dokumenten festgelegt ist, wie die Dinge funktionieren. Dies ist dringend notwendig, da wir in der Regel Geräte verschiedener Hersteller über das Netzwerk miteinander verbinden und alles reibungslos funktionieren soll. Wir werden im Laufe des Buches immer wieder auf Standards verweisen, in denen der interessierte Leser weitere Details finden kann. Es ist immer lohnend, einen Blick hineinzuwerfen.

Es gibt zahlreiche Organisationen, die sich mit der Standardisierung befassen. Die erste Organisation, die in diesem Buch genannt wurde, ist die Internationale Organisation für Normung (ISO). Interessierten Lesern empfehlen wir einen Blick in den offiziellen Standard [ISO1994], der das ISO/OSI-Modell detailliert beschreibt.

Das Thema VoIP ist mittlerweile so komplex geworden, dass eine umfassende Behandlung den Rahmen dieses Buches sprengen würde. Zur Vertiefung sei auf speziell zu diesem Thema verfasste Literatur verwiesen, z. B. [Badach2022].

Literatur

[Badach2022] Badach, Anatol: Voice over IP – Die Technik, 5. Auflage. Hanser Verlag, München, 2022.

[ISO1994] *International Organization for Standardization* (ISO): ISO/IEC 7498-1:1994 – Information Technology — Open Systems Interconnection — Basic Reference Model: The Basic Model. *International Organization for Standardization*, 1994. Zugegriffen am 13.08.2025. *https://standards.iso.org/ittf/PubliclyAvailableStandards/s020269_ISO_IEC_7498-1_1994(E).zip*

2 Schicht 1 – die Bitübertragungsschicht

2.1 Die Medien

Auf der untersten Ebene des OSI-Modells ist definiert, was „über den Draht" kommt. Die Bedeutung wird oft unterschätzt. In kleinen bis mittleren Umgebungen arbeiten wir in der Praxis sehr häufig in den Schichten 1 und 2.

In der Bitübertragungsschicht sind die physischen Parameter festgelegt: Dazu zählen der Aufbau der Netzwerkkabel, deren elektrische Eigenschaften (z. B. Spannungen und Frequenzen) sowie bei optischen und drahtlosen Medien die entsprechenden optischen und funkbasierten Übertragungsparameter.

Die Bitübertragungsschicht umfasst vor allem die sichtbaren Komponenten eines Netzwerks. Dazu gehören neben der Verkabelung auch Netzwerkgeräte (z. B. Router, Switches) und Endgeräte (z. B. PCs, Drucker). Ca. 80 % aller Fehler, Ausfälle und Störungen entstehen durch Schäden an der Verkabelung und durch defekte Netzwerkgeräte! Besonders mit der Verkabelung wird in der Regel sehr nachlässig umgegangen. Wie wir sehen werden, ist dies mit einem hohen Risiko verbunden. Die Empfindlichkeit der Kabel wird meistens unterschätzt. Die Korrekturmechanismen höherer Schichten sind in der Regel sehr gut, defekte Daten werden nachgefordert, sodass der Benutzer einer maladen Verkabelung in erster Linie nichts bemerkt, außer dass die Datenrate durch hohe Fehlerraten eingeschränkt ist.

Wir werden uns hier mit den gängigsten Typen der Verkabelung beschäftigen, sollten aber immer im Hintergrund bedenken, dass es noch viele andere Typen gibt. Im Folgenden betrachten wir die verschiedenen Medien mit ihren Eigenschaften und Spezifikationen. Darüber hinaus betrachten wir genau, wie die Daten im Medium übertragen werden.

Außerdem beschäftigen wir uns schwerpunktmäßig mit der Ethernet-Technologie [Healey2023]. Ethernet begann einst mit Übertragungsraten im Bereich weniger Mbit/s und hat sich zu einer vielseitigen Technologie entwickelt, die heute Datenraten von bis zu 400 Gbit/s ermöglicht. Standards für 800 Gbit/s sind bereits verabschiedet, und weitere Entwicklungen (z. B. Terabit-Ethernet) befinden sich in Arbeit.

Ethernet-Varianten werden nach ihrer Geschwindigkeit benannt: Fast Ethernet für 100 Mbit/s, Gigabit Ethernet für 1 Gbit/s, 10 Gigabit Ethernet für 10 Gbit/s. Darüber hinaus existieren Standards für 25 Gbit/s, 40 Gbit/s, 100 Gbit/s, 400 Gbit/s und höher, die vor allem in Rechenzentren und Backbones zum Einsatz kommen.

2.2 Historische Verkabelung: Thin-Wire (Koaxialkabel)

Koaxialkabel (Thin-Wire – dünner Draht) wurde in den frühen Ethernet-Installationen eingesetzt. Aufgrund der Beschränkung auf 10 Mbit/s und des hohen Ausfallrisikos bei Strangunterbrechung wird diese Verkabelung heute nur noch in Nischen (z. B. in Umgebungen mit hoher Störstrahlung) verwendet. Es besteht aus einem Kupferaderkern, der mit einer Kunststoffschicht ummantelt ist. Um diese liegt eine leitfähige Folie bzw. ein Metall-Flechtmantel (aus Gründen der Abschirmung nach dem Prinzip eines faradayschen Käfigs). Den Außenmantel bildet wiederum eine feste Kunststoffschicht. Die Kabel sind sehr robust und durch ihren Aufbau ausgezeichnet gegen elektromagnetische Störungen abgeschirmt.

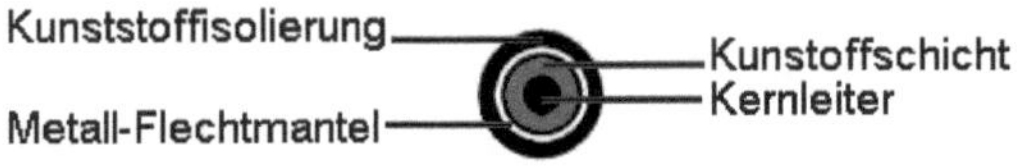

Bild 2.1
Aufbau eines Standard-Koaxialkabels

Bei der Koaxialverkabelung wird ein Strang gelegt. Er darf aufgrund der Physik der Übertragung nicht weiter verzweigt werden. Die Computer werden mithilfe von T-Stücken und BNC-Steckern angeschlossen. Ein Bild dazu ist in Kapitel 16, „Steckertypen“, zu finden.

Aufgrund der elektrischen Vorgaben darf der Weg zwischen dem T-Stück und der Netzwerkkarte beim klassischen Thin-Wire-Netz niemals verlängert werden. Das Kabel muss zu jedem Arbeitsplatz verlegt werden. Sind Wanddosen montiert, müssen diese bei der Nichtbenutzung überbrückt werden, anderenfalls müssen die im Raum angeschlossenen Geräte in eine Schleife integriert werden.

Die maximale Länge eines Stranges darf 180 m betragen. Weitere Ausdehnungen sind möglich, wenn Verstärker (Repeater) eingesetzt werden. Maximal können fünf Segmente mit vier Verstärkern gekoppelt werden, was eine Gesamtlänge von 900 m ergibt. Auch wenn dies möglich ist, sollte so verkabelt werden, dass keine so langen Segmente benötigt werden.

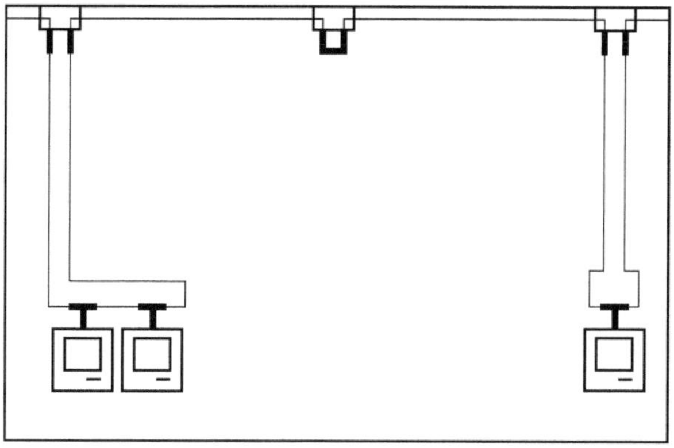

Bild 2.2
Beispiel eines Büros: Das Thin-Wire-Kabel wird an die Geräte herangeführt und der Strang als eine Kette von angeschlossenen Geräten konfiguriert. Anschlussdosen, die nicht benutzt sind, werden überbrückt.

Wichtig bei dieser (eigentlich jeder!) Verkabelung ist, dass der Biegeradius der Kabel eingehalten wird. Zu stark verbogene oder geknickte Kabel führen zu Brüchen in der Ader oder der Schirmungsfolie, mit gravierenden Auswirkungen auf die Leistung bis hin zum Netzausfall. Wie wir später sehen werden, ist der Aufbau der Kabel entscheidend mit der Funktion verbunden. Knicke und Schäden bewirken eine immense Beeinflussung der Funktion.

An den beiden Enden eines Stranges muss auf die letzten T-Stücke ein Endwiderstand (Terminator, 50 Ω) aufgesetzt werden. Ohne diese ist ein Datenverkehr unmöglich. Sie unterbinden Fehler, die hardwaremäßig vorgegeben sind.

Zum Verständnis werfen wir einen kurzen Blick in die Physik. Sendet eine Netzwerkkarte ein Signal ins Medium, breitet sich dieses in beide Richtungen aus. Trifft das Signal auf eine Barriere, also einen stark erhöhten Widerstand, wird es reflektiert und läuft zurück. Dabei zerstört es sich selbst und andere Signale durch Überlagerung. Am Ende des Stranges (unendlicher Widerstand am Ende des Kabels) muss das Signal folglich bewusst vernichtet werden. Dies erledigt ein Widerstand, der exakt denselben Widerstand wie das Medium besitzt. Er sorgt dafür, dass das Medium für den Sender in beide Richtungen unendlich lang erscheint, sodass keinerlei Reflexionen auftreten.

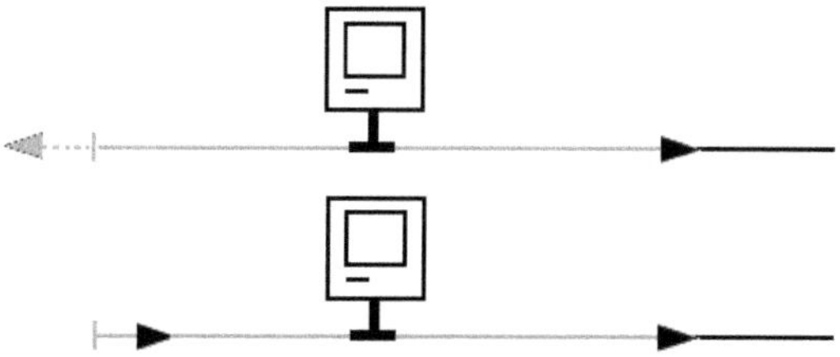

Bild 2.3 Das gesendete Signal läuft an dem Medium entlang. Erreicht es sein Ende, wird es reflektiert (links unten), läuft im Medium zurück und zerstört sich und alle anderen Signale durch Überlagerung. Wird das Signal am Ende des Mediums bewusst vernichtet, erscheint das Medium der sendenden Station unendlich lang (oben). Reflexionen treten nicht auf.

Das im Netzwerkbereich verwendete Koaxialkabel (Thin Wire) hat einen Wellenwiderstand von 50 Ω. Daher werden Endwiderstände mit diesem Wert eingesetzt. Der Wellenwiderstand ist deutlich zu unterscheiden vom ohmschen Widerstand des Kupferleiters selbst, der gegen null geht. Der Wellenwiderstand ergibt sich aus der Tatsache, dass zur Übertragung hochfrequente elektrische Signale verwendet werden. Für diese gelten andere Regeln als für Gleichstrom, z. B. ist eine Spule für Gleichstrom kein Hindernis, für hochfrequente Signale aber ein großer Widerstand. Weiterführende Informationen finden sich in der Literatur zur Elektrotechnik.

Starke Verformungen des Kabels beeinflussen lokal den Wellenwiderstand und führen zu Reflexionen, die das Netzwerk außer Betrieb setzen können. Wichtig ist die Dielektrizitätskonstante, d. h. direkt der Aufbau, das Material und die Geometrie des Mediums. Eine Verformung oder ein Knicken des Kabels ist daher zu vermeiden, da der Aufbau beeinträchtigt wird.

Anmerkung: Ein Datenübertragungssystem, das aus einem durchgehenden Medium besteht, das von mehreren Kommunikationsgeräten gemeinsam genutzt wird, wird als Bussystem bezeichnet. Jedes Bussystem muss aus den oben genannten Gründen terminiert werden. Zum Beispiel muss am Ende einer SCSI-Kette ein Terminator verwendet werden.

Der große Nachteil der Koaxialverkabelung ist zum einen die Beschränkung auf eine maximale Übertragungsrate von 10 Mbit/s. Theoretisch sind bis zu 50 Mbit/s möglich, aber der Standard, das klassische Ethernet, liegt per Definition bei 10 Mbit/s. Zum anderen ist das Ausfallrisiko hoch: Wird der Strang unterbrochen, beschädigt oder ein Terminatorwiderstand entfernt, ist der gesamte Strang wertlos. Niemand kann mehr kommunizieren, auch nicht über intakte Bereiche des Kabels hinweg. Ein Vorteil ist die hervorragende Abschirmung (faradayscher Käfig).

Aufgrund der eingeschränkten Übertragungsgeschwindigkeit und der Gefahr eines Totalausfalls der Netzwerkverbindung im Fehlerfall wird Thin Wire heute bei Neuverkabelungen nur noch sehr selten eingesetzt. Lediglich in Bereichen mit hohen elektromagnetischen Störfeldern kann eine Koaxialverkabelung heute noch sinnvoll sein. Aber auch hier werden zunehmend Glasfasern eingesetzt.

2.3 Die strukturierte Verkabelung

Aufgrund der Nachteile der Koaxialverkabelung entwickelte man eine andere Art der Verkabelung, wie sie heute in Netzwerken üblich ist: die sogenannte universelle Gebäudeverkabelung (UGV). Sie wird heute meist unter dem Begriff „strukturierte Verkabelung“ geführt. Der Begriff „UGV“ stammt aus den Anfangszeiten dieser Technik und wird zunehmend durch „strukturierte Verkabelung“ ersetzt, da diese Bezeichnung die standardisierte, hierarchische und herstellerunabhängige Planung sowie Installation von Kommunikationsnetzen treffender beschreibt.

Der Standard heute sind achtadrige Twisted-Pair-Kabel mit RJ-45-Steckern. Diese sind in Kapitel 16, „Steckertypen“ abgebildet. Vier der Adern des Kabels sind vom Netzwerk im Gebrauch. Es ist also möglich, mit speziell verkabelten Anschlussdosen zwei volle Geräteanschlüsse über ein Kabel zu erschließen. Dies gilt jedoch nur bis 100 Mbit/s (Fast Ethernet). Für Gigabit- und 10-Gigabit-Ethernet werden alle acht Adern genutzt. Moderne Kabel ermöglichen auch 25 Gbit/s und 40 Gbit/s auf kurzen Strecken. Hier ist nur eine Dose pro Kabel möglich.

Wieso eine strukturierte Verkabelung? Es ist unflexibel, z. B. das Netzwerk und die Telefonie getrennt zu verkabeln, daher setzt man heute, wenn möglich, nur noch eine Sorte der Verkabelung ein, die dem höchsten Qualitätsstandard genügt.

Zwar ist zum Beispiel eine klassische zweiadrige Telefonverkabelung erheblich billiger als eine hochwertige Netzwerkverkabelung, aber diese ist in der Lage, alle Services zu übertragen, und die Flexibilität in Zukunft ist gewährleistet. Es ist möglich, alle Signale, von ISDN über Wechselsprechanlagen bis zur Haustürklingel, über diese Kabel zu führen und später frei zu variieren, welcher Dienst und welches Gerät wo angeschlossen wird.

Die Anordnung der acht Adern des Kabels ist wohldefiniert. Jeweils zwei sind in ineinander verdrillten Zweierpärchen angeordnet. Diese vier Pärchen wiederum sind in sich nochmals verdrillt im Kabel angeordnet, daher der Name Twisted Pair. So wird dafür gesorgt, dass die Strecken, in denen die Adern im Kabel parallel nebeneinander verlaufen, minimiert sind und dadurch Störeinflüsse von Ader zu Ader durch elektromagnetische Abstrahlungen und Signalübertritte minimiert werden. Diese Signalübertritte nennt man im Fachjargon „Nahnebensprechen“ oder NEXT (Near End Crosstalk).

Dazu kommt, dass um jeden Leiter, durch den Strom fließt, ein Magnetfeld entsteht. Eine richtige Verdrillung der Adernpaare sorgt auch dafür, dass die entstehenden Magnetfelder entgegengesetzt gerichtet sind und sich gegenseitig auslöschen oder zumindest gegenseitig abschwächen. Die Kabel haben einen Wellenwiderstand von 100 Ω. Die Gesamtlänge eines Segmentes darf 100 Meter betragen, für die Kaskadierung mit Verstärkern gilt dasselbe wie bei der Koaxialverkabelung.

2.3.1 Kabeltypen Twisted Pair

Gängige Übertragungsgeschwindigkeiten sind heute 1000 Mbit/s. Über Twisted-Pair-Kabel sind jedoch auch Geschwindigkeiten von 10 Gbit/s, 25 Gbit/s und 40 Gbit/s möglich. Diese werden häufig in Rechenzentren eingesetzt, dann in der Regel mit kürzeren Segmenten.

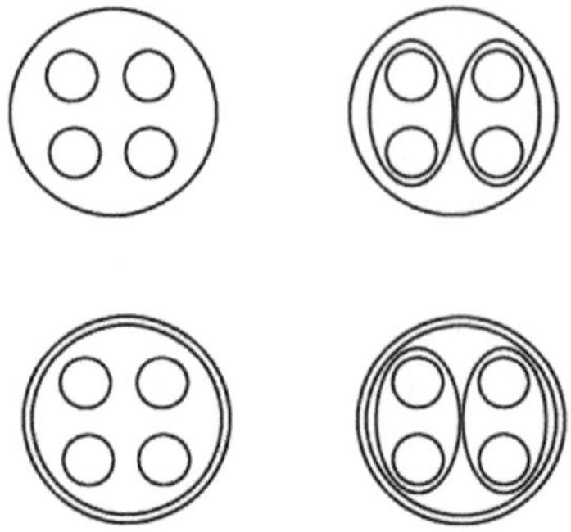

Bild 2.4 Übliche Kabeltypen im Netzwerk. Das gängigste Kabel ist UTP, Unshielded Twisted Pair (links oben). Zur weiteren Abschirmung gibt es die Varianten STP, Shielded Twisted Pair (rechts oben), und S/UTP, Shielded/Unshielded Twisted Pair (links unten). Einmal sind hier die Adernpaare selbst geschirmt, zum anderen wird das gesamte Bündel geschirmt. Die höchste Qualität hat S/STP, Shielded/Shielded Twisted Pair (rechts unten). Hier sind sowohl die Adernpaare einzeln als auch das gesamte Kabel nochmals geschirmt. S/STP ist einzusetzen, wenn hohe Störfelder erwartet oder die Längenrestriktionen erreicht werden. Nachteil ist ein wesentlich dickeres Kabel mit kritischeren Biegeradien. Abgebildet sind jeweils schematisch die vier Adernpaare.

Wie beim Koaxialkabel bestimmt der physische Aufbau den Wellenwiderstand. Knicke und Deformationen der Kabel müssen daher auch hier unbedingt vermieden werden. Ebenfalls muss darauf geachtet werden, dass zu fest gezogene Kabelbinder das Kabel nicht quetschen, damit seine Geometrie verändern und so seine Eigenschaften erheblich beeinflussen.

Bild 2.5 Hier sehen Sie ein aufgeschnittenes Kabel des Typs S/UTP. Deutlich sieht man die einzelnen in sich verdrillten Adernpaare. Um die Adernpaare liegt ein Mantel aus Metallgeflecht zur Abschirmung. Dies ist zwar teurer als Metallfolie, macht das Kabel aber beweglicher.

Es könnte der Einwand erhoben werden, dass die Stecker widersprüchlich sind. Einerseits sprechen wir davon, dass die Kabel sehr empfindlich sind und schon Verformungen zu Qualitätsverlusten führen können. Andererseits benutzt man einen Steckertyp, in der eben diese Geometrie völlig aufgehoben wird und alle Adern parallel in den Stecker ausgeführt werden. Diese Frage ist berechtigt, aber für eine sichere und handhabbare Verbindung müssen wir Qualitätsverluste in Kauf nehmen. Es sollten daher möglichst wenig Verbindungsstellen im Netzwerk sein. Vier sind es in der Regel immer, zwei am Arbeitsplatz, beim Anschluss des Rechners an die Wanddose, und zwei am Verteiler/Switch (siehe Abschnitt 3.5). Gute Kabel verfügen über Stecker mit einer Metallhülle, die äußere Störeinflüsse abschirmt.

2.3.2 Verlegung der strukturierten Verkabelung und Geräteverbindungen

Die Endgeräte werden nicht mehr in einer Kette, sondern in Form einer Sternverkabelung an einen Verteiler angeschlossen. Verteiler sind Geräte mit mehreren Netzwerkanschlüssen (im Fachjargon Ports). Diese wurden zunächst als sogenannte Hubs realisiert, die die an einem Netzanschluss eingehenden Signale an alle anderen Netzanschlüsse weiterleiten. Auf allen Kabelsträngen, die an einen Hub angeschlossen sind, liegen somit die gleichen Signale an.

In der Regel handelt es sich bei Verteilern heute aber um Switches, deren Funktionsweise im Rahmen der Behandlung der Sicherungsschicht detailliert beschrieben wird. An Switches werden die Endgeräte direkt angeschlossen, T-Stücke und Endwiderstände sind nicht mehr nötig, der Bus wird im Switch terminiert. Der Nachteil ist ein wesentlich höherer Bedarf an Kabeln. Der Vorteil ist, dass bei einem Unterbruch eines Kabels nur das betroffene Endgerät vom Netzwerk isoliert ist und nicht alle, wie bei der Koaxialverkabelung.

Die Kommunikation erfolgt über definierte Drähte. Die Sendeleitung eines Gerätes muss daher auf die Empfangsleitung seines Partners aufgeschaltet werden und umgekehrt. Die Switches müssen daher eine andere Pinbelegung der Stecker/Dosen besitzen als die Netzwerkadapter.

Werden zwei Switches bzw. zwei Endgeräte direkt miteinander verbunden, muss unter Umständen ein spezielles Kabel eingesetzt werden, das diese Leitungen richtig zusammenfügt, Senden und Empfangen werden hier überkreuzt, daher kommt der Name Crossover-Kabel (Pins 1 und 2 auf Pin 3 und 6 des RJ-45-Steckers). Vorsicht ist auch hier bei Gigabit-Ethernet und höheren Geschwindigkeiten geboten. Bei diesen werden alle Adern genutzt, man benötigt hier spezielle Crossover-Kabel. Diese werden als „doppelt gekreuzt“ bezeichnet.

Aus den genannten Gründen müssen Switches über einen Eingang verfügen, der in der Pinbelegung entweder schaltbar oder fest gekreuzt ist, den sogenannten Uplink-Port. Er sorgt dafür, dass nur eine Kabelsorte verwendet werden muss und das Crossover-Kabel überflüssig wird. Zur Vereinfachung und Fehlervermeidung besitzen heutige Switches Anschlüsse, die selbstständig erkennen, ob andere Netzwerkgeräte oder Netzwerkadapter angeschlossen sind, und die Pinbelegung automatisch richtig umschalten.

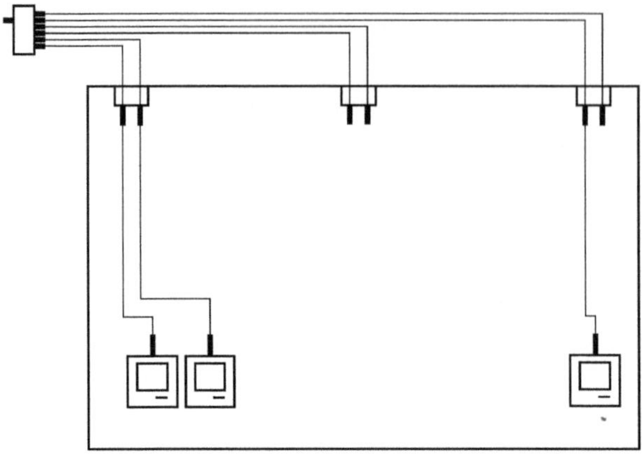

Bild 2.6 Eine strukturierte Verkabelung: Die Rechner werden direkt an einen Switch angeschlossen. Unbenutzte Dosen müssen nicht überbrückt werden, der Switch erkennt, ob ein Gerät angeschlossen ist oder nicht. Der Bus wird im Switch terminiert. Die Kabel werden an jede Dose herangeführt, die Endgeräte sind also „autonom" angeschlossen. Wird ein Kabel beschädigt, ist nur ein Endgerät betroffen, nicht alle.

Diese Technologie nennt man „MDI-Autosensing", und sie setzt sich langsam überall durch. Sie hat große Vorteile, denn es ist nur noch eine Kabelsorte notwendig. Dies hat aber auch Nachteile, da hier Switches, an denen zwei Ports miteinander verbunden werden, einen Link (d. h. eine Verbindung) haben. Bei der Diskussion der Sicherungsschicht werden wir sehen, dass das katastrophale Auswirkungen haben kann. Ohne MDI-Autosensing passiert nichts, wenn wir oder unsere Anwender, zum Beispiel durch Verbinden zweier Anschlussdosen im Büro, aus Versehen zwei Ports mit einem Anschlusskabel verbinden, es funktioniert einfach nicht. Bei Ports mit MDI-Autosensing gibt es immer einen Link.

Nach dem Verständnis der Hersteller wird vom Switch ausgegangen. Alles, was an ihn angeschlossen wird, gilt im Prinzip als Endgerät, also auch zum Beispiel Router (siehe Vermittlungsschicht). Bei Verbindungen von Endgeräten zu Verteilern sind die Pinbelegungen bereits richtig vorbereitet, man benötigt kein Crossover-Kabel. Die Crossover-Kabel sollten daher gut gekennzeichnet werden, um Verwechslungen von vornherein auszuschließen.

2.4 Glasfaser

Mit der Entwicklung der Glasfasertechnik wurde es möglich, wesentlich weitere Strecken zu überbrücken. Vor allem in der vertikalen Verkabelung von Gebäuden und zwischen ihnen war es wichtig, die Längenbeschränkungen zu umgehen. Da Glasfasern eine immer größere Rolle in der EDV spielen, wird hier besonders auf das Thema eingegangen.

Je nach Faser- und Sender-/Detektortyp können heute bis zu 10–120 km ohne Verstärker überbrückt werden, mit Verstärkern über 1000 km. Glasfasern sind äußerst leistungsfähig, die Übertragungskapazität wächst von Jahr zu Jahr. In Tests erreicht man bereits Übertragungsraten von mehr als einem Petabit/s (dies entspricht 1000 Terabit/s).

Zur Verbindung von Endgeräten verwendet man üblicherweise 1000 Mbit/s. Im Backbone-Bereich sind heute 100 Gbit/s und zunehmend 400 Gbit/s üblich. Glasfasern sind sehr empfindlich bei Biegung und mechanischer Belastung. Ihre Vorteile neben der größeren einsetzbaren Länge sind die Abhörsicherheit (keine elektromagnetische Emission) und keinerlei Empfindlichkeit auf elektromagnetische Störeinflüsse. Ein weiterer großer Vorteil der Glasfasern ist die galvanische Trennung (Potenzialtrennung). Wird ein Gerät im Netzwerk durch Überspannungen oder Blitzschlag zerstört oder beschädigt, wird dies, im Gegensatz zur Kupferverkabelung, nicht an andere Geräte weitergeleitet.

2.4.1 Glasfasertypen, Lichtwellenleiter, Effekte

Heute sind standardmäßig drei Typen von Glasfasern im Einsatz. Es sind Multimode-Fasern mit Kerndurchmessern von 62,5 µm (die amerikanische Norm) und 50 µm (die europäische Norm) sowie Single- oder Monomode-Fasern mit 9 µm Kerndurchmesser. Es gibt unzählige Typen verschiedenster Aufbauarten. Sie alle hier zu beschreiben, wäre zu umfangreich. Daher ist zu beachten, dass hier nur die gängigsten beschrieben sind und es noch viele andere gibt, sowohl im physischen Aufbau als auch in der Funktion. Um die Namensgebung und die Funktion zu verstehen, müssen wir einen kleinen Exkurs in die Physik der Lichtwellenleiter wagen.

2.4.2 Lichtleitung in der Faser

Ein Lichtwellenleiter besteht aus einem Kern, der Licht leitet (meist aus Silizium-Germanium-Oxid, einem Glastyp, Kunststoffe sind bereits ebenfalls im Einsatz). Um den Kern liegt eine Kunststoffhülle. Die Faser selbst ist so dünn, dass sie nur unter einer starken Lupe sichtbar ist. Um die Hülle liegt ein Gelmantel, der erlaubt, dass sich der Kern geringfügig bewegen kann. Dies ist wichtig, da sonst der Biegeradius enorm wäre. Außen liegt dann eine Schutzhülle aus festem Kunststoff, die vor mechanischer Belastung schützt. Diese Schutzhülle gibt es in den verschiedensten Ausführungen, von dünn bis hin zu sehr festen Mänteln bei erwarteter mechanischer Belastung. Bei Fasern, die in der Natur oder in Kanälen verlegt werden, kann außen herum auch, wie bei Kupferkabeln, ein Nagetierschutz angebracht sein. Hier muss der Typ der Lichtwellenleiter nach dem Bedarf ausgesucht werden.

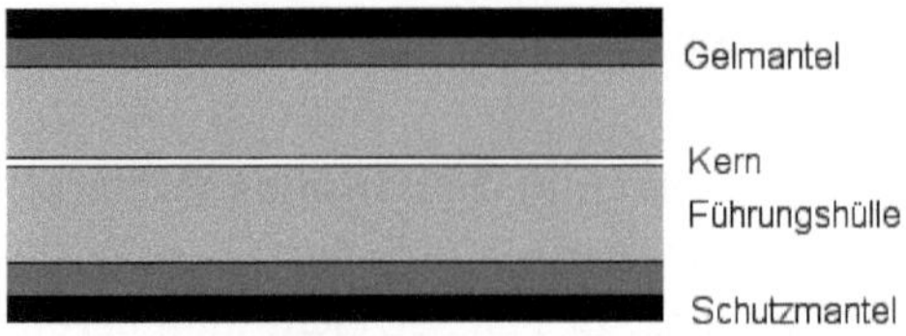

Bild 2.7 Der schematische Aufbau eines Lichtwellenleiters: Der Kern besteht aus dem das Licht leitenden Material. Er ist sehr dünn, mit dem bloßen Auge fast nicht zu sehen. Er wird von einer Kunststoffhülle gestützt. Diese ist von einem Gelmantel (oft aber auch ein Fadengeflecht) umgeben, der erlaubt, dass sich der Kern bewegen kann. Ganz außen ist eine Schutzhülle aus Kunststoff, die vor mechanischer Belastung schützt.

Interessant ist hier eigentlich nur der Faserkern, der das Licht leitet. Ein Lichtstrahl bewegt sich durch Totalreflexion im Lichtleiter fort. Trifft ein Lichtstrahl auf eine Grenzfläche zwischen zwei Materialien mit unterschiedlichem Brechungsindex, wird er gebrochen. Jeder hat das schon einmal selbst gesehen, der einen Stock ins Wasser steckt und von oben betrachtet. Es sieht so aus, als ob er an der Wasseroberfläche geknickt wäre. Wird der Einfallswinkel nun immer kleiner, erfolgt ab einem Grenzwinkel keine Brechung mehr, sondern Reflexion. Der Winkel, in dem eingestrahlt werden muss, damit es zur Reflexion kommt, heißt bei der Glasfaser die numerische Apertur.

Das Licht muss also in einem Winkel in die Faser eingeführt (in der Fachsprache sagt man eingekoppelt) werden, der eine Totalreflexion ermöglicht. Alles andere Licht wird weggebrochen und ist für uns und unsere Datenübertragung nutzlos.

Glas kennen wir als zerbrechliches Medium. Eine Faser ist aber derart dünn, dass sie ohne Bruch gebogen werden kann. Die meisten haben schon einmal die „Wunderlampen“ gesehen, die aus einem großen Büschel aus Glasfasern bestehen, das von einer Seite her beleuchtet wird. Schaltet man sie ein, sieht man winzige Lichtpünktchen an den Spitzen der Fasern.

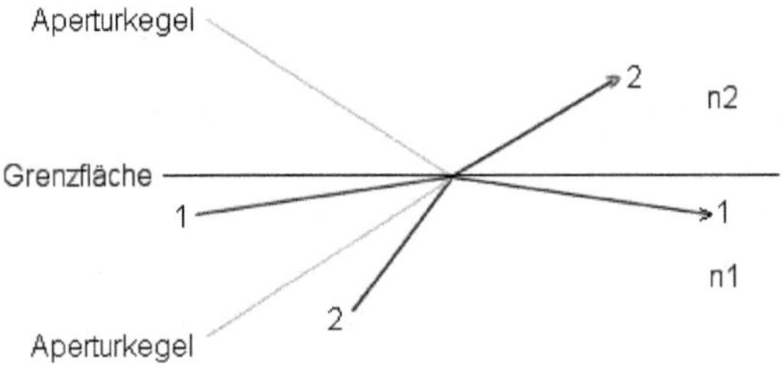

Bild 2.8 Trifft ein Lichtstrahl auf eine Grenze zwischen zwei Medien mit unterschiedlichem Brechungsindex, wird er gebrochen bzw. abgelenkt. Trifft er aber unter einem bestimmten Winkel auf, wird er reflektiert. Strahl 2 wird außerhalb der Apertur eingestrahlt und damit gebrochen. Strahl 1 liegt innerhalb der Apertur, daher wird er an der Grenzfläche reflektiert.

Diese Fasern bewegen sich schon im kleinsten Luftzug und brechen auch bei der Biegebewegung in einem gewissen Rahmen nicht. Glasfasern haben trotz ihrer großen Biegefähigkeit einen definierten Bruchpunkt.

Wer eine Glasfaser knickt oder den Biegeradius überschreitet, zerstört diese sofort. Insbesondere sind Glasfasern auf Zug nicht belastbar. Sie sind spröde und reißen leicht. Dies wird durch die Zugstabilität der Hülle aufgefangen. Sie stellt die Zugentlastung dar, die diese Kräfte aufnimmt.

2.4.3 Die Stufenindexfaser

Um diese Grenzfläche zu realisieren, die zur Reflexion des Lichtes führt, ist der Faserkern aus zwei Schichten aufgebaut, dem Innenkern und dem Mantel. Diese beiden besitzen unterschiedliche Brechungsindices n.

Wird der Lichtstrahl innerhalb der Apertur in den Leiter eingekoppelt, bewegt er sich in diesem durch Totalreflexion vorwärts.

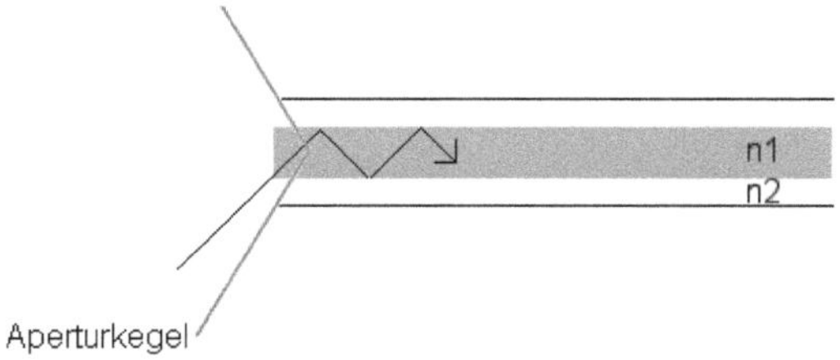

Bild 2.9 Der Kern besitzt eine höhere Brechzahl n als der Mantel. Daher bewegt sich ein Lichtstrahl, der innerhalb des Aperturkegels eingekoppelt wird, durch Totalreflexion im Lichtwellenleiter fort. Eine solche Glasfaser nennt man Stufenindexfaser, da hier der Brechungsindex im Kernleiter in einer Stufe verändert wird und im Mantel wie auch dem Kern selbst konstant ist.

2.4.4 Längenbeschränkung und Grenzen/Dispersion

Die Datenübertragung über eine Glasfaser besitzt eine beschränkte Längenausdehnung, in der eine Datenübertragung möglich ist. Viele Effekte stören die Signalübermittlung. Zuallererst ist dies die Dämpfung im Lichtleiter. Die eingestrahlte Intensität an Licht fällt exponentiell zur Länge des Lichtleiters ab. Grund dafür ist die Absorption des Lichts und die Streuung. Die Faser ist nie völlig homogen. An kleinsten Unregelmäßigkeiten in Dichte und Brechungsindex kommt es zur Streuung. Die Lichtteilchen werden abgelenkt, fallen aus der Apertur und laufen damit nicht mehr den Leiter entlang. Diesen Effekt nennt man Rayleigh-Streuung.

Weiter ist die Glasfaser nicht völlig „durchsichtig". Ein kleiner Teil des Lichtes wird von den Atomen absorbiert. Extrem störend sind OH-Gruppen, Bausteine des Wassers. Daher sind Lichtwellenleiter und Anschlussdosen stets mit einer Schutzkappe versehen, damit keine Luftfeuchtigkeit eindringen kann. Diese sind auch wichtig, um das Eindringen von Staub zu vermeiden, der die Grenzflächen der Fasern zerkratzt und natürlich nicht „durchsichtig" ist.

Das eingekoppelte Licht muss definierte Wellenlängen haben, die nicht in dem Bereich liegen, in dem die Materie des Leiters absorbiert. Es kann also nicht einfach mit irgendeiner Lichtquelle gearbeitet werden. Die Wellenlängenbereiche, in denen eine Übertragung möglich ist, nennt man optische Fenster. Im Alltag sehen wir das, wenn wir ultraviolettes Licht benutzen müssen. Hier muss Quarzglas eingesetzt werden, da normales Fensterglas für UV-Strahlung undurchsichtig ist.

Verluste entstehen auch durch eine starke Krümmung des Leiters, der gerade Weg der Reflexionen wird gestört. Es ist daher wichtig, beim Verlegen auf die Biegeradien zu achten.

Der nächste Komplex an Verlust kommt durch eine Verfälschung des Signals zustande. Um diese zu verstehen, muss wieder ein kleiner Exkurs in die Physik herhalten.

Eine Lichtquelle emittiert in der Regel, wenn sie aufleuchtet, nicht nur einen Wellenzug, sondern viele. Aufgrund der Tatsache, dass Licht Wellencharakter hat, können nicht alle Lichtstrahlen aller eingestrahlten Winkel transportiert werden. (Für Interessierte: nur Wellenzüge einer fixen Phasenbeziehung. Sie interferieren konstruktiv, bei den anderen kommt es zur Auslöschung.)

Diese Eigenwellen, die transportiert werden, nennt man Moden. Je nach Kerndurchmesser und Brechungsindex können das Tausende bis einige Millionen sein. Da die Moden winkelabhängig sind, unterscheiden sie sich durch ihre Laufrichtung in Bezug zur optischen Achse des Mediums.

Dies hat Konsequenzen für die Datenübertragung.

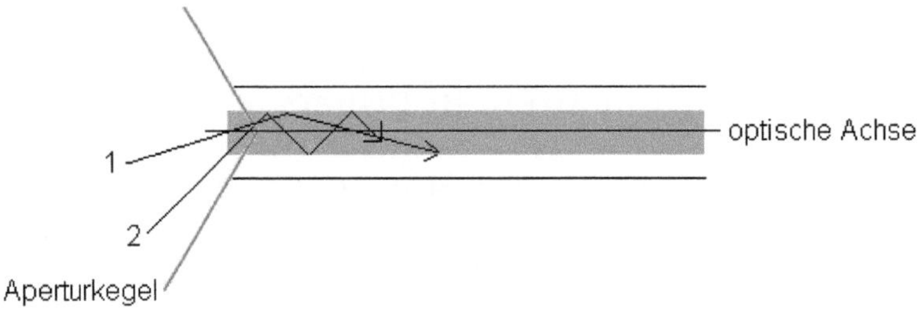

Bild 2.10 Schematisches Beispiel zweier lauffähiger Moden innerhalb eines Lichtwellenleiters: Sie bewegen sich beide im Leiter, sie sind innerhalb der Apertur eingekoppelt worden. Sie treten aber in unterschiedlichen Winkeln ein und werden in diesen reflektiert.

Je kleiner der Winkel zwischen der optischen Achse und dem Lichtstrahl ist, desto kürzer ist der Weg des Lichtes im Leiter. Die Ausbreitungsgeschwindigkeit aller Moden ist dieselbe, sie ist vom Brechungsindex des Leiters abhängig. Der Brechungsindex ist nichts anderes als der Quotient aus der Lichtgeschwindigkeit im Vakuum geteilt durch die Lichtgeschwindigkeit im untersuchten Medium. Da Licht im Vakuum in der Regel immer schneller ist als in irgendeinem anderen Medium, ist der Brechungsindex stets größer als eins.

Der Weg durch den Leiter aber ist für beide Moden sehr unterschiedlich, je nach Winkel zur optischen Achse.

Ein an der Grenze der Apertur eingekoppelter Lichtstrahl muss im Zickzack einen erheblich längeren Weg zurücklegen als ein fast zentral eingekoppelter, der nur einen sehr geringen Winkel zur optischen Achse hat. Daher kommen die Moden zu unterschiedlichen Zeiten am Empfänger an. Hier kommt es zu einer Beeinflussung des Gesamtsignals.

Dieser Effekt führt zu einer Signalverbreiterung. Ab einer gewissen Länge fließen die Signale ineinander und können nicht mehr korrekt aufgelöst werden. Hier ist die Längenbeschränkung erreicht.

Diese Art der Signalverfälschung bezeichnet man als die Modendispersion. Sie tritt immer in Erscheinung, wenn Lichtwellenzüge in verschiedenen Winkeln eingekoppelt werden. Diese Modendispersion ist einer der größten Störfaktoren bei der Glasfaserübertragung. Sie ist hauptsächlich für die Längenbeschränkungen der Datenübertragung über Glasfasern verantwortlich.

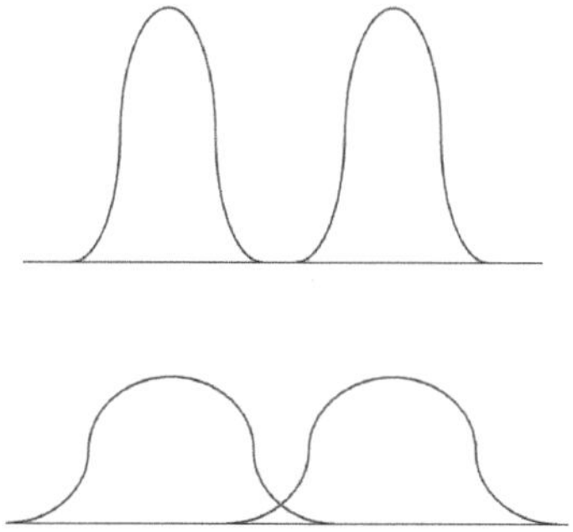

Bild 2.11
Zwei Signale am Anfang (oben) und am Ende (unten) des Lichtleiters. Durch die verschiedenen Wege der Moden werden die Signale „verwischt", also verbreitert. Am Anfang noch klar getrennt, laufen sie nun im Laufe des Weges ineinander. Sind sie so weit überlappt, dass sie nicht mehr aufgelöst werden können, ist die Längenbeschränkung gegeben.

Mit Lichtwellenleitern der europäischen Norm sind größere Längen zu überbrücken, da sie mit einem Kerndurchmesser von 50 µm erheblich weniger Moden zulassen als die der amerikanischen Norm mit 62,5 µm. Bei Gigabit-Übertragungen wird dies deutlich, bei Fasern mit 62,5 µm liegt die Längenbeschränkung bei 275 m, bei 50 µm bei 550 m.

2.4.5 Die Gradientenindexfaser

Die Längenbeschränkung durch die Modendispersion konnte erheblich durch neue Herstellungsverfahren verbessert werden. Die Stufenindexfaser ist schon für Gebäudeverbindungen an der Grenze. Um die Laufzeitunterschiede der Moden zu minimieren, wurde der Faserkern durch Dotieren (einbauen) von Fremdatomen verändert. Er besitzt nun nicht mehr einen konstanten Brechungsindex, sondern dieser wird von innen nach außen immer kleiner. Der Mantel hat nach wie vor einen konstanten Brechungsindex.

Eine Mode, die in die Außenbereiche des Kerns kommt, bewegt sich damit zunehmend durch ein Medium mit geringerem Brechungsindex. Die Ausbreitungsgeschwindigkeit einer Mode ist von diesem Brechungsindex abhängig. Moden im Zentrum des Kernes bewegen sich also langsamer als Moden im Außenbereich. Dadurch wird die oben beschriebene Dispersion korrigiert, indem die Laufzeitunterschiede nivelliert werden und die Signalverbreiterung erheblich zurückgedrängt wird.

Die Wellenzüge, die mit einem Winkel eingekoppelt werden, der bedingt, dass sie sich mehr im Zickzack durch den Kern bewegen, halten sich häufiger im Außenbereich des Kerns auf (sie bewegen sich schraubenförmig durch den Leiter), dort bewegen sie sich schneller. Wellenzüge, die fast nur im Zentrum des Kerns laufen, haben einen kürzeren Weg, bewegen sich aber langsamer. Glasfasern mit einem Kerndurchmesser 50 µm oder 62,5 µm nennt man aufgrund dieser Vorgänge auch Multimode-Fasern, da in jedem Signal unzählige Moden zum Transport der Daten eingesetzt werden.

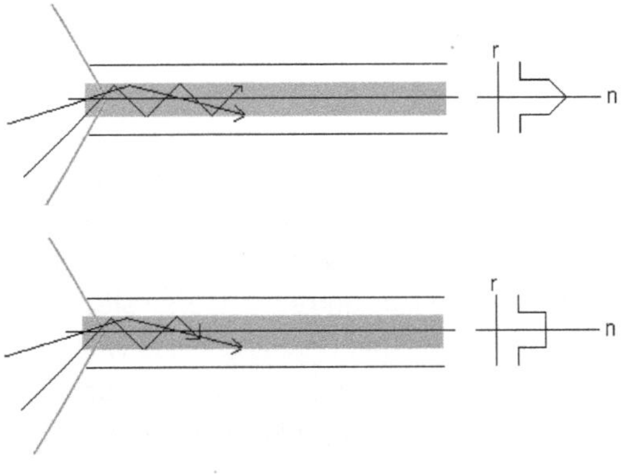

Bild 2.12 Bei der Gradientenindexfaser (oben) nimmt der Brechungsindex n des Kerns nach außen kontinuierlich ab. Der Mantel hat einen festen Brechungsindex. Bei der Stufenindexfaser haben Mantel und Kern feste Brechungsindices. In einem Medium mit geringerem Brechungsindex bewegt sich das Licht schneller vorwärts. Moden, die sich daher öfter im Außenbereich des Kerns aufhalten, laufen schneller als solche, die flacher zur optischen Achse verlaufen. Die Geschwindigkeitsunterschiede werden dadurch verringert und die Signalverbreiterung zurückgedrängt. Somit können wesentlich größere Entfernungen realisiert werden, bevor die Signale unbrauchbar werden.

2.4.6 Qualitäten und Längenbeschränkung

Die Qualitäten der Fasern zeigen sich stark in der Längenbeschränkung. Nach diesen Qualitäten werden sie in drei Klassen eingeteilt, dem OM-Standard. Er wird durch spezielle Messungen ermittelt, und die Fasern werden dadurch klassifiziert. Dies ist eminent wichtig bei der Neuplanung oder einer Migrationsplanung der Verkabelung. Mögliche Längenbeschränkungen sollen am Beispiel des Übergangs von 1 Gbit/s auf 10 Gbit/s aufgezeigt werden. Bei einer Übertragung mit 1 Gbit/s schaffen Fasern nach OM 2,50 µm eine Distanz von 550 m, bei einer Qualität von OM3 aber 900 m. Bei 10 Gbit/s sind es bei OM2 ca. 80 m, bei OM3 300 m. Mit den alten OM1-Kabeln ist leider nichts mehr zu gewinnen. Bereits nach ca. 30 m ist es vorbei mit 10 Gbit.

Der Kostenunterschied zwischen OM2- und OM3-Fasern ist nicht mehr groß. OM2 wird immer noch standardmäßig angeboten. Hier sollte man zur Zukunftssicherheit bei Neuverkabelungen den Standard OM3 vorziehen.

Wer noch OM2-Kabel hat (sie sind noch breit im Einsatz), kann sich behelfen, selbst wenn er etwas über die Grenzen kommt. Einige Hersteller bieten spezielle Patchkabel an, die die Dispersion durch eine spezielle Fertigung stark korrigieren. Diese Kabel nennt man „Mode-Conditioning-Kabel“. Sie sind zwar teuer, aber auf jeden Fall günstiger als eine Neuverkabelung.

2.4.7 Die Mono- oder Singlemode-Faser

Noch besser lässt sich die Modendispersion unterdrücken, wenn sie nicht mehr auftritt. Welche und wie viele Moden erlaubt sind, hängt von der Wellenlänge, dem Brechungsindex und dem Kerndurchmesser der Glasfaser ab. Wird der Durchmesser unter 10 µm gewählt, ist nur noch eine einzige Mode erlaubt. Die Modendispersion tritt nicht mehr auf. Daher nennt man Glasfasern dieses Typus Mono- oder Singlemode-Fasern. Sie können weitaus größere Strecken überbrücken, sind aber auch erheblich teurer und schwerer zu verlegen. Daher haben Fasern mit 50 µm oder 62,5 µm durchaus ihre Berechtigung.

Im Bereich der vertikalen Gebäudeverbindungen, „Glasfaser bis zum Arbeitsplatz“ und Strecken innerhalb der Längenrestriktionen ist die Multimode-Faser absolut tauglich und breit im Einsatz. Auch sind hier die Interfaces wesentlich günstiger.

Die Modendispersion ist der größte Störfaktor. Es gibt noch andere Arten der Dispersion, die vor allem im Weitbereich relevant werden (Polarisationsdispersion, chromatische Dispersion). Ebenso gibt es noch weitere Mechanismen, die das Signal im Kabel dämpfen. Hierzu sei jedoch auf weiterführende Literatur verwiesen, sie sind meist nur mit gutem technischem Hintergrund zu verstehen.

2.4.8 Verlegung und Handhabung

Glasfasern werden in der Regel fest verlegt. An Koppelstellen werden sie gespleißt, das heißt, fest verschweißt. Dies ist nur mit speziellen Geräten möglich. An den Anschlussstellen werden Anschlussdosen gesetzt, an die mit Glasfaserkabeln angekoppelt werden kann.

Auch bei der Glasfaser gilt, dass Verbindungen von Gerät zu Gerät anders sind als Verbindungen von Gerät zu Endgerät. Auch hier muss die Sendeleitung des Gerätes auf die Empfangsleitung des Endgerätes gesteckt werden. Glasfaserverbindungen haben in der Regel zwei Fasern, Senden und Empfangen. Werden zwei Endgeräte oder zwei Netzwerkgeräte miteinander verbunden, müssen die Fasern gekreuzt werden.

Die Güte der Steckverbindung bestimmt, wie viel Dämpfung durch eine solche auftritt. In der Regel gilt wie bei der Kupferverkabelung, dass so wenig als möglich lösbare Verbindungen im Einsatz sein sollten. Im Gegensatz zu gespleißten Verbindungen, die heute fast keine Dämpfungen mehr verursachen, sind Steckverbindungen immer mit einer Dämpfung des Signals und Reflexionen behaftet. Dies wird klar, wenn man zum Fenster hinaussieht: Ein schwaches Spiegelbild ist zu sehen. An einer glatten Glasfläche werden ca. 5–8 % des auftreffenden Lichtes direkt reflektiert. Dieses geht für das Signal verloren. Darüber hinaus kommt es zu Störungen, da dieses Licht im Leiter zurückläuft.

Die besten Steckertypen sind deshalb heute schräg (8°) angeschliffen. Dadurch wird das reflektierte Licht in den Mantel gestreut und stört die Vorgänge im Kern nicht mehr. Weiter wird heute dafür gesorgt, dass mit einem leichten Federdruck beide Faserenden in der Verbindung aufeinandergepresst werden. Besteht kein Luftspalt in der Steckverbindung, tritt weit weniger Streuung an Luft auf. Inzwischen gibt es sehr viele Typen von Steckverbindungen. Für sie sei auf weiterführende Literatur verwiesen. Die gängigsten sind am Ende des Buches abgebildet. Jeder Steckertyp hat seine Vor- und Nachteile, verschiedene Dämpfungen und Güteklassen. Je nach Einsatz, dem Fasertyp, der Länge und der Geschwindigkeit muss abgewogen werden, welche Typen eingesetzt werden müssen. Hier müssen erhebliche Kostenunterschiede mit den Anforderungen angeglichen werden. Durchgesetzt hat sich bei fast allen Steckertypen eine zylindrische Führung. Bei Schrägschliff muss der Stecker zwangsgeführt werden, um ein Verdrehen zu vermeiden. Die Faserkerne werden in eine zylindrische Hülle eingeklebt, die Ferrule. Diese wird nun in eine Führung aus Keramik eingeschoben.

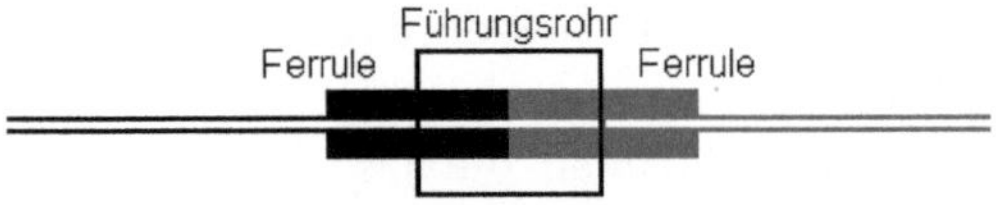

Bild 2.13 Schematischer Aufbau einer Steckverbindung von Glasfasern: Die Ferrulen mit den beiden Faserkernen werden in einem Führungsrohr zentriert. Kleine Federn sorgen dafür, dass die Stirnflächen aneinandergepresst werden.

Viele Steckertypen wurden entwickelt und sind im Einsatz. Das Problem bei allen Steckverbindungen ist die Dämpfung des Signals an der Kontaktfläche durch Reflexion und Streuung (mehr dazu siehe Kapitel 16, „Steckertypen"). Generell unterschieden werden die Stecker nach zwei Kriterien. Einmal werden die Faserenden durch Federn oder den Aufbau der Stecker fest aufeinandergepresst, oder es verbleibt ein winziger Luftspalt. Erstere sind von der Qualität her wesentlich besser.

2.4.9 Einsatz von Laser

Nicht alle Laser, die zur Übertragung eingesetzt werden, sind im sichtbaren Bereich des Lichtes. Gerade Fernverbindungen werden mit Lasern bedient, die außerhalb des für uns sichtbaren Spektrums sind. Daher sind sie aber nicht weniger gefährlich. In eine Faser oder einen Anschluss sollte man daher nie hineinschauen, da dies die Augen ernsthaft beschädigen kann. Die Leistungen sind zwar gering, im Bereich von Milliwatt, aber die Bündelung auf 50 µm oder sogar 9 µm ergibt umgerechnet auf einen Quadratmeter immense Werte. Neueste Weitverkehrssysteme, die mit vielen Lasern gleichzeitig arbeiten, sind so leistungsfähig, dass Verbrennungen der Haut auftreten, wenn man sich dem Lichtstrahl exponiert. Bei leistungsstarken Lasern kann der Lichtstrahl die Kabelhülle zerstören und austreten, wenn der Biegeradius unterschritten wird.

2.4.10 High-Speed-Verfahren

Mit den neuesten Technologien lassen sich ungeheure Übertragungsraten erzielen. Da diese Verfahren immer mehr eingesetzt werden, sollen sie kurz erläutert werden.

Arbeitet man nicht mit einem Laser, wie üblich, sondern gleichzeitig mit mehreren Lasern verschiedener Frequenzen, lassen sich vielfache Datenströme simultan über eine Faser übertragen. Am Empfänger müssen diese einzelnen „Farben" wieder durch Filter oder wellenlängenempfindliche Detektoren getrennt werden. Dieses Verfahren nennt man WDM, Wavelength Division Multiplexing.

Zwei Varianten dieses Verfahrens sind im Weitverkehrsbereich im Einsatz, das CWDM, Coarse Wavelength Division Multiplexing, benutzt Laser, die Wellenlängen benutzen, die einen Wellenlängenabstand von ca. 20 Nanometern haben. Hier lassen sich Datenraten von ca. 2,5 Gigabit (pro „Farbe"/Laser) erzielen. Mit diesen Interfaces lassen sich Strecken von bis zu 60–70 Kilometern ohne Verstärker erreichen.

Eine viel teurere Variante, die sehr viel teurere und in der Handhabung kompliziertere Laser verwendet, ist das DWDM, das Dense Wavelength Division Multiplexing. Hier beträgt der Abstand der Wellenlängen nur ca. einen Nanometer. Dafür lassen sich heute mit dieser Technologie Daten mit ca. 40 Gbit/s übertragen. Es sind Strecken von bis zu 1000 Kilometern möglich.

Mit den neuesten Geräten ist es möglich, Verstärker zu bauen, die das Signal direkt optisch verstärken. Es muss nicht erst decodiert und auf Kupferleitungen umgesetzt werden. Diese Verfahren sind aber noch derart teuer, dass sie nur in Weitverkehrsverbindungen eingesetzt werden.

2.5 Die Gesamtverkabelung

In der Bitübertragungsschicht sind noch etliche andere Medien im Einsatz, alle aufzuführen wäre zu umfangreich. Bislang haben wir Verkabelungen im LAN-Bereich (Local Area Network, meist begrenzt auf Gebäude) betrachtet. Im Bereich MAN (Metropolitan Area Network, ein Mittelding zwischen lokal und weit, zum Beispiel Verbindung von Gebäuden über Straßen hinweg) und WAN (Wide Area Network, bis weltweit) sind andere Übertragungsmechanismen im Einsatz, von Satellitenübertragung bis Seefunk, Richtfunk und Richtlaser. Die Glasfaser in den verschiedensten Typen und Ausführungen ist in allen drei Bereichen im Einsatz.

2.5.1 Gebäude/Büro

Wie oben betrachtet, wird heute eine sternförmige Verkabelung eingesetzt, das heißt, alle Anschlussdosen an den Arbeitsplätzen werden von Kabeln erschlossen, die an einer zentralen Stelle zusammengeführt werden, zum Beispiel Stockwerk für Stockwerk. Dies gilt für die strukturierte Verkabelung genauso wie für Umgebungen mit Glasfaser bis hin zum Arbeitsplatz. Dies kann ein Stockwerksverteiler oder bei kleineren Umgebungen auch ein Gebäudeverteiler sein. Dort ist ein Switch eingebaut, der den Kontakt entweder zum Haus/-Firmennetzwerk oder zu einer WAN-Verbindung herstellt.

Soll nun ein Netzwerkgerät wie ein PC oder Drucker ans Netzwerk angeschlossen werden, muss mithilfe zweier kurzer Verbindungskabel, sogenannter Patch-Kabel, eine Verbindung zwischen der Netzwerkkarte und der Anschlussdose und zwischen dem Switch und dem Kabelende im Verteilerraum gesteckt werden.

Bei der Installation des Netzwerks ist es üblich, dass alle Kabel von allen Anschlussdosen her in einen Netzwerkschrank (Rack) geführt und dort fest mit Anschlussdosen versehen werden. Eine deutliche Beschriftung ist eine Selbstverständlichkeit, da in einem Gebäudeverteiler Hunderte von Anschlüssen enden können!

Ein solches Array von Anschlussdosen in einem Rack (Kommunikationsschrank) nennt man ein Rangierpanel. Es ist die Aufgabe des Netzwerkbetreuers, hier die nötigen Verbindungen vorzunehmen, zu dokumentieren und unbenutzte Anschlüsse wieder zurückzunehmen. Hierbei muss größte Sorgfalt angewendet werden. Eine strukturierte Verkabelung versorgt auch andere Dienste über dieselbe Verkabelung. Wer versehentlich einen ISDN-Anschluss (mit ca. 100 Volt Spannung!) auf ein Netzwerkgerät steckt, kann einen enormen Schaden verursachen. Normalerweise wird dies durch verschiedene Pinbelegungen der Dienste verhindert. Aber wie oben ausgeführt, lassen sich über ein Kabel mit speziellen Anschlussdosen zwei Verbindungen über ein Kabel realisieren. Hier sind alle Pins belegt.

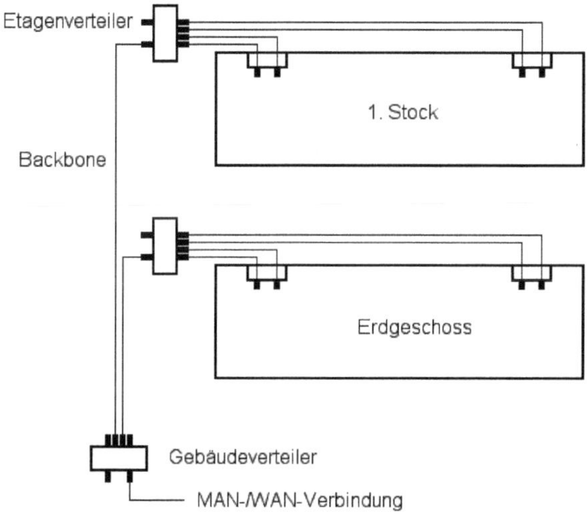

Bild 2.14
Der heute übliche Aufbau einer Gebäudeverkabelung: Zentral im Gebäude ist ein Gebäudeverteiler installiert, von dem aus die Unterverteiler (zum Beispiel Etagenverteiler) erschlossen sind. Diese erschließen die einzelnen Wanddosen in einem Rangierpanel. In der Regel sind heute die vertikalen Verbindungen aus Glasfaser, die horizontalen sind eine strukturierte Verkabelung.

Die Netzwerkleitungen, welche die Verbindung zwischen den Stockwerken und den Netzwerkgeräten vornehmen und an die normalerweise keine Endgeräte angeschlossen werden, nennt man den Backbone (Rückgrat) eines Netzwerks. Meist wird es mit Glasfasern realisiert, schon aufgrund der Längenrestriktionen. Hier wird in der Regel Gigabit-Ethernet eingesetzt. Da in letzter Zeit die Preise gefallen sind, wird bei Neuausrüstungen und Ersatz der Backbone-Geräte immer mehr 10 Gbit/s oder mehr eingesetzt. Der Backbone sollte die höchste haben.

2.5.2 Geschwindigkeit

Gigabit Ethernet hat sich gegenüber der strukturierten Verkabelung durchgesetzt, denn die meisten PCs und Server sind bereits mit Gigabit-Ethernet-Karten ausgestattet. Daher muss auf die Qualität der Verkabelung geachtet werden. Insbesondere bei älteren Verkabelungen oder niedrigerer Qualität kann es hier zu hohen Fehlerraten kommen. Es empfiehlt sich, eine bestehende Verkabelung vermessen zu lassen, dies erledigt jeder zertifizierte Elektriker.

In der Regel sollte man heute Switches einsetzen, die mindestens Gigabit-Uplinks zum Anschluss an den Backbone haben. Für Endkunden, die große Datenmengen übertragen müssen, lohnt es sich, überall Gigabit-Ports zu verwenden: Selbst, wenn nicht Datenraten von 1 Gbit/s erreicht werden, erreicht man so höhere Datenraten als mit Fast-Ethernet. Für „normale Büroarbeitsplätze", Drucker oder Scanner können die weitaus günstigeren Switches mit Gigabit-Uplink und Fast-Ethernet-Ports eingesetzt werden oder bestehende, noch funktionierende Geräte mit Fast Ethernet weiter genutzt werden.

Vorsicht ist auch geboten, wenn Geräte der billigen Preisklasse angeboten werden. Was für ein Datendurchsatz ein Switch bietet, hängt nicht nur von der Fähigkeit seiner Ports ab. Ein 48-Port Gigabit-Switch, der zu kleine Pufferspeicher hat und ein Backplane von 10 Gbit/s, ist völlig überbucht. Sind hier genug Geräte angeschlossen, ist ihre Datenrate geringer als bei einem Fast-Ethernet-Gerät, das aber kapazitativ ausreichend ausgerüstet ist.

Zum Backbone sollte aus Sicherheitsgründen niemand als der Administrator Zugang haben. Genauso sollten die Anschlüsse nur von eingewiesenem Personal verwaltet werden. Wie wir unten sehen werden, kann eine einzige falsche Verbindung im Netzwerk enormen Schaden anrichten.

Die Länge der Patchkabel sollte so kurz als möglich gewählt werden. Manchmal müssen aber, zum Beispiel in großen Büros oder bei einer ungünstigen Lage der Anschlussdosen in den Räumen, längere eingesetzt werden. Hier muss auf die Längenrestriktionen geachtet werden. Selbstverständlich müssen die Patchkabel hier mit eingerechnet werden. Ein guter Planer bezieht genug Reserve für die Patchkabel bei der Konzeption einer Gesamtverkabelung ein.

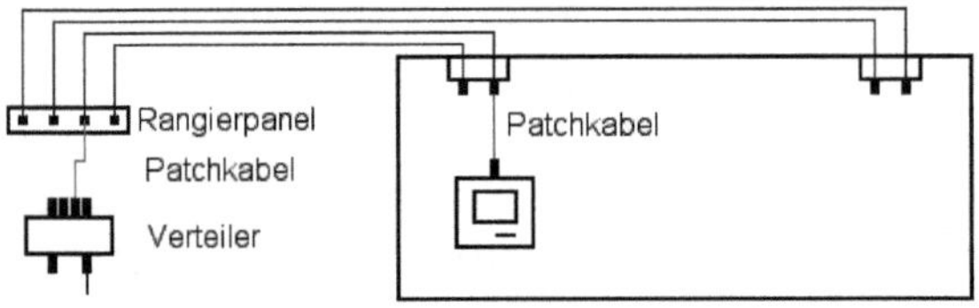

Bild 2.15 Alle Anschlussdosen werden fest verkabelt und in einem Rangierpanel zusammengeführt. Wird nun eine Dose in einem Raum in Betrieb genommen, verbindet der Netzwerker die Wanddose und die Netzwerkkarte des Rechners mit einem kurzen Kabel. Ebenso stellt er mit einem solchen die Verbindung zwischen dem Verteiler und dem Rangierpanel her. Das Endgerät ist nun mit dem Netzwerk verbunden. Diese kleinen Kabel, die diese Verbindungen herstellen, nennt man Patchkabel.

Zu beachten ist dabei: Kabel, die für die feste Verlegung vorgesehen sind, sind meist besser abgeschirmt als Patchkabel. Dies hat den Grund, dass man die Patchkabel in Büros gerne flexibler und nicht so steif haben möchte. Patchkabel haben daher eine höhere Dämpfung. Die möglichen 100 m Distanz bei 100 Mbit/s lassen sich daher mit einem Patchkabel nicht erreichen.

2.5.3 Mini-Switches

Oft sind nicht genug Anschlussdosen in einem Raum vorhanden. Einerseits wächst die Zahl der Endgeräte wie PCs und Drucker ständig, und die Verkabelungen sind oft schon älter, andererseits ist es auch sinnlos, bei Neuverkabelungen zu viele Dosen zu planen. Sind in einem Raum nicht genug Anschlussdosen vorhanden, können einzelne Dosen mit Mini-Switches (Büroswitch) vervielfacht werden. Dabei muss unbedingt darauf geachtet werden, dass keine Schleifen entstehen (siehe Sicherungsschicht).

2.5.4 Fiber to the Desk

Vor einigen Jahren war die standardmäßige Qualität der liegenden Verkabelung noch nicht so hoch, wie es heute möglich ist. Ebenso waren die Switches und Interfaces für Glasfaser nicht bereit oder sehr teuer. Daher sah man die Glasfaser als die Zukunft an. Zur Zukunftssicherung gab es den Trend, auch die Arbeitsplätze mit Glasfaser zu erschließen, damals in der Regel mit 100 Mbit/s. Dieser Trend hat sich nicht durchgesetzt. Heute ist als Hauptvorteil der Glasfaser in diesem Bereich nur noch die enorm höhere Längenkapazität geblieben. Die Gesamtverkabelung ist nun in der Lage, auch ohne Glasfaser Gigabit zu bieten. Die Kosten für die Anschlüsse per Glasfaser sind erheblich teurer. Ebenfalls muss für jedes Gerät eine Netzwerkkarte angeschafft und eingebaut werden. Für Geräte mit integrierten Netzwerkkarten wie Drucker und Faxgeräte muss mit Medienkonvertern gearbeitet werden. Netzwerkkarten mit Glasfaseranschluss setzen sich hauptsächlich im Server-Bereich durch, weshalb bei einer Neuerschließung von Glasfaser in Büroräumen abzuraten ist. Sollten die Längen in einem Gebäude zu groß sein, kann mit Switches gearbeitet werden, die einen Glasfaser-Uplink haben. Im Büro/Raum sollte dann mit Kupferpatchkabeln gearbeitet werden.

2.6 Kabeltypen/Dateneinspeisung/Entnahme

2.6.1 Kabeltypen

Bevor wir das Thema Bitübertragungsschicht beenden können, müssen wir noch die Spezifikationen der Kabeltypen und die Fachterminologie betrachten. Die Bezeichnungen der Kabel verraten dem Fachmann sofort, um was für eine Ausführung es sich handelt, sie sind eindeutig bezeichnet. Um diese Bezeichnungen zu verstehen, müssen wir wieder einen kleinen Exkurs in die Physik wagen.

Über ein Medium lassen sich die Daten in Form elektrischer Signale in verschiedenen Mechanismen und Codierungen übertragen. Der Computer kennt intern nur zwei Zustände, ja und nein. Deshalb erfolgt der Austausch von Daten in der Regel binär, Zustand null oder eins, Signal oder nicht.

Die Daten werden also codiert und als Folge von Nullen und Einsen, Signal oder nicht, auf die Zeit bezogen, ins Medium eingespeist. Hierfür gibt es zwei Methoden:

Eine definierte Frequenz wird benutzt. Sollen mehrere Dienste gleichzeitig Daten über das Medium senden, müssen diese zeitlich gemultiplext werden.

Wird einem Dienst dabei eine gewisse Anzahl von Takten pro Sekunde fest zur Verfügung gestellt, kann er mit einer virtuellen Teilfrequenz pro Sekunde kommunizieren. Man sagt, er bekommt „Bandbreite" zugewiesen. Die Gesamtbandbreite teilen sich alle Dienste. Je mehr Dienste also gleichzeitig senden, desto weniger Übertragungskapazität stehen dem Einzelnen zur Verfügung.

Ein zeitliches Multiplexing erfordert eine definierte Taktrate und eine Synchronisation zwischen Sender und Empfänger. Am Empfänger müssen die Daten wieder demultiplext, also zerlegt, und sinnvoll wieder zusammengefügt werden.

Bild 2.16 Zwei Dienste senden gleichzeitig Informationen über ein Medium. Sie müssen dies abwechselnd tun (hier schematisch, schwarze und graue Segmente, die über ein Medium gesendet werden). Am Empfänger wird das Signal wieder aufgelöst und verteilt. Beide Dienste sehen davon nichts, sie haben aber nur die halbe Bandbreite zur Verfügung.

Die andere Methode ist, dass mehrere Frequenzen gleichzeitig eingesetzt werden. Diese sind in klar trennbaren Abständen angeordnet. Der Empfänger setzt nun einen Filter, sodass er nur die gewünschte Frequenz empfängt und decodiert. Somit lassen sich über ein Medium mehrere Datenströme übertragen. Im Bereich des Fernsehens ist diese Technologie im Einsatz. Hier werden die Programmkanäle auf verschiedene Frequenzen aufmoduliert und können so gleichzeitig über ein Medium verschickt werden.

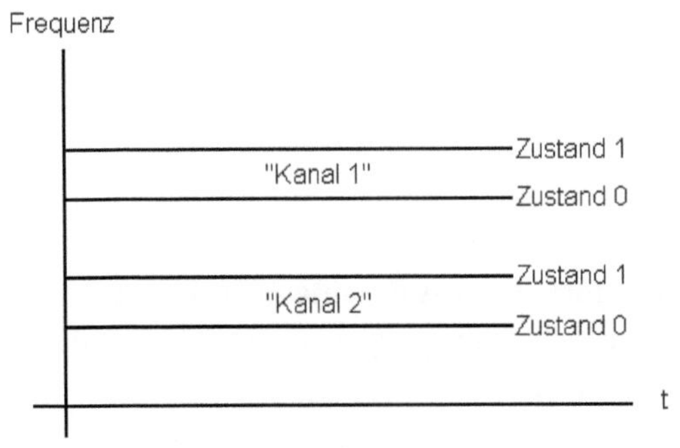

Bild 2.17 Mehrere Frequenzen werden gleichzeitig eingesetzt. So entstehen im Verlauf der Zeit die Frequenzbänder oder „Kanäle".

So entstehen im Verlauf der Zeit sogenannte Frequenzbänder. Die erste Art dieser Signalisation nennt man die Basisbandübertragung, die zweite die Breitbandübertragung. Im Bereich Netzwerke ist die Basisbandübertragung heute der Standard. Im Bereich Rundfunk und Fernsehen via Kabelanschluss dominiert die Breitbandübertragung mit verschiedenen Frequenzbändern für die „Programmkanäle" (über Koaxialkabel mit einem Wellenwiderstand von 75 Ohm). Für die Vernetzung von Computern wird die Breitbandübertragung für Internetanschlüsse über die Breitbandkabel der Fernsehanbieter verwendet. Beide Techniken haben Vor- und Nachteile. Diese zu diskutieren würde jedoch den Rahmen des Buches überschreiten.

Jetzt aber haben wir (endlich!) alles, um die verschiedenen Fachbezeichnungen der Kabeltypen verstehen zu können. Die Bezeichnungen sind klar strukturiert aufgebaut. Die erste Zahl gibt die Übertragungsrate in Mbit/s an, gefolgt vom Typ der Übertragung. Anschließend kommt eine Information zur maximalen Ausdehnung des Mediums oder zu dem Typ. Diese Bezeichnungen sind sehr wichtig, da zur liegenden Verkabelung die richtigen Patchkabel gewählt werden müssen. Wer eine Verkabelung nach STP hat, aber UTP-Patchkabel einsetzt, beeinträchtigt die Vorteile und Qualität der hochwertigeren installierten Verkabelung.

In der Regel wird heute in der Gebäudeverkabelung die Basisbandübertragung eingesetzt, auf die wir uns hier beschränken. Früher waren beide parallel im Einsatz. In der Regel ist der Endkunde auch beim Breitbandkabel-Internetanschluss nicht davon betroffen. Das Signal wird in der Regel sofort direkt am Fernsehanschluss abgekoppelt, decodiert und über ein spezielles Anschlussgerät, das Kabelmodem, als „normaler" Ethernet-Anschluss zur Verfügung gestellt. Hier sind wir wieder bei der Basisbandübertragung. Die OnBoard-Anschlüsse der heute gekauften Geräte können so direkt angeschlossen werden.

Die Bezeichnungen der Verkabelungstypen sind wie folgt aufgebaut:

- Die Zahl am Anfang gibt die Nenndatenrate an, z. B. 10, 100, 10 G. Der Zusatz G steht für Gbit/s. Wird kein Buchstabe angegeben, ist die Einheit Mbit/s.
- Es folgt die Art der Übertragung. Base- steht für Basisband, Broad- für Breitbandübertragung. In der Gebäudeverkabelung findet man in der Regel Base-.
- Als Nächstes wird das Medium angegeben. Hier steht z. B. T für Twisted Pair, S für kurze Wellenlängen mit Multimode-Glasfaser, L oder E/Z für lange bzw. sehr lange Wellenlängen in der Regel mit Singlemode-Glasfaser. Historisch stehen 2 und 5 für Koaxialkabel mit 180 m bzw. 500 m Reichweite.
- Optional folgt noch die verwendete Kodierung, z. B. X, R. Auf diese wird hier nicht näher eingegangen.
- Ebenfalls optional steht am Ende die Anzahl der Leitungen pro Verbindung, z. B. 2, 4, 10.

Hier einige Beispiele für gängige Verkabelungstypen:

10Base-5	10 Mbit/s, 500 m (Yellow Cable)
10Base-2	10 Mbit/s, 180 m (Thin-Wire)
10Base-T	10 Mbit/s, Twisted Pair
10Base-FL	10 Mbit/s, Glasfaser, Single- oder Multimode
100Base-TX	100 Mbit/s, Twisted Pair
100Base-FX	100 Mbit/s, Glasfaser, Single- oder Multimode
1000Base-TX	1000 Mbit/s Twisted Pair
1000Base-LX	1000 Mbit/s, Glasfaser, Single- oder Multimode
1000Base-SX	1000 Mbit/s, Glasfaser, Multimode
10GBase-T	10 Gbit/s, Twisted Pair
10GBase-SR	10 Gbit/s, Glasfaser, Multimode
10GBase-LR	10 Gbit/s, Glasfaser, Singlemode

Bei Glasfasern existieren zahlreiche weitere Implementierungen, vor allem, um auf die vielfältigen Arten der bestehenden Verkabelungen eingehen zu können. Bei Einsatz oder Migration zu 10 Gbit/s sollten der Hersteller der Geräte ebenso gefragt werden wie Spezialisten in der Verkabelung.

In der Bitübertragungsschicht gibt es noch viele andere Übertragungsverfahren, von Richtfunk, Wireless-Funknetzen, freiem Richtlaser bis hin zur Satellitenübertragung. Diese alle zu beschreiben, würde den Rahmen des Buches sprengen. Am Ende des Buches wird jedoch noch auf Wireless LAN eingegangen. Als flexible Erweiterung des kabelgebundenen Netzzugangs nicht nur in Privathaushalten, sondern auch in Bürogebäuden sowie öffentlichen Gebäuden und Plätzen setzt sich diese Technik immer mehr durch. Für das Verständnis eines Netzwerks und die Konfiguration ist es aber unerheblich, ob ein Rechner mit einem Patchkabel oder per Funk angeschlossen ist, daher wird dies nicht hier, sondern in Kapitel 8 besprochen.

2.6.2 Kabelkategorien

Innerhalb der strukturierten Verkabelung wird die Qualität der Kabel in Abschirmung und Fertigung in verschiedenen Kabelkategorien beschrieben. Diese Kategorien bestimmen, mit welchen Geschwindigkeiten und Längen gearbeitet werden kann.

- **Kategorie 1:** Billige Telefonverkabelung (sogenannter Klingeldraht). Die Adern sind parallel. Die Kabel eignen sich maximal für analoges Telefon und sollten nicht mehr eingesetzt werden.
- **Kategorie 2:** Etwas bessere Qualität als Kategorie 1. Tauglich für Telefon, ISDN.
- **Kategorie 3:** Tauglich für Telefon, ISDN und 10 Mbit/s Ethernet (10Base-TX). Kategorie 3 war lange Zeit Standard für die strukturierte Verkabelung. Sie wurde dann aber rasch von Kategorie 5 verdrängt, die höhere Geschwindigkeiten zulässt.
- **Kategorie 4:** Bessere Abschirmung und Fertigung. Geeignet für Telefon, ISDN und 10 Mbit/s Ethernet (10Base-TX) sowie Token Ring.
- **Kategorie 5/5e:** Diese Kategorie ist für Frequenzen bis 100 MHz geprüft. Geeignet für Fast Ethernet (100Base-TX). Eingeschränkt tauglich, je nach Qualität und Verlegung, für Gigabit Ethernet (1000Base-TX) und sehr eingeschränkt für 10G Ethernet (10GBase-T).
- **Kategorie 6:** Gut geschirmte Kabel. Geprüft bis 250 MHz. Sie sind für 1000Base-TX zertifiziert, ebenso für 10GBase-T.
- **Kategorien 7 und 7A:** Hochgeschirmte Kabel, im Minimum S/STP. Zertifiziert bis 600 MHz bzw. 1000 MHz. Sie sind für 1000Base-TX zertifiziert, ebenso für 10GBase-T.
- **Kategorien 8, 8.1 und 8.2:** Hochgeschirmte Kabel. Die unterschiedlichen Typen beziehen sich auf Aufbau und Komponenten. Sie eignen sich für Bandbreiten von bis zu 2000 MHz. Anwendungen sind beispielsweise 25GBase-T und 40GBase-T.

Die Kategorien sind immer abwärtskompatibel. Beispielsweise lässt sich auf Kategorie 8 auch Telefon, ISDN oder Fast Ethernet übertragen.

Die unteren Kategorien gibt es je nach Hersteller und Fertigungstechniken in vielen Ausführungen (z. B. UTP, STP, S-UTP). Entscheidend für die Kategorie sind die Leistungsdaten und Spezifikationen.

2.7 Transceiver

Jedes Endgerät muss mithilfe eines Netzwerkadapters (Netzwerkkarte) angeschlossen werden. Je nach Zugriffsverfahren (siehe Abschnitt 3.2) und dem Typ des Mediums muss dieser den geeigneten Anschluss bieten (z. B. BNC, RJ-45, Glasfaser). Der direkte Zugriff auf das Medium selbst wird durch ein spezielles Gerät vorgenommen, das sich Transceiver (TRANSmitter/reCEIVER, Sender und Empfänger) nennt. In den meisten Netzwerkadaptern ist es fest eingebaut und tritt nach außen nicht sofort ersichtlich in Erscheinung. Der Transceiver wandelt die Daten, die das Netzwerkgerät oder Endgerät versenden oder empfangen will, in eine Form um, die der Implementierung der Bitübertragungsschicht seines Netzwerks entspricht, ist also für die korrekte Signalisation zuständig.

Dasselbe gilt analog für die Entnahme von Daten aus dem Netzwerk. Jedes Netzwerkgerät muss über dieses Gerät angeschlossen werden. Auch die Ports eines Switches beinhalten Transceiver. Ein Medienkonverter, der zum Beispiel Segmente mit ThinWire und strukturierter Verkabelung verbindet, ist also im Prinzip nichts anderes als ein Gerät mit zwei Transceivern und einem Minibus, der beide verbindet.

Die Netzwerkadapter sind in den verschiedensten Typen erhältlich, die es ermöglichen, an jeden beliebigen Typ Medium (Bitübertragungsschicht) anzuschließen. Oftmals sind auch Typen erhältlich, die mehrere verschiedene Anschlüsse anbieten (sogenannte Combo-Adapter), also intern mehrere Transceiver eingebaut haben. Ebenso gibt es auch Netzwerkadapter mit Anschlüssen für externe Transceiver. Mit solchen Karten und einem geeigneten Transceiver kann an fast jeden beliebigen Typ ein Medium in der Bitübertragungsschicht angekoppelt werden.

- Im Bereich 10-Mbit/s-Netze nennt man diese „nativen" Anschlüsse für Transceiver AUI-Ports (Attachment Units Interface).
- Im Bereich 100 Mbit/s und 1000 Mbit/s nennen sie sich MII und GMII (Media Independent Interface/Gigabit Media Independent Interface).
- Bei 10Gbit/s nennen sie sich 10G-MII (10 Gigabit-Media Independent Interface) oder XGMII.

Zur Unterscheidung nennt man „normale" Anschlüsse, wie man sie zum Beispiel an Switches oder Netzwerkadaptern findet, die also interne Transceiver besitzen und nur den endgültigen Anschluss nach außen führen, MDI (Media Dependent Interface) oder MDI-X (Uplink-Port, Media Dependent Interface-Crossover).

Heute ist es nicht mehr üblich, mit nativen Schnittstellen und externen Transceivern zu arbeiten, außer bei Netzwerkkomponenten. Früher waren die Netzwerkkarten und Transceiver wesentlich teurer. Heute werden die meisten Endgeräte mit bereits fest eingebauten Netzwerkanschlüssen geliefert (Ethernet-on-Board).

In der Regel rüstet man ein Endgerät mit Netzwerkadaptern aus, die bereits den richtigen Transceiver fest eingebaut haben und nach außen nur das MDI ausführen (in den meisten Fällen RJ-45).

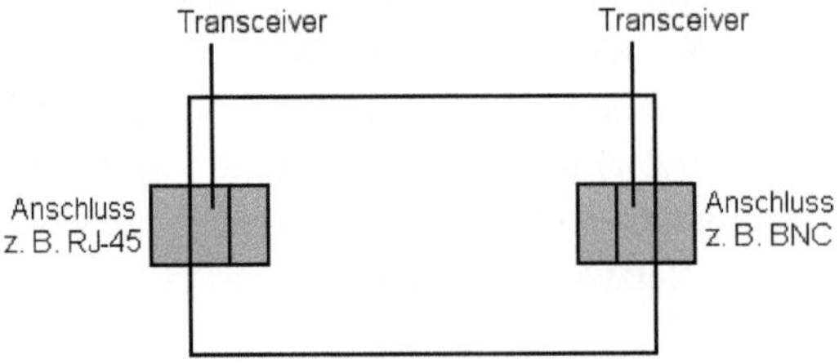

Bild 2.18
Ein Medienkonverter ist im Prinzip nichts anderes als ein Minibus mit zwei fest eingebauten Transceivern, die Signalisation wird geändert.

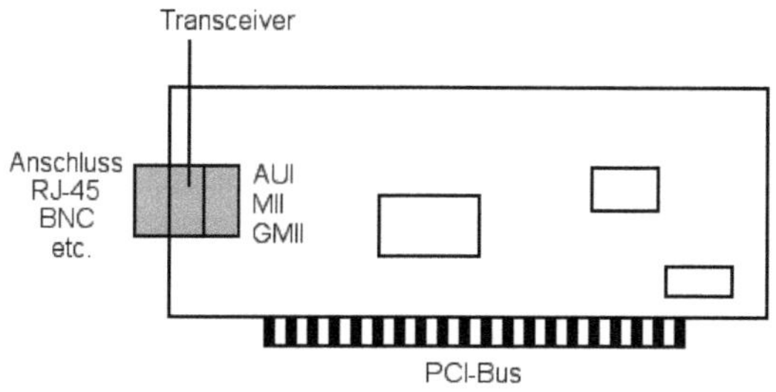

Bild 2.19 Der schematische Aufbau einer Netzwerkkarte: Einerseits kommuniziert sie mit dem Mainboard (PCI-Bus), andererseits führt sie Anschlüsse für den Kontakt zum Netzwerk aus. Hier die übliche Variante. Das AUI/MII/GMII ist bereits auf der Karte fest mit einem Transceiver versehen. Nur der Anschluss wird ausgeführt.

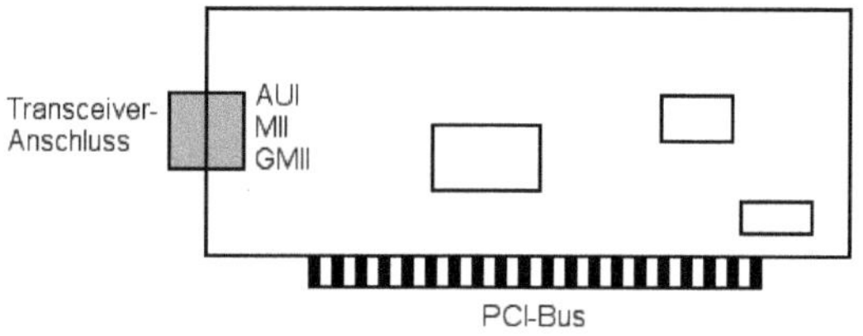

Bild 2.20 Eine Netzwerkkarte ohne integrierten Transceiver: Hier wird das AUI/MII/GMII nach außen ausgeführt. Zum Anschluss an das Netzwerk muss ein externer Transceiver verwendet werden. Der Vorteil ist in Mischumgebungen, dass mit dem dementsprechenden Transceiver an verschiedene Ausprägungen der Bitübertragungsschicht angeschlossen werden kann.

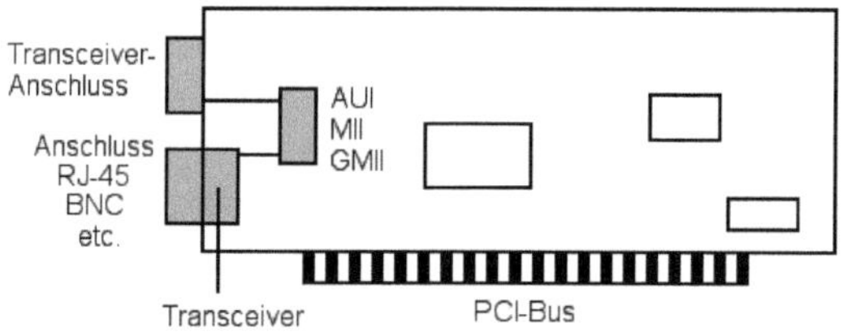

Bild 2.21 Ein Combo-Adapter: Er führt über einen Transceiver fest einen Anschluss aus; andererseits aber auch das AUI/MII/GMII. Der Vorteil ist, dass bei einem Wechsel der Technologie auf der Bitübertragungsschicht mit einem Transceiver immer noch verbunden werden kann. Es ist nicht möglich, beide Anschlüsse gleichzeitig zu nutzen.

2.8 Zum Weiterlesen

Die zweite Organisation, die viele für die Welt der Computernetze relevante Standards herausgibt, ist das Institute of Electrical and Electronics Engineers (IEEE). Sie standardisiert vor allem Technologien der Sicherungsschicht. So basieren weite Teile dieses Kapitels auf der Ethernet-Standardfamilie IEEE 802.3, über die die Website [Healey2023] einen guten Überblick gibt.

Literatur

[Healey2023] Healey, Adam: IEEE 802.3 Ethernet Working Group. 2023. Zugegriffen 13.08.2025. *https://www.ieee802.org/3/*

3 Schicht 2 – die Sicherungsschicht

3.1 Adressen

Jedes Endsystem, das an ein Netzwerk angeschlossen ist, empfängt über seinen Netzwerkadapter eine Vielzahl von Datenpaketen. Der Netzwerkadapter muss daher in der Lage sein zu entscheiden, ob das Paket für das Gerät bestimmt ist oder nicht. Dafür benötigen wir ein Adressierungssystem. Unterschieden wird im Netzwerk zwischen logischen und physischen Adressen. Jedes Netzwerkgerät besitzt und benötigt beide Arten von Adressen. Der Grund dafür wird im Rahmen der Diskussion der Vermittlungsschicht deutlich werden.

Ein kurzer Vorgriff: Physische Adressen sind für die Kommunikation innerhalb eines LAN-Segments, logische Adressen für die Kommunikation zwischen LAN-Segmenten zuständig. Ohne diese Zweiteilung wäre der Netzwerkverkehr unmöglich. Nur die logischen Adressen sind weltweit verwaltet und auffindbar. Nur über physische Adressen wäre ein weltweites Netz nicht denkbar.

Physische Adressen gehören zur Sicherungsschicht, logische zur Vermittlungsschicht des OSI-Modells. Die physische Adresse wird auch als MAC-Adresse bezeichnet, da sie für die Steuerung des Medienzugriffs (Medium Access Control) verwendet wird. Die logische Adresse ist in der Regel eine IP-Adresse, kann aber auch ein Windows-Name oder eine Novell-IPX-Adresse sein. Jede Netzwerkkarte besitzt eine eindeutige MAC-Adresse, die vom Hersteller werkseitig in die Hardware eingebrannt wird. Sie ist einmalig auf der Welt. Keine zwei Netzwerkgeräte dürfen in einem LAN-Segment dieselbe MAC-Adresse haben, eine eindeutige Datenübertragung wäre sonst nicht möglich.

Moderne Betriebssysteme nutzen dennoch zunehmend zufällig generierte MAC-Adressen (Privacy Extensions), um Tracking zu erschweren, z. B. bei der Verbindung mit öffentlichen WLAN-Netzen. Dabei wird die MAC-Adresse regelmäßig nach dem Zufallsprinzip geändert, um eine „Wiedererkennung" des Gerätes zu verhindern. Dabei wird darauf vertraut, dass es sehr unwahrscheinlich ist, dass zwei Geräte im gleichen LAN-Segment zufällig die gleiche Adresse wählen.

Die MAC-Adresse wird in hexadezimalen Ziffern geschrieben, sie ist sechs Byte lang. Bit, Byte? Hexadezimal, binär, digital: Eine Einführung dazu findet sich im Exkurs „Zahlensysteme“ in Kapitel 14.

Die ersten drei Byte sind festgelegt und kennzeichnen den Hersteller (Vendor code). Die restlichen sind laufende Seriennummern. So lässt sich schon aufgrund der MAC-Adresse bestimmen, wer die Netzwerkadapter gefertigt hat.

Nachfolgend einige Beispiele, wobei die Auswahl willkürlich erfolgte:

00:01:02:XX:XX:XX	3Com
00:01:42:XX:XX:XX	Cisco
00:02:B3:XX:XX:XX	Intel
00:00:0C:XX:XX:XX	Cisco
00:00:0E:XX:XX:XX	Fujitsu
00:00:48:XX:XX:XX	Epson
00:60:52:XX:XX:XX	Realtek
00:C0:4F:XX:XX:XX	Dell
00:A0:40:XX:XX:XX	Apple

Dies sind nur wenige Beispiele. Hersteller haben in der Regel mehrere Bereiche reserviert und sind unter verschiedenen Vendor Codes zu finden.

Ein Broadcast in der Sicherungsschicht an alle wird an die Adresse ff:ff:ff:ff:ff:ff adressiert. Dies ist die Broadcast-Adresse einer Broadcast-Domäne.

3.1.1 Adressermittlung/ARP

Will nun ein Rechner A an einen Rechner B Daten versenden, muss er die physische Adresse des Empfängers ermitteln. Ohne diese kann er keine definitive Empfängeradresse angeben, und ohne diese weiß kein Rechner, dass die Daten für ihn bestimmt sind. Bekannt ist erst einmal nur die logische Adresse des Empfängers. Dass innerhalb eines LAN-Segments die physische Adresse bekannt sein muss, ist transparent, in der Regel sieht ein User nichts davon.

Nach der Diskussion der Vermittlungsschicht werden wir die Zusammenhänge zwischen der logischen und der physischen Adresse und die Zweistufigkeit der Adressen der Schichten 2 und 3 richtig verstehen.

In IPv4 übernimmt das Address Resolution Protocol (ARP) die Zuordnung logischer zu physischen Adressen. In IPv6 wird ARP durch das Neighbor Discovery Protocol (NDP) ersetzt, das in Kapitel 10 beschrieben wird.

Mit ARP verschickt der sendende Rechner zunächst ein Adressanfrage-Paket (ARP-Request) per Broadcast an alle Geräte im Netzwerk (an die Adresse ff:ff:ff:ff:ff:ff). Dieses Paket enthält seine eigene logische Adresse (z. B. IP-Adresse), seine physische Adresse sowie die logische Adresse des gesuchten Empfängers und ein Platzhalterfeld für dessen physische Adresse. Jedes Gerät prüft, ob seine logische Adresse angesprochen ist. Falls nicht, wird das Paket verworfen; falls doch, ergänzt der Empfänger seine physische Adresse, speichert logische und physische Adresse des Absenders und sendet die Antwort zurück an den Absender, der die logische und physische Adresse des Empfängers seinerseits speichert. Nun kennen beide Geräte die jeweils zur logischen Adresse gehörige physische Adresse und können miteinander kommunizieren.

Bild 3.1 Der ARP-Request schematisch. Links ist das Fragepaket abgebildet: Sender logische Adresse SLA, Sender physische Adresse SPA, Empfänger logische Adresse ELA und die Frage nach der physischen Adresse des Empfängers. Der Empfänger merkt sich die Daten des Senders, trägt seine physische Adresse EPA ein und sendet das Paket zurück. Beiden sind nun alle Adressen bekannt, und sie können miteinander kommunizieren.

Der Speicher, in dem die Daten zwischengespeichert werden, nennt sich der ARP-Cache. Eine Zeit nach dem letzten Kontakt verfallen diese Informationen. Diese „Alterung“ des ARP-Caches ist betriebssystemabhängig und liegt typischerweise zwischen 30 und 300 Sekunden. Nach Ablauf dieser Zeit müssen die Geräte erneut Adressanfragen austauschen, bevor sie wieder miteinander kommunizieren können. Doch warum werden diese Daten nicht dauerhaft gespeichert? Der Grund: Logische Adressen werden vom Administrator vergeben und können sich jederzeit ändern. Durch das zeitlich begrenzte Speichern ist sichergestellt, dass ein Gerät auch nach einer Änderung seiner logischen Adresse (z. B. IP-Adresse) ohne zusätzliche Konfiguration erreichbar bleibt. Gleiches gilt, wenn sich die physische Adresse durch den Austausch eines defekten Netzwerkadapters ändert.

Genauso gibt es den umgekehrten Weg. Bootet zum Beispiel eine Station ohne Festplatte direkt vom Netzwerk, weiß sie ihre physische, aber nicht ihre logische Adresse, sie hat kein Speichermedium, von dem sie sie lesen könnte. Die MAC-Adresse aber ist fest im Netzwerkadapter eingebrannt. Also muss die Station ihre logische Adresse auflösen. Sie sendet also ein Anfragepaket ins Netz. Hier aber fragt sie nach ihrer eigenen logischen Adresse. Diese Anfrage nennt man RARP, Reverse Arp-Request. Dieser Vorgang weist schon darauf hin, warum Sicherungsschicht und Vermittlungsschicht eigene Adressen haben müssen. Die Sicherungsschichtadresse ist notwendig für viele Netzwerkvorgänge. Die Vermittlungsschichtadresse ist aber von der Software verwaltet, sie wird im Betriebssystem konfiguriert und steht erst zur Verfügung, wenn dies gestartet ist.

3.2 Zugriffsverfahren

Wird ein Netzwerk auf der Basis von Thin-Wire aufgebaut, teilen sich alle Endgeräte das Medium. Dies bedeutet, dass immer nur ein Gerät senden kann. Hier muss die Sicherungsschicht den Medienzugriff koordinieren. Der Netzwerkadapter muss also vor einer Sendung „lauschen", ob das Medium frei ist. Erst wenn kein anderer sendet, kann er beginnen, Daten ins Medium einzuspeisen. Die Signale breiten sich im Medium aus und werden am Ende des Busses bewusst vernichtet. „Lauscht" nun ein zweiter Rechner zu einem Zeitpunkt, an dem das Signal noch nicht bis zu ihm das Medium belegt hat, „denkt" er, dass das Medium frei wäre, und beginnt ebenfalls zu senden. Treffen sich die Signale, kommt es zu einer Kollision, und die Signale überlagern sich und werden dadurch unbrauchbar.

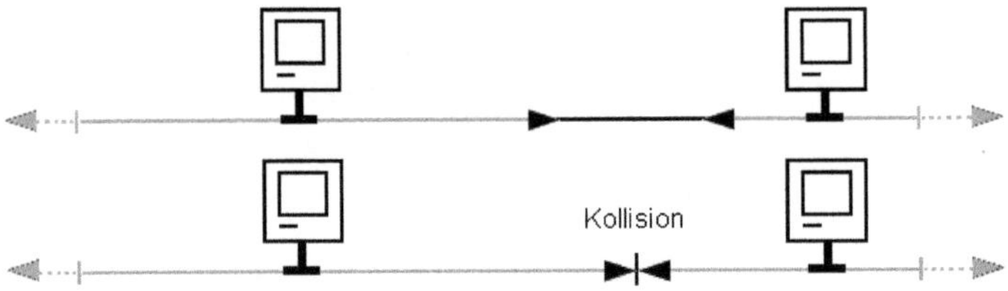

Bild 3.2 Der linke Rechner sendet. Ist das Signal noch nicht über das gesamte Medium ausgebreitet, kann ein zweiter Rechner (hier der rechte) dies nicht sehen und „denkt", das Medium ist frei. Er beginnt also ebenfalls zu senden (oben). Treffen sich die Signale, vernichten sie sich gegenseitig, es kommt zu einer Kollision im Medium (unten).

Daher muss ein Rechner, der sendet, die doppelte Laufzeit des Signals auf der Länge des Stranges warten, bis er sicher sein kann, dass es keine Kollision gegeben hat. Sendet der Rechner am anderen Ende gerade dann, wenn das Signal des ersten angekommen ist, dauert es nochmals die gesamte Laufzeit, bis der erste die Kollision sehen kann.

Bild 3.3 Sind zwei Rechner genau an den Enden eines Stranges angeschlossen, wird der Parameter der doppelten Laufzeit ersichtlich. Sendet der Rechner rechts, kurz bevor das Signal des Rechners links bei ihm eintrifft, kommt es zur Kollision. Diese bemerkt der linke Sender aber erst nach der kompletten neuerlichen Laufzeit, da die Kollision über das gesamte Medium erst zu ihm zurückkommen muss.

3.2.1 CSMA/CD

Die Netzwerkadapter haben einen Sensor, der eine solche Kollision am Signalpegel entdecken kann. Der der Kollision am nächsten liegende Adapter bemerkt diese als erster und reagiert darauf, indem er ein spezielles Signal generiert, welches das gesamte Medium belegt und allen Adaptern mitteilt, dass es zu einer Kollision gekommen ist (Jam-Block). Alle wissen nun, dass im Moment nicht gesendet werden darf, und die beiden Stationen, welche die Kollision verursacht haben, wissen, dass ihre Signale zerstört sind und nochmals gesendet werden müssen.

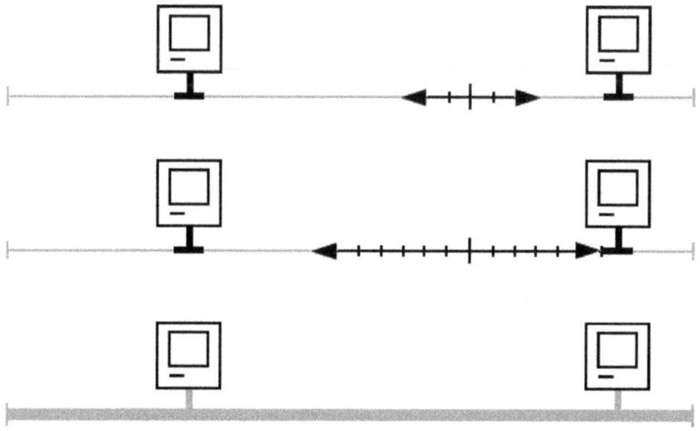

Bild 3.4 Die Kollision breitet sich im Medium aus (oben). Erreicht sie den nächsten Netzwerkadapter, wird sie von ihm entdeckt (hier vom Adapter des rechten Rechners, Mitte). Jeder Netzwerkadapter besitzt einen Sensor dafür. Er generiert nun ein Jam-Signal, welches das gesamte Medium belegt und allen mitteilt, dass eine Kollision passiert ist und im Moment niemand senden darf (unten).

Um eine sofortige neue Kollision nach einem Jam-Block zu vermeiden, beginnt auf jedem Adapter nach der Kollision (dem Ende des Jam-Signals) ein Timer anzulaufen. Diese Zeit muss der Rechner warten, bevor er wieder senden darf. Hierzu gibt es verschiedene Verfahren. Manche Hersteller setzen randomisierte Timer ein, andere wiederum bemühen die Hardwareadressen als Berechnungsgrundlage der Wartezeit.

Jeder Adapter hat eine weltweit eindeutige, in der Hardware verankerte Adresse, die sogenannte MAC-Adresse (Media Access Control Address). Sie wird weiter unten ausführlich besprochen. Die Dauer des Timers wird hier aus der MAC-Adresse berechnet. Da alle Stationen in einem LAN-Segment verschiedene Adressen haben müssen, ist sichergestellt, dass nach einer Kollision nicht sofort wieder zwei Stationen gleichzeitig zu senden beginnen. Dies verhindert eine sofortige neue Kollision nach dem Ende des Jam-Blocks.

Die Implementierung der Regeln, die zur Teilung eines Mediums für viele Rechner definiert werden, nennt man das Zugriffsverfahren. Das hier beschriebene Verfahren ist CSMA/CD (Carrier Sense Multiple Access/Collision Detection). „Carrier Sense Multiple

Access“ bedeutet, viele Rechner teilen sich ein Medium (Multiple Access), sie prüfen vor einer Sendung, ob das Medium frei ist (Carrier Sense). Ist es zu einer Kollision gekommen, kann dies erkannt und darauf reagiert werden (Collision Detection).

Der klassische Standard Ethernet beschreibt ein Netzwerk mit 10 Mbit/s auf der Basis einer Thin-Wire-Verkabelung mit CSMA/CD als Zugriffsverfahren.

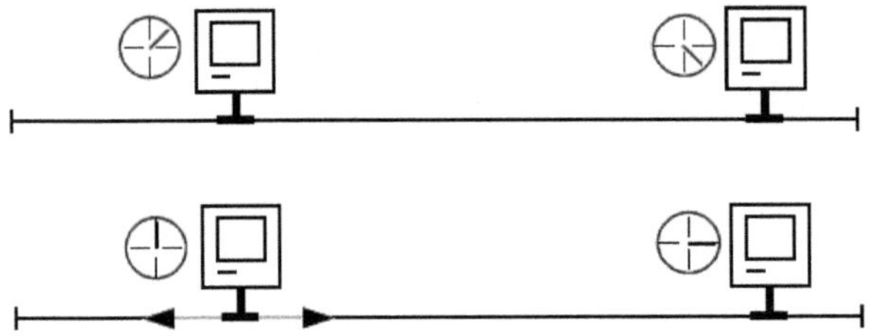

Bild 3.5 Nach dem Jam-Signal läuft auf jedem Adapter ein Timer an (oben). Der Rechner, dessen Timer zuerst wieder abgelaufen ist, darf erneut senden. So wird eine sofortige neue Kollision vermieden. Die Dauer des Timers wird randomisiert gewählt. Dies stellt sicher, dass nach einer Kollision mit hoher Wahrscheinlichkeit nicht zwei Rechner gleichzeitig zu senden beginnen.

Ein defekter Collision-Detection-Sensor oder eine fehlerhafte Carrier Sense kann zu erheblichen Störungen im Netzwerk führen, die zum Teil schwer zu diagnostizieren sind. Prüft ein Rechner nicht mehr korrekt, ob das Medium frei ist, beziehungsweise kann er Kollisionen nicht mehr erkennen, so kann er das gesamte Netzwerksegment lahmlegen, da er einfach sendet und damit unter Umständen ständig die Daten der anderen – und natürlich seine eigenen – korrumpiert.

3.2.2 Andere Verfahren – kollisionsfreie Verfahren

CSMA/CD wurde immer wieder als Auslaufmodell angesehen. Durch die konstant wachsende Anzahl an Endgeräten im Netzwerk nahm die Zahl der Kollisionen ebenfalls ständig zu. Wie unten beschrieben wird, fand man immer wieder neue Lösungen, dies zu umgehen, CSMA/CD ist heute noch der Standard.

Viele haben versucht, andere Zugriffsverfahren zu entwickeln. Die wichtigsten sehen wir uns in der Übersicht an. An dieser Stelle noch eine wichtige Anmerkung. Im gesamten Zusammenhang der Zugriffsverfahren beschreiben wir die Kommunikation von Rechnern oder Netzwerkadaptern. Selbstverständlich betrifft das Gesagte alle Netzwerkgeräte. Alle haben ein Interface (Netzwerkkarte) im Netzwerk. Es gilt also alles nicht nur für PCs und Server, sondern genauso für Router, Switches oder Netzwerkdrucker.

Einige Hersteller haben versucht, Zugriffsverfahren zu entwickeln, die darauf basieren, keine Kollisionen hinzunehmen und zu korrigieren, sondern von vornherein zu vermeiden. Durchgesetzt hat sich keines. CSMA/CD ist heute noch der Standard. Heute werden Kollisionen durch Geräte auf der Sicherungsschicht reduziert oder vermieden.

Eine Variante von CSMA/CD ist CSMA/CA. Das CA am Ende steht für Kollisionsvermeidung (Collision Avoidance). Hierbei sendet ein Adapter (Netzwerkkarte), der eine Übertragung starten möchte, ein Request-to-Send-Signal (RTS) auf das Medium, wenn dieses frei ist. Wenn es keine Kollision mit einem anderen RTS-Signal gibt, wird das RTS-Signal vom designierten Empfänger der Übertragung empfangen. Dieser wiederum antwortet mit einem Clear-to-Send-Signal (CTS), das alle anderen Adapter empfangen, sodass sie wissen, dass sie nicht senden dürfen. Ohne diese erfolgreiche „Anmeldung" darf nicht gesendet werden. Wie wir in Kapitel 8 sehen werden, ist dieses Zugriffsverfahren im Wireless LAN (Funknetz) realisiert. Im kabelgebundenen Netzwerk hat es sich noch nicht durchgesetzt.

Token Ring ist ein inzwischen historisches Verfahren, das sehr verbreitet im Einsatz war. Die Geschwindigkeit (16 Mbit/s beziehungsweise 4 Mbit/s) ist heute zu langsam geworden. Beim Token Ring wird das Netzwerk in Form eines Ringes verlegt. Ein Rechner im Ring ist der Token Master. Er verwaltet und kontrolliert ein Bitmuster, das Token. Dieses wird von Gerät zu Gerät weitergereicht. Ist das Token „leer", darf es der momentane Besitzer entnehmen. Er sendet nun Daten zum Empfänger. Der Empfänger quittiert dem Sender den Empfang der Daten, und der Sender reicht daraufhin das Token wieder weiter. Geht das Token verloren, wird es vom Master neu generiert.

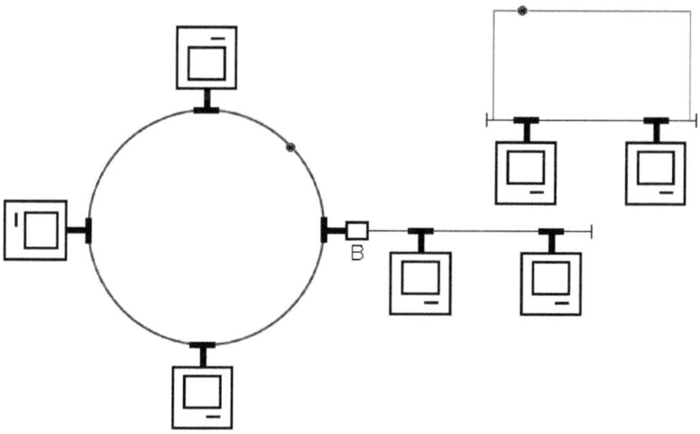

Bild 3.6 Links: Token Ring. Ein Token kreist im Ring. Nur der jeweilige Besitzer des Tokens darf senden. Ist seine Transaktion abgeschlossen, reicht er das Token wieder weiter. Rechts oben kleines Bild: Das Token wird auf einem Bus weitergereicht. Kommt es ans Ende, wird es zum Anfang zurückgereicht und wieder gesendet. Virtuell entsteht so wieder die Ringstruktur. Beide Verfahren bieten einen kollisionsfreien Zugriff auf das Medium.

Token Bus ist im Prinzip dasselbe Verfahren wie Token Ring, nur dass hier nicht im Ring gearbeitet wird, sondern wieder auf Thin-Wire oder strukturierter Verkabelung. Hierbei wird das Token auf dem Bus weitergereicht. Erreicht es das Ende des Busses, wird es wieder zum Anfang zurückgereicht. Damit wird virtuell die Ringstruktur im Hintergrund wiederhergestellt. Alle Features des Token Rings sind so auf einer Busstruktur realisierbar. Token Bus wird aufgrund derselben Restriktionen, die bei Token Ring auftreten, heute nicht mehr eingesetzt. Die Verfahren sind zu langsam und zu kompliziert geworden.

3.3 Kollisionsbereiche und Bridges

Wie oben beschrieben waren beim klassischen Thin-Wire-Netz alle Pakete, die irgendwo im Segment gesendet werden, ständig überall präsent. Jeder Adapter muss alle Pakete ansehen, um zu entscheiden, ob das Paket für ihn bestimmt ist oder nicht. Die zunehmende Verkehrsflut, die durch immer mehr Endgeräte in einem Netzsegment ausgelöst wurde, führte daher dazu, dass man in hoch belasteten Segmenten mit vielen Endgeräten, die viel Kommunikation verursachten, bald allein durch die Zahl der Verbindungen am Ende der Übertragungsfähigkeit der Netzwerke angelangte. Die Anzahl der Kollisionen wurde zu hoch. Die Lösung brachte hier nicht ein anderes Zugriffsverfahren, sondern ein Gerät, das diese Probleme entschärft. Dieses Gerät besitzt zwei Anschlüsse und wird im Medium zwischengeschaltet, teilt also das Medium in zwei physische Bereiche. Dieses Gerät nennt sich Bridge, die Brücke. Die Bridge überwacht alle Pakete und merkt sich an der Source-Adresse in den Paketen, welche MAC-Adresse auf welcher Seite der Bridge installiert ist.

Eigenständige Bridges sind heute praktisch obsolet. Ihre Funktion ist vollständig in Switches (siehe Abschnitt 3.5) integriert, die mehrere Bridges intern kombinieren und erweiterte Funktionen bieten. Da die Funktionalität von Bridges jedoch für Ethernet-Netzwerke essenziell ist, werden sie hier getrennt vom Switch behandelt.

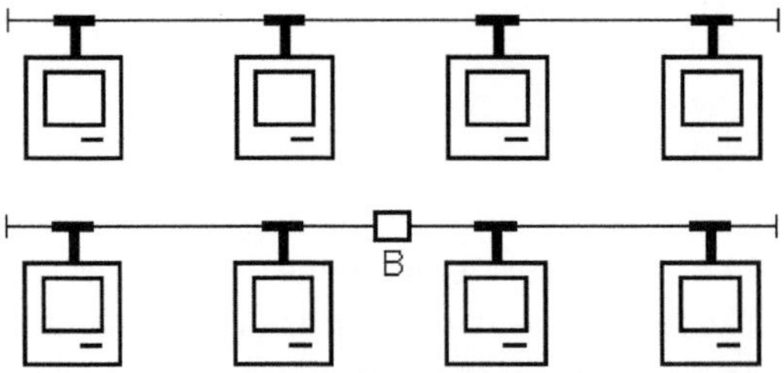

Bild 3.7 In einem einfachen Netzwerk (oben) sahen alle Geräte alle Daten, die über das Medium transportiert wurden. Mit der wachsenden Anzahl der Rechner kam man in eine Situation, in der die Kollisionen überhandnahmen. Die Lösung brachte eine Bridge (B), die im Medium zwischengeschaltet wurde, die diese Kollisionsbereiche trennen konnte.

Pakete, die nicht für das andere Segment bestimmt sind, werden von der Bridge nicht weitergeleitet. Stattdessen analysiert sie jedes empfangene Paket und speichert die MAC-Adresse des Empfängers samt Port in einer Tabelle. Künftige Pakete an diese Adresse werden dann gezielt nur in das richtige Segment weitergeleitet. So verhindert die Bridge, dass interner Verkehr unnötig andere Segmente belastet, und trägt zur Entlastung des Netzes bei. Die MAC-Tabelleneinträge werden – ähnlich wie ARP-Caches – nach etwa 300 Sekunden (herstellerabhängig) automatisch gelöscht. Dadurch bleibt ein Gerät auch dann erreichbar, wenn es auf die andere Seite der Bridge umzieht, da die Bridge die Adressen bei der nächsten Kommunikation neu erlernt.

Ein Broadcast (Broadcast) an alle Stationen, wie zum Beispiel ein ARP-Request, muss die Bridge an alle Ports weitergeben, ebenso Sendungen an noch unbekannte Adressen und Multicasts. Eine Adressauflösung zum Beispiel wäre sonst nicht möglich. Eine Bridge trennt also Bereiche, die dasselbe Medium gleichzeitig benutzen (Kollisionsgebiet, Collision-Domain). Für Broadcast-Anfragen jedoch ist die Bridge transparent, sie müssen immer alle Stationen erreichen.

3.4 Store and Forward-Bridging

Die Entwicklung der Bridges brachte noch viel mehr Vorteile, als auf den ersten Blick sichtbar wird. Um sie zu erkennen, müssen wir uns etwas genauer betrachten, was die Voraussetzungen für „Bridging“ sind.

Die Bridge trennt Kollisionsgebiete im Netzwerk. Sendet daher eine Station auf einer Seite Daten an eine auf der anderen, muss die Bridge die Daten zwischenspeichern können. Nur so ist es möglich, dass auf jeder Seite der Bridge ein eigenes CSMA/CD-Verfahren stattfindet, nur so kommt es zu einer völligen Trennung der Kollisionsdomänen. Ein CSMA/CD-Bereich darf vom anderen nicht abhängig sein. Erreichen die Daten der einen Seite die Bridge, muss sie warten, bis auf der anderen das Medium zur Verfügung steht. Dann erst kann sie senden. Dies nennt man Store and Forward-Bridging, Speichern und Weiterleiten.

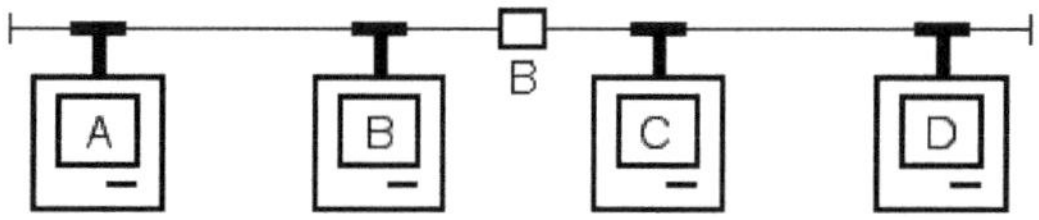

Bild 3.8 Sendet Rechner A Daten an Rechner C, während dieser gerade mit Rechner D kommuniziert, muss die Bridge (B) warten und den Datenverkehr zwischenspeichern, bis das Medium auf der rechten Seite wieder zur Verfügung steht. Auf jeder Seite der Bridge ist eine eigene CSMA/CD-Domäne im Betrieb.

Dies eröffnete nun immense Möglichkeiten. Die Zwischenspeicherung vor der erneuten Aussendung der Daten brachte nun die Möglichkeit, die Datenpakete zu bearbeiten. Ein HUB verstärkt, multipliziert und versendet ein Paket unmittelbar. Eine Bridge speichert das Paket eine Weile und kann den Sicherungsschicht-Header verarbeiten.

Vor der Aussendung muss sie auch den Bitübertragungsschicht-Header erneuern. Dieser kann nun anders aussehen als das, das ihr zugesendet wurde. Somit ist es möglich, auch LAN-Segmente mit verschiedenen Zugriffsverfahren zu verbinden, zum Beispiel ein Token-Ring-Segment mit einem Ethernet-Segment.

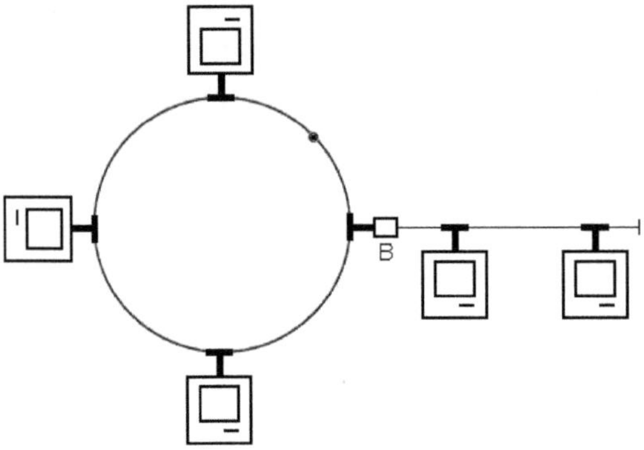

Bild 3.9 Eine Bridge ist in der Lage, verschiedene Zugriffsverfahren zu verbinden. Da die Daten zwischengespeichert werden können, kann die Bridge den Bitübertragungsschicht-Header vor einer Weiterleitung von den Daten entfernen, neu generieren und die Daten an ein Segment mit einem anderen Zugriffsverfahren weiterleiten. Hier im Beispiel von einem Segment mit Ethernet als Zugriffsverfahren zu einem Segment mit Token Ring.

Ein weiterer Vorteil der Möglichkeit zur Zwischenspeicherung der Daten ist, dass es nun möglich war, Netzwerke nicht nur mit verschiedenen Zugriffsverfahren, sondern auch mit verschiedenen Geschwindigkeiten zu verbinden. Datenströme aus einem 100-Mbit/s-Netz konnten nun in ein 10-Mbit/s-Netz weitergeleitet werden und umgekehrt. Der Zwischenspeicher der Bridge fängt die Geschwindigkeitsunterschiede ab. Selbstverständlich muss hier, wie auch beim Verbinden verschiedener Netze, ein Steuerungsmechanismus sicher verhindern, dass die Zwischenspeicher überlaufen.

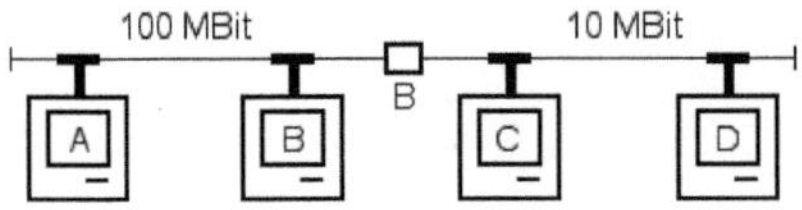

Bild 3.10 Sendet zum Beispiel Rechner A Daten an Rechner C, muss die Bridge den Datenstrom zwischenspeichern und langsam auf die rechte Seite weiterleiten. Dies ist wie ein voll geöffneter Wasserhahn in einem Waschbecken mit kleinem Abfluss. Das Volumen des Waschbeckens ist hier das Äquivalent zum Zwischenspeicher. Es läuft langsam voll, obwohl der Abfluss offen ist. Dreht man den Hahn ab, läuft das Wasser langsam wieder ab, ohne dass etwas verloren geht. Eine Flusskontrolle muss verhindern, dass das Waschbecken überläuft.

3.5 Switches

Mit zunehmender Leistungsfähigkeit und den sinkenden Kosten der Elektronik wurden Entwicklungen möglich, die zur heutigen Implementierung des Bridgings geführt haben. Auf einmal waren die hohen Beschränkungen der Kollisionsdomänen aufgehoben. Ein Gerät wurde entwickelt, das Netzwerke in viele Kollisionsdomänen besser segmentieren konnte als eine Bridge, der Switch.

Dieses Gerät können wir uns im Prinzip als einen Hub vorstellen, der auf jeder Schnittstelle eine Bridge vorgeschaltet hat. Intern ist ein Hochleistungsbus oder eine Matrix eingebaut, welche die Datenleitung regeln. Extern und intern werden Bridges eingesetzt. Intern verbinden Bridges Busse unterschiedlicher Geschwindigkeit miteinander, sodass Geräte mit unterschiedlichen Datenraten (z. B. Fast Ethernet und Gigabit Ethernet) angeschlossen werden und miteinander kommunizieren können.

Da alle angeschlossenen Geräte über eine Bridge kommunizieren und auch intern eine Bridge verwendet wird, hat jeder Anschluss des Gerätes eine eigene CSMA/CD-Umgebung, eine eigene Kollisionsdomäne. Switches durchbrechen die physikalisch bedingten Längenbeschränkungen, da jedes einzelne geswitchte Segment eigenständig nach dem CSMA/CD-Verfahren betrieben wird und somit an jedem Port eines Switches die volle Länge eines solchen Segmentes zur Verfügung steht. Werden Switches miteinander kaskadiert, entfällt die Längenbeschränkung, welche bei der Kaskadierung von Hubs beachtet werden musste.

In einem voll geswitchten Netzwerk muss sich die Bridge eines Ports lediglich eine MAC-Adresse merken – die des angeschlossenen Gerätes. Wird an eine Schnittstelle ein weiterer Switch angeschlossen, muss sich der Switch die MAC-Adressen aller am anderen Switch angeschlossenen Geräte merken können. Wird weiter von Switch zu Switch kaskadiert, muss sich der Switch alle MAC-Adressen der Endgeräte der Kaskade merken können.

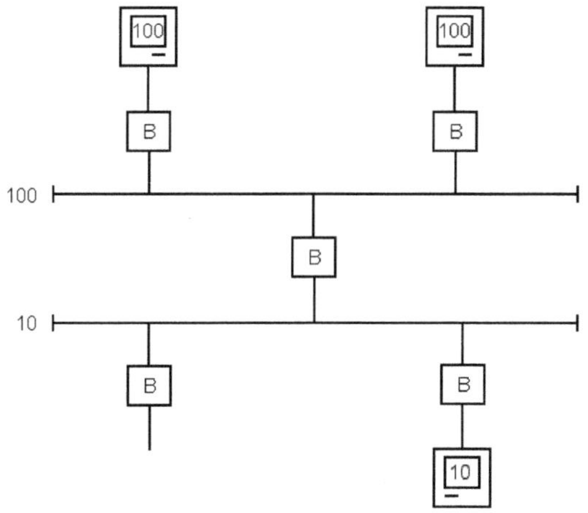

Bild 3.11
Ein Switch besteht im Prinzip aus einer logischen Verkettung von Bridges. An jeder Schnittstelle ist eine Bridge vorgeschaltet, und auch nach innen wird gebridgt. Da nun überall eine erhebliche Reduktion von Kollisionen erzielt werden konnte, konnte das Netzwerk auf bestehenden Verfahren performant vergrößert werden.

3.5.1 Geswitchte Topologien

Ursprünglich waren Switches sehr teuer. Sie wurden daher an den Knotenpunkten im Backbone eingesetzt, als Gebäude- oder Stockwerksverteiler oder in Umgebungen mit sehr vielen Geräten in einem Segment. Von ihnen wurde auf Hubs kaskadiert, welche die einzelnen Arbeitsstationen versorgten. Die Hubs sind inzwischen fast überall durch Switches ersetzt worden, wodurch komplett geswitchte Topologien entstehen.

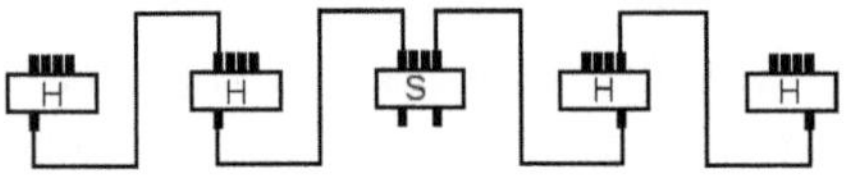

Bild 3.12 Zu Beginn waren Switches sehr teuer. Sie wurden daher an den Knotenpunkten eingesetzt (z. B. Stockwerksverteiler, Backbone). Von ihnen aus wurde auf Hubs kaskadiert, an welche die Endgeräte angeschlossen wurden.

Der offensichtlichste Vorteil von geswitchten Topologien ist natürlich die massive Reduzierung von Kollisionen. In voll geswitchten Umgebungen aber gibt es keine Kollisionen mehr, jedes Gerät kommuniziert mit dem Switch in einer eigenen CSMA/CD-Umgebung. Jede Station hängt hinter einer eigenen Bridge. Dies eröffnet zusätzliche Möglichkeiten und bringt weitere große Vorteile.

Ein Problem blieb jedoch bestehen: Die Kollisionen konnten zurückgedrängt beziehungsweise verhindert werden, aber alle bestehenden Broadcast-Anfragen, wie zum Beispiel die ARP-Anfragen (es gibt noch viele andere Broadcast-Anfragen), müssen zwangsweise transparent alle Bridges und damit auch Switches passieren. Sonst wäre zum Beispiel ein ARP-Request nicht im gesamten Netzwerksegment möglich. Dies ist aber notwendig, um kommunizieren zu können, die physischen Adressen müssen im gesamten Segment ermittelt werden können. Mit immer mehr steigender Zahl an Stationen wurde dies nun zum begrenzenden Faktor. Nicht mehr die Kollisionen, sondern der Broadcast-Verkehr wurde zur Beschränkung.

Ein weiterer Vorteil von geswitchten Topologien ist die Erhöhung der Sicherheit. In einem Netzsegment, das aus Hubs aufgebaut ist, sieht jedes Gerät jedes Datenpaket, das versendet wird. Alle gehören zu einer CSMA/CD-Umgebung. Jeder hat die Möglichkeit, den Verkehr abzulauschen und zu analysieren, also zum Beispiel Passwörter mitzuhören. Switches aber geben außer den Broadcasts Pakete nach dem ARP-Request nur noch zu dem Port aus, an dem die Station angeschlossen ist, für die diese Daten bestimmt sind. Ein Mithören für andere wird damit praktisch unmöglich.

Dies verhindert das Abhören weitgehend, aber nicht vollständig. Profis mit der richtigen Ausrüstung beziehungsweise falsch konfigurierte Switches können dazu führen, dass ein Zugriff trotzdem möglich wird.

3.6 Duplex-Modi und Autonegotiation in geswitchten Netzwerken

In voll geswitchten Netzwerken treten keine Kollisionen mehr auf, weshalb die Collision Detection deaktiviert und der Vollduplexmodus genutzt werden kann – Senden und Empfangen sind gleichzeitig möglich. Standardmäßig sind Switches und Netzwerkadapter so konfiguriert, dass sie Geschwindigkeit und Duplex-Modus per Autonegotiation (Auto/Auto) nach IEEE 802.3u automatisch aushandeln. Diese Methode ist heute in der Regel zuverlässig.

Kommt es dennoch zu Problemen, etwa bei älteren Geräten oder Mischumgebungen, kann eine manuelle Festlegung der Parameter erforderlich sein. Dabei gilt: Beide Seiten müssen gleich konfiguriert werden – entweder Auto/Auto oder beide fest eingestellt. Unterschiedliche Einstellungen führen zu erheblichen Störungen.

3.7 Schleifen im Netzwerk

Eine sehr große Gefahr in geswitchten Netzen geht von falschen Verbindungen zwischen Switches aus. Ein falsch gestecktes Patchkabel kann das gesamte Netzwerk außer Funktion setzen. Wer eine Schleife (engl. Loop) erzeugt, riskiert einen Zusammenbruch des Netzwerks. Daher muss beim Aufbau der Topologie mit größter Sorgfalt vorgegangen werden.

3.7.1 Auswirkungen von Schleifen

Um dies zu verstehen, müssen wir nochmals die Funktionsweise einer Bridge ansehen. Nach einer Kommunikation zweier Geräte weiß eine Bridge, auf welchen Seiten der Sender und der Empfänger angeschlossen sind. Werden nun mehrere Bridges mit mehreren Ports untereinander verbunden, kommt es zu einem Effekt, der das ganze Netzwerk zum Erliegen bringt.

Was passiert? Ein Broadcast muss von einer Bridge transparent weitergeleitet werden. Jede Station muss erreicht werden können, sonst wäre zum Beispiel eine Adressauflösung nicht möglich. Das Datenpaket wird in Umgebungen mit Schleifen über verschiedene Wege auf beide Seiten der Bridge geleitet, und die Bridge sieht die MAC-Adresse überall. Sie weiß nicht mehr, auf welcher Seite das Gerät angeschlossen ist. Daher leiten alle Bridges alle weiteren Pakete nicht an einen dedizierten Port weiter, sondern in alle Richtungen. Ein geregelter Verkehr ist nicht mehr möglich. Dazu kommt es sehr schnell zu einem derartigen Verkehr, dass das Netzwerk zusammenbricht, da die Pakete „ewig“ weitergeleitet werden und die Zahl der Pakete dadurch explodiert (Packet Storm).

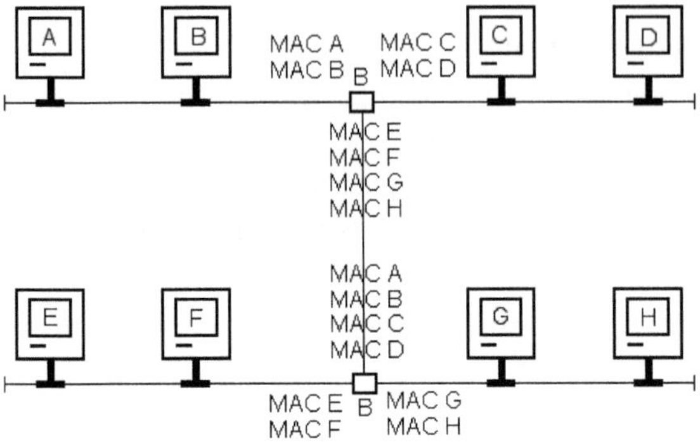

Bild 3.13 In einem Netzwerk ohne Schleifen auf der Sicherungsschicht lernen die Bridges die MAC-Adressen der angeschlossenen Geräte korrekt. Kommunizieren zwei Geräte miteinander, sieht die Bridge die Daten und merkt sich die Lage der Geräte.

Sehen wir uns ein Szenario an, dass zu einem solchen Zusammenbruch führt. Betrachten wir ein Netzwerksegment mit Schleifen. Nehmen wir als Beispiel an, dass der Rechner A an den Rechner B Daten versenden will. Er versucht also, über einen ARP-Request die physische Adresse zu ermitteln. Alle Bridges im Segment sehen dieses Paket und tragen die Lage des Rechners in ihre Tabellen ein. Unglücklicherweise erhalten alle Bridges den ARP-Request aufgrund der Schleife über zwei eingehende Verbindungen. Dadurch können die Bridges nicht mehr bestimmen, wo Rechner A wirklich zu erreichen ist. Alle Bridges senden Pakete für A in jede Richtung. Die Pakete kreisen ewig, und es kommt zu einer Flut von Paketen, dem Packet Storm. Das Netzwerk bricht zusammen, es ist keine Kommunikation mehr möglich.

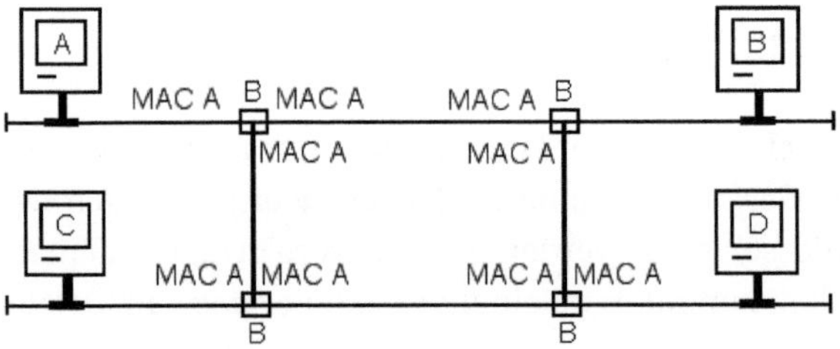

Bild 3.14 Fassen wir die beiden Ergebnisse in einer Grafik zusammen, sehen wir, dass nicht nur zwei Schleifen entstanden sind. Alle Bridges sehen A überall. Das Netzwerk bricht zusammen. Ebenso gilt dies natürlich für alle anderen Rechner in dieser Topologie.

Wer ein Netzwerk mit Switches betreibt, die der günstigeren Preiskategorie angehören, also keine Schutzmechanismen gegen Schleifen haben, muss unbedingt sicherstellen, dass seine Topologie frei von Schleifen ist. Ansonsten besteht das Risiko, dass durch falsches Anschließen das Netzwerk zusammenbricht. Insbesondere gefährlich sind kleine Büro-Mini-Switches, wie sie überall im Betrieb sind, wenn die Anzahl der

Wanddosen nicht ausreicht. Da sie heute fast alle keine Uplink-Ports mehr haben, also MDI-Autosensing sind, kann hier leicht eine Schleife auftreten, wenn Ports an ihnen untereinander verbunden werden. Ein Crossover-Kabel ist hier nicht mehr nötig. Ein falsch gestecktes Patchkabel kann hier das gesamte Netzwerksegment außer Betrieb setzen.

3.7.2 Verhindern von Schleifen durch Spannbäume

Diese Situation stellt ein erhebliches Risiko dar: Bereits das Verbinden zweier Ports an einem Büro-Mini-Switch kann massive Störungen im Netzwerk verursachen. Zudem lassen sich so keine redundanten Strukturen aufbauen, die bei einem Geräteausfall die Kommunikation aufrechterhalten würden. Wünschenswert wäre daher eine vermaschte Anordnung von Switches, um die Ausfallsicherheit des Netzwerks zu erhöhen.

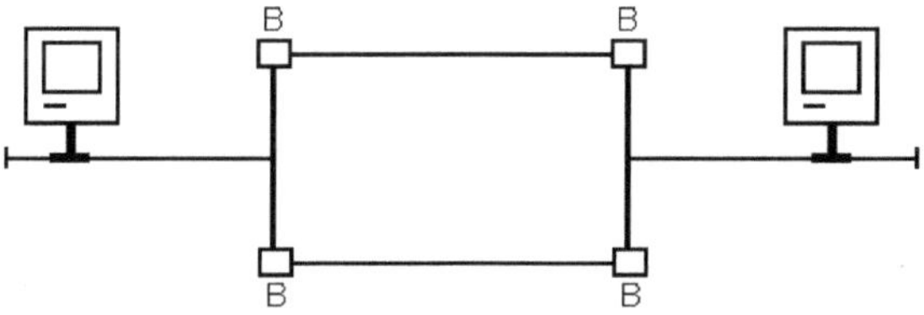

Bild 3.15 Ließen sich Bridges (Switches) vermaschen, könnte man redundante Umgebungen aufbauen. Beim Ausfall einer der Bridges wären immer noch alle erreichbar.

Man erkannte diese Notwendigkeit und schuf eine Lösung. So wie ein Baum gespreizte Äste hat, die keine Ringe bilden, so muss ein automatischer Mechanismus verhindern, dass Schleifen entstehen. Trotzdem sollte aber eine Redundanz zur Erhöhung der Sicherheit des Netzwerks möglich sein. Dieses Protokoll baut einen Spannbaum, also einen azyklischen (schleifenfreien) Graphen, auf, daher nennt man es Spanning-Tree-Protokoll [IEEE2022]. Über das Spanning-Tree-Protokoll tauschen Switches in einem Netzwerk Informationen zur Topologie aus. Ein Switch ist dabei die sogenannte Root-Bridge (Root = Wurzel). Die Topologie wird berechnet. Dann blockieren alle Switches Interfaces bewusst, die zu Schleifen führen (im Algorithmus wird darauf geachtet, dass die Root-Bridge erreicht werden kann, der sogenannte designated Port ist dafür entscheidend). Die redundanten Ports werden auf Bereitschaft geschaltet. Wird ein Switch abgeschaltet, bemerken die anderen die Topologieveränderung und berechnen den Spannbaum neu. Bislang blockierte Ports werden nun freigeschaltet und leiten die Daten weiter. Eine Redundanz ist nun möglich. Fällt der Master aus, wird nach verschiedenen Kriterien ein neuer bestimmt. Dieser Mechanismus verläuft einerseits über die MAC-Adressen, kann aber bei guten Geräten, die managebar sind, auch durch die Konfiguration beeinflusst werden.

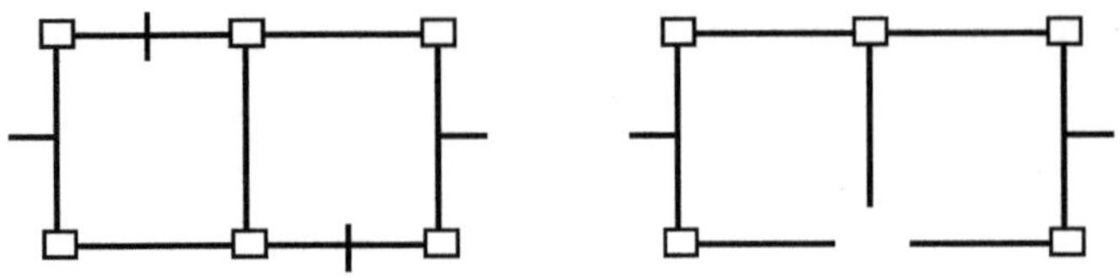

Bild 3.16 Schematische Funktion des Spanning-Tree-Protokolls: In redundanten Umgebungen werden bewusst Verbindungen blockiert, um eine Schleifenbildung zu vermeiden (links). Fällt einer der Switches aus (rechts), wird die Topologie neu berechnet, und so lange werden Ports geöffnet, bis alles wieder erreichbar ist.

Zur Beschleunigung der Rekonfiguration wird in modernen Netzen meist Rapid Spanning Tree (RSTP, IEEE 802.1w) eingesetzt. Viele Switches bieten zusätzliche Schutzmechanismen wie BPDU Guard und Loop Protection, um Fehlkonfigurationen durch Endgeräte zu verhindern.

3.8 Sicherungsschichtpakete

Alle Schichten versehen die Daten mit einem Header. Den Inhalt der Pakete verarbeiten sie nicht. Ein Datenpaket der Bitübertragungsschicht besteht aus der Umsetzung in die entsprechenden Signale des Zugriffsverfahrens, also in der Signalisierung und der physikalischen Ebene.

In der Sicherungsschicht beinhaltet der Header MAC-Adressen. Ein Datenpaket der Sicherungsschicht nennt man Rahmen oder Frame, im Fall von Ethernet also Ethernet-Frame. Ethernet wurde von den Firmen Digital, Intel und Xerox entwickelt. Es gibt verschiedene Frameformate. Alle, die im Umlauf sind, wollen wir nicht behandeln, lediglich die beiden bekanntesten. Ethernet II, die Entwicklung von Digital, Intel und Xerox, und Ethernet IEEE 802.3 (IEEE ist das Konsortium, das Standards erarbeitet, Institute of Electrical and Electronics Engineers, 802.3 darin die Arbeitsgruppe Ethernet) unterscheiden sich im Wesentlichen nur durch ein Datenfeld.

Präambel	SFD	DMAC	SMAC	Type	Data	Padding	FCS
7 Byte	1 Byte	6 Byte	6 Byte	2 Byte	46–1500 Byte		4 Byte

Ethernet-Frames nach IEEE 802.3 (oben) und Digital, Intel und Xerox (unten). Die Präambel ist ein Bitmuster zur Synchronisation. Der SFD, Starting Frame Delimiter, zeigt den Beginn eines Frames an. DMAC und SMAC sind die Destination- und Source-MAC-Adresse. Type und Length geben entweder die Länge des Frames oder den Typ des Vermittlungsschicht-Protokolls, der transportiert wird, an. Data enthält die Nutzdaten des Frames, die Header höherer Schichten. Hier sind alle Header von Schicht 3 bis Schicht 7 ineinander verschachtelt untergebracht. Padding-Bits sind dann nötig, wenn das Frame so wenige Daten enthält, dass es kleiner als 64 Bytes wäre (siehe Abschnitt 3.3). In diesem Fall muss mit „Lückenbüßern" aufgefüllt werden. Das Frame muss mindestens so groß sein, damit nach den Spielregeln von CSMA/CD das gesamte Medium belegt wird. Ist das Frame größer, ist dies nicht nötig. Die FCS, Frame Check Sequence, ist eine Prüfsumme, die verwendet werden kann, um Fehler im Frame zu erkennen. Das Frame darf maximal 1518 Byte groß sein. In Rechenzentren werden häufig Jumbo Frames (> 1500 Byte, typ. 9000 Byte) eingesetzt. Die Präambel wird von jedem Hub oder Switch (jedem Verstärker/Konzentrator), den das Frame überquert, zur Sicherstellung der korrekten Versendung neu aufgebaut.

Switches und Bridges arbeiten in Schicht 2 des OSI-Modells.

3.9 Anmerkungen zu den Geräten

Geräte, die auf der Bitübertragungsschicht oder Sicherungsschicht arbeiten, gibt es in zahlreichen Varianten, von unterschiedlichen Herstellern und in allen Preisklassen. Der wesentliche Unterschied liegt jedoch in den angebotenen Funktionen. Während günstige Switches zwar grundlegendes Switching beherrschen, bieten hochwertige Geräte erweiterte Features wie Spanning Tree, größere MAC-Tabellenspeicher, eine höhere Backplane-Leistung und umfangreiche Diagnosemöglichkeiten. Managebare Switches ermöglichen zudem den direkten Zugriff per Herstellertools, Telnet oder SSH, das Auslesen von MAC-Tabellen, die Überwachung von Hardwarekomponenten (z. B. Lüfter, Temperatur) sowie die Konfiguration von Spanning Tree und weiteren Funktionen (siehe Kapitel 6).

Günstige Büro-Switches sind dagegen nicht wartbar und schalten lediglich Daten durch – für kleine Umgebungen ausreichend, im Backbone oder an Etagenverteilern jedoch riskant. In größeren Netzwerken sind managebare Geräte unverzichtbar, da sie eine effiziente Fehlersuche und proaktives Netzwerkmanagement ermöglichen. Außerdem lässt sich mit ihnen beispielsweise bei einer Schleifenbildung der betroffene Port automatisch blockieren und eine Benachrichtigung versenden, anstatt dass das gesamte Netzwerk ausfällt.

Zu beachten ist, dass viele erweiterte Funktionen herstellerspezifisch implementiert sind und Standards nicht immer vollständig kompatibel. Eine homogene Geräteauswahl reduziert Kompatibilitätsprobleme und vereinfacht den Betrieb erheblich. Das gilt nicht nur für Geräte der Sicherungsschicht, sondern für sämtliche Komponenten des Netzwerks.

3.10 Zum Weiterlesen

Die dritte für die Welt der Computernetze relevante Standardisierungsorganisation ist die Internet Engineering Task Force (IETF). Diese befasst sich speziell mit der Weiterentwicklung des Internets. Die von der IETF herausgegebenen Standarddokumente werden als Request for Comments (RFC) bezeichnet und fortlaufend nummeriert. RFCs sind für jedermann zugänglich und können leicht auf der Website der IETF gefunden werden [IETF2023]. Wir werden sehen, dass große Teile der Funktionalität der Schichten 3 und 4 in RFCs definiert sind. Als Beispiel für einen IETF-Standard wird in diesem Kapitel das Address Resolution Protocol ARP [RFC0826] genannt.

Details zum Zusammenspiel von Bridges unter Verwendung des Spanning-Tree-Protokolls finden sich wiederum in einem von der IEEE veröffentlichten Standard [IEEE2004].

Literatur

[IEEE2022] IEEE 802 Working Group: 802.1Q-2022 – IEEE Standard for Local and Metropolitan Area Networks--Bridges and Bridged Networks. Institute of Electrical and Electronics Engineers, Januar 2022. *https://doi.org/10.1109/IEEESTD.2022.10004498*

[IETF2023] Internet Engineering Task Force: IETF Datatracker. Zugegriffen am 13.08.2025. *https://datatracker.ietf.org*

[RFC0826] Plummer, David C.: An Ethernet Address Resolution Protocol: Or Converting Network Protocol Addresses to 48.bit Ethernet Address for Transmission on Ethernet Hardware. Request for Comments 826. Internet Engineering Task Force, November 1982. *https://doi.org/10.17487/RFC0826*

4 Schicht 3 – die Vermittlungsschicht

Immer mehr Geräte wurden an die Netzwerke angeschlossen. Durch Switches konnten die Kollisionsdomänen getrennt werden. Nun wurde aber langsam der Broadcast-Verkehr zum Problem.

Bislang haben wir uns lediglich den Verkehr innerhalb eines LAN-Segments angesehen, alle Stationen konnten sich über Broadcasts erreichen. Wie funktioniert nun die Kommunikation weltweit beziehungsweise zwischen LANs? Dies sind die Themen der Vermittlungsschicht.

4.1 Neue Adressen

In der Vermittlungsschicht gelten andere Adressen als in der Sicherungsschicht (physische Adressen, MAC-Adressen). Die Adressen der Vermittlungsschicht bezeichnet man als logische Adressen. Das IP-Adressierungsschema hat sich als universeller Standard durchgesetzt und bildet die Grundlage aller heutigen Netzwerke.

IP steht für Internet Protocol [RFC0791]. Dieses wird in verschiedenen IP-Versionen parallel verwendet. Neben der IP-Version 4 (IPv4), die nach wie vor weit verbreitet ist, wird zunehmend IPv6 eingesetzt, das in modernen Netzen zum Standard wird. Details hierzu finden sich in Kapitel 10. In diesem Kapitel beziehen wir uns zur Erläuterung der Grundlagen von IP und IP-Adressen auf die Version 4. Dementsprechend ist IP in diesem Kapitel immer als IPv4 zu verstehen.

Die logischen Adressen in der Welt der IP-Netze werden zentral verwaltet und vergeben. Da die Adressen weltweit gültig sind, ist dies zwangsläufig eine Voraussetzung für ein funktionierendes System. Die Institution, die dies koordiniert, ist die IANA, die Internet Assigned Numbers Authority.

Zu Beginn war der Auftrag, für das US-Verteidigungsministerium ein landesweites Netzwerk zu entwerfen, das hochredundant vermascht und dadurch sehr ausfallsicher ist. Das System sollte den Ausfall von Knoten im Netzwerk selbst durch Findung neuer Wege umgehen können, also nach Störungen selbstkonvergent sein. Dazu war ein flexibles, fehlertolerantes Adressierungssystem nötig – und natürlich ein System der Verkehrsweiterleitung, das sich „selbst nachkonfigurieren“ kann. Wird z. B. eine neue Firma oder Schule an das Internet angeschlossen, muss dieses LAN erreichbar werden, ohne dass dies in allen Netzen weltweit konfiguriert werden muss.

Ein Bereich von IP-Adressen kann bei der IANA beantragt werden. Erhält nun eine Organisation einen Bereich von IP-Adressen zur eigenen Verwaltung, ist dies weltweit registriert – kein anderer darf diesen Adressbereich verwenden. Damit können ebenfalls weltweit Wege zu diesen Netzen gefunden werden.

4.1.1 Adressklassen

Die IP-Adressen sind streng hierarchisch geordnet. Sie wurden ursprünglich in definierte Klassen unterteilt. Früher verwendete man Variable Length Subnet Masks (VLSM), heute wird ausschließlich das Classless Inter-Domain Routing (CIDR) eingesetzt, worauf im Verlauf dieses Kapitels noch eingegangen wird.

Eine IP-Adresse besteht aus vier Byte, die, getrennt durch Punkte, in Dezimalzahlen angegeben werden (ein Byte entspricht einer Menge von acht Bit).

Ein Beispiel: 192.168.10.221

Sie erstrecken sich in einem Bereich der Adressen von 0.0.0.0 bis 255.255.255.255.

Schreiben wir dies nicht in Dezimalzahlen, sondern in Binärzahlen, erstreckt sich der Bereich von:

```
00000000.00000000.00000000.00000000–11111111.11111111.11111111.11111111
```

Es gibt fünf Klassen von IP-Adressen, die sich hinsichtlich der Anzahl adressierbarer Hosts und ihrer vorgesehenen Funktion unterscheiden. Internet-Provider sind je nach Größe in allen Klassen beheimatet.

Schon in den Anfängen des Internets erkannte man, dass es wenig sinnvoll wäre, einer Organisation mit nur zehn Endsystemen einen Adressbereich von mehr als tausend Adressen zuzuteilen. Daher etablierte man folgende Klasseneinteilung:

- Klasse A: sehr große Netzwerke, zum Beispiel Großkonzerne, Provider, Militär und Universitäten
- Klasse B: mittlere bis große Unternehmen, Universitäten, Provider
- Klasse C: kleinere Unternehmen, Provider

Es bestehen noch die Klassen D und E, auf sie kommen wir später zu sprechen.

Die Regel ist, dass eine Institution einen Teil der Adresse zur eigenen Verwaltung bekommt, der andere Teil aber fix vorgegeben bleibt. Durch diese Vorgabe entsteht eine Beschränkung in der Anzahl der Adressen, die innerhalb der Organisation vergeben werden können, und eine klare Aufteilung, wer welche Adressen benutzen darf. Betrachten wir die vier Byte der Adresse:

0.0.0.0	–	127.255.255.255:	Klasse A
128.0.0.0	–	191.255.255.255:	Klasse B
192.0.0.0	–	223.255.255.255:	Klasse C
224.0.0.0	–	239.255.255.255:	Klasse D
240.0.0.0	–	255.255.255.255:	Klasse E

Die Aufteilung der Klassen ergibt sich aus dem ersten Byte.

binär	**dezimal**	**Klasse**
00000000	0	Klasse A
10000000	128	Klasse B
11000000	192	Klasse C
11100000	224	Klasse D
11110000	240	Klasse E

In dieser Unterscheidung der Klassen war die Anzahl der möglichen Netzwerkgeräte pro Organisation dadurch begrenzt, dass dem Antragsteller je nur ein Teil der Adresse voll übergeben wurde. Die Adresse zerfällt damit in zwei Teile, die je nach Klasse verschieden groß sind. Wie wir sehen werden, ist die Aufteilung der Klassen heute nicht mehr absolut.

- Klasse A: das erste Byte ist fix, die anderen frei.
- Klasse B: die ersten beiden Byte sind fix, der Rest ist frei.
- Klasse C: die ersten drei Byte sind fix, das letzte ist frei.
- Klasse D und E sind nicht für „normalen" Netzwerkverkehr vorgesehen.

Was bedeutet dies nun?

Erhält eine Organisation einen Adressraum der Klasse A zugesprochen, zum Beispiel 120.X.X.X, so kann sie 16 777 216 Adressen verwenden (120.0.0.0 bis 120.255.255.255). Das erste Byte, 120, ist immer fix vorgegeben und darf nicht verändert werden.

Eine andere Organisation könnte zum Beispiel den nächsten Adressraum der Klasse A bekommen: 121.X.X.X. Sie kann dann ebenfalls für sich 16 777 216 Adressen verwenden (121.0.0.0 bis 121.255.255.255). Das erste Byte, 121, ist immer fix vorgegeben und darf nicht verändert werden.

Bei der Klasse B, zum Beispiel 178.16.0.0, darf man Geräte und Stationen im Bereich von 178.16.0.0 bis 178.16.255.255 (65 535 Adressen) adressieren. Hier sind die ersten zwei Byte fix, 178.16. Der nächste Adressraum dieser Klasse wäre 178.17.0.0–178.17.255.255, also wiederum 65 535 Adressen.

In einem Klasse-C-Netz, zum Beispiel 220.0.1.0, dürfte man die Adressen von 220.0.1.0 bis 220.0.1.255 vergeben (256 Adressen). Die ersten drei Byte sind hier fix, 220.0.1. Eine andere Organisation könnte nun ebenfalls eine Klasse C zugewiesen bekommen, zum Beispiel 220.0.2.0–220.0.2.255.

Eine Überschneidung von Adressen der Organisationen ist so ausgeschlossen. In den Klassen werden also die Adressräume, je nach Klasse, in verschieden große Bereiche aufgeteilt, die streng getrennt und reglementiert sind.

Den fixen Teil der IP-Adresse, der nicht verändert werden darf, nennt man den Netzwerkteil (fett gedruckt), der freie Teil wird Host-Teil der Adresse genannt, hier darf der Administrator frei Adressen für seine Hosts vergeben.

IP-Adressraum	**XXX**.XXX.XXX.XXX	Klasse A
IP-Adressraum	**XXX.XXX**.XXX.XXX	Klasse B
IP-Adressraum	**XXX.XXX.XXX**.XXX	Klasse C

Die fett gedruckten Teile der Adresse dürfen nicht verändert werden. Die normal gedruckten können frei zur Adressierung eingesetzt werden. Somit wird eine Überschneidung vermieden.

4.1.2 Subnetze

Würde man – zum Beispiel – alle 65 536 Hosts in einer Klasse-B-Adresse in den Schichten 1 oder 2Nmiteinander verschalten, würden alleine die Broadcasts das Netzwerk völlig überlasten, eine Kommunikation wäre nicht möglich. Es gibt deshalb für die Netzwerkadministratoren die Möglichkeit, die Netze innerhalb ihrer Adressbereiche im Host-Teil noch weiter zu segmentieren.

Die Einteilung nach Adressklassen findet in der Vermittlungsschicht statt. Ein Administrator erhält eine Adresse der Klasse B. Diesen Adressraum kann – und sollte – er eigenständig in kleinere Teilnetze untergliedern. Dies geschieht durch Aufteilung des Netzes, das zugeteilt wurde, in sogenannte Subnetze. Der Administrator kann seinen Adressraum, zum Beispiel 178.16.X.X, in 256 Subnetze mit den Adressbereichen 178.16.0.X,

178.16.1.X, 178.16.2.X – 178.16.255.X unterteilen. Damit zerlegt er seinen B-Klassen-Adressraum in 256 virtuelle C-Klassen. In jedem einzelnen Segment leben nun 256 Adressen.

Dies darf er frei tun, er darf lediglich den Netzwerkteil nicht verändern, der Host-Teil ist jedoch für ihn frei disponierbar. Diese Aufteilung wird an den Geräten vorgenommen, die den Verkehr in der Vermittlungsschicht reglementieren, den Routern.

Hubs und Medienkonverter arbeiten in der Bitübertragungsschicht, Switches und Bridges arbeiten in der Sicherungsschicht, sie trennen Kollisionsdomänen. Router arbeiten in der Vermittlungsschicht und trennen Broadcast-Domänen.

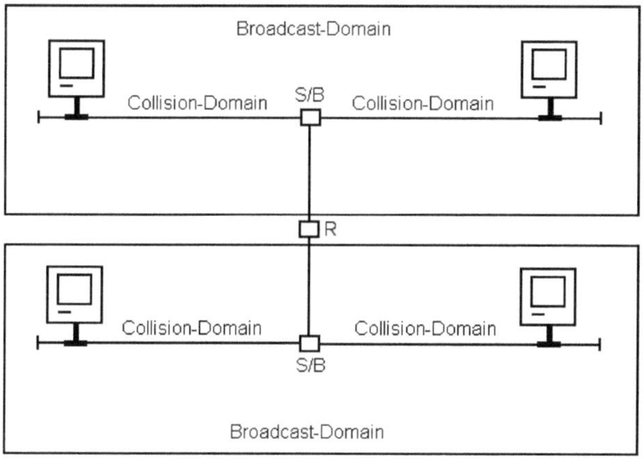

Bild 4.1 Switches und Bridges (S/B) trennen die Kollisionsdomänen. Die Router trennen (große Kästen) die Broadcast-Domänen. Die Kommunikation erfolgt innerhalb einer Broadcast-Domäne auf der Sicherungsschicht, zwischen ihnen in Vermittlungsschicht.

Router sind die Geräte, die dafür sorgen, dass die Kommunikation zwischen LAN-Segmenten funktioniert, unabhängig davon, ob diese unmittelbar benachbart oder weltweit verteilt sind. Router leiten Broadcasts normalerweise nicht weiter. Sie sind die Geräte, welche die Broadcast-Domänen trennen. Wer so viele Broadcasts im Netzwerk hat, dass dies zum Problem wird, muss sein Netzwerk auf der Sicherungsschicht weiter segmentieren.

4.1.3 Besondere Adressen

In dedizierten Netzen und Subnetzen gibt es in der Vermittlungsschicht fest reservierte Adressen, die keinem Host zugeordnet werden dürfen. Sie sind für die Funktion eines Netzwerks essenziell. Das Netzwerk selbst an sich benötigt eine Adresse. Ebenso muss es Adressen für Rundsprüche an alle geben, genauso wie bei den physischen Adressen.

Die kleinste und die größte Adresse im Adressbereich eines Subnetzes sind reserviert. Die kleinste ist die Bezeichnung des Netzes (Subnetzes) selbst. Die größte ist die Adresse für die Rundspruchsendungen (Broadcast-Adresse). Ein Datenpaket an letztere Adresse muss von jedem Netzwerkgerät im Subnetz beachtet werden.

In einem Adressraum der Klasse B, wie in unserem Beispiel 178.16.0.0 –178.16.255.255, wären dies die Adresse 178.16.0.0 für das Netzwerk selbst und die 178.16.255.255 für die Broadcast-Adresse. Im nächsten Adressraum, 178.17.0.0 –178.17.255.255, wären dies die 178.17.0.0 für das Netzwerk selbst und die 178.17.255.255 für die Broadcast-Adresse.

Teilen wir das erste Netz in 256 Subnetze, also virtuelle C-Klassen, bekommt jedes Subnetz seine eigene Netzwerk- und Broadcast-Adresse.

Im ersten Netz, 178.16.0.0, wären dies die 178.16.0.0 und 178.16.0.255. Im zweiten, 178.16.1.0, wären dies die 178.16.1.0 und die 178.16.1.255 und so weiter bis im letzten, 178.16.255.0, die 178.16.255.0 und die 178.16.255.255.

Das bedeutet aber auch, dass durch die Segmentierung für Endsysteme nutzbare Adressen verloren gehen. Jede Teilung eines Netzes kostet diese Adressen. Wird eine B-Klasse in 256 C-Klassen segmentiert, müssen 512 Adressen für die Subnetze und Broadcast-Adressen verwendet werden. Segmentieren wir noch weiter (siehe Abschnitt 4.2), dementsprechend mehr. Dies ist aber unumgänglich.

4.2 Segmentierung der Netze

Mit modernen Routern (Routing-Protokollen, siehe Abschnitt 4.6) lassen sich die Subnetze noch weiter unterteilen. Eine Klasse C kann weiter, noch feiner, unterteilt werden. Dies kann bei hohem Verkehr, besonders bei vielen Rundsprüchen, nötig werden. Dies ist wie gesagt alleine die Entscheidung des Netzbetreibers beziehungsweise des Verwalters der Adressklasse. Innerhalb des Host-Teils des Adressraumes kann frei segmentiert werden.

Eine solche Segmentierung erhöht nicht nur die Leistung, sondern kann ebenfalls die Sicherheit erhöhen. In der Praxis werden Netze häufig so segmentiert, dass Homeoffice-Anbindungen oder Abteilungen voneinander getrennt und gesichert betrieben werden können (vgl. Beispiel in Abschnitt 4.2.4).

In der Regel segmentiert man so, dass nicht zu viele Adressen verschwendet werden, aber auch so, dass genug Reserven für einen Ausbau da sind.

4.2.1 Wer gehört zu welchem (Sub-)Netz?

Ein Router muss nun entscheiden können, zu welchem Teil eines Subnetzes welches Gerät gehört. Schließlich muss entschieden werden, ob die kommunizierenden Geräte innerhalb eines Netzwerksegments (Subnetzes) oder in getrennten installiert sind. Ein geordneter Verkehr wäre sonst nicht möglich. Nehmen wir ein Beispiel zur Hand.

Ein Administrator des Adressbereiches der Klasse C: 220.1.10.0 hat 256 Adressen zur Verfügung, 220.1.10.0–220.1.10.255. Stellt er fest, dass die Rundsprüche (Broadcasts) zu häufig werden, muss er das Subnetz weiter unterteilen. Hinterher müssen aber alle Router im Netz automatisch wissen, dass dies passiert ist. Weiter muss auch vorher jeder wissen, ob ein Netzwerk der Klasse B in Subnetze segmentiert ist oder nicht. Auch jeder einzelne Rechner muss diese Information kennen, da dies für das Zusammenspiel von Sicherungsschicht und Vermittlungsschicht entscheidend ist.

4.2.2 Kommunikation in und zwischen LANs

Möchte ein Gerät Daten an ein anderes senden, muss es zuerst die Zieladresse auflösen. Innerhalb der Broadcast-Domäne (Sicherungsschicht) macht es deshalb einen Broadcast, einen ARP-Request. Will es Daten an ein Gerät versenden, das nicht in seiner Broadcast-Domäne ist, also in einem anderen Subnetz, über einen Router hinweg, hätte ein ARP-Request keinen Sinn. Die Router leiten Broadcasts normalerweise nicht weiter. Also müssen die Daten einen anderen Weg nehmen.

Aber woher weiß nun ein Endsystem wie ein Router oder PC, ob ein anderes Endsystem im gleichen Subnetz ist oder nicht? Woher weiß es, ob es einen ARP-Request senden oder über einen anderen Weg kommunizieren muss?

4.2.3 Die Subnetzmaske

Dafür gibt es eine weitere eminent wichtige Angabe, die Subnetzmaske. Sie ist es, die den Host- und den Netzwerkteil der IP-Adresse festlegt. Die Subnetzmaske ist damit genauso vorgegeben wie der Adressbereich. Im Bereich der vergebenen Adressklassen darf der Administrator hier Änderungen vornehmen, außerhalb nicht.

Ist ein Adressraum nicht weiter segmentiert, sondern identisch mit den offiziellen Adressklassen, spricht man von einer Netzmaske. Ist ein Adressraum weiter segmentiert, von einer Subnetzmaske.

Für die Funktion der Sub-/Netzmaske ist dies aber ohne Bedeutung.

Was das nun bedeutet, werden wir uns genau ansehen.

Bekommen wir nun ein Netzwerk der Klasse B von der IANA zugeteilt, könnte dies so aussehen: Wir bekommen die Adresse 178.16.0.0, Klasse B. Wir können also über einen Adressbereich von 178.16.0.0 bis 178.16.255.255 verfügen.

Binär: 10110010.00010000.00000000.00000000–

10110010.00010000.11111111.11111111

Wir hätten nun die Subnetzmaske von 255.255.0.0:

Binär: 11111111.11111111.00000000.00000000

Was bedeutet dies? Legen wir alles genau untereinander:

10110010.00010000.00000000.00000000	Startadresse
10110010.00010000.11111111.11111111	Endadresse
11111111.11111111.00000000.00000000	Subnetzmaske

An den Stellen der Subnetzmaske, an denen eine 1 steht, ist die Adresse fix vorgegeben, dies markiert den Netzwerkteil unseres Adressbereiches. Alle anderen Stellen dürfen wir frei benutzen, hier ist der Host-Teil. Alle Adressen, die in einem binären Bereich der Subnetzmaske angesiedelt sind, sind innerhalb eines Subnetzes – und damit innerhalb einer Broadcast-Domäne. Eine Verkleinerung der Subnetzmaske ist unzulässig, da dadurch Adressen in fremden Adressbereichen verletzt würden. Eine Vergrößerung hingegen ist zulässig.

Möchten wir unsere Klasse B nun in 256 Klassen C unterteilen, definieren wir eine

Subnetzmaske von 255.255.255.0: 11111111.11111111.11111111.00000000

Damit haben wir unser Netz in 256 Subnetze zerlegt.

10110010.00010000.00000000.00000000–	Startadresse	178.16.0.0
10110010.00010000.00000000.11111111	Endadresse	178.16.0.255
11111111.11111111.11111111.00000000	Subnetzmaske	255.255.255.0
10110010.00010000.00000001.00000000–	Startadresse	178.16.1.0
10110010.00010000.00000001.11111111	Endadresse	178.16.1.255
11111111.11111111.11111111.00000000	Subnetzmaske	255.255.255.0
10110010.00010000.00000010.00000000–	Startadresse	178.16.2.0

10110010.00010000.00000010.11111111	Endadresse	178.16.2.255
11111111.11111111.11111111.00000000	Subnetzmaske	255.255.255.0
10110010.00010000.00000011.00000000–	Startadresse	178.16.3.0
10110010.00010000.00000011.11111111	Endadresse	178.16.3.255
11111111.11111111.11111111.00000000	Subnetzmaske	255.255.255.0
.		
.		
.		
.		
10110010.00010000.11111111.00000000–	Startadresse	178.16.255.0
10110010.00010000.11111111.11111111	Endadresse	178.16.255.255
11111111.11111111.11111111.00000000	Subnetzmaske	255.255.255.0

Daher ist Folgendes entscheidend: Zu jeder IP-Adresse gehört untrennbar die Information, wie das Adressfeld in Netz- und Hostanteil unterteilt ist. Diese Information liefert die Subnetzmaske. Sie definiert, welche Adressen zu welchem Netzwerksegment gehören, welches Netz adressiert wird und welche Adressen als Netzwerk- und Broadcast-Adresse des jeweiligen Subnetzes gelten.

Eine IP-Adresse ohne Subnetzmaske ist bedeutungslos. Ohne diese Information lässt sich nicht erkennen, ob sich zwei Hosts im selben Subnetz befinden. Die IANA weist uns Adressbereiche stets zusammen mit einer passenden Subnetzmaske zu – sie legt damit den Netzwerkteil fest. An diesem Netzwerkteil dürfen wir weder in der Adresse noch in der Maske Änderungen vornehmen. Im Host-Teil hingegen können wir unsere Adressbereiche beliebig in Subnetze unterteilen. Wie diese Unterteilung erfolgt, gibt wiederum die Subnetzmaske an.

Mit modernen Routern lässt sich ein Netzwerk fast beliebig segmentieren. Fügen wir immer mehr Einsen zur Subnetzmaske hinzu (dies nennt man CIDR (Classless Inter-Domain Routing, [RFC4632]) oder früher auch VLSM, Variable Length of Subnet Masks), zerlegen wir unseren Adressbereich in immer mehr Subnetze. Dies kann innerhalb des zugewiesenen Bereichs frei erfolgen. Mithilfe der Subnetzmaske teilen wir dies allen mit, die mit uns kommunizieren wollen. Sie sehen sofort, ob und wie segmentiert wurde.

Sehen wir uns ein Beispiel eines Adressraums der Klasse C und die möglichen Segmentierungen in Subnetze an. Hier wird auf den ersten Blick klar, warum die binäre Darstellung für das Verständnis einfacher ist. In der binären Darstellung wird sofort klar, wie ein Rechner die Adressen „sieht“ und die Einteilung leicht erkennt. In der folgenden Tabelle sehen wir die möglichen Subnetzmasken in binärer und dezimaler Darstellung und dazu noch die Information, wie viele Subnetze mit wie vielen Adressen wir durch die jeweilige Segmentierung erhalten.

Subnetzmaske binär	SNM dezimal	Netze x Adressen
11111111.11111111.11111111.00000000	255.255.255.0	1 x 256
11111111.11111111.11111111.10000000	255.255.255.128	2 x 128
11111111.11111111.11111111.11000000	255.255.255.192	4 x 64
11111111.11111111.11111111.11100000	255.255.255.224	8 x 32
11111111.11111111.11111111.11110000	255.255.255.240	16 x 16
11111111.11111111.11111111.11111000	255.255.255.248	32 x 8
11111111.11111111.11111111.11111100	255.255.255.252	64 x 4
11111111.11111111.11111111.11111110	255.255.255.254	128 x 2
11111111.11111111.11111111.11111111	255.255.255.255	256 x 1

Denken müssen wir immer daran, dass pro Subnetz zwei Adressen verloren gehen, für das Subnetz selbst und für die Broadcast-Adresse. Brauchen wir also Segmente, in denen acht Adressen für Endsysteme sein müssen, müssen wir Segmente mit 16 (16 Subnetze mit je 16 Adressen) wählen. Bei 32 Subnetzen mit je acht Adressen könnten wir nur sechs Endsysteme pro Subnetz betreiben. Wie wir unten sehen werden, verlieren wir noch eine oder mehrere Adressen in jedem Subnetz dadurch, dass jeder Router, der den Weg zu diesem Netz öffnen soll, ebenfalls eine Adresse in ihm braucht.

Aus der Adresse und der Subnetzmaske wird also ermittelt, ob eine Adresse im selben Segment (Broadcast-Domäne) angesiedelt ist, also die Adressauflösung auf der Sicherungsschicht vorgenommen werden muss (ARP-Request), oder ob in der Vermittlungsschicht über einen Router kommuniziert werden muss (über den Default-Gateway). Eine falsch konfigurierte Subnetzmaske kann daher zu sehr unschönen Fehlern führen (siehe auch Kapitel 13, „Praktische Übungen").

Für die Subnetzmaske hat sich eine weitere Kurzschreibweise eingebürgert. Die Anzahl Einser-Bits in der Binärdarstellung wird einfach an die Adresse angehängt:

11111111.11111111.11111111.00000000	255.255.255.0	/24
11111111.11111111.11111111.10000000	255.255.255.128	/25
11111111.11111111.11111111.11000000	255.255.255.192	/26
11111111.11111111.11111111.11100000	255.255.255.224	/27
11111111.11111111.11111111.11110000	255.255.255.240	/28

11111111.11111111.11111111.11111000	255.255.255.248	/29
11111111.11111111.11111111.11111100	255.255.255.252	/30
11111111.11111111.11111111.11111110	255.255.255.254	/31
11111111.11111111.11111111.11111111	255.255.255.255	/32

Hier nur für eine C-Klasse gezeigt. Bei einer A-Klasse analog von /8 bis /16, bei einer B-Klasse von /16 bis /24.

Wie man schon optisch sieht, dürfen in einer Subnetzmaske keine „Einser-Lücken" auftreten. Rechnerisch lässt sich leicht beweisen, dass sonst fremde Adressräume verletzt würden. Besitzen wir eine B-Klasse-Adresse, haben wir die initiale Subnetzmaske von 255.255.0.0. Durch Hinzufügen von Einsern in der Binärdarstellung können wir weiter segmentieren. Aber Nullen in der Mitte sind streng verboten.

11111111.11111111.11111111.00000000	255.255.255.0	erlaubt
11111111.11111111.11111111.10000000	255.255.255.128	erlaubt
11111111.11111111.11111111.11000000	255.255.255.192	erlaubt
11111111.11111111.11111111.11100000	255.255.255.224	erlaubt
11111111.11111111.11111111.01000000	255.255.255.64	verboten

Im letzten Fall würde die Addition andere Netze verletzen und auch die Schreibweise mit angehängten Bits wäre nicht möglich.

So bedeutet 10.12.16.14/25 nichts anderes als eine IP-Adresse aus einem Subnetz 10.12.16.0 mit einer Broadcast-Adresse von 10.12.16.127.

4.2.4 Asymmetrische Segmentierung

Bislang haben wir Netze in Subnetze geteilt. Dies machen wir über die Subnetzmaske. Die Teilungen waren symmetrisch. Wir haben Netze in Teile gleicher Adressbereiche geteilt: Eine C-Klasse mit 256 Adressen in zwei Netze mit 128 Adressen, in vier mit 64 Adressen und so weiter. CIDR geht weiter. Wir können, innerhalb der erlaubten Grenzen, unsere Teilnetze weiter teilen.

Dazu als Beispiel folgende Aufgabe: Stellen wir uns eine Firma mit vier Abteilungen, Forschung, Marketing, Technik und Vertrieb vor. Aus Gründen der Sicherheit sollen alle vier Abteilungen eigene Netze bekommen, die Router sollen mit Zugangsfiltern den Verkehr regeln, die Abteilungen sollen verschiedene Broadcast-Domänen werden.

Zugeteilt ist uns ein Netz 178.16.35.0 /24, also Adressen von 178.16.35.0 –178.16.35.255. Die Forschung hat 100 Rechner, das Marketing 55, die Technik 22 und der Vertrieb 29. Wir sollen als Netzwerker nun diese Umgebung aufstellen.

Wir wissen nun, dass wir Teilsegmente konfigurieren können, die 128 Adressen beinhalten, oder 64, 32, 16, 8, 4, 2, 1 Adressen.

Teilen wir also unser Netz über die Subnetzmasken in passende Segmente.

1. Forschung: 178.16.35.0 /25 (255.255.255.128).

   128 Adressen, von 178.16.35.0 – 178.16.35.127. Das Subnetz selbst: 178.16.35.0. Die Broadcastadresse ist 178.16.35.127. Den Default-Gateway wählen wir in diesem Bereich, 178.16.35.1 oder 178.16.35.126. Benutzbar sind also für Endgeräte 125 Adressen.

2. Marketing: 178.16.35.128 /26 (255.255.255.192).

   64 Adressen, von 178.16.35.128 – 178.16.35.191. Das Subnetz selbst: 178.16.35.128. Die Broadcastadresse ist 178.16.35.191. Den Default-Gateway wählen wir in diesem Bereich, 178.16.35.129 oder 178.16.35.190. Benutzbar sind also für Endgeräte 61 Adressen.

3. Technik: 178.16.35.192 /27 (255.255.255.224).

   32 Adressen, von 178.16.35.192 – 178.16.35.223. Das Subnetz selbst: 178.16.35.192. Die Broadcastadresse ist 178.16.35.223. Den Default-Gateway wählen wir in diesem Bereich, 178.16.35.193 oder 178.16.35.222. Benutzbar sind also für Endgeräte 29 Adressen.

4. Vertrieb: 178.16.35.224 /27 (255.255.255.224).

   32 Adressen, von 178.16.35.224 – 178.16.35.255. Das Subnetz selbst: 178.16.35.224. Die Broadcastadresse ist 178.16.35.255. Den Default-Gateway wählen wir in diesem Bereich, 178.16.35.225 oder 178.16.35.254. Benutzbar sind also für Endgeräte 29 Adressen.

Solange wir uns an die Grenzen halten, können wir beliebig segmentieren.

4.2.5 Ermittlung des Netzes/Subnetzes

Wie funktioniert nun aber die Berechnung, welches Gerät in welchem Subnetz ist? Woher „weiß“ ein Gerät nun sofort, ob ein anderes im selben Segment installiert ist oder nicht? Segmentiert man nun sein Klasse-C-Netzwerk in zwei gleiche Segmente, haben beide dieselbe Subnetzmaske.

Hier ein Beispiel. Das Subnetz 178.16.40.0/24 wird segmentiert. Die Subnetzmaske wird dazu auf 25 Bit erweitert. Es resultieren zwei Subnetze:

- 178.16.40.0/25 mit den Adressen 178.16.40.0–178.16.40.127
- 178.16.40.128/25 mit Adressen 178.16.40.128–178.16.40.255

Binär:

10110010.00010000.00101000.00000000–	Startadresse	178.16.40.0
10110010.00010000.00101000.01111111	Endadresse	178.16.40.127
11111111.11111111.11111111.10000000	Subnetzmaske	255.255.255.128

und:

10110010.00010000.00101000.10000000–	Startadresse	178.16.40.128
10110010.00010000.00101000.11111111	Endadresse	178.16.40.255
11111111.11111111.11111111.10000000	Subnetzmaske	255.255.255.128

Die Auflösung, welche Adresse in welches Netz gehört, erfolgt durch eine logische, boolesche Addition der IP-Adresse mit der Subnetzmaske. Die Regeln einer logischen Addition sind einfach (für Interessierte, ein neuronales, logisches AND):

```
0 + 0 = 0
0 + 1 = 0
1 + 0 = 0
1 + 1 = 1
```

Dies entspricht einer Nervenzelle mit zwei Eingängen und einem Ausgang und einem Schwellenwert von zwei. Nur wenn beide Eingänge ein Signal bekommen (Schwellenwert zwei), feuert sie ein Signal; als Vergleich eine ebensolche Zelle mit einem Schwellenwert von eins. Hier haben wir eine OR-Funktion. Die Wertetabelle wäre folgende:

```
0 + 0 = 0
0 + 1 = 1
1 + 0 = 1
1 + 1 = 1
```

Bleiben wir beim AND.

Betrachten wir nun eine willkürliche Adresse aus dem ersten Bereich, etwa 178.16.40.18.

10110010.00010000.00101000.00010010–	Adresse:	178.16.40.18
11111111.11111111.11111111.10000000	SNM:	255.255.255.128

Nehmen wir Bit für Bit ein logisches AND aus Adresse und Subnetzmaske:

10110010.00010000.00101000.00010010–	Adresse:	178.16.40.18
11111111.11111111.11111111.10000000	SNM:	255.255.255.128
10110010.00010000.00101000.00000000	Netz:	178.16.40.0

Oder eine Adresse aus dem oberen Bereich, beispielsweise 178.16.40.160:

10110010.00010000.00101000.10100000–	Adresse:	178.16.40.160
11111111.11111111.11111111.10000000	SNM:	255.255.255.128

logisches AND:

10110010.00010000.00101000.10000000	Netz:	178.16.40.128

Die Ermittlung des Netzwerks, in dem sich ein Gerät befindet, ist also ein direktes Ergebnis der logischen Addition der Subnetzmaske und der Adresse des Gerätes.

Ohne die Angabe der Subnetzmaske ist die Adresse also wertlos. Die Subnetzmaske bestimmt, wie viele Adressen uns in einer Klasse zur Verfügung stehen. Wir dürfen sie erweitern, um weiter zu segmentieren, aber niemals verkleinern, damit würden wir mit anderen Organisationen kollidieren.

Der uns zugeteilte Bereich von Adressen darf nur im Host-Teil verändert werden. Die initiale Subnetzmaske darf nur erweitert werden. Sie kommuniziert, wie unsere Subnetze beschaffen sind.

4.3 Router: Weiterleitung in der Vermittlungsschicht

Sieht ein Rechner nun, dass Daten an ein Gerät außerhalb der eigenen Broadcast-Domäne versendet werden müssen (an der Adresse und der Subnetzmaske), leitet er keinen ARP-Request nach diesem Empfänger ein. Dies hätte keinen Sinn. Ein ARP-Request ist ein Broadcast, dieser wird in andere Subnetze normalerweise über die Router nicht weitergeleitet, er würde ungehört verhallen. Das Gerät kontaktiert das Gerät, das für diese Weiterleitung zuständig ist, den nächsten zuständigen Router. Ihn nennt man den Default-Gateway. Ohne ihn ist eine Kommunikation zwischen LANs nicht möglich. Ab hier verläuft die Kommunikation über die Vermittlungsschicht.

Die Station leitet also einen ARP-Request an den Default-Gateway. Das Interface des Routers in diesem Subnetz ist nichts anderes als eine normale Netzwerkkarte. Sie unterliegt denselben Regeln der Kommunikation in der Sicherungsschicht wie alle anderen. Daher wird ihre MAC-Adresse durch einen normalen ARP-Request ermittelt. Der Router antwortet, und der Sender sendet seine Daten zur Weiterleitung dorthin. Die

Adresse des Routers ist im Netz nicht fest vorgegeben. Sie wird vom Netzwerkadministrator bestimmt und im Endsystem konfiguriert. Dadurch, dass der Administrator dem Interface des Routers eine Adresse und eine Subnetzmaske vergibt, definiert er die Subnetze. Es empfiehlt sich aber, wenn man mehrere Netze hat, für sich selbst eine Regel zu definieren. Eingebürgert hat sich an vielen Stellen, immer die höchste (also Broadcast-Adresse –1) oder die niedrigste (also Netzwerkadresse +1) der möglichen Adressen eines Subnetzes für den Router zu verwenden.

Da in einem Netzwerk auch mehrere Router ein Interface haben können und gemanagte Netzwerkgeräte ebenfalls IP-Adressen brauchen, sollte man sich immer einen definierten Satz von Adressen für diese Zwecke freihalten.

In großen Netzwerken können mehrere Router Interfaces in einem Sicherungsschicht-Segment besitzen. Die Konfiguration des Default-Gateways an die Endsysteme bestimmt in einem (Sub-) Netz, über welchen Router die Daten geleitet werden. Hier kann der Administrator den Verkehr kanalisieren, wenn er dafür sorgt, dass an den Endsystemen der Default-Gateway nicht geändert werden kann. Jeder Router muss eine eigene physische (Sicherungsschicht) und logische (Vermittlungsschicht) Adresse in jedem Subnetz besitzen, in dem er ein Interface hat, auch er ist ein „normaler" Netzwerkteilnehmer wie jeder PC auch. Die Definition eines Router-Interface mit Adresse und Subnetzmaske bestimmt das Netzwerk. Die Router legen also die Segmentierung fest. Sobald dies geschehen ist und dies kommuniziert wird, ist dieses neue Netz weltweit erreichbar. Nun verstehen wir, wo die verschiedenen Netzwerke herkommen. Die Netzwerkadministratoren definieren diese durch die Konfiguration der Router-Interfaces, und die Router verbreiten sie.

Daher muss, wenn ein neues Netz eingerichtet wird, nicht weltweit überall nachkonfiguriert werden, wie wir sehen werden, werden diese Informationen ausgetauscht. Der Administrator einer Adressklasse legt also durch die Konfiguration seiner Router in Adresse und Subnetzmaske die Netzwerke fest. Wir können jederzeit ein Netz der Klasse C in zwei Subnetze zerlegen, wann immer wir auch wollen, wenn diese Klasse an uns delegiert ist, oder in vier oder in acht. Durch die Propagation der Adresse und Subnetzmaske unserer Router-Interfaces wird diese Information allen zugänglich gemacht.

Die Router sind es also, die weltweit die verschiedenen IP-Netze definieren, je nach ihrer Konfiguration. Über Routing-Protokolle teilen Router untereinander mit, welche Netzwerke an ihnen angeschlossen sind (Details dazu folgen weiter unten), und sorgen so dafür, dass diese Netze weltweit erreichbar werden.

Natürlich ist es nicht möglich, dass jeder Router weltweit die Informationen aller Router der Welt als Kopie pflegt. Wie das Routing in Weitverbindungen verläuft, sehen wir uns später noch in einem Beispiel an.

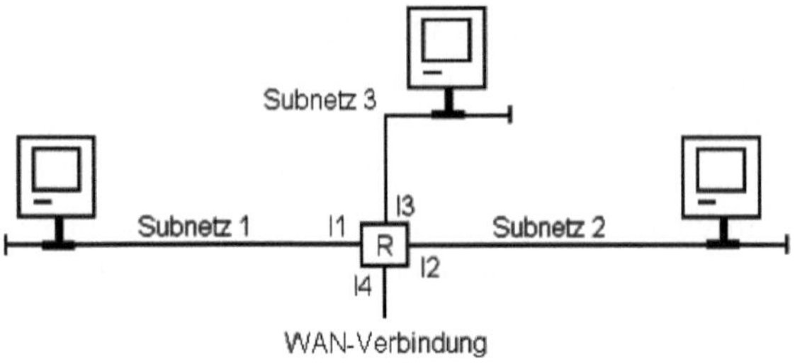

Bild 4.2 Dieser Router R verbindet vier Netzwerksegmente. In jedem muss er eine logische und eine physische Adresse haben. Er kann zwar Daten in der Vermittlungsschicht weitergeben, damit er aber von einem Endsystem erreicht werden und andere erreichen kann, muss er einen „normalen" Netzwerkadapter in jedem Segment haben (I1–I4). Für ihn gilt dasselbe wie für alle anderen Endsysteme in der Sicherungsschicht. Die Adresse und die Subnetzmaske, die der Netzwerkverwalter auf diesen Interfaces konfiguriert, definieren die Netze, die der Router verwaltet.

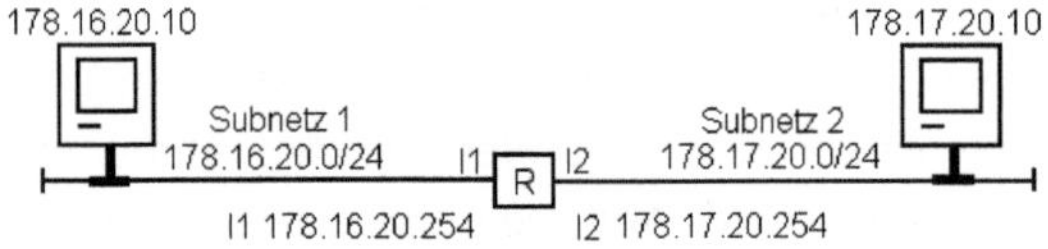

Bild 4.3 Jeder Router benötigt ein Interface, in dem Subnetze, die an ihn angeschlossen sind, von ihm definiert werden (hier I1 und I2). In den Schichten 2 und 3 sind dies normale Netzwerkadapter, die denselben Regeln unterworfen sind wie alle anderen.

Als ein kleines Beispiel sehen wir uns ein virtuelles Netzwerkdesign einer Firma an. Der Finanzserver (FS) soll nur von den Finanzclients F1 und F2 zugänglich sein, der Marketingserver (MS) nur von den Marketingclients M1 und M2. Ebenso soll der Verkehr kanalisiert werden. Wird nun R1 als Default-Gateway für F1 und F2 konfiguriert und R2 für M1 und M2, ist die Kanalisierung bereits erfolgt. R3 sorgt dafür, dass alle trotzdem Zugriff auf die WAN-Verbindung haben. Durch Zugangsfilter an R1, R2 und R3 (sogenannte Access-Listen, siehe Abschnitt 5.4) kann verhindert werden, dass die Finanzleute auf den Marketingserver zugreifen können und umgekehrt. R3 muss ebenfalls beschränkt sein, da sonst ein Zugriff „durch die Hintertür R3" im Kreis wieder möglich wäre. Ein solcher Aufbau ist sinnvoll, da so Services, die allen zur Verfügung stehen sollen, z. B. Drucker oder Faxserver, schnell geswitcht in einem Subnetz beiden zur Verfügung stehen können.

Die Datenweiterleitung über Switches ist in der Regel performanter als die über Router, da ein Switch die Datenpakete nur bis zur Sicherungsschicht analysieren muss, der Router aber bis zur Vermittlungsschicht.

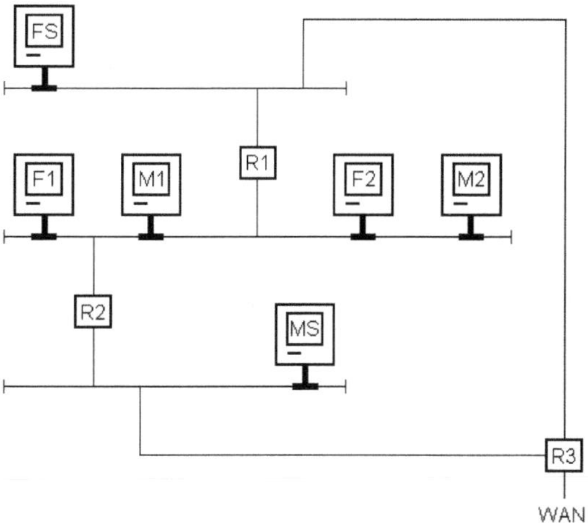

Bild 4.4
Beispielszenario einer virtuellen Firma mit einer Finanz- und einer Marketingabteilung, die in einem Subnetz realisiert sind. In anderen Subnetzen stehen deren Server. Durch Zugangsfilter und Wahl der Default-Gateways kann hier der Verkehr kanalisiert werden. Gemeinsam genutzte Ressourcen können in der Sicherungsschicht allen in einem Subnetz angeboten werden.

4.3.1 Zusammenspiel mit physischen Adressen

Werden Daten zwischen LANs (Subnetzen) versendet, muss jedes Datenpaket durch die mit Routern verbundenen Sicherungsschichtsegmente geleitet werden. In jedem Sicherungsschichtsegment verläuft dies wie bisher besprochen.

Will ein Rechner A Daten an einen Rechner B senden, sieht er an seiner IP-Adresse und seiner Subnetzmaske und der IP-Adresse des Empfängers, ob B im selben Subnetz ist. Ist dies so, leitet A einen ARP-Request an B ein. Ist B in einem anderen Subnetz, leitet A einen ARP-Request zu seinem Default-Gateway ein, hier R1, um seine physische Adresse zu ermitteln. Dann sendet A die Datenpakete, die für B bestimmt sind, an R1. R1 betrachtet die IP-Adresse des Empfängers. Sie ist in keinem Subnetz, in dem R1 eine Adresse hat. Also sieht R1 nach, ob er den Weg zu dem entsprechenden Subnetz kennt. Wie er das wissen kann, wird unten erläutert. Hier kennt er ihn, er führt über R2. Also löst er die MAC-Adresse von R2 durch einen ARP-Request auf, entfernt die MAC-Adressen vom Ethernet-Frame (Sender-MAC, Destination-MAC), trägt seine eigene als Sender und die von R2 als Empfänger ein und sendet die Frames an R2 weiter (genauer gesagt, er entfernt das Frame und generiert es mit den aktuellen Informationen neu). Den ARP-Request erwähnen wir ab hier nicht immer wieder. Wir behalten im Hintergrund, dass dieser zu jeder Sicherungsschicht-Kommunikation gehört. Egal ob ein Router oder ein anderes Endsystem beteiligt ist. R2 sieht, dass das Netz, in dem B ist, an ihm angeschlossen ist. Also ermittelt er die MAC-Adresse von B, trägt seine eigene als Absender, die von B als Empfänger ein und sendet die Daten zu B. Dadurch, dass die IP-Adresse des Senders und Empfängers immer im IP-Paket, dem Vermittlungsschicht-Header, erhalten bleibt, erreicht es sein Ziel, obwohl bei jedem Überqueren eines Routers dieser die MAC-Adressen entfernt und neue einträgt.

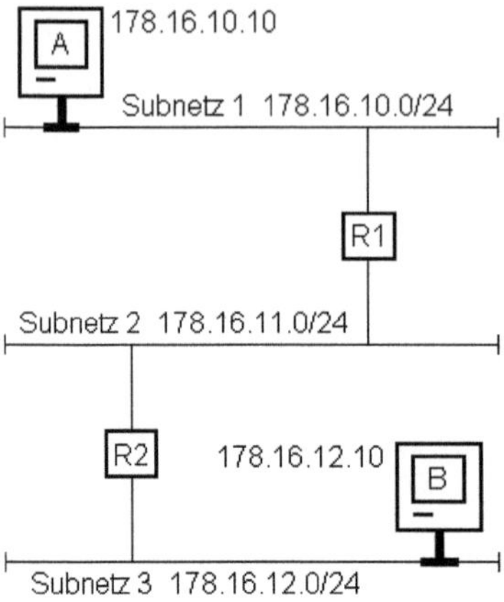

Bild 4.5
Wollen Rechner A und B kommunizieren, müssen sie dies über die Router R1 und R2 tun. Ein ARP-Request untereinander hätte keinen Sinn, da die Router diese nicht weiterleiten. Router trennen Broadcast-Domänen.

Das Überqueren eines Routers nennt man im Netzwerkjargon einen Hop. Nun wird klar, warum diese zweistufige Adressierung in den Schichten 2 und 3 notwendig ist. Die weltweit gültige IP-Adresse darf nicht verändert werden, Empfänger und Sender müssen immer erhalten bleiben, sonst wäre eine weltweite Weiterleitung nicht möglich. Um die Daten von A und B aber über R1 und R2 und die beteiligten Sicherungsschichtsegmente versenden zu können, müssen beim Übergang von LANs die MAC-Adressen verändert werden können. A könnte B sonst nicht erreichen und umgekehrt. Die Daten könnten sonst über die Sicherungsschichtsegmente ihren Weg nicht finden.

Dies kann man sich wie den Weg eines Briefes vorstellen. Die Adressen des Senders und des Empfängers auf dem Brief bleiben immer dieselben. Im Postzentrum aber kommen alle Briefe in einen Container, der die Adresse des nächsten Postsortierzentrums hat. Dort wird der Container gewechselt. Der Brief kommt in einen neuen, der die Adresse des Postsortierzentrums bekommt, das am nächsten zum Empfänger liegt. Dort wird wieder umgepackt, in einen Container mit der Adresse der Bezirkspost. Dort wiederum wird in die Austragetasche des zuständigen Postboten umsortiert, der den Brief in den entsprechenden Briefkasten einwirft.

Die Angaben über den Sender und den Empfänger auf dem Brief entsprechen den logischen Adressen der Vermittlungsschicht, also den IP-Adressen, und verändern sich nie. Die Adressen der Transportcontainer entsprechen den physischen Layer II-Adressen, also den MAC-Adressen, und ändern sich bei jedem Knotenpunkt der Weiterleitung, bei jedem Hop. (Und um das Bild ganz rund und komplett zu machen, der Transport der Container per Bahn, Flugzeug, Schiff oder Lkw, entspricht der Bitübertragungsschicht.)

Aus diesem Grund ist ein rein geswitchter Verkehr auch performanter. Ein Router muss alle Pakete bis zur Vermittlungsschicht auspacken und verarbeiten, er muss die Header entfernen, bis er die Vermittlungsschichtinformationen bekommt, ein Switch lediglich bis zur Sicherungsschicht.

Präambel	SFD	DMAC	SMAC	Type	Data	Padding	FCS

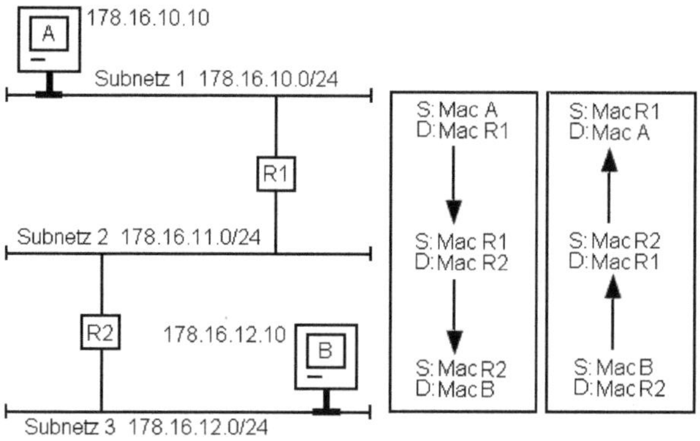

Bild 4.6 Adressierungsdaten (Sicherungsschicht) der Frames auf dem Weg (linker Kasten A zu B, rechter Kasten der Rückweg). Die IP-Adressen im Vermittlungsschicht-Header bleiben immer gleich. Jeder Router entfernt jedoch den Sicherungsschicht-Header und generiert mit den aktuellen Daten ein neues. So wird die Brücke zwischen den Schichten 2 und 3 realisiert. (S: Source, D: Destination)

Nochmals zur Erinnerung: Der Router muss die S- und DMAC-Einträge im Ethernet-Frame austauschen (beziehungsweise den Header entfernen und neu generieren), er verändert also die Daten des Sicherungsschicht-Headers. Nur so kann A mit B über Router und die entsprechenden Sicherungsschichtsegmente hinweg kommunizieren. Alle Daten, die für die höheren Schichten relevant sind, befinden sich im Datenteil. Ein Router interessiert sich nicht dafür, welche Daten er transportiert – ebenso wenig wie ein Switch sich um Informationen aus der Vermittlungsschicht kümmert. Der Router muss lediglich weiterleiten und beachtet dabei nur die Adressen. Dennoch muss er die Sicherungsschicht-Informationen anpassen.

Nun kennen wir fast alle Bausteine, die wir brauchen, um mit dem Internet/Intranet kommunizieren zu können. Unsere Rechner benötigen eine weltweit eindeutige IP-Adresse, eine Subnetzmaske, die angibt, in welchem Netzwerk sich diese befindet, und einen Default-Gateway, einen Router, der unsere Daten aus unserem Subnetz heraus in die weite Welt transportiert. Die physische Adresse bekommen wir vom Hersteller der Netzwerkkarte automatisch. Die Broadcast-Adresse ergibt sich aus unserem Netzwerk und der Subnetzmaske. Die IP-Adresse vergeben wir, die Netzwerker.

4.3.2 Router-Loopback-Adressen

Wer ein großes, hochvermaschtes Netzwerk betreibt, das viele redundante Wege kennt, sollte dafür sorgen, dass die Router gut erreichbar bleiben. Gute Router bieten dies an; sie bieten die Möglichkeit, virtuelle Adressen für das Gerät selbst zu vergeben und nicht nur für die Interfaces des Routers, die unsere Netze definieren.

Sind diese Adressen geroutet, ist der Router von überall her erreichbar, selbst wenn ein Interface eines Netzes, das er definiert, nicht mehr erreichbar wäre. Meist verwendet man dazu Adressen mit einer Single-Host-Route, also eine Subnetzmaske von /32, sprich 255.255.255.255, die im Routing publiziert wird.

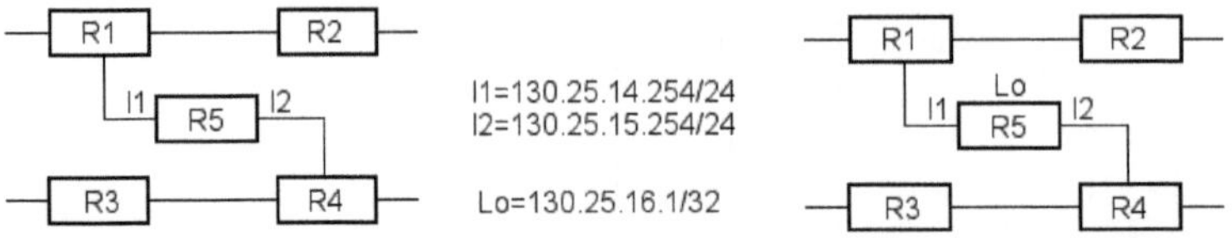

Bild 4.7 Im linken Beispiel hat der Router zwei Interfaces I1 und I2. Nimmt man eines als Referenz für den Router, etwa für eine Betriebsüberwachung, ist der Router insgesamt für das Management nicht mehr erreichbar, wenn dieses Netz nicht funktioniert. Rechts hat der Router ein im Routing publiziertes Loopback. Er wird immer erreichbar sein, solange nur ein Interface erreichbar ist.

4.4 Reservierte und spezielle Adressen

Wie gesagt, sind im Internet die IP-Adressen im Bereich von 0.0.0.0–255.255.255.255 möglich. Neben den „offiziellen" Adressen, die von Geräten weltweit verwendet werden, gibt es bestimmte Adressbereiche, die besondere Bedeutungen haben [RFC6890]. Einige sind für „normale" Endstationen nicht vorgesehen.

Die offiziellen Adressklassen sind:

0.0.0.0 bis 127.255.255.255:	Klasse A
128.0.0.0 bis 191.255.255.255:	Klasse B
192.0.0.0 bis 223.255.255.255:	Klasse C
224.0.0.0 bis 239.255.255.255:	Klasse D
240.0.0.0 bis 255.255.255.255:	Klasse E

Die Klassen D und E sind für den „normalen Kunden" nicht relevant.

Heute werden die Klassen nicht mehr so streng gehandhabt. Durch die Möglichkeit, Netze fast beliebig segmentieren zu können, ist dies aufgeweicht. Früher aber konnten die Routing-Protokolle nur streng nach Klassen segmentieren.

4.4.1 Multicast-Adressen/Testadressen

In der Klasse D befinden sich die Multicast-Adressen [RFC5771]. Im Gegensatz zu Unicast, einer direkten Sendung an eine dedizierte Adresse, und Broadcast, einer Sendung an alle, ist ein Multicast eine Sendung an eine definierte Gruppe von Empfängern. So kann ein Router z. B. allen anderen Routern in einer Domäne effizient eine Mitteilung senden, ohne an jeden einzelnen Unicast-Pakete zu verschicken oder das gesamte Netz mit Broadcasts zu belasten. Multicast-Technologien ermöglichen es, Streams wie Video- oder Audioübertragungen effizient zu verteilen – etwa für Online-Lehre, Softwareverteilung oder Live-Übertragungen. Details zu Implementierungen und Leistung finden sich in Abschnitt 4.9.

Die Klasse E ist für Entwicklungs- und Testzwecke reserviert. Wir wollen hier in diesem Rahmen nicht näher darauf eingehen.

4.4.2 Private Adressen

Für bestimmte Zwecke, Tests, Adresstranslation (siehe Abschnittt 5.5), Netzwerke, die isoliert, also nicht mit dem Internet verbunden sind, gibt es in jeder Klasse einen Adressbereich, der im Internet normalerweise nicht geroutet wird. Das heißt, diese Adressen werden von den (Provider-)Routern normalerweise nicht weitergeleitet. Sie nennt man daher „private Adressen“. Sie sind niemandem zugeteilt, und jeder darf sie frei verwenden. Schon daher dürfen sie im Internet nicht verwendet werden, sie können hundertfach an verschiedenen Stellen im Einsatz sein. Ein weltweites Routing kann aber nur funktionieren, wenn die Adressen eindeutig lokalisierbar sind. Dazu dürfen sie nicht doppelt oder mehrfach im Einsatz sein.

Für die einzelnen Klassen sind das die folgenden Bereiche:

Klasse A	10.0.0.0	-	10.255.255.255
Klasse B	172.16.0.0	-	172.31.0.0
Klasse C	192.168.0.0	-	192.168.255.255

4.4.3 APIPA – Automatic Private IP Addressing

Bei der IANA ist ein Adressbereich reserviert, der für einen Mechanismus der automatischen Adressvergabe vorgesehen ist. Ist ein Rechner so konfiguriert, dass er seine IP-Adresse nicht fix vorgegeben hat, sondern beim Start von einem speziellen Server zugewiesen bekommt (DHCP, siehe Abschnitt 4.8.5), und dieser Server ist beim Start nicht erreichbar, dann benutzt dieser Rechner eine beliebige Adresse aus dem APIPA-Bereich [RFC3927]. Er ermittelt mit Broadcasts an alle die erste freie Adresse in diesem Bereich und reserviert sie für sich. Man plante diesen Mechanismus, der heute in nahezu fast allen Betriebssystem-Versionen implementiert ist, als einen Fehlermechanismus bei einem Ausfall des Adressservers und als eine Funktion namens Ad-hoc-Networking. Letzteres sollte es ermöglichen, einfach beliebige Rechner mit Konzentratoren (HUBs, Switches) zusammenzustecken und im Netzwerk miteinander kommunizieren zu können, ohne etwas konfigurieren zu müssen. Der APIPA-Bereich ist aber ein Teil der „privaten Adressen" und niemandem zugeteilt. Das heißt, er kann weltweit beliebig oft in Verwendung sein und darf deshalb nicht ins Internet geroutet werden. Somit können Rechner, die in diesem Bereich von Adressen angesiedelt sind, lediglich in der eigenen Broadcast-Domäne miteinander kommunizieren.

Der APIPA-Bereich umfasst die Adressen:

```
169.254.0.1 bis 169.254.255.255.
```

Die Subnetzmaske ist immer 255.255.0.0, alle sind also in einem Subnetz. Gibt es Störungen im Netzwerk und Endsysteme haben auf einmal solche Adressen, ist dies ein großer Hinweis darauf, dass der DHCP-Server (siehe Abschnitt 4.8.5) nicht funktioniert.

4.4.4 Loopback-Adressen

In der Liste der offiziellen Adressen gibt es eine Lücke. Es ist der Bereich von 127.0.0.0 – 127.255.255.255. Diese Adressen haben eine besondere Bedeutung. Es sind sogenannte Loopback-Adressen. Jeder Netzwerkadapter hat eine solche. Sie ist notwendig, um Netzwerkapplikationen testen zu können, ohne vernetzt zu sein. Ein Paket mit dieser Adresse wird vom Netzwerkadapter nicht ins Netz geleitet, sondern sofort wieder zurück. Somit erscheint es, als wäre es vom Netzwerk hereingekommen. Viele interne Prozesse senden auf Netzwerkebene Daten, obwohl sie nur (oder auch) für den eigenen Rechner selbst bestimmt sind. Damit diese nicht auf das Netz gelangen, werden sie an die interne Loopback-Adresse gesendet. Hat ein Rechner mehrere Adapter, bekommen sie der Reihe nach aufsteigende Loopback-Adressen. Diese Adressen werden nicht geroutet und sollten nie als konfigurierte Adressen eingesetzt werden. Da sie jeder hat, sind sie auch niemandem zugeteilt. Die erste Adresse, 127.0.0.1, wird im Fachjargon „Localhost" genannt. Jedes Endsystem hat eine solche Adresse. Zum Beispiel bekommt man mit ping 127.0.0.1 eine Antwort vom eigenen System.

4.5 Das IP-Paket

Das Vermittlungsschichtpaket, das ja im Datenteil des Frames (Sicherungsschichtpaket) untergebracht ist, ist eigenständig. Wie gesagt, interessiert es einen Switch nicht, was im Datenteil des Frames untergebracht ist. Ein Router packt den Sicherungsschicht-Header ab, um an die Vermittlungsschicht-Informationen zu kommen. Dann baut er es neu auf und versendet es.

Wie sieht nun ein IP-Paket – genauer gesagt ein IPv4-Paket – aus? Ein IP-Paket besteht aus einem definierten Header (Kopf), gefolgt von den Nutzdaten [RFC0791]. Im Data-Teil liegen wiederum alle Header und Daten der höheren Schichten.

Version	IHL	TOS	Length
Ident	Flags		Offset
TTL	Protocol		Header-CS
Version	IHL	TOS	Length
Sender-IP-Address			
Destination-IP-Address			
Options/Padding			
Data			

Jede Zeile entspricht einer Datenmenge von 32 Bit. Sie werden nacheinander versendet. Die einzelnen Felder bedeuten (die Zahlen bedeuten die Länge in Bit):

Version:	4	Version des IP-Protokolls, im Moment ist Version 4 der Standard, Version 6 in der Entwicklung
IHL:	4	Internet Header Length, Länge des Kopfes
TOS:	8	Type of Service. Priorität und Eigenschaften des Paketes, diese Option ist selten genutzt. (Heute bei QoS, Quality of Service)
Length:	16	Die Gesamtlänge des IP-Paketes. Subtrahiert man hier den Wert des IHL oben, erhält man die Gesamtlänge der Nutzdaten im IP-Paket. Gleichzeitig ist hier das Limit. Ein IP-Paket kann maximal so lang sein, wie dies mit insgesamt 16 Bit beschrieben werden kann: 2^{16} = 65535Byte.
Ident:	16	Die Nummerierung der Pakete. In einem Datenstrom werden diese fortlaufend nummeriert. So kann die richtige Reihenfolge beim Empfänger wiederhergestellt werden.

Flags:	3	Das Feld Flags beinhaltet drei Bit, die gesetzt werden können, hier ist unter anderem die Fragmentierung codiert (siehe Abschnitt 4.5.2).
Offset:	13	Fragment-Offset, Lage des Fragments im ursprünglichen IP-Paket (siehe Abschnitt 4.5.2)
TTL:	8	Time to live, das „Verfallsdatum" des Paketes
Protocol:	8	Hinweis auf den enthaltenen Schicht-4-Header
Header-CS:	16	Checksumme zur Prüfung der Integrität des IP-Headers
Sender-IP:	32	IP-Adresse des Senders
Dest.-IP:	32	IP-Adresse des Empfängers. Handelt es sich um einen Multicast-Stream, steht hier eine Multicast-Adresse, bei einem Broadcast die Broadcast-Adresse.
Opt./Pad.:	2	Daten zur Statistik, zu dem Routing, zu Diagnosezwecken, dem Auffüllen bis zur genauen Bitgrenze
Data:	–	Transportierte Nutzdaten

Zwei der Optionen betrachten wir etwas genauer.

4.5.1 Das Verfallsdatum TTL

Im IP-Paket gibt es ein wichtiges Datenfeld: die TTL (Time to Live). Sie verhindert, dass Pakete endlos im Netz zirkulieren, wenn ihr Ziel nicht erreichbar ist. Die TTL fungiert als eine Art „Verfallsdatum" und wird in Hops angegeben. Jeder Router, der ein Paket weiterleitet, reduziert den TTL-Wert mindestens um eins. Erreicht die TTL den Wert 0, wird das Paket verworfen und nicht weitergeleitet. Typischerweise beträgt der Startwert 64.

4.5.2 Fragmentierung von IP-Paketen und MTU

Ein IP-Paket kann bis zu 65.535 Byte lang werden. Nur wenige Netzwerke können Pakete dieser Größe transportieren. Die MTU, Maximum Transmission Unit, gibt an, wie groß ein Datenpaket sein darf. In der Regel sind das bei Ethernet 1500 Byte (Payload, sprich Nutzdaten. Mit allen Headern und Trailern ist die Maximalgröße 1518 Byte). Ist das Paket größer, muss es zur Versendung zerlegt und auf viele Pakete verteilt werden. Dies nennt man Fragmentierung [RFC0791]. Daher sind in jedem Paket Kontrollfelder gesetzt, die dies beschreiben, es sind die Felder Flags und Offset. Flags gibt vor allem an, ob ein Paket fragmentiert wurde oder nicht. Ist es fragmentiert, wird im Offset die ursprüngliche Lage des Fragmentes im Paket angegeben. Mit dieser Information kann das Paket am Bestimmungsort wieder zusammengesetzt (reassembliert) werden, selbst wenn die Fragmente nicht in der richtigen Reihenfolge ankommen.

Daten	Header
Daten 1	F: 1 OS: 1
Daten 2	F: 1 OS: 2
Daten 3	F: 1 OS: 3

Ein Bit des Feldes Flags hat eine besondere Bedeutung, das „Don't Fragment"-Bit. Ist es gesetzt, darf ein Router keine weitere Fragmentierung vornehmen. Sind die empfangenen Pakete größer als die MTU des Netzwerks, in das er weiterleiten muss, muss er das Paket verwerfen. Dies hat zur Diagnose wichtige Aspekte. Erzeugt man Testpakete mit konstant abnehmender Größe und gesetztem Don't fragment-Bit, kann man so die maximale MTU einer Weitverbindung ermitteln (MTU-Path-Discovery). Sobald die Pakete ihr Ziel erreichen, ist die maximale MTU der Gesamtverbindung erreicht. Dies kann dann an höhere Schichten weitergegeben werden, um eine Fragmentierung von vornherein zu vermeiden.

4.6 Routing – die weltweite Wegfindung

Woher kennt nun ein Router den Weg durch die weite Welt? Wie geschieht es, dass ein neu angeschlossenes Netzwerk im Internet automatisch erreichbar wird, ohne dass jemand etwas konfigurieren muss?

Die Router geben sich ständig gegenseitig Auskunft darüber, welche Netze an ihnen jeweils angeschlossen sind und welche Netze ihre Nachbarn kennen. Sie kommunizieren dabei miteinander über Routing-Protokolle. Diese sind hochkomplex, und einige sind im Einsatz. Für Weitverkehrsrouting bis weltweit sind es andere als in lokalen Netzwerken. Sie hier alle zu beschreiben, würde in diesem Rahmen zu weit führen. Hierfür sei auf die weiterführende Literatur verwiesen. Wir wollen hier lediglich das „Wie" qualitativ ansehen und die wichtigsten Aspekte kennenlernen, um den Vorgang des Routings an sich zu verstehen.

Ähnlich den guten Switches, welche die Topologie des Netzwerks berechnen und speichern, bilden die Router aus den ausgetauschten Informationen Routing-Tabellen, mit denen sie sich die möglichen Wege in der Vermittlungsschicht merken. Im Gegensatz zu den Switches sind Router in der Lage, auch redundante Verbindungen zu handhaben und sogar über mehrere Wege gleichzeitig zu senden, um Last zu verteilen. Das Ziel der Routing-Protokolle ist, ein vermaschtes Netzwerk handhaben zu können, mit vielen Redundanzen. Bei einem Ausfall von Routern soll das Netz selbstkonvergent sein, sprich in der Lage, automatisch selbstständig neue Wege zu finden.

4.6.1 Distance Vector und Link State

Hauptsächlich werden zwei große Klassen von Routing-Protokollen unterschieden. Bei Distance Vector-Protokollen tauschen die Router ihre eigenen Routing-Tabellen mit ihren direkten Nachbarn aus, bei Link-State-Protokollen senden die Router Informationen über ihre angeschlossenen Segmente zu allen Routern in einer definierten Routing-Domäne. Letztere sind wesentlich flexibler und können besser auf Änderungen reagieren, sie sind aber wesentlich CPU-aufwendiger. Ein modernes Routing-Protokoll betrachtet heute nicht mehr nur die Anzahl Hops zum Ziel, sondern auch Parameter wie Geschwindigkeit, konfigurierte Kosten (zum Beispiel teure Einwahlleitungen werden nur benutzt, wenn andere nicht zur Verfügung stehen) oder zu Zwecken der Lastverteilung etc. Bandbreite und Kosten sind die Hauptparameter zur Entscheidung bei der Wegfindung.

Wie wissen nun weltweit alle Router, wo welche Netzwerke sind und wie der Weg dorthin gefunden werden kann? Der Aufbau von Routing-Tabellen ist nur in begrenztem Maße möglich. Die Routing-Tabellen können nicht alle Router der Welt beinhalten. Die Vorgabe war ja, ein selbstkonvergentes, vermaschtes und weltweites Netzwerk zu entwickeln, das bei einem Ausfall von Teilen selbst neue Wege sucht und weiter funktioniert. Sollte die IANA neue Adressbereiche vergeben und diese werden in den Einsatz gebracht, muss dies weltweit automatisch publiziert werden. Es wäre unmöglich, dies in allen Routern der Welt mit der Hand zu konfigurieren.

Die Lösung waren Protokolle, über welche die Router untereinander austauschen, welche Netzwerke sie „kennen“. So wie es in einem Subnetz einen Default-Gateway gibt, so müssen auch Gruppen von Routern Gateways kennen, die ihnen verraten, wo es in die weite Welt geht. Ein Besitzer einer Klasse-B-Adresse muss und wird diese in Subnetze zerlegen. Er muss über einen Provider am Internet angeschlossen sein, nicht jeder bekommt einfach einen direkten Internet-Anschluss ins Haus. Die Weitverkehrsverbindungen sind teuer. Die Weitverkehrsnetze unter sich arbeiten wiederum mit speziellen, eigenen Routing-Protokollen. Wir wollen im Rahmen dieses Buches nicht über das eigene Netzwerk hinausgehen, sondern betrachten die Welt schematisch.

4.6.2 Statisches und dynamisches Routing

Die Router tauschen ihre Netzwerkinformationen untereinander aus und lernen so die Topologie des Netzwerks. Dies geschieht dynamisch, kommt ein neues Subnetz hinzu, wird dies von dem Router, an dem es konfiguriert wurde, an die anderen weitergegeben.

Es ist nun auch möglich, Routen statisch als Administrator zu definieren. Dies sollte in der Regel (in abgeschlossenen Bereichen) nicht benutzt werden, da eine Veränderung der Netzwerk-Topologie mit der Hand nachgeführt werden müsste. Eine Ausnahme jedoch gibt es, die Verbindung zum Provider und weltweite Verbindungen. Die Router der großen Provider haben Routing-Tabellen mit bis zu 120.000 Einträgen. Es sind aber auch Geräte, die von der Preisklasse für eine kleine Firma nicht infrage kommen.

Weltweit werden in den Weitverkehrsverbindungen meist ganze Klassen und Netze geroutet, dies aber fast immer statisch. Es ist weltweit nicht möglich, alle Routing-Informationen in allen Routern dynamisch zu führen, die Routing-Tabellen wären viel zu groß, um sie sinnvoll bearbeiten zu können. Daher ist hier wiederum ein mehrstufiger Prozess nötig, um weltweit kommunizieren zu können.

In der Regel pflegen die eigenen Router einer Organisation daher nur die Routen innerhalb der eigenen Adressklasse. An den Grenzroutern, welche die Verbindung zum Provider herstellen, wird folgende statische Route eingetragen: „Route alles, das nicht zu deinem Adressbereich gehört, zum Provider". Das ist praktisch der Default-Gateway des eigenen Router-Netzwerks. So entstehen verschiedene Routing-Domänen, in denen die eigenen Subnetze und Adressen geführt werden. Ebenfalls ist es so möglich, dass jede Organisation selbst bestimmen kann, welches Routing-Protokoll sie intern verwendet. Die Provider unter sich bilden wiederum eigene Weitverkehrs-Routing-Domänen mit eigenen Routing-Protokollen, die Informationen über ganze Netzwerke austauschen. So entsteht eine weltweite Stufenhierarchie, die einen weltweiten Informationsaustausch ermöglicht. Durch die dynamischen Lernprozesse und viele redundante Wege wird das Ziel erreicht, dass beim Ausfall von Routern selbstkonvergent neue Wege durchs Internet gefunden werden und ein Verkehr möglich bleibt.

Klassische Routing-Protokolle innerhalb der Domänen sind z. B. RIP (Router Information Protocol, [RFC2453]) und OSPF (Open Shortest Path First,, [RFC2328]). Ältere Routing-Protokolle konnten Netzwerke nur in 8-Bit-Segmente unterteilen. Hier waren virtuelle Adressen der Klasse C die Untergrenze der Segmentierung. Moderne Protokolle können, wie oben erwähnt, mithilfe von CIDR fast beliebig segmentieren.

Klassische Routing-Protokolle innerhalb der Domänen sind z. B. das Router Information Protocol (RIP, [RFC2453]) und Open Shortest Path First (OSPF, [RFC2328]), die heute vor allem in Legacy-Umgebungen genutzt werden. Ältere Routing-Protokolle konnten Netzwerke nur in 8-Bit-Segmente unterteilen, wobei virtuelle Adressen der Klasse C die Untergrenze bildeten. Moderne Protokolle wie Intermediate System to Intermediate System (IS-IS, [RFC1195]) und Border Gateway Protocol (BGP, [RFC4271]) ermöglichen hingegen in großen Netzen und Provider-Infrastrukturen dank CIDR eine nahezu beliebige Segmentierung.

Wie angesprochen, lernen Router Wege im Netzwerk entweder durch Kommunikation mit anderen Routern oder durch statische Routen und Konfiguration. Es gibt inzwischen sehr viele Routing-Protokolle. Viele sind proprietäre Protokolle, die von den Router-Herstellern entwickelt wurden. Die Kompatibilität mit anderen ist hier meist nicht das erste Ziel der Entwicklung. Es empfiehlt sich daher, sich in dynamisch gerouteten Umgebungen einen definierten Hersteller zu wählen und zu versuchen, eine möglichst homogene Umgebung aufzubauen. Für Routing-Protokolle gibt es genug spezialisierte Literatur. Im Exkurs „Beispiel eines Routing-Vorganges“ ist schematisch ein Lernen der Router nach einem Distance-Vector-Verfahren beschrieben.

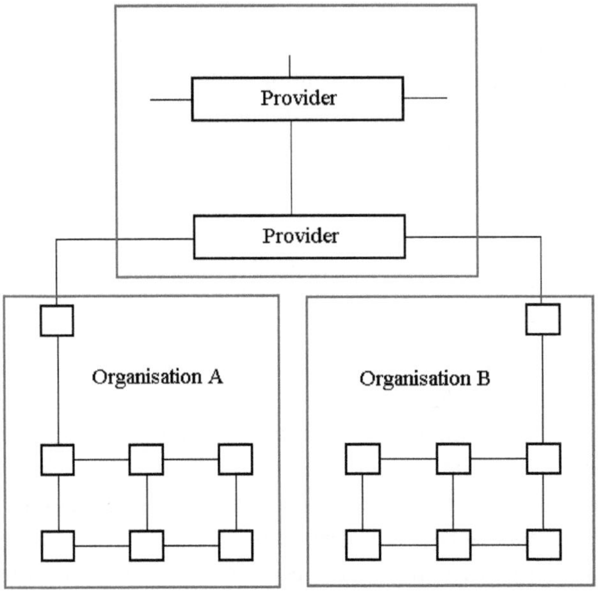

Bild 4.8 Die Organisationen A und B haben zum Beispiel je Klasse B-Adressen. Innerhalb ihrer eigenen Routing-Domäne (graue Kästen) betreiben sie ihr eigenes Routing-Protokoll und segmentieren ihr Netzwerk durch eigene Router in Subnetze. In diesen Bereichen wird in der Regel dynamisch geroutet. Ein Router (oder mehrere) ist mit der Fernverbindung an den Provider angeschlossen, diese Verbindungen werden in der Regel statisch geroutet. Die Provider unter sich bilden ein über-geordnetes Netzwerk, in dem nun nicht die einzelnen Netze der Klassen, sondern ganze Netzwerke geroutet werden.

4.6.3 Beeinflussung der Routen, Failover

Will man den Weg der Daten nicht frei dem Routing-Protokoll übergeben (dynamisches Routing), kann man als Administrator bei guten Routern eingreifen. Ein Beispiel ist die statische Route zum Provider. Aber noch mehr ist mit guten Geräten möglich. Stehen mehrere Wege zum Ziel zur Verfügung, kann durch Konfiguration beeinflusst werden, wie geroutet wird. Dies bedeutet nicht unbedingt, statisch zu routen, sondern es können die „Entscheidungen“ des Routing-Protokolls beeinflusst werden, zum Beispiel indem man Verbindungen mit „Kosten“ belegt. Diese Kosten fließen in die Berechnungen der

Routen ein, sodass nicht mit statischen Routen gearbeitet werden muss, um gewollte Wege festzulegen. Ein klassisches Beispiel sind Failover-Verbindungen. Diese will man nur im Notfall aktivieren. Hat man nun eine Standard- und eine Failover-Verbindung in einem Router, sind die Wege absolut gleichwertig. Durch Konfiguration von hohen Kosten auf der Failover-Verbindung kann erreicht werden, dass diese nur verwendet wird, wenn die Standardverbindung nicht verfügbar ist. Bei guten und modernen Routern sind sehr viele Parameter der Routing-Protokolle konfigurierbar.

4.7 Dienstgüte – Quality of Service

Die Regelung von Routen und schnelleren Wegen als bevorzugte Verbindung kann auch essenziell sein. Einige Services benötigen eine definierte Bandbreite, um befriedigend zu funktionieren. QoS ist heute unverzichtbar für Echtzeitdienste wie VoIP, Videokonferenzen und Cloud-Anwendungen. Es stellt sicher, dass kritische Datenströme bevorzugt behandelt werden.

Professionelle Router bieten daher die Möglichkeit an, solche Datenströme in der Weiterleitung zu priorisieren oder definierte Teile der Bandbreite einer Verbindung für sie dediziert freizuhalten. Die erstere Möglichkeit ist ein Kann, die zweite ein Muss. Bei einer Favorisierung kann es trotzdem dazu kommen, dass ein Service nicht funktioniert. Bei einer definierten Reservierung von Bandbreite aber wird garantiert, dass dieser Service funktioniert, der andere Datenverkehr wird bei einer starken Belastung der Verbindung dann langsamer. In diesem Fall spricht man von QoS, der Quality of Service oder Dienstgüte.

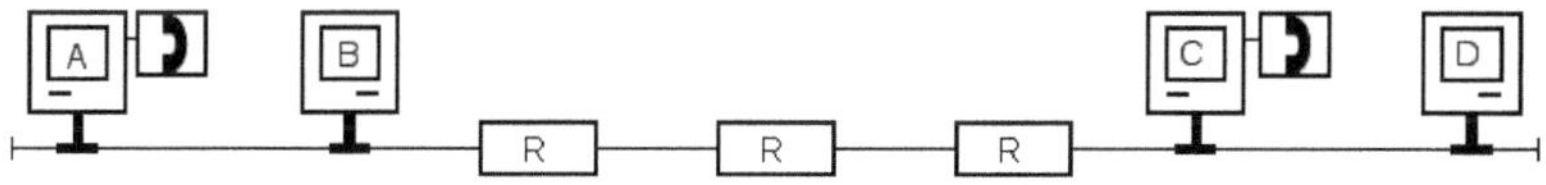

Bild 4.9 Wollen zwei Endsysteme, hier A und C, über ein geroutetes Netzwerk Daten übertragen, die eine gewisse Bandbreite fordern, hier Telefonie, ist dies nicht garantiert. Starten nun B und D große Dateitransfers oder sonstige Kommunikation, die die Bandbreite der Verbindung verbraucht, kann der Sprachverkehr erheblich gestört werden oder zum Erliegen kommen.

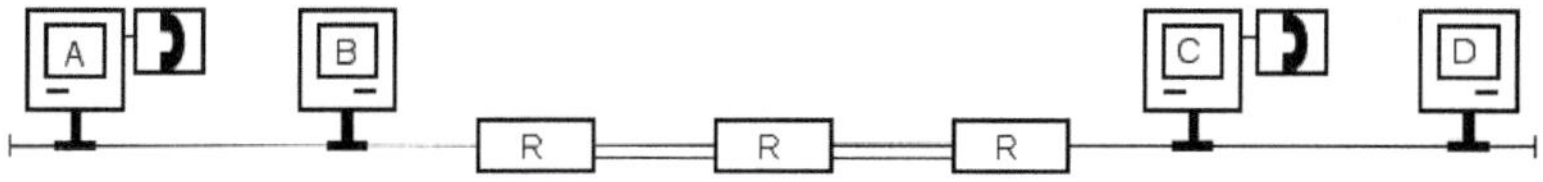

Bild 4.10 Teilen aber die Router die Verbindung in reservierte Bandbreiten, ist der Service garantiert. Egal welche Transfers andere Rechner im Netz starten, werden die notwendigen Kapazitäten für die Telefonie immer freigehalten.

4.8 Das Domain Name System (DNS)

Zum Abschluss der Betrachtung der Netzwerkschicht fehlt noch ein wichtiger Aspekt: Hosts im Internet besitzen nicht nur IP-Adressen, sondern in der Regel auch Namen. Da sich IP-Adressen schwer merken lassen, wurden Rechnern und Geräten eindeutige Namen zugewiesen. Diese sind – ähnlich wie IP-Adressen – streng reglementiert und hierarchisch organisiert. Für einen Adressbereich lassen sich unterschiedliche Namensräume registrieren, entscheidend ist jedoch, dass die Zuordnung von Namen zu Adressen und umgekehrt weltweit eindeutig und zuverlässig funktioniert.

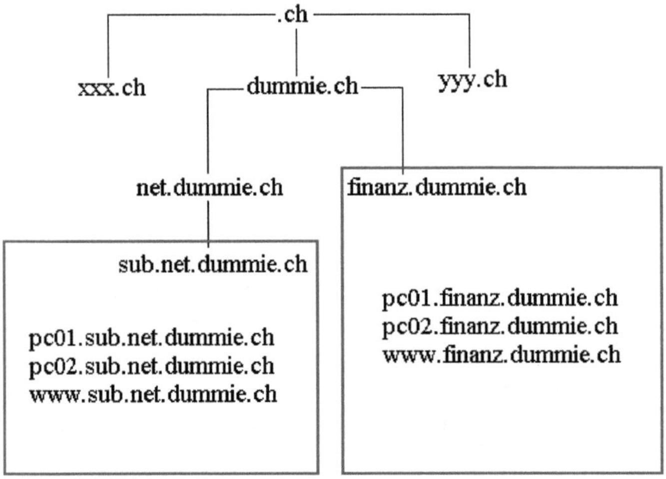

Bild 4.11 Der hierarchische Namensraum. Wie bei der Delegation von IP-Adressen werden hier Namensräume vergeben. Der Kunde darf den Namen erweitern, seinen Namensstamm aber nicht verändern. Durch Erweiterung können neue Räume abgebildet werden, in denen die Rechner weltweit eindeutige Namen erhalten.

Betrachten wir wieder ein Beispiel. Eine Firma „Netz Dummie" mit zwei Tochterunternehmen bekommt die Klasse-B-Adresse 132.150.0.0/16 zur Verwaltung. Sie möchte als Namen „net.dummie" einsetzen. Sind die Namen frei, können sie reserviert und eingesetzt werden. Der Namensraum ist hierarchisch. Wäre die Firma zum Beispiel in der Schweiz angesiedelt, bekäme sie den Namen „dummie.ch", wäre sie in Deutschland, den Namen „dummie.de" zur Verwaltung. Ab diesem Moment darf nur sie weltweit diesen Namen benutzen, aber nicht verändern, er ist vorgegeben. Wie bei den Subnetzmasken darf sie ihn aber erweitern, nur der Teil „dummie.ch" ist fix. Töchter der Firma könnten also problemlos für sich eigene klingende Namensräume bekommen wie „net. dummie.ch", „sub.net.dummie.ch" oder „finanz.dummie.ch". Rechner innerhalb dieser Namensräume bekämen dann das entsprechende Suffix ihres Namens angehängt, zum Beispiel „www.net.dummie.ch" oder „pc01.net.dummie.ch" oder zum Beispiel in der

Finanzabteilung „pc05.finanz.dummie.ch“. Wiederum darf der Name also beliebig erweitert, aber, entsprechend dem Netzwerkteil der IP-Adresse oder Subnetzmaske, der fix zugeteilte Teil nicht verändert werden.

4.8.1 Zuordnung von Namen zu Adressen

In den Anfangstagen des Internets wurden Namen und die zugehörigen IP-Adressen zentral in sogenannten Hostfiles gepflegt, die man regelmäßig herunterladen konnte. Mit der rasant wachsenden Zahl an Rechnern erwies sich dieser Ansatz jedoch schnell als unpraktikabel. Zwar existieren Hostfiles noch heute und haben ihren Nutzen in kleinen, isolierten Netzwerken oder zu Testzwecken, für das weltweite Internet war jedoch ein skalierbarer Mechanismus erforderlich. Eine einzelne zentrale Datenbank hätte die Anfragen aus aller Welt weder bewältigen können noch wäre sie administrierbar gewesen. Die Lösung war ein hierarchisches, verteiltes Verzeichnissystem – das Domain Name System (DNS) [RFC 1035].

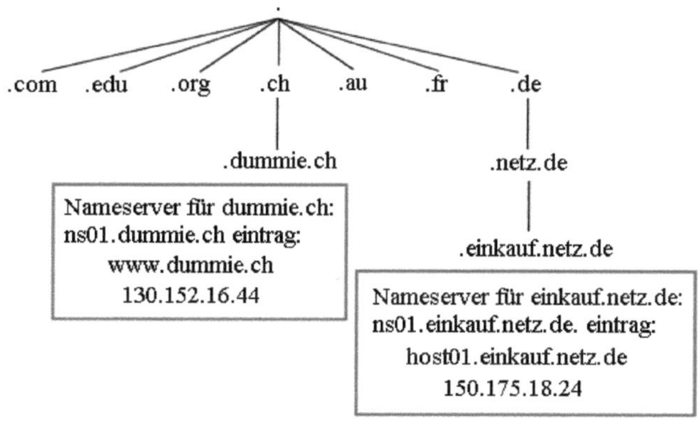

Bild 4.12 Schematischer Aufbau des DNS-Systems. Zentral existieren die Root-DNS-Server „.“. Sie stellen die Wurzel des Baumes dar. Sie delegieren Namensräume an andere Nameserver, in ihnen sind die Verweise konfiguriert, welcher Nameserver welche Top-Level-Namensräume betreut. Zu Beginn war das Internet auf Amerika begrenzt. Heute ist der Standard, dass zum Beispiel in Europa die Landeskennung als größte Namensinstanz eingesetzt wird. Von diesen DNS-Servern zeigen nun Delegationen (Verweise) an wiederum untergeordnete Nameserver, welche die Subdomänen dieser Namensräume verwalten, bis herunter zum Inhaber einer IP-Adressklasse, der dann die Zuordnungseinträge seiner Namen zu den IP-Adressen seines Adress-Ranges pflegt.

Jeder, der Namen und IP-Adressbereiche registriert und zur Verwaltung bekommt, muss einen Nameserver führen, der weltweit zur Verfügung steht. Ohne diesen wäre er über die Namen im Internet nicht erreichbar. Das System musste so aufgebaut sein, dass der Verwalter der IP-Adressen selbst in der Lage ist, die Namen zu vergeben und zu verwalten. Gleichzeitig muss diese Information aber weltweit zur Verfügung stehen. Das DNS ist ein hierarchisches Datenbanksystem mit Verweisen, die Namensanfragen routen. Durch den Namen referenziert sich jedes Objekt selbst eindeutig im Baum. Weltweit gibt es verteilt die sogenannten Root-Nameserver „.“, die den weltweiten Aufbau kennen. Sie verweisen auf die Nameserver der nächsten Ebene, an welche die Top-Level-Domains delegiert sind. Diese wiederum delegieren Namensräume an wieder andere Nameserver. Jeder DNS-Server hat per Default die Root-DNS-Server eingetragen und kann Anfragen an sie richten.

4.8.2 Auflösung der Adressen, Forward Lookup

Möchte nun in Bild 4.12 die Station „host01.einkauf.netz.de“ die Webseiten auf dem Server „www.dummie.ch“ erreichen, muss sie die IP-Adresse des Webservers ermitteln. Nur sie ist im Internet gültig, die Namen dienen lediglich unserer Bequemlichkeit. Als Erstes stellt sie eine Anfrage an ihren eigenen DNS-Server, der bei ihr konfiguriert ist, der für den Namensraum „einkauf.netz.de“ verantwortlich ist, zu dem sie selbst gehört. Dieser weiß nichts von einem solchen Namen und fragt bei der übergeordneten Instanz nach, dem Nameserver für „netz.de“. Hat dieser keine Ahnung, fragt er einen „.“-Server. Dieser weiß es auch nicht, hat aber einen Delegationsverweis, wer für „.ch“ verantwortlich ist. Dieser Nameserver weiß nun, an wen „dummie.ch“ delegiert ist. Dort findet sich die IP-Adresse und wird zurückgesandt: host01.einkauf.netz.de“ kann so die Adresse der anderen Station ermitteln, obwohl die Datensätze völlig getrennt verwaltet werden. Dieser Vorgang der Adressauflösung nennt man Resolving, das Programm, das für uns im Hintergrund und transparent diese Anfragen verarbeitet, Resolver. So existiert ein weltweiter Verbund von Datenbanken mit Namens- und Adresseinträgen, die überall in einer hierarchischen Baumstruktur zur Verfügung stehen. Ohne das DNS-System wäre das Internet heute nicht mehr betreibbar. Letztendlich können, so zum Beispiel bei Webservern, etliche Namen einer Adresse zugeordnet sein.

Der Bereich, in dem der Administrator selbst die Namen kontrolliert, nennt man eine Administrationszone.

Wie in Bild 4.11 deutlich zu sehen ist, referenziert sich ein Rechner selbst durch seine Stellung in der Hierarchie. Der komplette Name inklusive aller Suffixe ist weltweit eindeutig, dies ist dadurch sichergestellt, dass die Namensräume lediglich erweitert werden dürfen, nie verkleinert. Somit kann es Tausende Rechner weltweit geben, die den Namen „pc0001“ tragen. Durch die unterschiedlichen Suffixe sind sie trotzdem eindeutig unterscheidbar. Ein Rechner „pc0001.einkauf.netz.de“ ist eindeutig ein anderer Rechner als „pc0001.lager.dummie.de“, obwohl sie denselben Namen haben. Will man daher einen Rechner referenzieren, muss der komplette DNS-Name angegeben werden. Sehen wir nochmals kurz in Bild 4.11 nach. Der komplette Name ergibt sich, von unten nach oben aus dem Verzeichnis entnommen, aus dem Namen und allen anderen Namensteilen der übergeordneten Hierarchien. Da die oberste Hierarchie die „.“-Server sind, ist der letzte

Namensteil ein Punkt. Dies wird oft übersehen oder falsch gemacht. Der sogenannte Fully Qualified Domain Name, FQDN, der Name, der einen Rechner im DNS weltweit eindeutig referenziert, endet mit einem Punkt. Die korrekte Namensangabe wäre also für unsere Beispielrechner: „pc0001.einkauf.netz.de." und „pc0001.lager.dummie.de."

Das DNS-System erfüllt noch einen weiteren sehr wichtigen Dienst. Durch spezielle Einträge in den Servern werden nicht nur Adressen und Namen von Hosts geführt, sondern auch von Mail-Domains (MX-Records, Mail-Exchange). Über das DNS werden E-Mail-Server und ihre Domänen aufgelöst. Damit kann E-Mail weltweit zugestellt werden.

Diesen Vorgang der Auflösung, dass IP-Adressen zu Namen gefunden werden, nennt man den Forward Lookup. Das DNS teilt die Namensdomänen in sogenannte delegierte Namenszonen ein. Genauer gesagt, eine Zone ist definiert durch den Namensraum, der von einem Nameserver verwaltet wird. Sie kann dabei mehrere Namensdomänen und Hierarchien umfassen. In Bild 4.13 ist der gesamte Namensraum „einkauf.netz.de" an einen eigenen Nameserver delegiert. Daher gehört alles, was unter diesen Namensraum „xxx.einkauf.netz.de" gehört, mit Subdomänen, zur Zone „einkauf.netz.de". Gäbe es keine Delegation, wäre der Nameserver „netz.de" dafür verantwortlich und dieser Namensraum in seiner Zone.

Die gesamten Informationen zur Auflösung von Adressen aus Namen werden in der Forward Lookup-Zone eines Nameservers geführt. Die Namensdomänen werden durch die Punkte im Namen getrennt, die Zonen durch die Verwaltungsbereiche der Nameserver. Nameserver können redundant betrieben werden. In der Regel ist das DNS ein Master-Slave-System, das heißt, ein Nameserver führt die Datenbank und gibt sie an die anderen zum Abgleich weiter. Einen solchen Abgleich durchzuführen bedeutet, die Zoneninformationen an die anderen (redundanten) Nameserver abzugeben. Daher nennt man dies einen Zonentransfer. Er wird auch in der Reverse Lookup-Zone (siehe Abschnitt 4.8.3) vorgenommen.

Aus Sicherheitsgründen kann konfiguriert werden, wer berechtigt ist, einen solchen Zonentransfer zu erhalten, und wer nicht.

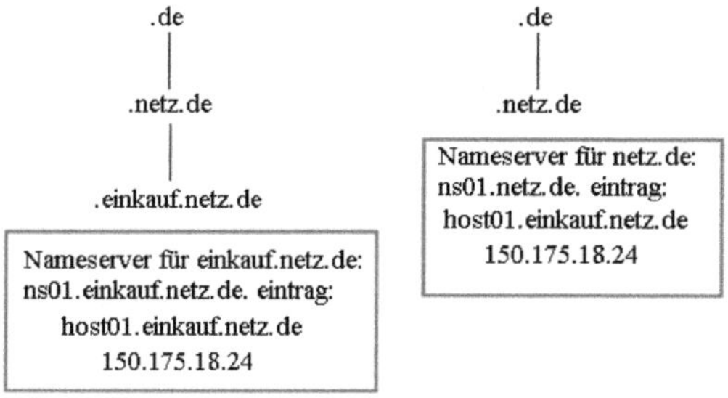

Bild 4.13 Der Verwaltungsbereich eines Nameservers in Bezug auf den Namensraum nennt man eine Zone. Ist der Namensteil „einkauf.netz.de" an einen eigenen Nameserver delegiert, bildet er eine neue Zone (links). Ist er nicht delegiert, wird er vom übergeordneten Nameserver „netz.de" mit verwaltet, gehört also zu seiner Zone.

4.8.3 Vorwärts- und Rückwärtsauflösung

Die Auflösung eines Namens aus einer IP-Adresse nennt man Reverse Lookup, die zuständige Namenszone die Reverse Lookup-Zone. Wer welche Namen hat, ist registriert. Wer welche IP-Adressen besitzt, ebenfalls. Also war die Lösung elegant und einfach. Ein Namensraum wird aufgespannt, der genug Platz für alle möglichen IP-Adressen bietet und genauso delegiert wird wie die Namensräume. Das heißt, jeder, der einen Nameserver führt, muss zwei Namensräume pflegen, den seiner klingenden Namen in der Forward Lookup-Zone und den an ihn delegierten korrespondierenden Teil der Reverse Lookup-Zone, der „in-addr.arpa-Domain". Die in-addr.arpa-Domain hat 256 Subdomänen. Jede dieser hat wiederum 256 Subdomänen. Und so geht es noch zwei Stufen weiter. Damit ist der gesamte Bereich aller möglichen IP-Adressen abgebildet.

Eine Host-Adresse kann also über die Baumstruktur leicht ermittelt werden. In der untersten Ebene, wie in der Forward Lookup-Zone auch, ist der Eintrag, welcher Name zu dieser Adresse gehört.

Ein Problem besteht, das nicht sofort sichtbar ist. In einer Verzeichnisstruktur wird eine Information durch den Ort der Information selbst referenziert. Information wird also von unten nach oben gesucht. Die hervorgehobene Adresse wäre also, ganz analog zu den Namen der Forward Lookup-Zone betrachtet: 132.134.15.131.in-addr.arpa. Jetzt beginnt das Problem, die IP-Adresse wird von links nach rechts gelesen immer genauer; der Name aber von rechts nach links.

```
131.154.16.4        www.einkauf.dummie.ch
```

Sehen wir das Beispiel genauer an. 131.154.X.X/16 entspricht einer gesamten B-Klasse von Adressen. 16 bezeichnet ein Subnetz und die 4 die genaue Adresse des einzelnen Rechners. Also wird die IP-Adresse von links nach rechts immer genauer.

Anders ist es beim Namen: „." bedeutet die Root-Domain: „.ch" bedeutet irgendwo in der Schweiz: „dummie" ist schon genauer, „einkauf" eine Abteilung und „www" der dortige Webserver. Der Name wird also von rechts nach links immer genauer.

Dies bedeutet, wenn wir Teile der „in-addr.arpa-Domain" delegieren wollten, wie wir das bei den Namen tun, wäre dies unmöglich. Es kann im Baum nur (siehe Forward Lookup-Zone) von oben nach unten delegiert werden. Delegiert man in der ersten Stufe der Hierarchie alles, was unter 132 ist, würde das bedeuten, alle Rechner der Welt zu delegieren, deren IP-Adresse mit 132 endet! Dies wäre absolut sinnlos! Die Systeme müssen daher aneinander angepasst werden, die Suchrichtungen müssen gleich verlaufen. Nur so ist es möglich, Teile der „in-addr.arpa-Domain" genauso zu delegieren wie die Namen. Um dies zu erreichen, wird mit einem kleinen, aber gewitzten Trick gearbeitet. In der Reverse Lookup-Zone wird die Adresse umgekehrt. Ein Rechner der Forward Lookup-Zone und seine IP-Adresse korrespondieren mit der umgekehrten IP-Adresse der „in-addr.arpa-Domain“. Die Zuordnung ist immer noch absolut eindeutig. Der Beispiel-Host „132.134.15.131.in-addr.arpa“ hat also in der Forward Lookup-Zone die IP-Adresse: 131.15.134.132. Besitzt man nun die Verwaltung der B-Klasse-Adresse 131.15.X.X/16, bekommt man im DNS die Zone X.X.15.131-in-addr.arpa zur Verwaltung delegiert, die auf dem eigenen Nameserver geführt werden muss.

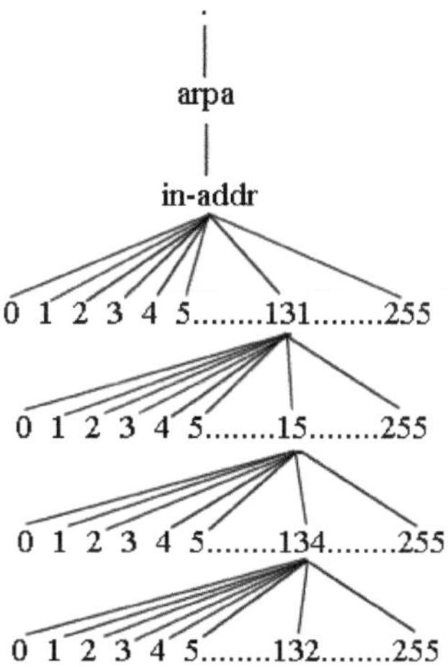

Bild 4.14
Die in-addr.arpa-Domain. In vier Stufen gibt es Subdomänen, die je 256 weitere enthalten. Somit kann der gesamte Raum aller IP-Adressen in dieser Domäne abgebildet werden. Zur Übersichtlichkeit ist hier jeweils nur einer der je 256 Äste expandiert.

4.8.4 Namen auflösen mit nslookup

Wollen wir auf der Kommandozeile ermitteln, ob eine Adresse oder ein Name im DNS eingetragen ist, können wir dies mit einem kleinen Hilfsprogramm testen. Sobald wir mit dem Internet verbunden sind, können wir mit `nslookup IP-Adresse` die Forward Lookup-Zone oder mit `nslookup Name` die Reverse Lookup-Zone des DNS abfragen. Dieses Programm werden wir uns in Kapitel 13 noch genauer ansehen.

4.8.5 Automatische Vergabe von Adressen mit DHCP

Die IP-Adressen und notwendigen Parameter müssen nicht immer von Hand fest vergeben werden. Bei mobilen Geräten, wie zum Beispiel Notebooks, kann dies lästig werden. Es ist daher möglich, die Angaben automatisch zu beziehen. Für diesen Zweck wurde das DHCP-Protokoll, das Dynamic Host Configuration Protocol, DHCP [RFC2131], entwickelt. In der Netzwerkkonfiguration bekommt das Endsystem keine feste Adresse zugewiesen und ebenfalls keinen Default-Gateway und keine Subnetzmaske, er wird einfach auf „DHCP“ (vielerorts heißt diese Option „Adressen automatisch beziehen“) konfiguriert. Startet das Betriebssystem, sendet es eine Anfrage ins Netzwerk. Diese nennt man einen DHCP-Request. Ist nun ein Server erreichbar, der dafür konfiguriert wurde, Adressen zu verteilen, sieht dieser dieses Paket und antwortet mit einem Adressangebot, also offeriert eine Adresse aus einem Pool, der ihm dafür zur Verfügung steht. Dies ist die DHCP-Offer. In ihr sind bei korrekter Konfiguration ebenfalls die nötigen Informationen zu der Subnetzmaske und zu dem Default-Gateway enthalten. Darüber hinaus, wenn es im Server konfiguriert ist, können auch noch viele andere Angaben wie zu den Nameservern, WINS-Servern (siehe Abschnitt 4.8.7) und etliches mehr mitgegeben werden. Entscheidet sich das Endsystem, die angebotene Adresse anzunehmen, sendet er eine DHCP-Anfrage an den Server. Der Server antwortet mit einem DHCP-ACK (Acknowledge). Ab dann benutzt er diese Daten. Der Server markiert diese Adresse aus seinem Pool als vergeben, er trägt in seiner Datenbank einen sogenannten Lease ein. Ist der Pool erschöpft, kann kein weiteres Endsystem mehr Adressen beantragen.

Damit die Adressen wieder frei werden, sobald das Endsystem abgeschaltet wurde, besitzen die Adressen ein „Verfallsdatum", das auf dem Server eingetragen wird, die Lease Time. Ist sie abgelaufen, muss das Endsystem eine Verlängerung beantragen. Kommt dieser Antrag nicht, zum Beispiel weil die Maschine abgeschaltet wurde, legt der Server die Adresse wieder in den Pool für die nächste Anfrage bereit.

Aus Gründen der Sicherheit und anderen lässt sich der Lease an eine MAC-Adresse binden. Das bedeutet einerseits, dass man veranlassen kann, dass nur bekannte Rechner Leases bekommen, andererseits kann man so bewirken, dass ein Endsystem immer dieselbe Adresse bekommt, trotz dynamischer Zuteilung (oder beides). Die MAC-Adressenbindung als Sicherheitsfunktion hat leider Lücken. Einerseits ist es heute bei vielen Netzwerkadaptern (leider) möglich, die MAC-Adresse selbst zu konfigurieren. Damit ist die eindeutige Identität eines Netzwerkgerätes über die MAC-Adresse nicht mehr gegeben. Andererseits hindert DHCP nicht daran, dass jemand eine unbenutzte Adresse im Netzwerk ausfindig macht und sich diese fest konfiguriert. Die Router wissen später nicht, ob eine Adresse über DHCP bezogen oder selbst vergeben wurde.

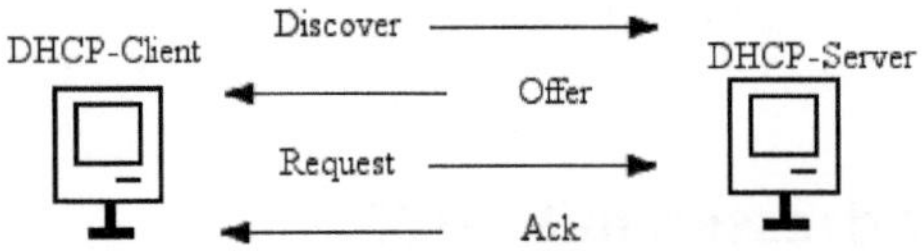

Bild 4.15 Bei DHCP bootet ein Rechner ohne Konfiguration. Er fragt diese über das DHC-Protokoll bei einem DHCP-Server an. Hat dieser freie Adressen in seinem Pool, vergibt er sie an das Endsystem.

Sehr oft wird DHCP verwendet, wenn mobile Geräte ständig in verschiedenen Subnetzen eingesetzt werden, zum Beispiel Notebooks in verschiedenen Gebäuden einer Firma und/oder zu Hause. Mit DHCP müssen die Adresskonfigurationen nicht laufend geändert werden. Ein DHCP-Server muss nicht unbedingt ein Server oder PC sein, die meisten Router bieten heute diesen Service an, sodass der Router selbst der DHCP-Server sein kann.

4.8.6 DHCP-Relay

Soll DHCP über einen Router hinweg in ein anderes Subnetz angeboten werden, muss der Router als DHCP-Relay konfiguriert werden. Router trennen Broadcast-Domänen, lassen Broadcasts also nicht durch. Ein DHCP-Request ist aber eine Broadcast-Anfrage. Schlechte Implementierungen von Routern bridgen die Anfrage einfach weiter. Bridging bedeutet bei einem Router, dass man konfigurieren kann, dass er bestimmte Protokolle nicht routet, sondern unverändert einfach über seine Interfaces weitergibt. Damit verhält er sich für diese Protokolle wie ein Gerät der Sicherungsschicht. Der Nachteil ist, dass dies nur ins nächste Subnetz möglich ist. Vor dem übernächsten steht wieder ein Router. Man müsste also an allen Routern bis zum DHCP-Server diese Anfragen bridgen, sprich den Broadcast in andere Subnetze weiterleiten. Genau das aber ist unerwünscht. Bei guten Routern verläuft dies anders. Ist ein DHCP-Relay konfiguriert, „verpackt" der Router diese Anfrage (dies wird im Fachjargon verkapselt genannt, ein Protokoll wird verpackt in einem anderen transportiert. So können zum Beispiel Protokolle, die eigentlich nicht geroutet werden können, in IP gekapselt geroutet werden). Er verwandelt den Broadcast in einen Unicast und routet diesen an den DHCP-Server weiter. Ab dann geht dies auch ohne Konfiguration über mehrere Subnetze. Ein Unicast wird ganz normal geroutet. Der DHCP-Server sendet die Offer als Unicast zurück. Somit wird es möglich, mit einem DHCP-Server mehrere Subnetze zu bedienen, ohne die DHCP-Anfrage als Broadcast bridgen zu müssen. Ohne diese Möglichkeiten bliebe nur übrig, in jedem Subnetz, d. h. in jeder Broadcast-Domäne einen eigenen DHCP-Server zu betreiben.

Elegant ist die Lösung, die Router selbst als DHCP-Server zu betreiben. Damit muss kein Server gewartet und keine Relays müssen konfiguriert werden, lediglich die Konfigurationen der Router werden erweitert. Hier ist in großen Szenarien mit vielen Subnetzen abzuwägen, was günstiger ist, eine zentrale Verwaltung mit Relays oder eine dezentrale Verwaltung an vielen Routern.

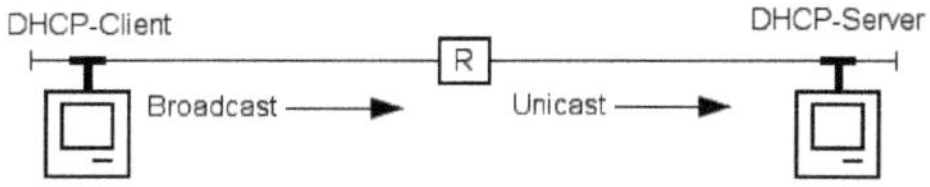

Bild 4.16 Bei DHCP über Router hinweg, sprich einem DHCP-Server in einem anderen Subnetz, muss der Router als DHCP-Relay konfiguriert werden. Sendet ein Endsystem nun eine Anfrage als Broadcast, gibt sie der Router als Unicast an den DHCP-Server weiter. Router leiten Broadcasts nicht weiter. Somit muss nicht in jedem Subnetz ein DHCP-Server betrieben werden.

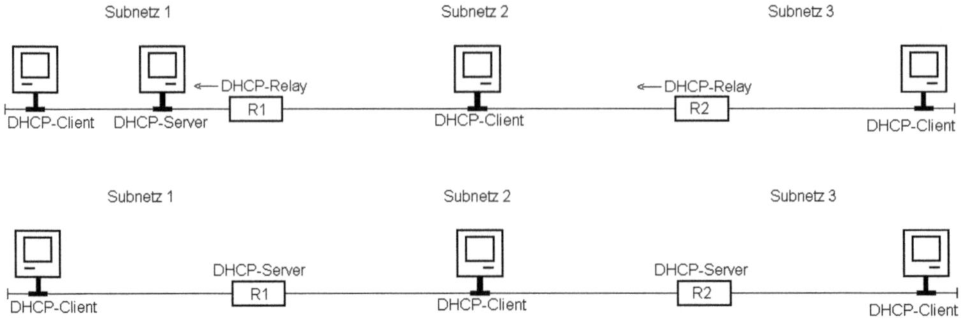

Bild 4.17 Zwei der vielen Möglichkeiten. Oben bedient ein zentraler DHCP-Server alle Subnetze. Auf den Routern müssen DHCP-Relays konfiguriert werden; auf R2 für Subnetz 3 und auf R2 für Subnetz 2. Subnetz 1 benötigt dies nicht, das Endsystem ist in derselben Broadcast-Domäne wie der DHCP-Server. Unten sind die Router DHCP-Server. R1 könnte dies für Subnetz 1 und 2 sein, R2 für 2 und 3. Je nach Größe und Struktur muss abgewogen werden, was einfacher ist, zentrale Verwaltung mit Relais oder dezentral an den Routern. Mischszenarien sind natürlich in jeder Kombination möglich.

4.8.7 Windows-Namen

Microsoft und IBM entwickelten das SMB-Protokoll (Server Message Block [Microsoft2022], vgl. Kapitel 11) zum Freigeben von Ressourcen und Druckern in Netzwerken. Mit SAMBA wird es inzwischen von der gesamten Unix-/Linux-Welt unterstützt. Dieses Protokoll arbeitet zwar in der Sitzungsschicht des OSI-Modells, es bringt aber Implikationen bis herunter zur Sicherungsschicht mit sich. Das NetBIOS, das ursprüngliche Transportprotokoll, ist nicht routingfähig, es wurde für kleine Broadcast-Netzwerke entwickelt. Mit zunehmender Entwicklung der Netzwerke musste es angepasst werden. Es wurde also gekapselt, das heißt, in routingfähige Protokolle zum Versand eingepackt. Somit war es möglich, auch über Router hinweg mit NBT (NetBIOS over TCP/IP) kommunizieren zu können.

Eines war jedoch noch zu lösen, NetBIOS benutzt einen eigenen Namensraum, der völlig unstrukturiert ist. In neueren Windows-Versionen gibt es diese Unterschiede nicht mehr, aber der Namensraum wird immer noch weiter benutzt, der DNS-Name und der sogenannte NetBIOS-Name sind nun identisch (im Vordergrund, über das GUI ist es nicht mehr möglich, unterschiedliche IP- und NetBIOS-Namen zu konfigurieren, über die Registry aber immer noch). Zur Rückwärtskompatibilität und aufgrund vieler Applikationen, die ihn immer noch nutzen, ist der NetBIOS-Namensraum aber noch voll aktiv. Zur Auflösung der NetBIOS-Namen muss in Umgebungen, die nicht ausschließlich homogen sind (NT, SAMBA, Win2000, W2K3, Mac), ein eigener Nameserver betrieben werden, der Windows Internet Name Service, WINS. Beim Start meldet sich jede Station bei ihm an, mit NetBIOS-Namen und IP-Adresse. Somit kann die IP-Adresse zum NetBIOS-Namen durch Anfrage an diesen WINS-Server aufgelöst werden.

Der NetBIOS-Name ist völlig unstrukturiert und besteht aus 15 Zeichen (und im Hintergrund ein weiteres, das wir nicht benutzen dürfen, denn Windows verwendet es intern für Diensterkennungen). Daher können Windows-Rechner auch heute keine Namen benutzen, die länger sind. Diese historische Altlast aus ältere Windows-Versionen (z. B. Windows NT) muss heute leider noch streng beachtet werden, um erhebliche Probleme in Netzwerken mit SAMBA und Windows/SMB zu vermeiden.

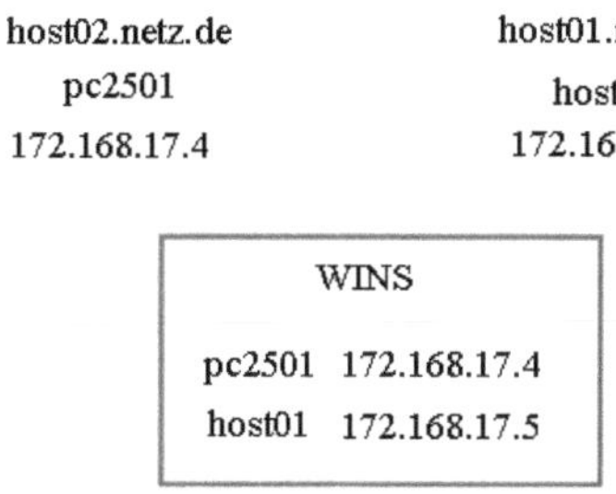

Bild 4.18 Links oben ein Rechner aus der alten NT-Welt. Der DNS-Name (host02.netz.de) und der NetBIOS-Name (pc2501) mussten nicht übereinstimmen, hatten nichts miteinander zu tun. Rechts ein heutiger Windows-Name. Er ergibt sich aus dem Beginn des DNS-Namens (host01). Beide melden sich mit Namen und IP-Adresse am WINS-Server an. Andere Rechner können dort anfragen und die IP-Adressen zu den NetBIOS-Namen erfragen. Da IP im Gegensatz zu NetBIOS geroutet werden kann, können so über NetBIOS-over-IP trotzdem eine Namensauflösung und ein Datentransport stattfinden.

In Netzwerken, die mehr als ein Subnetz umfassen, muss ein WINS-Server geführt werden, um Namenskollisionen in der NetBIOS-Welt zu vermeiden. Über Router hinweg werden Broadcasts nicht weitergeleitet, und die Rechner sehen sich nicht sofort automatisch. Dies kann zu sehr unschönen Konflikten und Effekten führen. Leider ist nicht abzusehen, dass dies bald geändert wird. Wer also noch größere Mischumgebungen oder ältere SAMBA-Umgebungen betreibt, sollte WINS einsetzen.

Da ein WINS-Server nichts kostet, keine großen Ressourcen verbraucht und in der Betreuung sehr genügsam ist, wird geraten, einen WINS-Server mitzuziehen, ob er nun auf den ersten Blick notwendig ist oder nicht. Er verursacht keinen Mehraufwand und kann helfen, relativ undurchsichtige Effekte zu unterbinden.

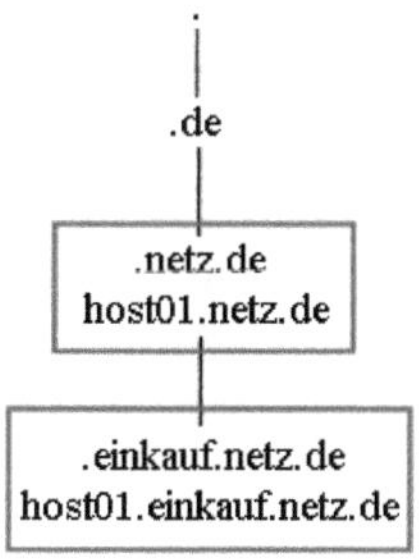

Bild 4.19
In der DNS-Welt sind beide Rechner, obwohl beide den Namen host01 besitzen, eindeutig identifizierbar. Sie sind durch ihre Stellung im Verzeichnisbaum referenziert. Der FQDN ist unterschiedlich. Der NetBIOS-Name aber wird lediglich aus dem ersten Namensteil entnommen. In der NetBIOS-Welt gäbe es hier eine Kollision, beide Rechner würden host01 heißen und wären nicht unterscheidbar.

4.9 Uni-, Broad- und Multicast

Neben der Sendung von Daten an eine einzelne Adresse, dem Unicast, und der Sendung an alle in der Broadcast-Domäne, dem Broadcast, gibt es noch eine andere Adressierung, die Sendung an eine Gruppe von Adressen, den Multicast. Er hat eine erhebliche Bedeutung.

Typische Beispiele sind die (auch) automatisierte Verteilung von Software oder Video-/Audio-Streaming. Wollen zum Beispiel in einem Praktikumsraum mit 25 PCs 16 Teilnehmer eines Kurses einen Lehrfilm ansehen, müsste ein Multimedia-Streaming-Server 16 Single-cast-Datenströme an 16 Adressen gleichzeitig versenden. Das Netzwerk wäre völlig überlastet.

Eine andere Variante wäre, diesen Datenstrom als Broadcast an alle zu versenden. Damit gäbe es nur einen Datenstrom. Der große Nachteil wäre, dass jede Station alle Pakete ansehen muss, die an die Broadcast-Adresse versendet werden, ob sie betroffen ist oder nicht. Damit wäre ihr Interface laufend ausgelastet, obwohl der Datenstrom nicht für sie gedacht ist.

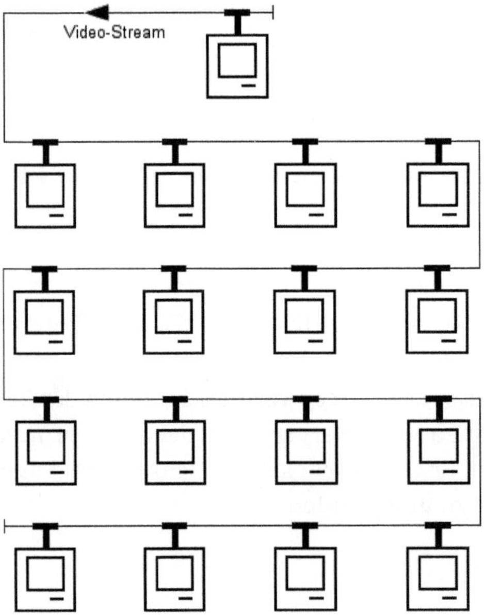

Bild 4.20
Ein Streaming-Server müsste einen Datenstrom für jedes Endsystem versenden, oder müsste den Video-Stream per Broadcast versenden. Beides wäre sehr ineffizient. Gäbe es in diesem Subnetz Rechner, die den Stream nicht wollen, müssten sie doch bei einem Broadcast jedes Datenpaket ansehen; ein Broadcast muss von allen beachtet werden.

Hierfür musste eine Lösung gefunden werden. Gerade im Multimedia-Bereich werden solche Datenströme immer häufiger. Daher werden die Daten in einem Stream an eine besondere Adresse gesendet. Der Server sendet an eine Multicast-Adresse. Jedes Endsystem, das teilnehmen will, nimmt die Daten an diese Adresse an. Andere

Rechner sehen ein hohes Netzwerkaufkommen, können die Pakete aber schon aufgrund ihrer Adresse auf tiefster Ebene verwerfen. Für die Multicast-Adressierung in der Vermittlungsschicht ist die IP-Adressklasse D reserviert, der Adressbereich von 224.0.0.0 bis 239.255.255.255.

Ein anschauliches Beispiel hierfür sind Router, die Routing-Informationen untereinander über Multicasts austauschen – also über Sendungen an die Gruppe „alle Router". Einige Multicast-Adressen sind fest für bestimmte Dienste reserviert, etwa für Routing-Protokolle. Andere Multicast-Adressen wiederum sind speziellen Anwendungen wie bestimmten Streaming-Varianten zugewiesen.

Multicasting wird auch im Informationstransfer immer interessanter. Es ist wesentlich effektiver, einen Datenstrom nur einmal an eine große Gruppe von Interessenten zu versenden als mehrfach an viele einzelne. Viele Beispiele gibt es auch im größeren Maßstab, so zum Beispiel der Abgleich von Distributions- oder Spiegel-Servern.

Die Multicast-Adressen können in den meisten Anwendungen konfiguriert werden, sodass es möglich ist, mehrere Ströme gleichzeitig an verschiedene Zielgruppen zu versenden. Nichtsdestotrotz kann ein Multicast-Strom so effektiv sein, dass er die gesamte Bandbreite blockiert und für alle anderen Teilnehmer im Netzwerk die Übertragung sehr langsam wird beziehungsweise sogar ganz abbricht. Hier muss der Datenstrom des Streaming-Servers kontrolliert und limitiert werden.

Dafür können Programme und Geräte eingesetzt werden, welche die Datenrate eines Rechners begrenzen, oder es kann mit Kompressionsverfahren versucht werden, die übertragene Datenmenge zu limitieren.

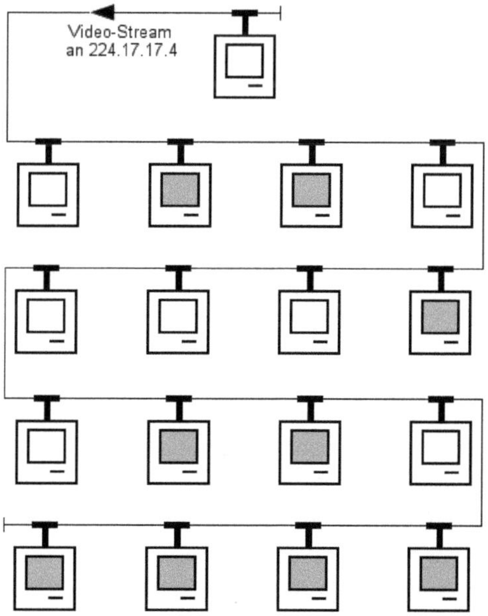

Bild 4.21
Eine Client-Server-Applikation sendet einen Multicast-Stream an eine dedizierte Multicast-Adresse. Die Endsysteme, die daran teilnehmen wollen (hier grau markiert), erfragen die Adresse beim Server oder kennen sie über die Applikation und satteln sich dann auf den Stream auf. Die Daten werden in einem einzelnen Strom gesendet. Alle, die nicht betroffen sind, sehen zwar konstanten Verkehr, aber sehen schon an der Adresse, dass sie nicht gemeint sind.

4.9.1 Broad- und Multicast in den Schichten 2 und 3

Hier stellt sich die Frage, wie ein Multicast oder auch ein Broadcast in der Sicherungsschicht gehandhabt werden.

In der Vermittlungsschicht ist die Sache klar: Multicasts bekommen Multicast-Adressen, und Broadcasts gehen an die Broadcast-Adresse des Subnetzes, die höchste Adresse.

In der Sicherungsschicht aber regieren die MAC-Adressen. Hier ist es ebenso geregelt, auch hier gibt es Multicast-Adressen und eine Broadcast-Adresse. Die Broadcast-Adresse in der Sicherungsschicht ist, wie auch in der Vermittlungsschicht, die höchstmögliche, also ff:ff:ff:ff:ff:ff. Jeder Broadcast in der Sicherungsschicht wird an sie gerichtet, zum Beispiel ein ARP-Request. Für Multicasts ist, wie in der Vermittlungsschicht, ein Adressbereich fest reserviert. Diesen verwendet kein Hersteller für seine Geräte. Es sind die Adressen von 01:00:5e:00:00:00 bis 01:00:5e:7f:ff:ff.

Wiederum brauchen wir diese zweistufige Adressierung, um über die Subnetzgrenzen hinwegzukommen. Wie dies möglich ist, werden wir noch genauer betrachten.

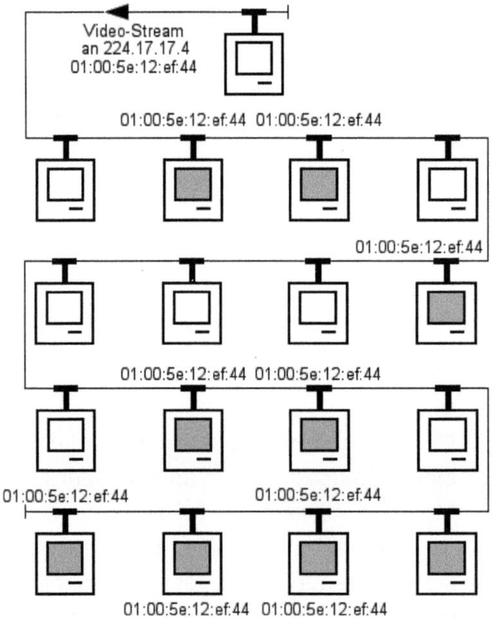

Bild 4.22 Die Adressierung eines Multicast-Streams in den Schichten 2 und 3 gehorcht im Prinzip denselben Regeln wie die bekannte IP- und MAC-Adressierung im Unicast-Bereich. Der Streaming-Server versendet an eine Vermittlungsschicht-Multicast-Adresse. Innerhalb einer Broadcast-Domäne wird dieser eine Sicherungsschichtadresse zugeordnet. Jedes Endsystem, das am Multicast-Stream teilnehmen will, hört neben seiner eigenen und individuellen MAC-Adresse auf diese Multicast-MAC-Adresse als zweite

Im Gegensatz zu den Broadcasts können die Multicasts geroutet werden. Soll ein Broadcast mehrere Subnetze erreichen, müsste ein Router die Pakete unverändert in der Sicherungsschicht weiterleiten. Das ist jedoch unerwünscht, da es die Broadcast-Domäne unnötig vergrößert. Multicasts hingegen müssen geroutet werden können, da sie sonst nur innerhalb eines einzelnen Subnetzes nutzbar wären. Ohne Routing müsste beispielsweise jedes Subnetz einen eigenen Video-Streaming-Server betreiben – ein ineffizienter Ansatz.

Hier gibt es ein Problem. Ein Multicast-Stream hat zwar eine Vermittlungsschichtadresse, aber kein dediziertes Ziel. Es gibt keinen Host in der Vermittlungsschicht, der diese IP-Adresse hätte. Ebenso gibt es kein Netzwerk dieser Adressen, das irgendwo physisch existiert. Wohin solche Datenströme geroutet werden, muss daher an den Routern bewusst konfiguriert werden. Nativ ist diese Funktion deaktiviert, da Multicasts sonst das gesamte Netzwerk über die Vermittlungsschicht überschwemmen würden. Ein Multicast-Stream über mehrere Subnetze hinweg muss also bewusst kanalisiert und „geführt" werden. Ein Router ist nicht alleine in der Lage zu entscheiden, wohin dieser Datenstrom geleitet werden muss.

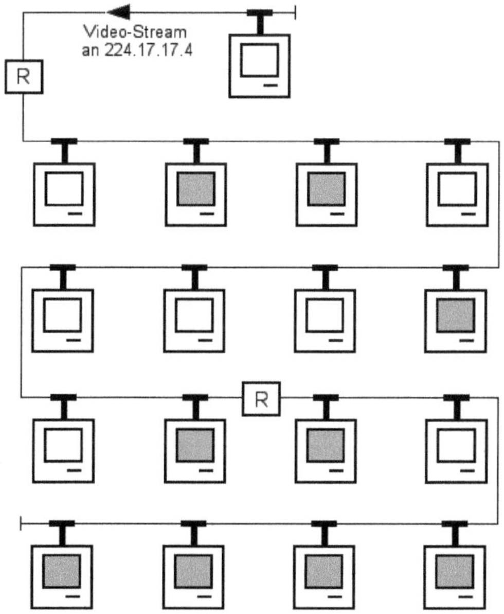

Bild 4.23
Die Interessenten an einem Multicast-Stream müssen in verschiedenen Subnetzen angesiedelt werden können. Sonst müsste in jeder Broadcast-Domäne ein eigener Streaming-Server stehen. So aber wird der Multicast in der Vermittlungsschicht ganz normal von den Routern (R) geroutet, in der Sicherungsschicht in eine Multicast-MAC-Adresse abgebildet und so allen zur Verfügung gestellt. Welche Router Multicast-Streams weitergeben, muss bewusst konfiguriert werden. Ein Multicast-Stream hat kein dediziertes Ziel und würde das gesamte Netz überschwemmen, wenn ihn alle Router einfach weitergeben würden.

Ein Multicast-Routing muss also speziell konfiguriert werden. Um eine manuelle Konfiguration zu vermeiden, wurde das Internet Group Management Protocol (IGMP, [RFC1112]) entwickelt. Es verwaltet dynamische Gruppen von Empfängern, die auf dieselbe Multicast-Adresse hören, sogenannte Multicast-Gruppen. Die Empfänger können den Routern, mit denen sie verbunden sind, ihre Gruppenzugehörigkeit signalisieren. Aufseiten der Router können wiederum spezielle Multicast-Routing-Protokolle verwendet werden, um die Multicast-Ströme zwischen dem Router des Senders und den Routern aller Empfänger zu organisieren.

Auch in der Sicherungsschicht wird es interessant: Ein einfacher Switch kann Multicasts nicht von Broadcasts unterscheiden, da er keine Netzwerkschichtadressen interpretiert. Für ihn sehen Multicast-Pakete wie Broadcasts aus – er leitet sie daher an alle Ports weiter. Zudem können Switches bei Multicasts keine Empfänger-MAC-Adressen lernen, da der Datenstrom unidirektional ist.

Allerdings existieren dedizierte Sicherungsschicht-Multicast-Adressen, die es ermöglichen, Multicast-Streams gezielter zu verteilen (z. B. durch IGMP-Snooping). In der Vermittlungsschicht sorgen spezielle Routing-Protokolle wie das Protocol Independent Multicast (PIM) [RFC7761] dafür, dass Multicast-Daten nur an Subnetze weitergeleitet werden, in denen tatsächlich Empfänger existieren. Proprietäre Erweiterungen einiger Hersteller gehen hier noch über die Standardmechanismen hinaus, setzen jedoch meist homogene Umgebungen voraus.

Als Faustregel gilt, ein Multicast wird bei Standardumgebungen in der Sicherungsschicht gehandhabt wie ein Broadcast und in der Vermittlungsschicht so weit geroutet, wie erlaubt wird.

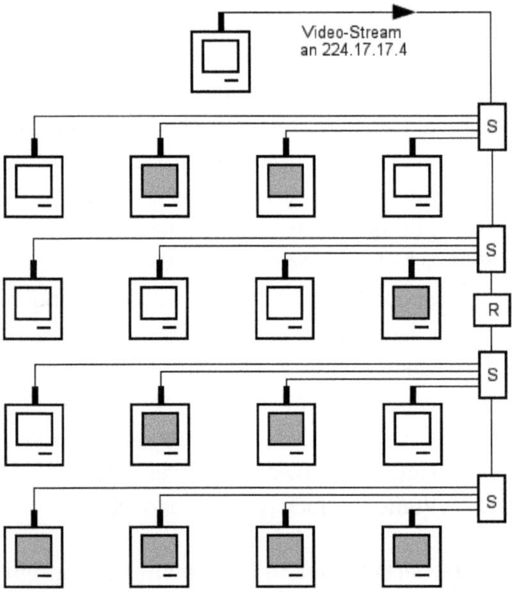

Bild 4.24
Bei Standardumgebungen ohne spezielles und meist proprietäres Multicast-Handling wird der Multicast in der Sicherungsschicht wie ein Broadcast abgehandelt. Ist ein Router im Netzwerk, muss an ihm Multicast-Routing erlaubt werden. (S: Switch, R: Router)

Daher ist ein effektives Multicast-Handling in Umgebungen mit einfachen Switches und Routern oder in stark inhomogenen Umgebungen, bezogen auf die Netzwerkgeräte, sehr schwierig. Wer sehr viel Multicast einsetzt, sollte dies vor dem Design des Netzwerks beachten. Ein Switch kann einen Multicast-Stream nicht selbst beurteilen, dazu fehlen ihm die Informationen in der Vermittlungsschicht. Allein in der Sicherungsschicht kann er nicht entscheiden. Eine Sicherungsschicht-Multicast-Adresse kann er nicht lernen und darf es auch nicht, wir erinnern uns, dass es ein Switch als Fehler sieht, wenn er eine MAC-Adresse an mehreren Ports erkennt. Es gibt nun Implementierungen, in denen die Router mit den Switches über spezielle Protokolle Multicast-Informationen austauschen. Sie bekommen dann vom Router die Eigenschaften der Multicasts mitgeteilt und können in ihren MAC-Tabellen die Sicherungsschicht-Multicast-Adressen dort eintragen, wo Endsysteme angeschlossen sind, die an einem Multicast-Stream teilnehmen möchten. Ebenso kann in der Vermittlungsschicht kanalisiert werden. In einem vermaschten Netz von Routern tauschen die Router Multicast-Informationen unter sich aus. Bemerken sie, dass hinter einem bestimmten Interface keine Endsysteme angeschlossen sind, leiten sie den Multicast-Strom nicht über dieses Interface weiter (diese Art der Verkehrskanalisierung nennt man auch Pruning). Damit verhindern sie, dass unnötiger Verkehr fließt.

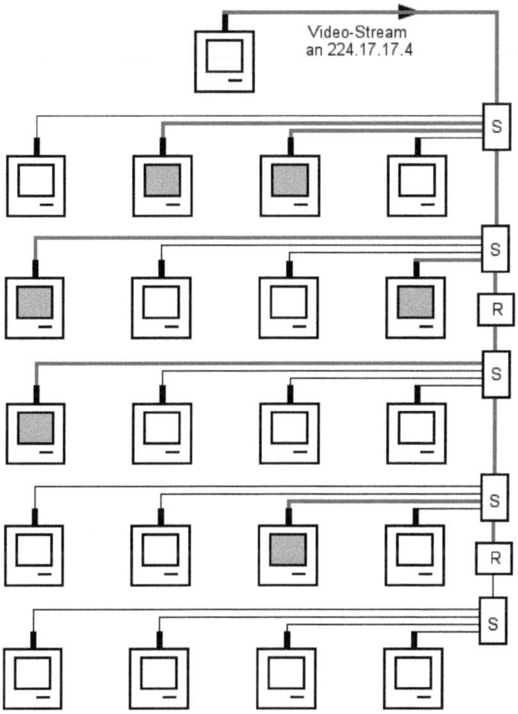

Bild 4.25
Es existieren sehr gute Lösungen, um Multicast-Umgebungen zu handhaben. Ist eine Kommunikation zwischen Client, Server, Switch und Router möglich, kann der Multicast-Stream gut kanalisiert werden. Die Switches geben ihn dann nur noch an die Ports aus, hinter denen teilnehmende Endsysteme angeschlossen sind (grau), und die Router routen ihn dann nur so weit, wie Bedarf besteht. Hier leitet der unterste Router den Stream nicht weiter, da keine Interessenten in diesem Subnetz sind (Pruning). Nicht beteiligte Endsysteme und Subnetze sind daher ungestört.

Diese Implementierungen sind hier stark herstellerabhängig. Für bessere Geräte spricht auch, dass spezielle Router und Switches Hardware-Decoder (ASICs, Application-Specified Integrated Circuits) für Multicast-Handling und Multilayer-Switching besitzen. Ihre Leistung ist dabei um Klassen besser als die einer reinen Softwarelösung. Einfache Switches können, da sie Multicasts wie Broadcasts behandeln, schnell überlastet werden und die Leistung bis zum Stillstand beeinträchtigen.

Multicast-Verkehr kann Netzwerke stark beeinträchtigen, da ohne spezielle Verfahren die Netzwerklast sehr schnell zu hoch wird. Wer also viel und häufig damit arbeiten muss, zum Beispiel mit Video-Streaming an viele verteilte Endsysteme, sollte den Einsatz geeigneter Geräte in Betracht ziehen. Wenn dies nicht möglich ist, sollte man versuchen, alle Endsysteme getrennt von nicht betroffenen Rechnern in einem Subnetz zu halten.

4.10 PING und TRACEROUTE

Um die Erreichbarkeit und den Weg zu anderen Rechnern testen zu können, gibt es zwei kleine Hilfsprogramme. Beide verwenden Steuerungsnachrichten, die durch das Internet Control Message Protocol (ICMP, [RFC792]) definiert sind. Das erste ist das Programm „ping“. Wird einem Rechner ein „ping“ geschickt, antwortet er mit einem „pong“. Das heißt, mit dem Kommandozeilenbefehl `ping IP-Adresse` oder `ping name` lässt sich testen, ob ein Netzwerkgerät oder Rechner läuft und erreichbar ist.

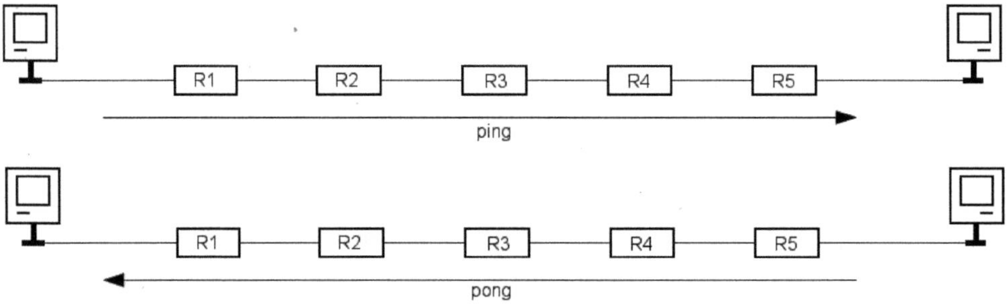

Bild 4.26 Ein Rechner sendet einem anderen einen „ping“. Dieser antwortet, wenn nicht durch Konfiguration oder einer Firewall verboten, mit einem „pong“. Neben der reinen Erreichbarkeit werden noch weitere Parameter der Verbindung ausgegeben, siehe Teil Praxis.

„Traceroute“ unter Unix/Linux, „Tracert“ unter Windows, ist ein Programm, das eine Zieladresse sucht und alle Hops, sprich alle überquerten Router zurückgibt. Dies kann sehr hilfreich bei Problemen sein, gerade bei Routing-Problemen. Hier wird mit dem Parameter TTL gespielt, der Time-to-Live. Die Anfrage an eine Zieladresse wird mit steigender TTL von eins an immer wieder verschickt. Solange, bis das Ziel erreicht wird, oder nicht. Bekommt ein Router ein Paket zur Weiterleitung, dessen TTL null ist, gibt er dem Sender ein Fehler-Feedback zurück und löscht das Paket. Somit wird Hop für Hop der Weg des Paketes über die Router ermittelt.

Damit ist unsere Diskussion der Vermittlungsschicht beendet. Wie anfangs gesagt, das OSI-Modell ist ein Modell und nirgends starr implementiert. In den nächsten Kapiteln werden wir, um das Henne-Ei-Problem weiter aufzulösen, höhere Schichten kennenlernen und noch mehr Informationen bekommen. Wir werden dabei viele Rückgriffe in tiefere Schichten machen – diese jetzt aber vollständig verstehen.

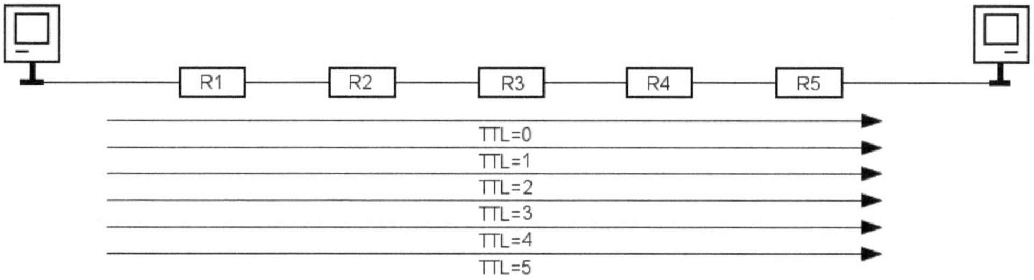

Bild 4.27 Der Sender sendet Anfragen an den Empfänger. Die erste mit einer TTL von null, dann aufsteigend, bis das Ziel erreicht wird.

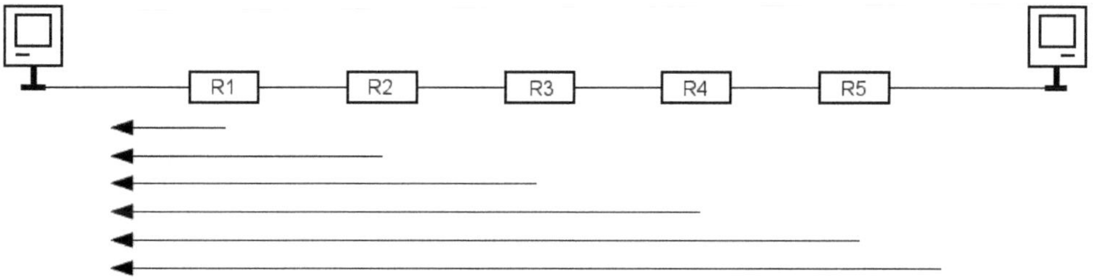

Bild 4.28 Jeder Router, der eines der Testpakete mit einer TTL von null bekommt, löscht es und gibt einen Fehlerfeedback zurück. So lässt sich Hop für Hop der Weg untersuchen.

Beispiele zu diesen Programmen gibt es in Kapitel 13, „Praktische Übungen“.

4.11 Zum Weiterlesen

In diesem Kapitel wurden zahlreiche IETF-Standards diskutiert. Das von der amerikanischen Defense Advanced Research Projects Agency (DAPRPA) entwickelte IP-Protokoll ist [RFC0791]. Dieser Standard beschreibt auch Fragmentierung und Reassemblierung. Die Behandlung von IP-Adressen mithilfe des heute üblichen Classless Inter-Domain Routing (CIDR) ist in [RFC4632] spezifiziert. Reservierte und spezielle Adressbereiche finden sich in [RFC6890], Verfahren zur Vergabe privater Adressen in [RFC3927]. Regeln für Multicast-Adressen finden sich in [RFC5771]. Als Beispiele für Routing-Protokolle wurden bisher RIP [RFC2453] und OSPF [RFC2328] genannt. Ergänzend sind auch IS-IS [RFC1195], ein für große Provider-Netze relevantes Link-State-Protokoll, sowie BGP [RFC4271], das zentrale Protokoll für das Routing zwischen autonomen Systemen im

Internet, zu nennen. DNS wird in [RFC1035], DHCP in [RFC2131] beschrieben. Die für die Funktionalität von SMB [Microsoft2022] über TCP/IP-Netze notwendige Funktionalität wird in [RFC1001] und [RFC1002] definiert. Interessante Quellen zum Thema Multicast sind [RFC1112] und [RFC7761]. Schließlich finden sich Details zu ICMP in [RFC0792].

Literatur

[Microsoft2022] Microsoft Cooperation: Server Message Block (SMB) Protocol Versions 2 and 3. Microsoft Cooperation, 2022. Zugegriffen am 13.08.2025. *https://learn.microsoft.com/en-us/openspecs/windows_protocols/ms-smb2/5606ad47-5ee0-437a-817e-70c366052962*

[RFC0791] Defense Advanced Research Projects Agency: Internet Protocol. Request for Comments 791. Internet Engineering Task Force, September 1981. *https://doi.org/10.17487/RFC0791*

[RFC0792] Postel, Jon: Internet Control Message Protocol. Request for Comments792. Internet Engineering Task Force, September 1981. *https://doi.org/10.17487/RFC0792*

[RFC1001] Internet Engineering Task Force: Protocol standard for a NetBIOS service on a TCP/UDP transport: Concepts and methods. Request for Comments 1001. Internet Engineering Task Force, März 1987. *https://doi.org/10.17487/RFC1001*

[RFC1002] „Protocol standard for a NetBIOS service on a TCP/UDP transport: Detailed specifications. Request for Comments 1002. Internet Engineering Task Force, März 1987. *https://doi.org/10.17487/RFC1002*

[RFC1035] Mockapetris, Paul: Domain names – implementation and specification. Request for Comments 1035. Internet Engineering Task Force, November 1987. *https://doi.org/10.17487/RFC1035*

[RFC1112] Deering, Steve: Host Extensions for IP Multicasting. Request for Comments 1112, Internet Engineering Task Force, August 1989. *https://doi.org/10.17487/RFC1112*

[RFC1195] R. Callon: Use of OSI IS-IS for Routing in TCP/IP and Dual Environments. Request for Comments 1195. Internet Engineering Task Force, December 1990. *https://doi.org/10.17487/RFC1195*

[RFC2131] Droms, Ralph: Dynamic Host Configuration Protocol. Request for Comments 2131. Internet Engineering Task Force, März 1997. *https://doi.org/10.17487/RFC2131*

[RFC2328] Moy, John: OSPF Version 2. Request for Comments 2328. Internet Engineering Task Force, 1. April 1998. *https://doi.org/10.17487/RFC2328*

[RFC2453] Malkin, Gary S: RIP Version 2. Request for Comments 2453. Internet Engineering Task Force, November 1998. *https://doi.org/10.17487/RFC2453*

[RFC3927] Cheshire, Stuart, Bernard D. Aboba, und Erik Guttman: Dynamic Configuration of IPv4 Link-Local Addresses. Request for Comments 3927. Internet Engineering Task Force, Mai 2005. *https://doi.org/10.17487/RFC3927*

[RFC4271] Rekhter, Yakov, Susan Hares und Tony Li: A Border Gateway Protocol 4 (BGP-4). Request for Comments 4271, Internet Engineering Task Force, Januar 2006. *https://www.rfc-editor.org/info/rfc4271*

[RFC4632] Fuller, Vince, und Tony Li: Classless Inter-domain Routing (CIDR): The Internet Address Assignment and Aggregation Plan. Request for Comments 4632. Internet Engineering Task Force, August 2006. *https://doi.org/10.17487/RFC4632*

[RFC5771] Meyer, David, Michelle Cotton, und Leo Vegoda: IANA Guidelines for IPv4 Multicast Address Assignments. Request for Comments 5771. Internet Engineering Task Force, März 2010. *https://doi.org/10.17487/RFC5771*

[RFC6890] Cotton, Michelle, Leo Vegoda, Ron Bonica, und Brian Haberman: Special-Purpose IP Address Registries. Request for Comments 6890. Internet Engineering Task Force, April 2013. *https://doi.org/10.17487/RFC6890*

[RFC7761] Fenner, Bill, Mark J. Handley, Hugh Holbrook, Isidor Kouvelas, Rishabh Parek, Zhaohui (Jeffrey) Zhang und Lianshu Zheng: Protocol Independent Multicast – Sparse Mode (PIM-SM): Protocol Specification (Revised). Nr. 7761, Internet Engineering Task Force, März 2016.*https://doi.org/10.17487/RFC7761*

5 Schicht 4 – die Transportschicht

Die Transportschicht ist die erste Schicht, die direkt mit bestimmten Services kommuniziert. Das IP-Protokoll bietet einen unzuverlässigen, verbindungslosen Transport der Daten ohne jede Zustellgarantie an. Die zuverlässige Übertragung der Daten wird in der Transportschicht von TCP, dem Transmission Control Protocol, oder Protokollen höherer Schichten überwacht. Zusätzlich existiert in der Transportschicht das verbindungslose User Datagram Protocol (UDP). Beide haben ihre Berechtigung. In den letzten Jahren ist mit QUIC [RFC9000] ein weiteres verbindungsloses, aber dennoch zuverlässiges Transportprotokoll entstanden, das von Google entwickelt und heute vor allem für HTTP/3 [RFC 9114] genutzt wird. Selbstverständlich gibt es noch viele weitere Protokolle in der Transportschicht, die sich der Dienste der ersten drei Schichten bedienen. Hier wollen wir uns aber auf die gängigen, für uns tagtäglich sichtbaren konzentrieren.

5.1 Ports und Sockets

Das IP-Protokoll in der Vermittlungsschicht sorgt für den Transport der Daten über die weite Welt. Hier werden die Wege über das weltweite Internet ebenso gesucht wie die Wege zwischen den Subnetzen eines Intranets in einer großen Firma (Routing). IP sorgt also für den Verkehr von Endpunkt zu Endpunkt. In der Transportschicht nun werden die Daten den entsprechenden Services übergeben. Diese Information über angesprochene Services ist die sogenannte Port-Nummer. Jeder Service kommuniziert über einen virtuellen Verbindungskanal, hat per Konvention eine bestimmte Nummer zugewiesen bekommen, die sie identifiziert. Viele dieser Port-Nummern sind fest zugeteilt, andere werden zwischen Anwendungen dynamisch ausgehandelt. Die Port-Nummer kann 16 Bit lang sein, sie liegt also im Bereich von 0–2^{16} (von 0–65 535).

Die Ports von 0–1023 sind fest vergeben und werden weltweit von der IANA (Internet Assigned Numbers Authority) über die IANA Service Name and Transport Protocol Port Number Registry verwaltet. Sie werden auch „Well-known Ports“ genannt. Von 1024–49152 sind sie zum Teil definiert („Registered Ports“) und viele für Applikationen reserviert. Die Ports von 49152–65535sind frei zur dynamischen Verwendung vorgesehen.

Weiter unten werden wir sehen, dass man Services gezielt sperren kann, wenn man ihre Port-Nummern kennt.

Hier ein paar Beispiele für fixe Port-Nummern:

20	FTP	Dateitransfer
21	FTP	Dateitransfer-Control
22	SSH	Secure Shell
23	Telnet	Remote-Konsole
25	SMTP	E-Mail-Verkehr
53	DNS	Domain-Name-Server-Anfragen
80	HTTP	World Wide Web Service

Will nun ein Rechner Verbindung mit einem anderen aufnehmen, sucht er sich dynamisch einen Port über 1024 aus, der frei ist, als Source-Port und sendet an den Ziel-Port des Kommunikationspartners. Dieser ist in der Regel ein „Well-known Port“. Ist der Service dort aktiv, werden ihm anhand der Port-Nummer die Daten übergeben. Die Antwort erfolgt an den Source-Port des Senders. Eine Kombination aus IP-Adresse und Port-Nummer nennt man im Fachjargon einen Socket. Der Port wird dabei an die IP-Adresse direkt angehängt, getrennt durch einen Doppelpunkt, so zum Beispiel 192.168.17.4:80. Die Verbindung zwischen zwei Rechnern ist also durch ein Socket-Paar Source-IP-Adresse:Port – Destination-IP-Adresse:Port eindeutig im ganzen Internet charakterisiert. Ein Socket-Paar kann nicht doppelt auftreten. Hier muss zwischen UDP und TCP unterschieden werden. Gleiche Port-Nummern bedeuten hier nicht immer die gleichen Services! Ein guter Vergleich ist der Weg eines Briefes. Der Familienname (IP-Adresse) sagt uns, in welchen Briefkasten er ausgeliefert werden muss. Der Vorname (Service) gibt an, für wen in diesem Haus oder der Wohnung der Brief bestimmt ist. Der Empfänger weiß genau, wohin er die Daten zurücksenden muss, Name und Vorname des Absenders sind ebenfalls auf dem Brief vermerkt.

Dadurch kann ein Server gleichzeitig mehrere Dienste für viele Clients bereitstellen. Durch die Socket-Paare ist immer eindeutig, mit welchem Client kommuniziert wird.

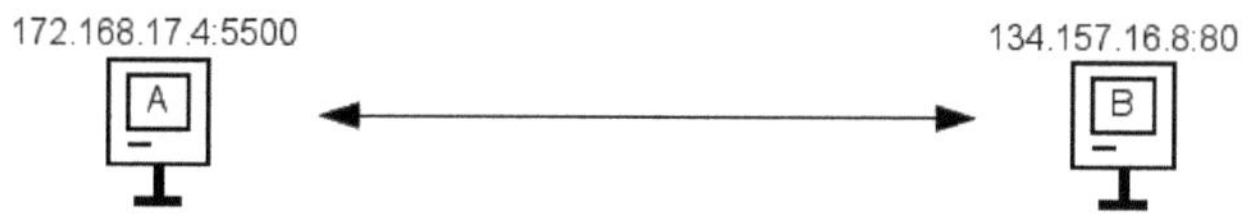

Bild 5.1 Rechner B ist ein Webserver, A möchte sich seine Webseiten ansehen. Also sucht er sich einen freien Port aus (hier willkürlich 5500) und sendet eine Anfrage an Webserver-Port 80 von B. Damit ist für B sofort klar, dass sein Webserver gemeint ist. Er antwortet an Port 5500 von A. Damit ist die Verbindung eindeutig charakterisiert. Den Ziel-Port auf A kennt er von der Anfrage.

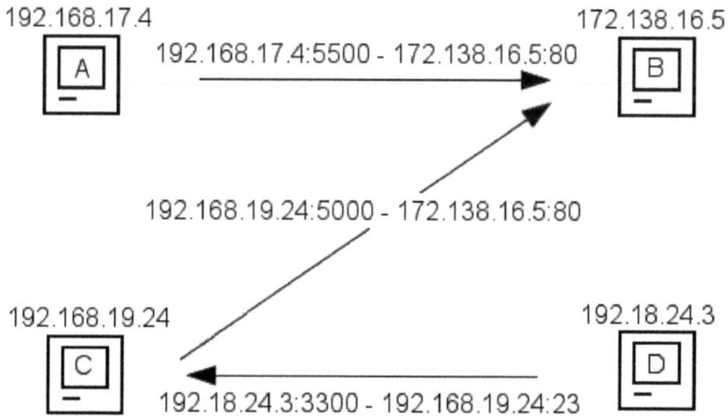

Bild 5.2 Rechner A und C bauen eine Verbindung zum Webserver von B auf. Gleichzeitig verbindet D per Telnet zu C. Durch die Socket-Paare weiß jeder genau, welcher Datenstrom zu wem und zu welchem Service gehört. Daher ist ein Server auch in der Lage, einen Service vielen gleichzeitig anzubieten, er kann sie leicht unterscheiden.

Im normalen Betrieb sind die Port-Nummern für den Nutzer unsichtbar. Die Applikationen, die wir benutzen, kennen die Ports, die sie brauchen, und senden die Port-Nummer automatisch mit. Ein Webbrowser zum Beispiel setzt automatisch :80 hinter die Ziel-IP-Adresse und ein Telnet-Client automatisch :23. Viele Server erlauben, die Well-known Ports absichtlich nicht zu verwenden, sondern andere einzustellen. Dies hat Sicherheitsaspekte. So ist es zum Beispiel möglich, einen administrativen Webserver auf einem anderen Port zu betreiben. Er ist nur dann erreichbar, wenn die Port-Nummer bekannt ist. Dann muss er aber auch im Browser angegeben werden, damit die Webseiten sichtbar werden.

5.2 Das Transmission Control Protocol

Viele Internet-Anwendungen erfordern, dass Datenströme vollständig, fehlerfrei und in der Reihenfolge übertragen werden, in der sie gesendet wurden. Die Datenpakete eines Datenstromes werden, wie wir oben gesehen haben, unterwegs fragmentiert, reassembliert, sie erreichen das Ziel unter Umständen über verschiedene Wege und in der falschen Reihenfolge. Das Transmission Control Protocol [RFC9293] (TCP) ist die Kontrollinstanz, welche die Daten wieder richtig zusammensetzt und im OSI-Modell nach oben an die Applikationen weiterreicht. Dabei kontrolliert TCP, ob alle Pakete eingetroffen sind, und fordert verlorene vom Sender nach. Dafür wird eine Sequenznummer der Pakete geführt. Das Segment (Transportschichtpaket) beinhaltet die Port-Nummer, also Informationen, welche Services angesprochen werden sollen. Somit ist TCP ebenfalls in der Lage, ein Multiplexing zu steuern – über eine IP-Verbindung können mehrere Applikationen gleichzeitig kommunizieren.

TCP überprüft am Zielort die verschiedenen Pakete, setzt die Datenströme wieder korrekt zusammen und weist sie den Kommunikationspartnern zu.

5.2.1 Das TCP-Segment

TCP ist ein verbindungsorientiertes Protokoll, da es vor der Datenübertragung gezielt eine virtuelle Verbindung zwischen Sender und Empfänger aufbaut. Am Ende der Übertragung wird die Verbindung gezielt wieder abgebaut. Gleichzeitig findet eine Flusskontrolle statt. Laufen die Pufferspeicher des Empfängers voll, sendet dieser eine Nachricht, der Sender hört daraufhin auf zu senden, bis er wieder die Mitteilung bekommt, dass der Empfänger wieder bereit ist. Dann setzt er die Sendung der Daten fort.

TCP-Pakete werden in RFC 793 als Segmente bezeichnet. Das TCP-Segment wird von einem Header begrenzt und liegt im Datenteil des IP-Paketes. TCP ist zuverlässig, verursacht jedoch zusätzlichen Protokoll-Overhead.

<table>
<tr><td colspan="2">Sender-Port</td><td colspan="2">Empfänger-Port</td></tr>
<tr><td colspan="4">Sequenznummer</td></tr>
<tr><td colspan="4">Bestätigungsnummer</td></tr>
<tr><td>Header Length</td><td>unbenutzt</td><td>Flags</td><td>W-Size</td></tr>
<tr><td colspan="2">Checksum</td><td colspan="2">Urgent</td></tr>
<tr><td colspan="4">Options/Padding</td></tr>
<tr><td colspan="4">Data</td></tr>
</table>

Jede Zeile entspricht einer Datenmenge von 32 Bit. Sie werden nacheinander versendet. Die einzelnen Felder bedeuten (die Zahlen bedeuten die Länge in Bit).

Sender-Port:	16	Port-Nummer der sendenden Applikation
Empf.-Port:	16	Port-Nummer der empfangenden Applikation

Sequenz:	32	Nummerierung der Datenpakete im Datenstrom
Best.-Nr.:	16	Bestätigungsnummer. Jedes einzelne Paket wird vom Empfänger bestätigt. Diese Nummer gibt an, welches Paket richtig angekommen ist.
Header Length:	4	Länge des TCP-Headers in 32-Bit-Blöcken
unbenutzt:	6	Hier ist nichts codiert, dieses Feld war für Erweiterungen und Optionen reserviert.
Flags:	6	Hier sind sechs Ein-Bit-Flags untergebracht. Sie haben folgende Bedeutung:
	1	URG: Urgent-Pointer. Ist dieses Bit gesetzt, muss das Paket sofort bearbeitet werden und wird nicht im Puffer abgelegt. Es wird für dringende Anforderungen, zum Beispiel zur Sendung von Steuer- und Kontrollzeichen, verwendet.
	1	ACK: Acknowledgement. Nicht bei jedem Paket ändert sich die Acknowledgement-Nummer fortlaufend (siehe Abschnitt 5.2.2). Dieses Flag gibt an, dass bisher alles richtig empfangen wurde und die Acknowledgement-Nummer gültig ist.
	1	PSH: Das Push-Flag veranlasst, dass ein Datenpaket direkt an den Destination-Port ausgeliefert wird, auch wenn im Multiplexing andere eine frühere Berechtigung hätten.
	1	RST: Reset. Ist es nötig, eine TCP-Verbindung zu beenden oder abzuweisen, wird das RST-Flag gesetzt.
	1	SYN: Synchronisation. Dieses Flag wird bei Aufbau einer Verbindung gesetzt. Es ist praktisch wie das Klingeln des Telefons. Der Empfänger nimmt dann die Verbindung an oder weist sie ab.
	1	FIN: Sind alle Daten übertragen, senden sich beide Partner gegenseitig ein Paket mit gesetztem FIN-Flag. Damit wird die Verbindung gezielt abgebaut und beendet.
W-Size:	16	Mit der Window-Size teilt der Empfänger dem Sender mit, wie viele Bytes an Daten er senden darf, um ein Überlaufen des Empfangspuffers zu verhindern.
Checksum:	16	Die Checksum ist eine Quersumme, die ermöglicht, die Integrität des Headers zu überprüfen.
Urgent:	16	Der Urgent-Pointer gibt zusammen mit der Sequenznummer die genaue Lage des Paketes im Datenstrom an (bei gesetztem Urgent-Flag).
Opt./Pad.:	32	Options/Padding. Hier können optionale Daten mitgesendet werden. Liegen keine vor, wird bis zur 32-Bit-Grenze mit Nullen aufgefüllt (Padding).
Data:	–	Hier sind die Daten der höheren Schichten

5.2.2 TCP-Verbindungen

Eine TCP-Verbindung wird gezielt auf- und abgebaut. Jedes Segment hat eine Sequenznummer die es eindeutig im Datenstrom zwischen Sender und Empfänger charakterisiert. Diese wird durch die Position des ersten im Segment übertragenen Bytes im Datenstrom bestimmt. Der Empfänger quittiert jeweils den Empfang jedes Paketes. Fehlende oder korrumpierte Pakete werden daher nochmals versandt.

TCP sammelt die Pakete in einem Zwischenspeicher, setzt den Datenstrom wieder korrekt zusammen und reicht ihn an die Port-Nummer weiter, für die er bestimmt ist. Dort „warten" die entsprechenden Applikationen auf Daten (zum Beispiel Telnet, FTP, WWW). Da mehrere Applikationen gleichzeitig miteinander kommunizieren können, verteilt TCP ebenfalls die Pakete auf die verschiedenen Datenströme, regelt also das Multiplexing. Wird eine Telnet-Anfrage an einen Rechner gerichtet und ist dort ein Telnet-Server installiert, sendet der Sender an Port 23 der Zielmaschine. So ist es möglich, dass ein Telnet-Server viele Telnet-Verbindungen gleichzeitig ausführen kann, auch wenn nur eine Port-Nummer dafür zur Verfügung steht. Die Socket-Paare sorgen dafür, dass alle Verbindungen im gesamten Internet immer eindeutig zugeordnet werden können.

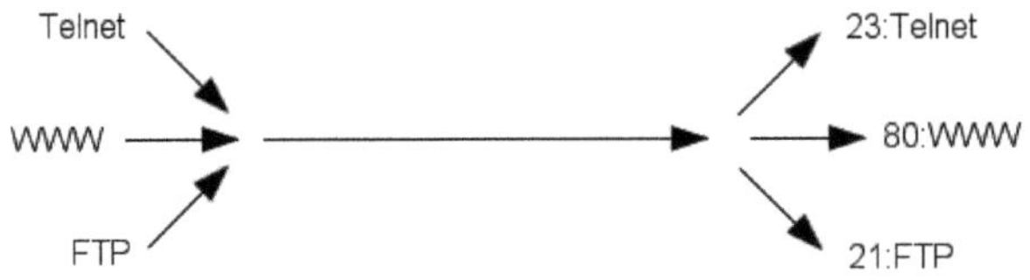

Bild 5.3 Multiplexing auf TCP-Ebene. Die Datenströme der Applikationen werden getrennt und den entsprechenden Ports (Applikationen) übergeben.

Der Aufbau der Verbindung erfolgt im ersten Schritt durch das Senden eines Anfragepaketes „SYN" (Synchronize) zur Feststellung der Kommunikationsbereitschaft. Der Empfänger antwortet darauf mit einem OK-Paket „SYN, ACK" (Acknowledge). Dieses OK wird seinerseits mit einem weiteren OK (ACK) rückbestätigt. Dies bedeutet, dass vor der Sendung eindeutig festgestellt wird, in einem dreistufigen Prozess, dass beide Kommunikationspartner bereit sind, und beide bestätigen sich dieses wechselseitig.

Die Verbindung ist damit synchronisiert. Ab diesem Moment werden dann die Sequenznummern hochgezählt. Jedes Paket wird vom Empfänger dediziert bestätigt. Bleibt diese Bestätigung aus, sendet der Sender dieses Paket nochmals, so lange, bis ein Timeout auftritt oder die Bestätigung eintrifft. Ist alles gesendet, wird die Verbindung gezielt abgebaut. Auch dies wird gegenseitig bestätigt.

TCP kann anhand der Sequenznummern erkennen, ob die Daten in der richtigen Reihenfolge eingetroffen sind, und kann fehlende nachfordern und den Datenstrom korrekt an die entsprechende Applikation weitergeben.

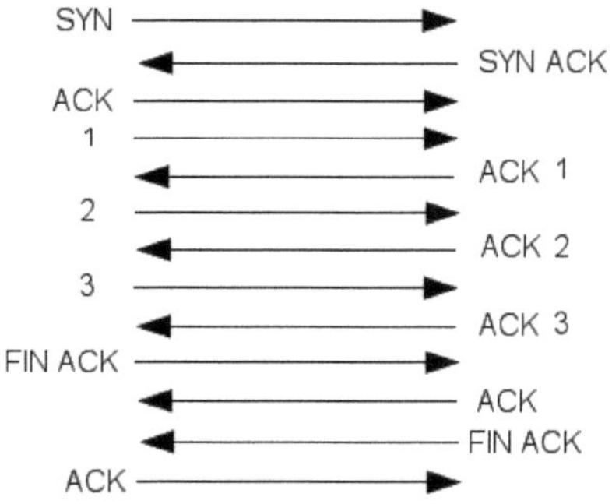

Bild 5.4
Schematischer Verlauf einer TCP-Verbindung. Die Verbindung wird mit einer Anfrage aufgebaut. Haben beide Partner wechselseitig bestätigt, dass sie kommunizieren können, wird begonnen zu senden. Jedes Paket wird mit seiner Sequenznummer quittiert. Am Ende wird die Verbindung mit wechselseitiger Bestätigung gezielt wieder abgebaut. Fehlende Pakete werden neu angefordert.

Es wäre nun sehr aufwendig, wirklich jedes Paket einzeln zu bestätigen. Daher gibt es die Möglichkeit, mehrere Pakete durch sogenannte kumulative Bestätigungen im Block zu quittieren. Ein Block von Paketen wird versendet. Das letzte Paket wird bestätigt, sobald alle vorhergehenden korrekt empfangen wurden. Wenn nicht, wird das letzte korrekt empfangene Paket quittiert. Eine Bestätigung bedeutet dabei immer, dass alle vor dem bestätigten Paket gesendeten Pakete korrekt empfangen wurden.

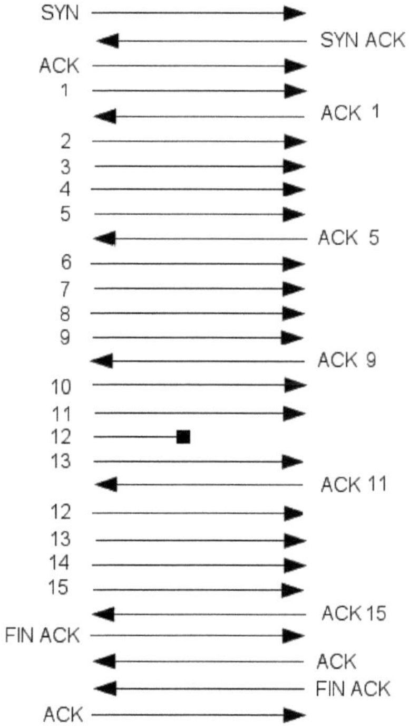

Bild 5.5
Blockquittierung. Der Sender sendet mehrere Pakete. Kommen diese alle richtig an, quittiert der Empfänger das letzte. Kommt es zu einem Fehler, wird das letzte richtige Paket quittiert, und der Sender sendet die anderen nach. Die Größe der Blöcke (Framing) wird dynamisch ausgehandelt.

Die TCP-Fluss- und -Staukontrolle bestimmen, wie viele Daten gesendet werden können, bevor auf eine Bestätigung gewartet werden muss. Die Flusskontrolle überwacht, wie viel Platz im Puffer des Betriebssystems auf der Empfängerseite noch frei ist. Würde der

Sender mehr Daten senden, bestünde die Gefahr, dass der Empfänger die Daten wegen Platzmangels verwerfen müsste. Daher wird in jedem TCP-Segment, das vom Empfänger an den Sender gesendet wird, im Feld W-Size mitgeteilt, wie viel Pufferplatz noch verfügbar ist.

Im Gegensatz zur Flusskontrolle, die eine Überlastung des Empfängers verhindern soll, verhindert die Staukontrolle eine Überlastung der Router und Switches auf dem Weg zwischen Sender und Empfänger. Auch diese haben Puffer, die überlaufen können, was ebenfalls zu Paketverlusten führen würde. Anhand ausbleibender ACKs wird abgeschätzt, ob ein Pufferüberlauf vorliegt, und die erlaubte Menge an unbestätigten Daten entsprechend angepasst. Es gibt verschiedene Algorithmen zur Staukontrolle, z. B. Tahoe, Reno und NewReno [RFC6582], Cubic [RFC8312] und neuere Entwicklungen wie BBR (Bottleneck Bandwidth and Round-trip propagation time, [Cardwell2025]), die von Google entwickelt wurden und in modernen Betriebssystemen bereits verbreitet sind. Auf diese Algorithmen soll hier nicht weiter eingegangen werden.

5.3 Das User Datagram Protocol

Neben der verbindungsorientierten und zuverlässigen Welt des TCP steht in der Transportschicht das User Datagram Protocoll (UDP). Es bietet lediglich eine minimale Dienstleistung: Die Daten werden in Datagrammen verpackt und an den Ziel-Port des Empfängers gesendet – ohne Verbindungsaufbau, Zustellgarantie oder Fehlerkontrolle. Ob die Daten korrekt ankommen oder in der richtigen Reihenfolge verarbeitet werden, liegt in der Verantwortung der darüberliegenden Anwendung.

UDP wird häufig für Audio- und Videostreaming eingesetzt. Diese bestehen in der Regel aus vielen einzelnen Paketen, die kleine Teile des Stromes übertragen. Verluste einzelner Pakete wirken sich auf die Wiedergabequalität meist nur geringfügig aus und können im besten Fall durch die Audio- bzw. Videocodierung kompensiert werden.

Darüber hinaus gibt es Anwendungsfälle, bei denen einzelne Anwendungen hinter den Ports selbst für die korrekte Übertragung sorgen. Ein Beispiel ist SMB (siehe Kapitel 11), das Protokoll für Windows-Freigaben und Drucker. Es benutzt zum Teil UDP und übernimmt selbst in der Sitzungsschicht die Kontrolle. Eine zweite Kontrolle in der Transportschicht wäre also unnützer Overhead.

Des Weiteren wird UDP verwendet, wenn eine Kontrolle der Verbindung keinen Sinn ergeben würde. Ein Boot- oder DHCP-Server ist entweder erreichbar oder nicht. Sendet ein Client fünf Anfragen ins Netz, ohne eine Antwort zu erhalten, ist der DHCP-Server nicht verfügbar. Ein Versuch, für eine solche Anfrage eine gezielte Verbindung aufzubauen, wäre überflüssig. Daher hat UDP in der Datenübertragung durchaus seine Berechtigung und ist als schlankes und schnelles Protokoll in der Transportschicht bereits im Einsatz.

5.3.1 Das UDP-Datagram

Das Datagram setzt sich wiederum aus einem Header- und Datenteil zusammen:

Sender-Port	Empfänger-Port
Länge	Checksum
Data	

Jede Zeile entspricht einer Datenmenge von 32 Bit. Sie werden nacheinander versendet. Die einzelnen Felder bedeuten (die Zahlen bedeuten die Länge in Bit):

Sender-Port:	16	Port-Nummer der sendenden Applikation
Empf.-Port:	16	Port-Nummer der empfangenden Applikation
Länge:	16	Länge des Datagramms, Header und Data
Checksum.:	16	Prüfsumme zum Integritätstest

5.4 Sicherheit in den Schichten 3 und 4: Router und Firewall

Mit dem Verständnis der Port-Nummern ist es uns nun möglich, die gängigsten Sicherheitsmaßnahmen zu verstehen.

Soll ein bestimmter Webserver nur innerhalb des eigenen Netzwerks erreichbar sein, während andere Dienste – etwa ein FTP-Server – weiterhin von außen zugänglich bleiben, wird auf dem Router, der die Verbindung zu anderen Netzen herstellt, der Zugriff auf Port 80 dieser IP-Adresse für eingehenden Verkehr gesperrt. Somit ist der Rechner in allen anderen Anwendungen erreichbar, aber nicht mehr für WWW-Verkehr. Innerhalb des eigenen Netzes hätte dies keinerlei Auswirkungen. Analog gilt dies für alle anderen Anwendungen mit festen Port-Nummern.

In der Vermittlungsschicht kann an den Routern nach IP-Adressen gefiltert werden. Damit werden alle Zugriffe auf (oder von) bestimmte(n) Adressen verboten.

Feiner unterschieden werden kann in der Transportschicht. Hier ist es nun möglich, einen dedizierten Port zu sperren, also Regeln auf Serviceebene einzuführen. Dies kann für UDP und TCP getrennt getan werden. Es ist also möglich, einen Port für UDP zu sperren, für TCP aber offen zu halten und umgekehrt. Die Geräte, an denen die Sperren angebracht werden, sind Router und Firewalls. Sperrt man nun alle Ports über 1024, werden alle Anwendungen unterbunden, die dynamische Ports benutzen. Diese Schutzmöglichkeiten, die Router und Firewalls bieten, sind sehr effektiv und sollten eingesetzt werden. Router und Firewalls müssen also in der Lage sein, Informationen der Transportschicht zu beurteilen.

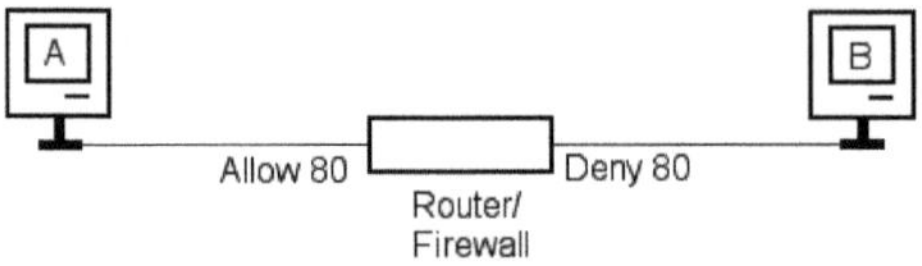

Bild 5.6 Rechner A und B sind in verschiedenen Subnetzen, die durch einen Router oder eine Firewall verbunden sind. Port 80 ist auf der einen Seite gesperrt, auf der anderen erlaubt. Die Folge ist, wenn beide Rechner Webserver betreiben würden, könnte A den Webserver von B erreichen, B den von A jedoch nicht.

5.4.1 Unterschiede zwischen Router und Firewall

Eine Firewall ähnelt einem Router, folgt jedoch einer entgegengesetzten Weiterleitungslogik. Ein Router ist maximal offen, bestrebt, hat also das Ziel, so viel als möglich Daten weiter zu transportieren. Hier müssen gewünschte Beschränkungen bewusst konfiguriert werden (sogenannte Access-Control-Lists, ACL). Unerwünschter Verkehr muss also bewusst durch Konfiguration verboten werden.

Eine Firewall verhält sich genau andersherum. Hier ist jeglicher Verkehr von vornherein verboten. Will man bestimmte Daten weiterleiten, muss dies ausdrücklich in der Konfiguration freigegeben werden.

5.4.2 Zonen einer Firewall

Die Interfaces einer Firewall sind in der Regel nicht wie bei einem Router alle einfach gleichberechtigt. Hier besteht häufig ein konfigurierbares Sicherheitsgefälle. Generell gilt, sofern nichts anderes konfiguriert ist, dass der Verkehr von Zonen höherer in Zonen niedrigerer Sicherheit erlaubt ist. Dies erleichtert die Implementierung eines effektiven Schutzes, ohne dass zu viel explizit konfiguriert werden muss.

Durch eine richtige Positionierung der Firewall (oder mehrerer) innerhalb eines Netzwerks lässt sich dieses sehr viel effektiver schützen als durch die einfache Einrichtung von Access-Control-Listen an Routern.

Im Hintergrund machen Firewalls noch weit mehr als diese. Mehr darüber weiter unten. Das „Gefälle“ der Zonen lässt sich durch Konfiguration beeinflussen. Hier kann sehr fein abgestimmt werden, was erlaubt ist oder nicht. In Umgebungen, die sicher sein sollen oder müssen, sollte der Einsatz von Firewalls auf jeden Fall überlegt werden. Auf jeden Fall dann, wenn das eigene Netzwerk direkt am Internet angeschlossen und nicht anderweitig vor Zugriffen von außen geschützt ist.

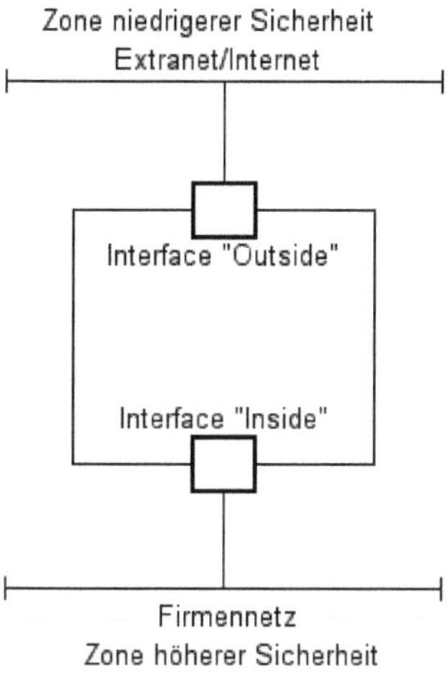

Bild 5.7
In der Regel wird bei einer Firewall Verkehr von Zonen höherer Sicherheit in solche niederer erlaubt. So soll von der Firma aus auf andere Netze zugegriffen werden können, aber nicht andersherum. Ein Router macht diese Unterschiede nicht, er hält sich an seine Access-Control-Listen und behandelt die Interfaces gleichwertig.

5.4.3 Mehr Intelligenz bei der Weiterleitung/DMZ

Ein Router routet alle Datenpakete, wenn dies nicht durch Access-Listen verboten ist. Eine Firewall ist da penibler. Sie blockt auch Verkehr, wenn dieser aufgrund der Regeln erlaubt wäre, aber nicht vertrauenswürdig ist.

Treffen zum Beispiel TCP-ACK-Pakete ein, obwohl vorher kein SYN-Paket ausgetauscht wurde, oder treffen Pakete ein, die Adressen tragen, die eigentlich hinter anderen Interfaces der Firewall angesiedelt sein sollten, blockt die Firewall den Verkehr ab.

Eine Firewall führt genau Buch über alle Datenpakete und Verbindungen und beurteilt sie (Stateful Firewall). Einen Verkehr, der logisch nicht einwandfrei ist, verwirft sie aus Sicherheitsgründen. Diese Protokollierung muss sie schon allein deshalb durchführen, damit die Anzahl an Regeln nicht zu groß wird. Man bedenke, dass eine Datenkommunikation immer bidirektional ist. Das bedeutet, wer einen Webserver anfragt, bekommt natürlich auch eine Antwort, welche die Firewall hereinlassen muss. Sie muss feststellen, ob der Datenstrom des Webservers im Internet hereindarf, weil er von innen angefordert wurde, oder ob ein Angreifer versucht einzudringen. Bei Routern müssen die Access-Filter bewusst in beiden Richtungen angelegt werden. Eine gute Firewall führt Buch und weiß, welche Datenströme von innen angefordert und welche unerwünscht sind.

Um ein Netzwerk noch besser schützen zu können, bieten Firewalls besondere Zonen an, die man DMZ nennt (demilitarisierte Zone). Die Philosophie dabei ist, Server, die von außerhalb des Intranets erreichbar sein müssen (z. B. WEB-, FTP-Server), nicht innerhalb des Intranets durch Ausnahmen in den Firewall-Regeln zugänglich zu machen, sondern von vornherein keine „Löcher“ ins Intranet zu bieten. Die übliche Konfiguration ist, aus Sicherheitsgründen nur einen Zugriff von innen nach draußen zu erlauben. Für jeden Rechner, der vom Internet her erreichbar sein soll, müssten also Erlaubnisregeln gesetzt werden. Diese aber bieten Eindringlingen die Möglichkeit, ins Intranet zu gelangen.

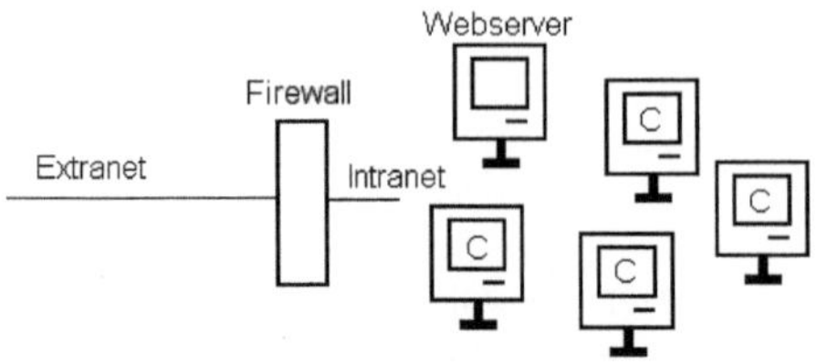

Bild 5.8 Stünde unser Webserver im selben Netz wie unsere Clients C, müssten wir in die Firewall ein „Loch auf Port 80 des Webservers bohren", damit dieser vom Extranet abgerufen werden kann. Ein Eindringling aber, der es schaffen würde, den Webserver zu hacken, hätte die anderen Rechner völlig schutzlos vor sich.

Daher werden diese Server in Zonen (Subnetze) gestellt, die außerhalb des Intra- und Extranets liegen. Hier kann eine völlig unabhängige Menge von Regeln verwendet werden, ohne das Intranet zu gefährden. In den Schutz des Intranets müssen keine „Löcher" in der Firewall geöffnet werden.

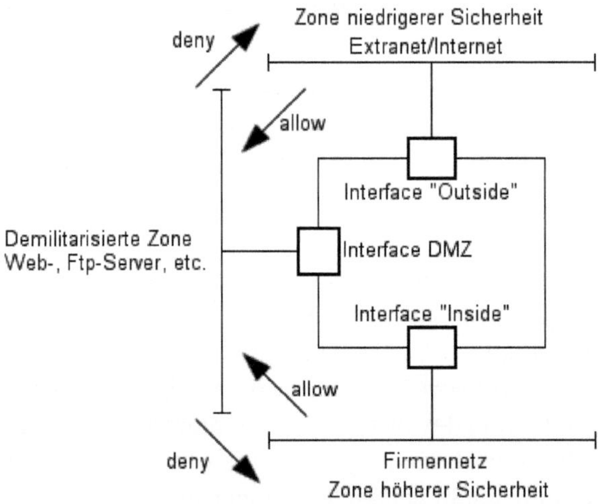

Bild 5.9 Server, die von außen her zugänglich sein müssen, werden nicht durch Löcher (Ausnahmeregeln) in der Menge der Regeln der Firewall im Intranet zugänglich gemacht, sondern in eine separate Zone ausgegliedert, die DMZ. Wie durch zwei Dioden geschützt, können diese von innen erreicht und gewartet und gleichzeitig von außen in ihren Services erreicht werden. Ein Zugang von außen ins Intranet durch ein Eindringen in einen Rechner der DMZ aber ist unmöglich. Damit ist die Sicherheit wesentlich erhöht. Obwohl Services nach außen angeboten werden, kann der Zugriff auf das Intranet von außen völlig unterbunden werden. Von außen in die DMZ werden nur die Adressen und Ports der publizierten Services geöffnet.

Dies ist eine immense Steigerung der Sicherheit. Die Gefahr darf nicht unterschätzt werden. Wird ein Rechner innerhalb des eigenen Netzwerks „gehackt", hat der Eindringling über ihn freien Zugang zu allen anderen Firmenrechnern. Die Firewall würde in diesem Fall nichts nutzen. Wird aber durch die Einrichtung einer DMZ vermieden, irgendwelche Services von außen durch Regelausnahmen in der Firewall im Intranet zu nutzen, kann dies nicht passieren. Wird ein Rechner in der DMZ „gehackt", sind lediglich die anderen Rechner der DMZ bedroht, aber nicht die Firmenrechner. Ausnahmen in der Firewall sollten daher strikt vermieden werden.

5.4.4 Firewall-Philosophien

Das in Bild 5.9 gezeigte Szenario ist nicht das einzig mögliche. Zum Einsatz von Firewalls gibt es verschiedene Philosophien, je nach Bedarf und Umgebung.

Die DMZ kann verschiedenartig positioniert werden. Ebenso kann mit mehreren Firewalls gearbeitet werden. Die beiden gängigsten Szenarien sind breit im Einsatz.

Zum ersten kann die DMZ zwischen das Extra- und Intranet positioniert werden. Dies erfordert jedoch zwei Firewalls.

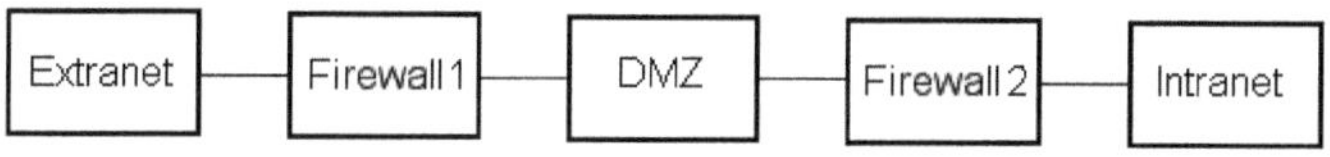

Bild 5.10 Hier wird die DMZ zwischen zwei Firewalls positioniert.

An Firewall 1 werden die Regeln so gelegt, dass alle Server in der DMZ in ihren Services von außen her erreichbar sind und alle Dienste, die ins Intranet müssen, freigeschaltet sind. Firewall 2 „macht dann dicht". Sie lässt nur noch durch, was absolut notwendig ist. Somit kann gut konfiguriert werden, was von innen in die DMZ erlaubt ist, um eine Wartung der Rechner zu ermöglichen.

Nachteilig ist hier, dass die Regeln immer an zwei Firewalls synchron gehalten werden müssen. Bei Änderungen eines Regelsatzes einer Firewall muss stets berücksichtigt werden, welche Auswirkungen dies auf die Regeln der anderen Firewall hat.

Andererseits kann die DMZ (oder mehrere), wie oben beschrieben, außerhalb des direkten Weges positioniert werden.

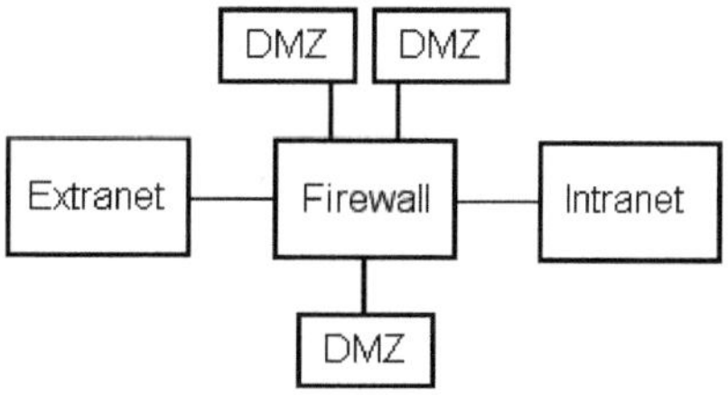

Bild 5.11 Die DMZ (oder mehrere) wird, wie oben gezeigt, außerhalb des direkten Weges vom Intra- ins Extranet positioniert.

Dies erleichtert die Einrichtung mehrerer DMZs, die unterschiedlich und sehr fein im Regelsatz getunt werden können.

Welches Szenario eingesetzt wird, hängt von vielem ab. Eine kleine Umgebung wird mit der ersten Variante zufrieden sein. Firewalls haben einen von der Menge der Interfaces abhängigen Preis. Zwei kleine Standard-Firewalls sind wesentlich günstiger als eine große mit mehreren Interfaces. Häufig werden auch zwei Linux-Systeme mit je zwei Netzwerkschnittstellen verwendet. Bis zu einem gewissen Verkehrsaufkommen leisten diese ohne Probleme alles, was nötig ist.

Wer mehrere DMZs braucht, sollte die zweite Variante einsetzen. Was für Geräte und/oder welche Szenarien nötig sind, entscheiden auch das Budget und die angestrebte Leistung. Ein Großunternehmen mit breitbandigem Internetanschluss muss ein gutes Gerät benutzen, dass die Regeln mit ASICs abarbeitet. Ein PC oder Server schafft dies ab einem gewissen Verkehr nicht mehr und wird zum Flaschenhals.

5.4.5 Next-Generation Firewalls und Zero-Trust-Architekturen

Klassische Firewalls arbeiten überwiegend auf den Schichten 3 und 4 und filtern Datenpakete nach Adressen und Ports. Next-Generation Firewalls (NGFWs) erweitern diesen Ansatz: Sie analysieren den Verkehr bis hin zur Anwendungsschicht (Schicht 7), erkennen Protokolle unabhängig von der verwendeten Port-Nummer und können Inhalte wie Dateien oder Skripte auf Schadcode prüfen. Darüber hinaus integrieren NGFWs Funktionen wie Intrusion-Prevention-Systeme (IPS), SSL/TLS-Inspektion und Benutzeridentifikation, sodass Richtlinien nicht nur auf Basis von IP-Adressen, sondern auch von Benutzerkonten oder Anwendungsprofilen durchgesetzt werden können.

Im Zuge wachsender Bedrohungen gewinnt die Zero-Trust-Architektur (ZTA) an Bedeutung. Es folgt dem Grundsatz „Niemals vertrauen, immer überprüfen". Anstatt Netzwerkzonen per se als vertrauenswürdig anzusehen, prüft eine Zero-Trust-Architektur jeden Zugriff konsequent, unabhängig davon, ob sich der Nutzer oder Dienst innerhalb oder außerhalb des Unternehmensnetzwerks befindet. NGFWs sind hierbei ein zentrales Element: Sie setzen Richtlinien auf granularer Ebene um, authentifizieren und autorisieren Zugriffe kontinuierlich und tragen so zur Segmentierung und Minimierung von Angriffsflächen bei [NIST800-207].

5.5 NAT, PAT, Masquerading und CGNAT

Die Adressen im Internet werden langsam knapp. Große Adressklassen stehen nicht mehr zur Verfügung. In der Anfangszeit des Internets wurden sie großzügig vergeben, niemand rechnete mit einer derartigen Explosion der Menge der Rechner am Internet, und heute möchten sie die Besitzer natürlich nicht mehr zurückgeben. Aus diesem

Grund wurde einerseits die IP-Version 6 eingeführt, die einen wesentlich größeren Adressraum zur Verfügung stellt (vgl. Kapitel 10). Da diese aber nicht auf einen Schlag die bestehende IP-Version 4 ablösen konnte, sondern inkrementell eingeführt werden muss, werden große Teile des Internets noch mit IP V4 betrieben. Daher mussten andererseits Methoden gefunden werden, um die IP-V4-Adressen weiter zu „strecken“. Hinter den folgenden beschriebenen Verfahren stehen aber auch Sicherheitsüberlegungen.

Das erste Verfahren war NAT [RFC2663, RFC3022], die Network Address Translation. Ein Router oder eine Firewall ist in der Lage, die Adressen auf den Datenpaketen zu ändern. Führt er Buch über seine Änderungen, können die Antwortpakete den Weg zurück finden, der Router/Firewall muss dies zurück ändern, bevor er die Daten ins eigene Netz zurückgibt. Die Übersetzung ist eins zu eins. So ist es möglich, dass in einer Firma 50 Rechner betrieben werden, die in einem privaten Adressbereich untereinander voll kommunizieren können. Einige von ihnen werden mit NAT nach außen in gültige Adressen umgesetzt und sind so voll mit dem Internet kommunikationsfähig. Ein Vorteil neben dem Sparen von Adressen ist die Sicherheit, nicht jeder Rechner ist mit dem Internet verbunden oder von außen erreichbar. Die interne Netzwerkstruktur bleibt verborgen.

Diese Übersetzung ist wie gesagt eins zu eins. Sie spart nur Adressen, wenn nicht alle Rechner eine Verbindung mit dem Internet benötigen. Müssen alle kommunizieren können, muss ein anderer Weg gegangen werden.

Natürlich erwuchs der Wunsch aller User mit der Zeit, mit dem Internet verbunden zu sein. Daher wird NAT heute nur noch selten eingesetzt.

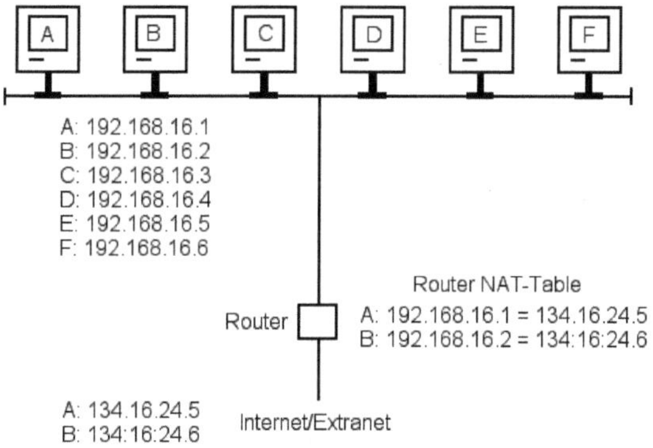

Bild 5.12 Der Router hat eine NAT-Tabelle konfiguriert bekommen. Kommen nun die entsprechenden Source-Adressen an, schreibt er sie in offizielle Adressen um und leitet sie ins Internet weiter. Kommen Antworten zurück, übersetzt der Router diese zurück in die privaten Adressen, bevor er sie ins Firmennetz weitergibt. Rechner A und B hätten also sowohl vollen Kontakt zum Internet als auch zum Intranet. Nur A und B sind von außen erreichbar und haben Zugriff ins Extranet. Dieser Vorgang ist für alle Beteiligten vollständig transparent. Die Port-Nummern sind hier nicht betroffen, sie werden übergeben und mitgeschickt. Selbstverständlich kann hierfür auch eine Firewall eingesetzt werden.

Die Weiterentwicklung von NAT ist PAT, Port and Address Translation, auch NAT Overload oder IP-Masquerading genannt. Hier werden nicht eins zu eins private in offizielle Adressen übersetzt, sondern mehrere private in eine einzelne gültige Adresse. Dies ist möglich, wenn zusätzlich zu den Adressen auch die Port-Nummern umgeschrieben werden. Wie funktioniert das?

In jedem Datenpaket sind die Source-Adresse und der Source-Port genauso wie die Destination-Adresse und der Destination-Port enthalten, schließlich brauchen wir Sockets zur Kommunikation. Ersetzt nun der Router/die Firewall in jedem Datenpaket nach außen die Angaben zu den Adressen und zum Source-Port des Senders und führt darüber genau Buch, kann er/sie die Antworten auf dem Rückweg wieder zu den dedizierten Rechnern zurückleiten und die ursprünglichen Adressen und Ports wieder eintragen. Für die Rechner geschieht dies absolut transparent, sie bemerken überhaupt nichts von dieser Übersetzung.

Da sich sowohl die Adressen als auch die Ports ändern, bleibt die eindeutige Zuordnung erhalten, auch wenn der Source-Port derselbe sein sollte. Hier zeigt sich erneut die Stärke von Hardware-Routern beziehungsweise Firewalls, also Geräten der etwas besseren Klasse. Sie besitzen ab einer gewissen Güte (und einem gewissen Preis) ASICs (Application Specific Integrated Circuits), also Hardware-Decoder für diese Aufgaben. Eine Software-Firewall oder ein Software-Router wird hier bei größeren PAT-Tabellen schnell am Ende der Performance angelangen.

Rechner, die durch PAT umgesetzt werden, sind vom Extranet her nicht erreichbar. Betreibt eine Firma Server oder Rechner, die von außen erreicht werden müssen, muss sie für diese NAT betreiben und statische Routen einrichten, ihnen offizielle Adressen geben oder, selbstverständlich die beste Idee, eine DMZ einrichten.

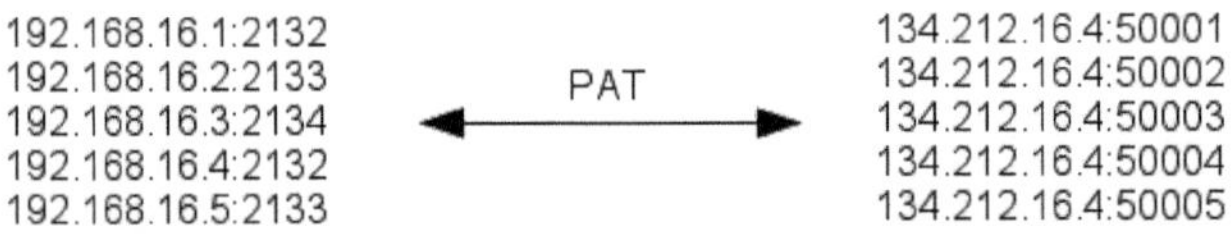

Bild 5.13 Der Router ersetzt die Port-Nummern der Pakete und führt darüber Buch. Gleichzeitig schreibt er alle privaten Adressen in eine gültige mit einer neuen Port-Nummer um. Kommen die Antworten zurück, weiß der Router anhand seiner Port-Tabelle, welche Quelladresse gemeint ist, und kann Adresse und Port-Nummer wieder zurücksetzen. Für den User ist dies völlig transparent. Dies bleibt auch eindeutig, wenn die Source-Ports dieselben sein sollten. Die Source-IP-Adressen sind immer noch unterschiedlich. Dadurch, dass der gesamte Socket gespeichert wird, kann auf dem Rückweg eindeutig unterschieden werden.

Bei PAT müssen die Source-Ports umgeschrieben werden und nicht die Destination-Ports. Zur Erinnerung sehen wir uns nochmals eine definierte Verbindung, zum Beispiel eine Telnet-Session, an. Die sendende Maschine sendet ihre Anfrage an einen

Telnet-Server. Sie nimmt einen Source-Port über 1024 und sendet an den Telnet-Server, Port 23. An Port 23 erkennt die Zielmaschine, dass ihr Telnet-Server gemeint ist, nicht z. B. der FTP- oder Webserver. (Ports 21 bzw. 80). Somit besteht die Verbindung aus folgendem Socket:

Source:	130.128.17.4:5000	sendet zum Telnet-Port	140.125.13.4:23
Antwort:	140.125.13.4:23	Telnet-Session an	130.128.17.4:5000

PAT muss die Source-Ports ersetzen, da sonst die Zielmaschine nicht wüsste, was für ein Service gemeint ist. Der Source-Port ist frei gewählt, der Destination-Port benennt den gesuchten Service am Ziel. Er darf keinesfalls verändert werden.

PAT ist heute der Regelfall, da auch Provider unter der Adressknappheit leiden und ihren Kunden meist nur wenige oder sogar nur eine öffentliche Adresse bereitstellen. Häufig führen die Provider das PAT selbst durch, sodass die Kunden von Anfang an private Adressen erhalten.

Eine weitere Entwicklung ist Carrier-Grade NAT (CGNAT, [RFC6888]), das von Providern eingesetzt wird, um ganze Kundennetze über wenige öffentliche IPv4-Adressen ins Internet zu bringen. Dies hat jedoch Einschränkungen für End-to-End-Konnektivität und erschwert manche Dienste (z. B. Peer-to-Peer-Anwendungen).

Umgangssprachlich wird unabhängig vom Verfahren meist von NAT gesprochen, auch wenn tatsächlich PAT gemeint ist. Im Folgenden wird der Begriff NAT daher gelegentlich in diesem weiteren Sinn verwendet.

5.6 Zum Weiterlesen

Die Verwendung der „Well-known Ports" wurde letztmals in [RFC1700] in einem Standarddokument spezifiziert und wird nun in einer Datenbank gepflegt [RFC3232]. Die neueste Version des TCP-Standards ist [RFC9293]. Wie beschrieben, wurden für diesen Standard verschiedene Algorithmen zur Staukontrolle entwickelt. Die ersten davon, Tahoe und Reno, finden sich nicht in einem Standard, sondern nur in den gleichnamigen Versionen des Betriebssystems BSD. Im Gegensatz dazu wurden NewReno [RFC6582] und Cubic [RFC8312] von der IETF standardisiert. BBR befindet sich im Standardisierungsprozess, und derzeit liegt lediglich ein Internet Draft, also eine Entwurfsversion eines RFC mit begrenzter Gültigkeit, vor [Cardwell2025]. Informationen zum neuen Transportprotokoll QUIC und HTTP/3 finden sich in [RFC9000] bzw. [9114]. Der UDP-Standard existiert seit Langem unverändert als [RFC0768]. Informationen zu Zero-Trust-Architekturen finden sich in [NIST800-207]. NAT in seinen verschiedenen Varianten ist in [RFC2663], [RFC3022] und [RFC6888] beschrieben.

Literatur

[Cardwell2025] Cardwell, Neal, Ian Swett und Joseph Beshay: BBR Congestion Control. Internet-Draft draft-ietf-ccwg-bbr-03. Internet Engineering Task Force, 7. Juli 2025. Work in Progress. Zugegriffen am 13.08.2025. *https://datatracker.ietf.org/doc/draft-ietf-ccwg-bbr/03/*

[NIST800-207] Rose, Scott, Oliver Borchert, Stu Mitchell und Sean Connelly: Zero Trust Architecture. NIST Special Publication 800-207. National Institute of Standards and Technology, August 2020. *https://doi.org/10.6028/NIST.SP.800-207*

[RFC0768] Postel, Jon: User Datagram Protocol. Request for Comments 768. Internet Engineering Task Force, August 1980. *https://doi.org/10.17487/RFC0768*

[RFC1700] Reynolds, Joyce K., und Jon Postel: Assigned Numbers. Request for Comments 1700. Internet Engineering Task Force, Oktober 1994. *https://doi.org/10.17487/RFC1700*

[RFC2663] Holdrege, Matt und Pyda Srisuresh: IP Network Address Translator (NAT) Terminology and Considerations. Request for Comments 2663. Internet Engineering Task Force, August 1999. *https://doi.org/10.17487/RFC2663*

[RFC3022] Egevang, Kjeld Borch, und Pyda Srisuresh: Traditional IP Network Address Translator (Traditional NAT). Request for Comments 3022. Internet Engineering Task Force, Januar 2001. *https://doi.org/10.17487/RFC3022*

[RFC3232] Reynolds, Joyce K.: Assigned Numbers: RFC 1700 is Replaced by an On-line Database. Request for Comments 3232. Internet Engineering Task Force, Januar 2002. *https://doi.org/10.17487/RFC3232*

[RFC6582] Gurtov, Anei, Tom Henderson, Sally Floyd, und Yoshifumi Nishida: The NewReno Modification to TCP's Fast Recovery Algorithm. Request for Comments 6582. Internet Engineering Task Force, April 2012. *https://doi.org/10.17487/RFC6582*

[RFC6888] Perreault, Simon, Ikuhei Yamagata, Shin Miyakawa, Akira Nakagawa und Hiroyuki Ashida: Common Requirements for Carrier-Grade NATs (CGNs). Request for Comments 6888. Internet Engineering Task Force, April 2013. *https://doi.org/10.17487/RFC6888*

[RFC8312] Rhee, Injong, Lisong Xu, Sangtae Ha, Alexander Zimmermann, Lars Eggert, und Richard Scheffenegger: CUBIC for Fast Long-Distance Networks. Request for Comments 8312. Internet Engineering Task Force, Februar 2018. *https://doi.org/10.17487/RFC8312*

[RFC9000] Iyengar, Jana, und Martin Thomson: QUIC: A UDP-Based Multiplexed and Secure Transport. Request for Comments 9000. Internet Engineering Task Force, Mai 2021. *https://doi.org/10.17487/RFC9000*

[RFC9114] Bishop, Mike: HTTP/3. Request for Comments 9114. Internet Engineering Task Force, Juni 2022. *https://doi.org/10.17487/RFC9114*

[RFC9293] Eddy, Wesley: Transmission Control Protocol (TCP). Request for Comments 9293. Internet Engineering Task Force, August 2022. *https://doi.org/10.17487/RFC9293*

6 Virtuelle Netze und Geräte

6.1 VLANs – virtuelle Netze

Die Trennung der Broadcast-Domänen dient nicht nur der Eindämmung des Broadcast-Verkehrs, sondern auch der Erhöhung der Sicherheit. An einem Router oder einer Firewall können in der Vermittlungs- und Transportschicht sehr feingranulare Access-Control-Listen eingesetzt werden, die den freien Zugriff auf bestimmte Ressourcen gezielt erlauben oder verbieten. Daher wäre es wünschenswert, diese Regelsätze nicht nur logisch, sondern auch „geografisch" verteilen zu können. In einer Firma kann es Büros der gleichen Abteilung in verschiedenen Gebäudeteilen geben. Schön wäre es, wenn man diese alle je in ein Subnetz nehmen könnte und so die Regeln nur einmal definieren müsste, nämlich an dem Router, der das entsprechende Subnetz definiert.

In einem solchen Szenario müsste man mit klassischen Lösungen viel und teure Hardware einsetzen. Entweder müsste man viele Router verbauen und die Access-Listen an jedem einzelnen pflegen, oder man müsste enorm viel Backbone-Verkabelung und eine große Zahl an Switches beschäftigen. Meist ist hier die Zahl der vertikalen Verbindungen in einem Gebäude bereits der begrenzende Faktor. Ein Umzug der Abteilungen wäre günstiger.

Heute jedoch sind flexible Konzepte gefragt – etwa mobile Büros oder Ad-hoc-Arbeitsplätze für Homeoffice-Mitarbeiter und Reisende, wenn sie im Stammhaus arbeiten. Gleichzeitig werden höchste Anforderungen an Sicherheit und eine präzise Zugangskontrolle gestellt.

Router-Interfaces sind sehr teuer. Die Preise für die Geräte steigen enorm mit der zunehmenden Zahl an Ports. Eine Erschließung wäre auch auf der Basis von Switches möglich. So könnte man im Keller vier Switches einsetzen, welche die Stockwerk-Switches erschließen.

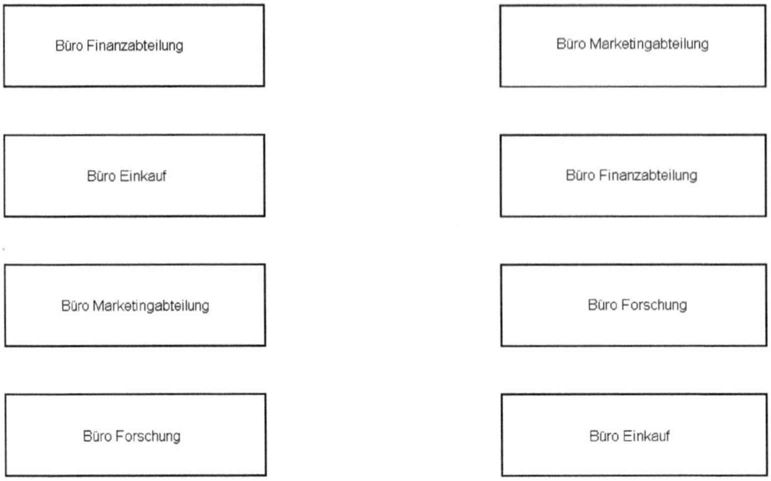

Bild 6.1 Die Büros einer Firma sind nicht nach Abteilungen konzentriert, sondern diese sind im Gebäude verteilt. Auf den Forschungsserver soll nur die Abteilung Forschung Zugriff haben. Schön wäre es, wenn man dies zentral definieren und an den Zielort transportieren könnte.

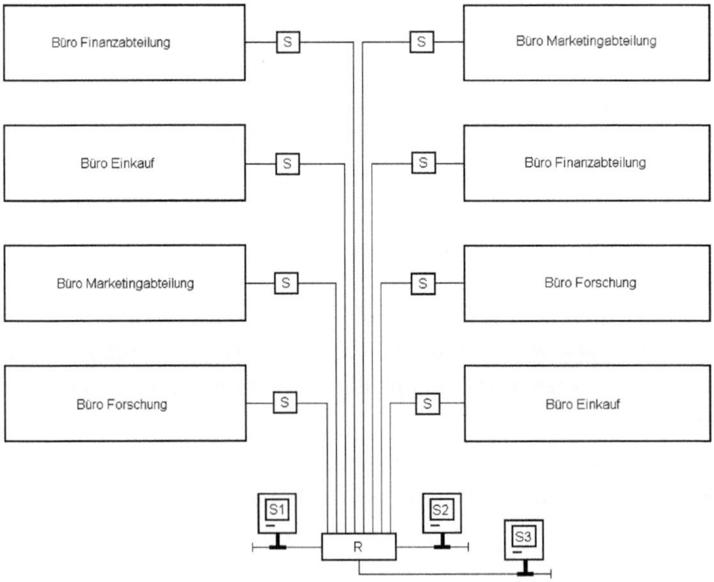

Bild 6.2 Wollte man eine perfekte Zugangskontrolle zu den Servern S1, S2 und S3 und eine saubere Trennung der einzelnen Abteilungen nach klassischer Konfiguration, müsste im Gebäudeverteiler ein Router platziert werden, der genug Interfaces dafür hat. Hier können die Access-Filter gesetzt werden. Die Server und Abteilungen müssten je in eigene Subnetze. Jeder Switch (S) müsste von einem Router-Interface erschlossen werden. Bei einer Mischbesetzung der Büros sogar mehrere pro Büro.

Eine dritte Lösung wäre, auf jedem Stock einen Router zu planen. Dann hätte man die absolute Kontrolle, aber auch sehr viele Geräte, die konfiguriert werden müssen. Trotzdem müssten dann in den Stockwerken noch Konzentratoren eingesetzt werden, um alle Arbeitsplätze erschließen zu können.

Ein Problem aber bleibt bestehen. Bei jeder Änderung der Arbeitsplatzbelegung muss alles nachgeführt werden. In diesem Fall sogar physisch, also durch Umstecken von Kabeln. Dies ist nicht nur mühsam, sondern auch zu teuer. Häufig ist diese Lösung gar nicht möglich, da es in den Gebäuden nicht genug vertikale Verbindungen gibt.

Die Ansprüche der Anwender aber verlangten genau solche, moderne Szenarien: eine Nutzung der Infrastruktur des Netzwerks in einer hochflexiblen Umgebung zu einem erschwinglichen Preis.

6.1.1 VLAN-Kennung, Tags

Daher setzt sich ein weiterer Standard in der Welt der Netzwerke durch: das Virtual Local Area Network (VLAN) nach IEEE 802.1Q [IEEE2022]. Dieser Standard wurde zuletzt 2022 umfassend überarbeitet und bildet heute die Basis nahezu aller modernen Switch-Infrastrukturen.

In modernen Netzwerken arbeiten in der Vermittlungsschicht Router, welche Subnetze bzw. Broadcast-Domänen verbinden und in der Sicherungsschicht die Switches. Viele Firmen haben aus Sicherheitsgründen den Wunsch, verschiedene Abteilungen in verschiedenen Subnetzen zu organisieren, also in verschiedenen Subnetzen zu halten. Somit kann an den Routern oder Firewalls, die diese Netze verbinden, über Access-Listen ein sehr hohes Maß an Sicherheit erzeugt werden. Gleichzeitig kann es auch sehr sinnvoll sein, Rechner bewusst in einer Broadcast-Domäne zu halten, zum Beispiel bei Streaming(Multicast)-Lösungen. Oft wird dieser Wunsch durch die bestehenden Gebäude-Topologien verwehrt. Daher haben die Hersteller der Netzwerkgeräte ein Verfahren entwickelt, mit dem beides realisierbar ist.

Daher entstand die Idee, den Verkehr schon in der Sicherungsschicht zu segmentieren Im ersten Schritt wurden die Switches befähigt, die Daten nach weiteren Kriterien zu analysieren. An einem Switch konnten nun definierte Bereiche eingerichtet werden, die untereinander kommunizieren durften, und andere, denen das nicht erlaubt war, die VLANs, Virtual Local Area Networks.

Der Switch bekam also die Möglichkeit und Autorität zu bestimmen, wer für wen erreichbar war und wer nicht. Dies hat nichts mit einer Adressierung in der Sicherungs- oder Vermittlungsschicht zu tun. Ein Switch kann mit den logischen Adressen der Vermittlungsschicht nichts anfangen. Auch wenn sich dies VLAN nennt, ist es für den Switch kein Netzwerk, davon hat er keinen Begriff.

Woher wissen die Switches nun, wer in welchem Segment angesiedelt ist? Der Switch packt das Paket bis zur Sicherungsschicht aus. Dort musste die Kennung angebracht werden. Sie wurde im Ethernet-Frame zwischen dem Adressblock und dem Type-/Length-

Field untergebracht, sie ist vier Byte lang (nach 802.1q VLANs, es gibt auch andere Verfahren).

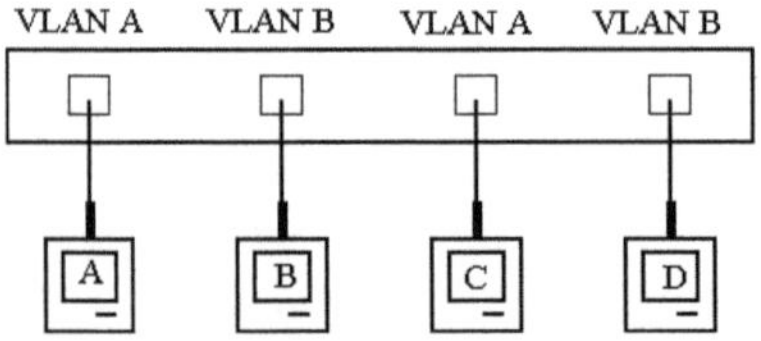

Bild 6.3 Am Switch wird festgelegt, welcher Port in welchem Segment ist. Der Switch leitet dahingehend die Pakete weiter. Rechner können nur mit Rechnern kommunizieren, die im selben Segment (VLAN) angesiedelt sind. Ein Verkehr zwischen den Segmenten ist in dieser Konstellation nicht möglich.

Präambel	SFD	DMAC	SMAC	VLAN	Type	Data	Padding	FCS

Ein Ethernet-Frame wird als getaggt (oder „tagged“) bezeichnet, wenn es ein VLAN-Tag nach IEEE 802.1Q enthält. Dadurch vergrößert sich das Frame um 4 Byte auf eine maximale Länge von 1522 Byte. Moderne Switches und Router unterstützen diese „Baby-Giant Frames“ standardmäßig, ältere Geräte hingegen verwerfen sie häufig noch.

Anhand dieser Kennung erkennen die Switches, zu welchem Segment welches Paket gehört. Die Schnittstellen des Switches werden konfiguriert. Hier gibt es zwei mögliche Alternativen.

Die Switches bekommen eine Tabelle mit MAC-Adressen und den ihnen zugehörigen Kommunikationsbereichen. In den MAC-Adresstabellen sehen sie, wo welcher Rechner angeschlossen ist, und leiten ihm die Pakete für sein Segment zu (auf MAC-Adressen basierende VLANs).

Die andere Methode ist, dass der Administrator den Switches durch Konfiguration mitteilt, welcher Port zu welchem Segment gehört. Letzteres wird zum Standard, da es statisch ist und nicht erfordert, dass bei einem Ersatz der Hardware nachkonfiguriert werden muss (portbasierte VLANs).

Bei beiden muss konfiguriert werden, welche Segmente (VLANs) überhaupt erlaubt sind und akzeptiert werden.

6.1.2 Trunks

Diese VLAN-Tags sind nur bei der Verbindung Switch-zu-Switch im Frame enthalten. Kommen sie an der Zielschnittstelle an, entfernt der Switch die Tags, bevor er die Frames an die Endrechner schickt. Sendet ein Rechner, der in einem bestimmten VLAN ist, fügt der Switch den Tag ein, bevor er das Paket an den nächsten Switch verschickt. Die Endgeräte bemerken von diesem Vorgang nichts.

Eine Verbindung zwischen Switches, die VLANs, also getaggte Pakete, transportiert, nennt man einen Trunk.

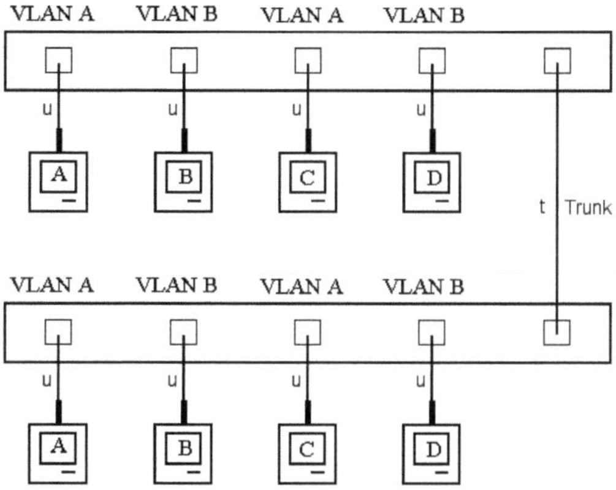

Bild 6.4 Kommen die Frames in den Switch herein, werden sie mit dem Tag versehen. Von Switch zu Switch (Trunk-Link) werden die Pakete mit der VLAN-Kennung transportiert. Erst wenn sie den Switch in Richtung „Nicht-Switch-Endgerät" verlassen, wird der Tag entfernt. Das Endsystem bekommt von diesem Vorgang also überhaupt nichts mit (u: untagged, t: tagged). Die Tags existieren nur im Verkehr zwischen den Switches.

Wie oben erwähnt, dies ist wichtig, muss hier darauf geachtet werden, dass ältere Geräte diese Pakete manchmal nicht weiterleiten, da sie zu groß sind, nach 802.1q 1522 statt 1518 Byte. Daher sollte, besonders bei älteren Geräten, darauf geachtet werden, dass einfachere Konzentratoren in der Lage sind, solche Pakete weiterzuleiten.

6.1.3 Verkehr zwischen VLANs

So wie in Bild 6.4 beschrieben, könnten alle Rechner im VLAN A untereinander kommunizieren, ebenso alle untereinander im VLAN B. Ein Rechner im VLAN A könnte aber nicht mit denen in VLAN B und umgekehrt Daten austauschen. Ein Switch ist ein Gerät in der Sicherungsschicht, er kann nicht routen. Die Trennung in verschiedene Segmente musste aber einen Layer höher angesetzt werden. VLAN A und B sind in der Vermittlungsschicht getrennt, also verschiedene Netzwerke. Für die Kommunikation zwischen diesen VLANs ist ein Vermittlungsschichtgerät erforderlich. Diese Aufgabe kann daher nur ein Router durchführen. Heute wird diese Aufgabe meist durch Schicht-3-Switches mit Switched Virtual Interfaces (SVI) übernommen. So lassen sich

VLANs ohne dedizierte Router-Interfaces verbinden, was Kosten spart und die Performance erhöht.“

Hier muss genau unterschieden werden. Obwohl die VLANs verschiedene Netze sind, weiß der Switch davon nichts. Er kann die Vermittlungsschichtadressen nicht interpretieren. Für ihn sind dies einfach Frames mit Tags darin, die er nach den Kriterien, die wir konfiguriert haben, auf seine Ports verteilt. Dass die Rechner in verschiedenen VLANs in verschiedenen Netzen sein können, davon weiß er nichts.

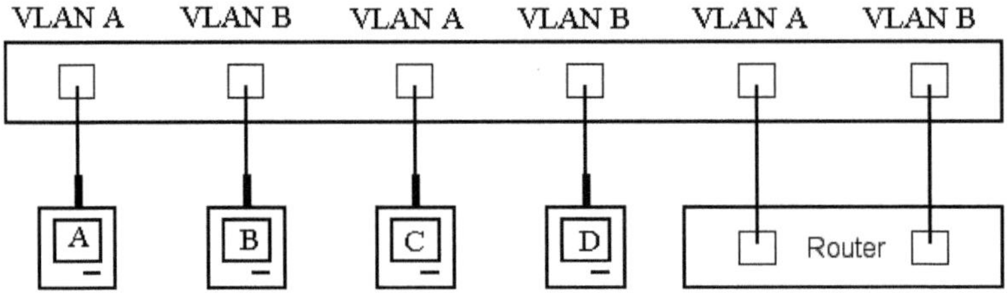

Bild 6.5 Wird ein Router angeschlossen, der in jedem VLAN ein Interface hat, können alle wieder untereinander kommunizieren.

Ebenso weiß der Router nichts davon, dass die Frames „vorsortiert“ aus dem Switch kommen. Die Tags sind ja entfernt, wenn das Frame den Switch verlässt, sie sind nur in der Verbindung zweier Switches im Frame (Trunk).

Der Router sieht also virtuell eine Verbindung zu zwei Switches, die in verschiedenen Subnetzen sind. Er routet die Daten normal. Der Switch sieht nichts vom Routing, das gehört zur Vermittlungsschicht. Er schickt ein Frame zu einem Interface heraus, das er ungetaggt an den Router abgibt. Der Router nimmt das Frame auf, schaut nach der IP-Adresse des Zieles und routet das Paket an ein anderes Interface. Das Frame kommt nun in einen anderen Port des Switches herein. Dieser versieht es mit dem Tag des dort konfigurierten VLANs und leitet es weiter. Am Ziel werden alle Tags entfernt, und die Daten werden an das Endgerät ausgegeben.

Der Router verarbeitet den Datenverkehr unabhängig vom Tagging, und der Switch wiederum arbeitet ohne Kenntnis des Routings. Er arbeitet ausschließlich in der Sicherungsschicht und berücksichtigt dabei lediglich MAC-Adressen.

Dass die Trennung in VLANs automatisch einer Trennung in der Sicherungsschicht gleichkommt, wird klar, wenn man die Konsequenzen betrachtet. Durch die Konfiguration von VLANs wird ein Switch virtuell in mehrere Geräte geteilt. Da von einem VLAN nichts in ein anderes abgegeben wird, funktionieren natürlich auch keine Broadcast-Protokolle mehr, so auch kein ARP-Request. Daher kann erst wieder die Instanz den Verkehr weiterleiten, welche die Broadcast-Domänen trennt und verbindet – der Router.

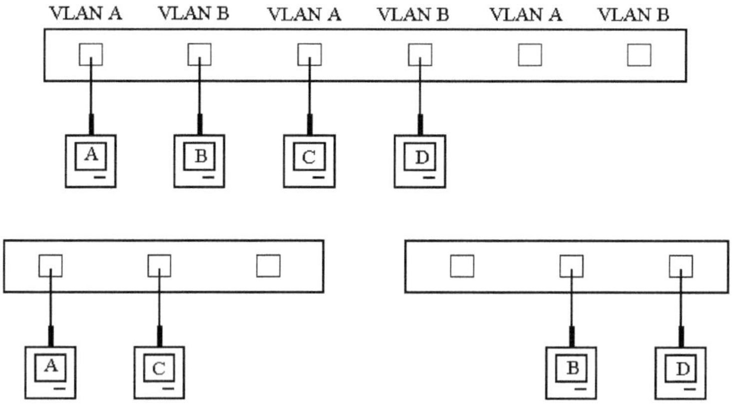

Bild 6.6 Das Konfigurieren von VLANs trennt den Switch virtuell in verschiedene Geräte. Dass dies eine Trennung in der Vermittlungsschicht bedeutet, wird dadurch bedingt, dass auch keine Broadcasts zwischen den VLANs abgegeben werden.

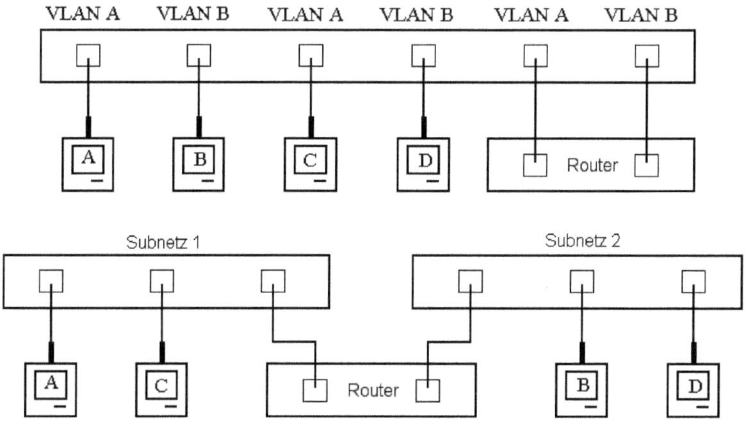

Bild 6.7 Beide Bilder oben sind einander äquivalent. Der Router sieht keinen Unterschied. Die Konfiguration der VLANs teilt den Switch virtuell in zwei. Die Vermittlungsschichtadressen interessieren den Switch nicht. Er kümmert sich lediglich um die MAC-Adressen. Ohne ein Router-Interface in jedem VLAN könnten diese nicht miteinander kommunizieren.

6.1.4 VLAN-Transport, Trunk zum Router

Moderne Router können VLAN-Tags auswerten und verarbeiten. Sie lassen sich daher mit nur einer einzelnen physischen Verbindung („Single-Arm“) an einen Switch anbinden. Dies spart teure Router-Interfaces. Auch diese Verbindungen nennt man Trunk-

Links. Die Router empfangen alle Pakete tagged wie ein Switch und erledigen intern das Routing. Je nach den Einträgen in der Routing-Tabelle versehen sie die Pakete mit dem richtigen, neuen Tag, bevor sie sie an den Switch zurückgeben. Intern funktioniert dies, als ob es wirklich pro Subnetz ein Interface gäbe. Unter diesen virtuellen Interfaces wird normal geroutet.

Für den Switch sieht es so aus, als habe der Router den Tag ausgetauscht. Endgeräte bekommen von diesen Vorgängen nichts mit. Die Tags sind schließlich nur auf den Trunk-Links im Frame.

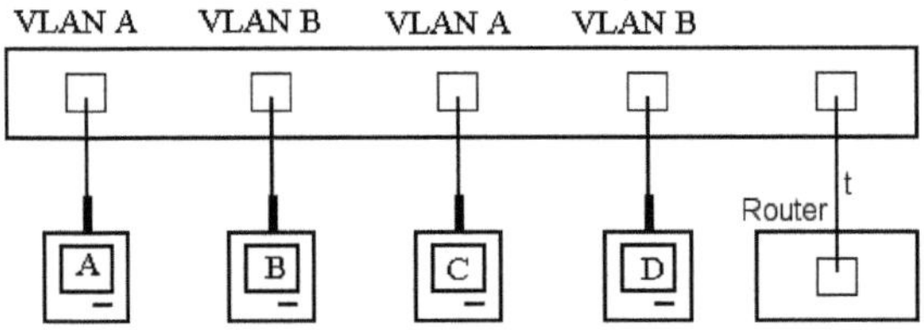

Bild 6.8 Moderne Router können VLAN-Tags in der Sicherungsschicht interpretieren. Sie können mit nur einer einzelnen physischen Verbindung angebunden werden und so den gesamten Verkehr routen. Sie sind in der Lage, durch einen Trunk-Link angeschlossen zu werden. Der Switch übergibt die Pakete tagged an den Router. Der sucht das Destinationssubnetz und ändert dementsprechend den Tag. Dann gibt er das Paket an den Switch zurück.

6.1.5 Vorteile von VLANs

Durch diese Methode ist es nun möglich, verschiedene Subnetze an verschiedenen Stellen in einem Gebäude zu konfigurieren oder Rechner in den gleichen Räumen in verschiedenen Subnetzen zu halten. Durch Konfiguration der Schnittstellen und den Patch-Anschluss der Rechner kann der Administrator bestimmen, in welchem Subnetz welche Anschlussdose ist. Es ist nun kein Problem mehr, ein Büro im achten Stock in dasselbe Subnetz zu konfigurieren, mit denselben Sicherheitseinstellungen wie im ersten Stock. Verteilte Büros der Abteilungen können wieder in denselben Sicherungsschichtbereichen abgebildet werden. Dies ist dann möglich, wenn eine lückenlose Sicherungsschichtstruktur besteht.

Wer eine „lückenlose" Sicherungsschichtstruktur in einem Gebäude besitzt, kann also frei definieren, welche Subnetze an welcher Schnittstelle des Switches definiert sind, und damit sein Netzwerk sowohl geografisch als auch topologisch abbilden.

Access-Listen müssen nur einmal pro Subnetz definiert werden. Ab dann können einfach die dementsprechenden Rechner den verschiedenen Subnetzen zugeordnet werden. Durch die Möglichkeit, einzelne Subnetze an dedizierte Schnittstellen zuweisen zu können, können diese überall in der Sicherungsschichtstruktur implementiert werden.

Ebenso flexibel kann ohne jegliche Änderung an Geräten ein Umzug von Mitarbeitern oder Abteilungen im Gebäude angepasst werden. Durch die Möglichkeit, Router mit einem Trunk an einen Switch anzuschließen, können teure Router mit vielen Interfaces eingespart werden. Die Menge benutzbarer Netzwerke ohne Änderung der Hardware ist auf einmal problemlos möglich.

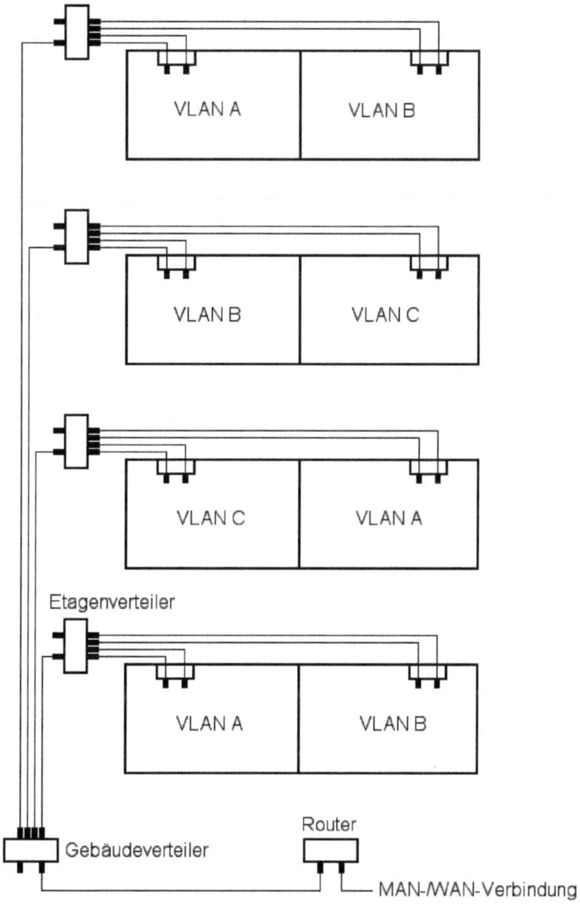

Bild 6.9
In einer voll geswitchten Umgebung mit VLANs können in den Büros eines Gebäudes die verschiedensten Subnetze definiert werden. Somit lassen sich zum Beispiel Büros von Abteilungen, obwohl in ganz anderen Gebäudeteilen untergebracht, in dasselbe Subnetz konfigurieren. Der Router routet den Verkehr zwischen den VLANs und stellt die Verbindung nach außen.

6.1.6 Grenzen der VLANs

Über Router hinweg lassen sich Tags in der Regel nicht transportieren. Sind zum Beispiel zwei Gebäude durch Router verbunden, können in der Regel nicht in beiden dieselben VLANs benutzt werden. Dies würde das Gleiche bedeuten, als wenn dasselbe Subnetz an verschiedenen Routern definiert wäre (es gibt bereits Implementierungen, die das können, hier können VLANs auch über Vermittlungsschichtgrenzen hinweg gekapselt und überallhin transportiert und realisiert werden). Eine Verbindung von Router zu

Router ist eine reine Verbindung in der Vermittlungsschicht. Router können VLANs routen, die direkt an sie angeschlossen sind. Moderne Netzwerk-Core-Geräte sind eine Mischung aus Switch und Router. Hier ist alles in einem Gehäuse untergebracht.

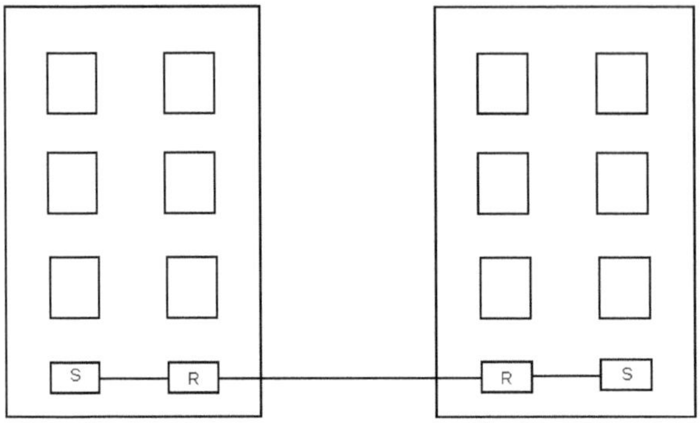

Bild 6.10 Werden ganze Gebäude oder Firmenteile miteinander verbunden (auch über VPN an entfernten Standorten), handelt es sich in der Regel um MAN- oder WAN-Verbindungen. Diese sind in der Vermittlungsschicht geroutet, sie müssen ja auch mit der weiten Welt kommunizieren. Hier sind die Grenzen des VLAN-Transports. VLANs werden in der Regel nur in reinen Sicherungsschichtumgebungen transportiert. Das bedeutet, dass eine reine Router-Verbindung auch reine Vermittlungsschichtdaten transportiert. In den Gebäuden können beliebige VLANs verwendet werden. Es gibt Verfahren, mit denen sich die VLANs gekapselt über die Vermittlungsschicht übertragen lassen. Dies ist aber oft unklug, es gibt nur einen Default Gateway in jeder Broadcast-Domäne. Zum Routing müssen also alle Daten wieder zurück übertragen werden.

6.1.7 Bemerkungen zu VLANs

Es gibt definierte Standards zu VLANs. So beschreibt eben 802.1q die heute häufigste Implementierung zu VLANs. Hersteller, die ihre Geräte als 802.1q-gerecht designen, versprechen also, dass sie mit anderen dieses Standards kompatibel sind. In der Regel ist dies auch so, aber dies ist auch mit Vorsicht zu genießen. Sobald es herstellerspezifische Erweiterungen gibt, ist die Kompatibilität schnell vorbei. Dies kann zu äußerst merkwürdigen Effekten führen. Manche Hersteller setzen VLANs nach eigenen Vorstellungen um. VLAN ist daher nicht gleich VLAN – entscheidend ist die Einhaltung der Standards.

So gibt es Switches, die verschiedene Betriebsmodi haben, nämlich VLAN oder nicht. Hier ist aber nicht das oben Erklärte gemeint, sondern zum Teil kuriose Features. Einige meinen damit, dass sie mit ihren Geräten die größeren, getaggten Frames ignorieren, andere sehen VLANs als einfache Trennung zur Erhöhung der Sicherheit an.

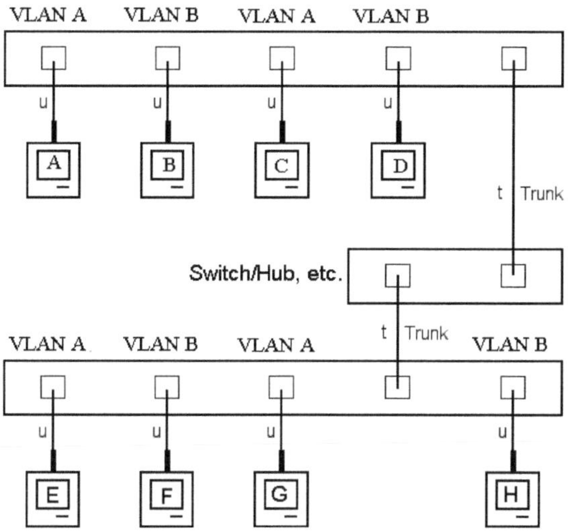

Bild 6.11
Manche Hersteller nennen ihre Geräte „VLAN-fähig", da diese in der Lage sind, Frames mit einer Größe von 1522 Byte über Trunks weiterzuleiten. Hier wird ein Trunk vom oberen Switch an den unteren weitergegeben. Der Switch in der Mitte akzeptiert, dass die Frames getaggt sind, das bedeutet aber noch lange nicht, dass er „VLANs kann".

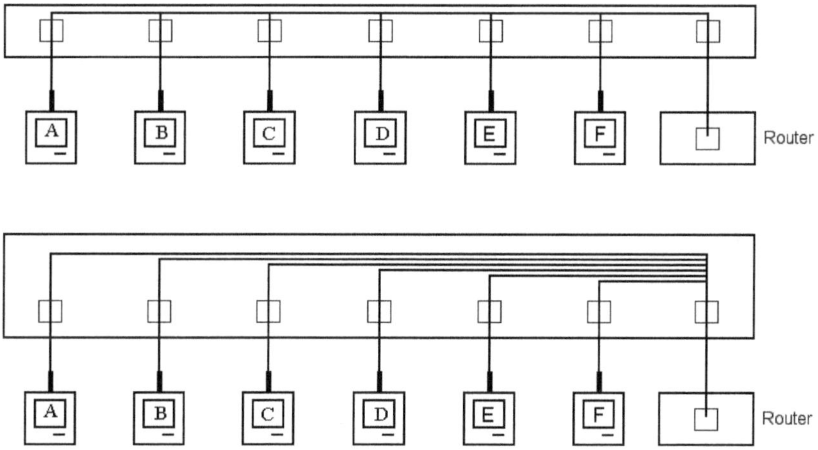

Bild 6.12 Andere wiederum sehen VLANs als Maßnahme zur Erhöhung der Sicherheit an. Oben darf jeder am Switch mit den anderen kommunizieren, ebenfalls mit dem Router und damit mit der weiten Welt. Unten ist der Switch im Modus „VLAN". Das bedeutet, dass alle mit der Welt reden können, untereinander aber nicht – ob im selben Subnetz oder nicht.

Es gibt viele Implementierungen, aber mit der Vorstellung der VLANs als Virtual Local Area Networks haben sie nichts zu tun. Hier muss streng unterschieden und die Kompatibilität muss sorgfältig beachtet werden. Das Beste ist, wie immer, entweder auf die Standards zu achten oder aber, vor allem wenn Erweiterungen verwendet werden, eine herstellerhomogene Umgebung aufzubauen.

6.1.8 Erweiterungen der VLAN-Umgebungen

Viele Hersteller bieten gute und sinnvolle Erweiterungen an. Im Wechselspiel mit anderen Geräten kann dies zu überraschenden Effekten führen. Andererseits bieten sich in gerade größeren Umgebungen bei einem homogenen Szenario sehr gute Möglichkeiten. Zur Vollständigkeit seien hier einige aufgezeigt. Aber merke, der Standard nach 802.1q sind getaggte Frames! Die Erweiterungen sind meistens proprietär. Das heißt nicht, dass es nicht funktioniert, die Implementierungen zu mischen, aber es bedeutet, dass es auch große Probleme geben kann, wenn die Erweiterungen in gemischten Umgebungen verwendet werden. Meist muss hier die Konfiguration der Switches genauestens geprüft werden.

Zusätzlich unterstützen moderne Switches Private VLANs (PVLANs) für feingranulare Segmentierung innerhalb eines VLAN, VLAN-Stacking (Q-in-Q) für Provider-Netze und Dynamic VLAN Assignment per 802.1X und RADIUS, um Benutzerrollen automatisch in Netzsegmente zu überführen.

6.1.9 VLANs und Spannbäume

Wir erinnern uns: In einer Sicherungsschichtumgebung kann eine Schleife den gesamten Datenverkehr lahmlegen. Abhilfe schafft hier das Spanning-Tree-Protokoll, das von den Switches verwaltet und berechnet wird. Verfügen die Switches über mehrere VLANs, müssen sie entsprechend mehrere voneinander getrennte Sicherungsschichtumgebungen handhaben. Daraus ergibt sich die Frage, ob der Spanning-Tree über alle VLANs hinweg für die gesamte Sicherungsschicht-Domäne berechnet wird oder separat für jedes VLAN – wie es beim Per-VLAN Spanning-Tree (PVST) der Fall ist.

Dies zu entscheiden, hängt von der Menge der VLANs und der Ausbreitung der Sicherungsschichtumgebung ab. Wie gesagt, nicht alle geswitchten Umgebungen bieten diese Unterscheidung an. Moderne Netze setzen auf Rapid PVST+ oder das Multiple Spanning Tree Protocol (MSTP), um die Konvergenzzeiten zu verkürzen und mehrere VLAN-Topologien effizient zu verwalten. VLAN-Pruning reduziert den Broadcast-Traffic, indem VLANs nur auf Trunks transportiert werden, wo sie tatsächlich benötigt werden.

6.1.10 Pruning

In einer großen Sicherungsschichtumgebung kann es durchaus passieren, dass VLANs nicht an allen Orten gebraucht werden. Wir erinnern uns, VLANs können wir uns als Vermittlungsschichtnetze vorstellen, die geroutet werden. Nun wäre es sinnlos, die Geräte mit Broadcasts zu belasten, wenn diese keine Kunden haben. VLAN-Pruning ist eine Funktion, die dafür sorgt, dass Broadcasts für Broadcast-Domänen nicht an Switches weitergeleitet werden, die diese VLANs nicht konfiguriert haben. Damit wird die Bandbreite im Medium entlastet. Ein Switch muss einen Broadcast, wie einen ARP-Request, an alle Ports ausgeben, die in einem VLAN sind. Hat er aber keine Ports in diesem VLAN, ist die Weiterleitung des Broadcasts unnötig.

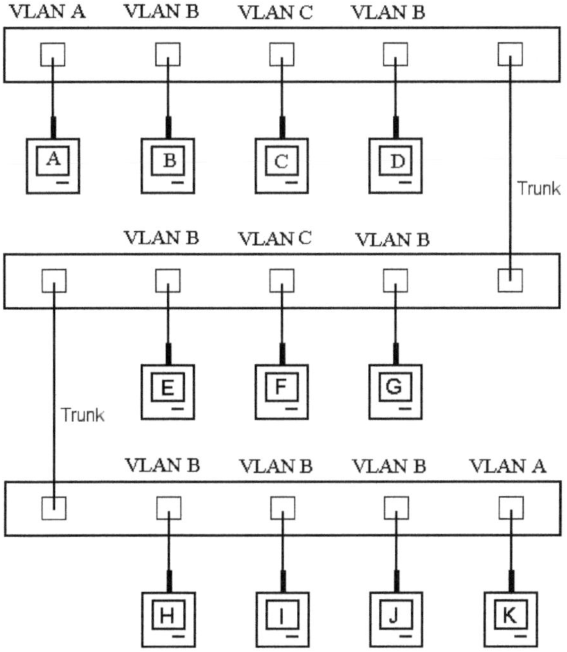

Bild 6.13
Der unterste Switch hat keinen Port im VLAN/Subnetz C. Broadcasts in diesem Subnetz sind also für seine „Kunden" überflüssig. Pruning sorgt dafür, dass diese nicht diesen Switch belasten.

6.1.11 Eigene IP-Adresse für Switches

Auf den ersten Blick überraschend: Ein Switch ist ein Schicht-2-Gerät – und soll trotzdem eine IP-Adresse besitzen? Wozu benötigt ein reines Sicherungsschichtgerät überhaupt eine Vermittlungsschichtadresse?

Die Erklärung: Hochwertige Switches verfügen über eine Management-Schnittstelle, die nicht nur lokal, sondern auch aus der Ferne über das Netzwerk erreichbar ist. So können Administratoren und Managementsysteme auf die Geräte zugreifen – auch über Subnetzgrenzen hinweg. In größeren Installationen, insbesondere bei geografisch verteilten Systemen, ist ein solcher Remote-Zugang unverzichtbar. Über proprietäre Software, Webinterfaces oder Command-Line-Interfaces (CLI) mittels Telnet/ SSH kann der Administrator oder ein Management-System auf das Gerät zugreifen und alle Daten abrufen, natürlich auch Fehlermeldungen und Engpässe. Geräte, die dies nicht bieten, erfordern eine Vor-Ort-Wartung. Das Betriebssystem des Switches bietet hier Netzwerkschnittstellen an. Die IP-Adresse hat mit der Funktion nichts zu tun! Sie dient nur zur Wartung. Um sie über VLANs oder andere Netze erreichen zu können, benötigt es selbstverständlich einen Router oder eine Management-Station im selben Subnetz/VLAN. Ein Switch beherrscht die Weiterleitung in der Vermittlungsschicht nicht! Muss er über andere Netze erreicht werden, muss ein Router helfen.

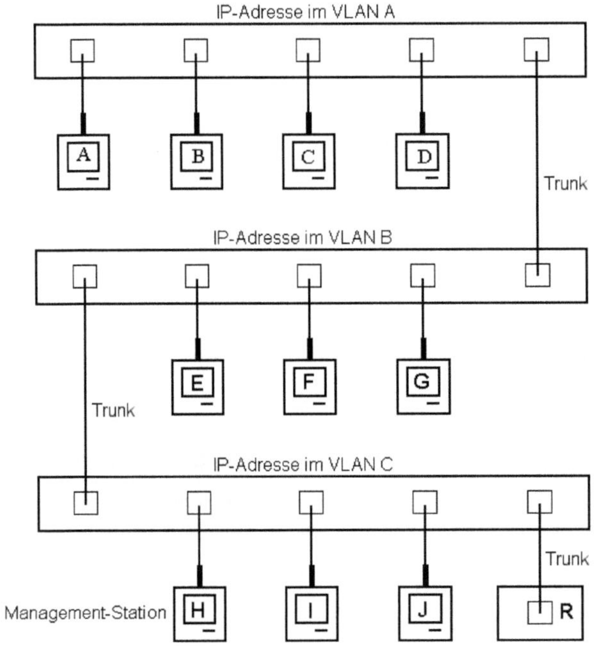

Bild 6.14 Drei Switches mit diversen VLANs. Jeder hat eine Adresse in einem VLAN. Damit ist jeder erreichbar, für Management-Zwecke, wenn der Router, der als Trunk angebunden ist, alle VLANs routet. Mit seiner Funktion hat die Vermittlungsschichtadresse im Switch absolut nichts zu tun. Sie dient nur zur Erreichbarkeit, wenn Grenzen der Vermittlungsschicht dazwischenliegen. Der Switch verhält sich dieser Adresse gegenüber wie jedes andere Endsystem.

Es empfiehlt sich natürlich, ein Management-VLAN über alle Switches zu legen. Damit sind sie alle in einem Sicherungsschichtsegment. Die VLANs, die sie verwalten und die irgendwo geroutet werden, sind davon absolut nicht betroffen. Die großen Vorteile eines getrennten Management-VLANs für Netzwerkgeräte liegen auf der Hand. Selbst wenn in einem VLAN sehr viel Verkehr oder Störungen sind, kann der Switch immer noch problemlos erreicht werden. Weiter können durch Access-Listen die Zugänge zu den Geräten sehr stark begrenzt werden. Für Endbenutzer sind sie nicht mehr im Netz sicht- und erreichbar. Dies ist ein wichtiger Sicherheitsfaktor, da ein von einem Hacker übernommener Switch ein Sicherheitsrisiko darstellt. Erstens kann er durch Änderungen an der Konfiguration das Netzwerk lahmlegen, andererseits sich selbst an gewünschte Ports VLANs konfigurieren und belauschen, in denen normalerweise niemand etwas verloren hat.

6.1.12 Lernfähige Umgebungen

Große Hersteller wie Cisco Systems bieten hervorragende Erweiterungen an. Hier lassen sich Sicherungsschichtumgebungen in VLANs nicht nur hervorragend abbilden, sondern auch verwalten. Hier kann weiter fein strukturiert werden.

Als ein Beispiel seien hier VLAN-Domänen genannt. In einer Sicherungsschichtumgebung kann hier explizit konfiguriert werden, wer welche VLANs transportieren kann und darf, völlig unabhängig vom Routing. Mehr noch, die VLANs müssen nicht an jedem Switch eigens konfiguriert werden, sondern die Geräte sind in der Lage, die vorhandenen VLANs von anderen Switches zu lernen. Die Administratoren müssen dann nur die Ports der Switches den entsprechenden VLANs zuordnen. Sie müssen nicht mehr jedem Switch sagen, welche VLANs es gibt. Ein Switch übernimmt die zentrale Verwaltung der Umgebung.

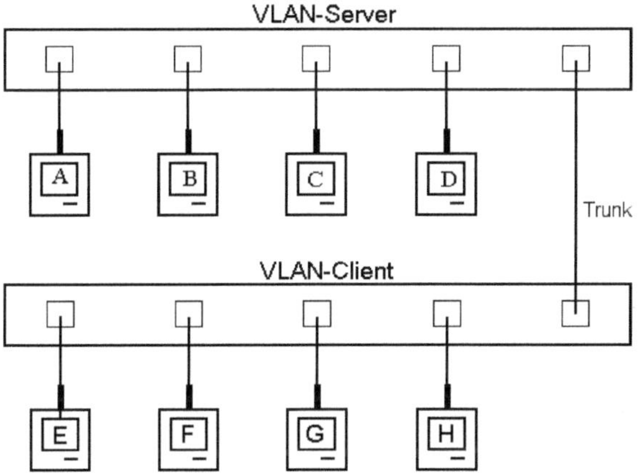

Bild 6.15 Der obere Switch ist der VLAN-Server. An ihm werden alle VLANs einer Sicherungsschichtumgebung definiert. Werden neue Switches in die Umgebung eingebracht, zum Beispiel der untere oder weitere, muss nichts konfiguriert werden. Er lernt die bestehenden VLANs über den Trunk mit einem proprietären Protokoll. Der Administrator muss nur noch die Ports der Endgeräte in die richtigen VLANs legen, alles andere erfolgt automatisch, solange die Switches derselben „VLAN-Domäne" angehören.

6.1.13 Delegation der VLAN-Verwaltung

Ebenso kann bei guten Switches genau konfiguriert werden, welche VLANs über einen Trunk transportiert werden dürfen. Damit kann der Administrator die Verwaltung von Switches delegieren. Wäre unten im Beispiel das VLAN C schützenswert, könnte trotzdem delegiert werden. Es wird vom unteren Switch zwar gelernt, aber keine Pakete für es weitergeleitet. Der Administrator der anderen VLANs hätte keinen Zugriff darauf.

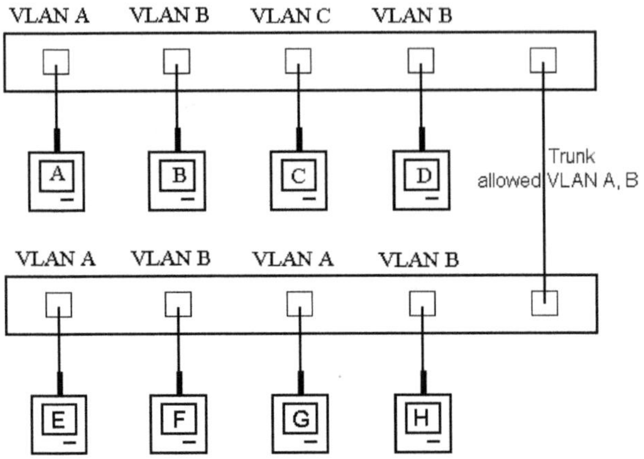

Bild 6.16
Bei erweiterten Features kann bestimmt werden, welche VLANs über einen Trunk gelernt und transportiert werden dürfen. VLAN C darf hier nicht zum unteren Switch transportiert werden.

6.1.14 Default/Native VLAN

Hier gibt es ein kleines Durcheinander. Viele Hersteller führen ein dediziertes „Default VLAN“ oder „Native VLAN“, zum Beispiel Cisco Systems das VLAN mit der Nummer 1.

> VLAN-Tags sind einfach Nummern! Ein Switch weiß nicht, dass Netzwerkbereiche dahinterstecken. Erst der nächste Router kann dies beurteilen. Ein Switch arbeitet in der Sicherungsschicht. Er weiß nichts von Netzen.

Es ist das Einzige, das untagged ist, und wird in der Regel als Management-VLAN eingesetzt. Es ist Vorsicht geboten. Viele Hersteller (auch Cisco) lassen das als Konfigurationsoption offen. Hier kann festgelegt werden, welche VLANs getaggt und welche nicht über die Trunks geschickt werden. Diskrepanzen an dieser Stelle können zu merkwürdigen Effekten führen. Wer in verschiedenen Switches die native VLANs auf verschiedene Nummern legt, verbindet Netze miteinander, die normalerweise nur über einen Router untereinander erreichbar wären. Dies kann zu schwerwiegenden Störungen im Netzwerk sowie Routing/Switching und zu Sicherheitsrisiken führen.

Für einen Switch ist der Tag lediglich eine Nummer. Er bestimmt daraus und aus seiner Konfiguration, an welchen Port er welche Daten senden muss. Alles andere ist ihm unbekannt.

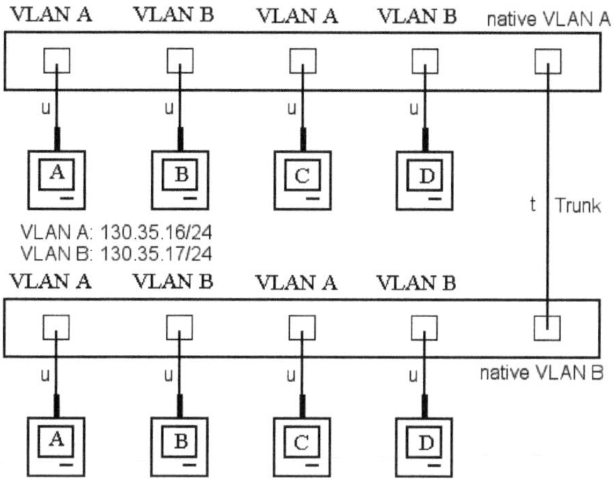

Bild 6.17
Native VLAN-Mismatch. Auf dem oberen Switch ist am Trunkport VLAN A als native konfiguriert, auf dem unteren B. Dadurch sind diese Pakete auf dem Trunk untagged. Beide Switche nehmen sie als native an, sprich A und B sehen sich in der Sicherungsschicht.

6.1.15 Fazit

Wie schon oft in diesem Buch verbleibt die Erkenntnis, dass es in professionellen und großen Umgebungen lohnend ist, eine gewisse Herstellerkonsequenz zu beachten, und dass es sich lohnt, innerhalb dieser Umgebungen auf die gebotenen Features zu achten. Weiter sieht man hier einmal mehr, dass der falsch gesparte Euro enorme Kosten nach sich ziehen kann. Personalkosten sind weiterhin der größte Kostenfaktor. Administratoren sollten besser entwickeln als Löcher zu stopfen.

6.2 Virtuelle Geräte

Der Trend geht heute in der IT zur Virtualisierung. Virtualisiert werden Speichersysteme, Rechner, Geräte und weitere Geräte. Um die Hardware besser nutzen zu können, werden auf leistungsfähigen Rechnern mehrere Instanzen von Rechnern emuliert. Diese stellen vollwertige Emulationen physischer Rechner dar. Sie sind so perfekt in der Emulation der Hardware, dass verschiedene Betriebssysteme nativ in diese virtuellen Maschinen (VMs) installiert werden können. Nicht nur Testsysteme, sondern ganze produktive Serverfarmen lassen sich so auf einem einzigen physischen Server betreiben. Umsetzungen gibt es viele, zum Beispiel VMWare, Hyper-V, Xen, Kvm oder VirtualBox. Die Vorteile sind immens. So kann der physische Virtualisierungshost (auch Hypervisor genannt) jederzeit gewartet werden, die laufenden VMs können vorher auf einen anderen Host umgezogen werden. Die Hardware wird so optimal genutzt. Hatten wir früher viele Server, die mit mittlerer oder geringer Auslastung liefen, wird hier die Hardware voll ausgenutzt.

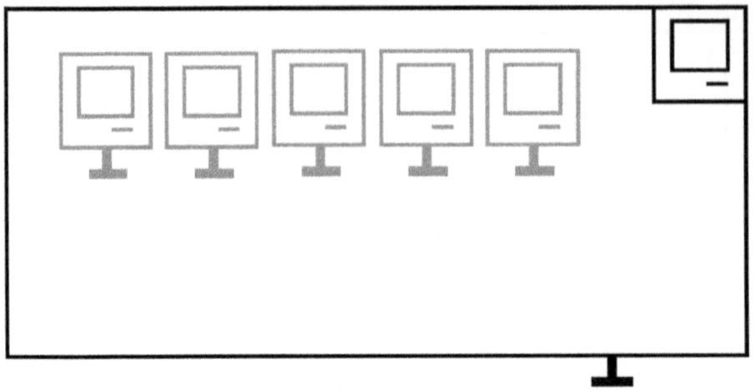

Bild 6.18 Schematische Darstellung einer Virtualisierungsumgebung. Im Arbeitsspeicher eines sehr leistungsfähigen Rechners werden verschiedene Instanzen von Rechnern emuliert. So entstehen virtuelle Maschinen, auf denen wie auf physischen Rechnern Betriebssysteme installiert werden können.

6.2.1 Virtuelle Switches

Auch die virtuellen Rechnerinstanzen benötigen Netzwerkverbindung untereinander und in die Welt hinaus. In komplexen/größeren Installationen liegt nahe, dass man die virtuellen Rechner auch gerne in verschiedenen Subnetzen hätte. Also begann man Netzwerkswitches in Software zu programmieren und ebenfalls virtualisiert zu betreiben. Die Emulation ist dabei ebenso perfekt wie die Virtualisierung der Rechner. Die virtuellen Switches verfügen nahezu über dieselben Funktionalitäten wie ihre physischen Gegenstücke. Durch den „Einbau" von virtuellen Switches in die Virtualisierungsplattformen können am Virtualisierungshost Interfaces gespart werden, denn nicht jede virtuelle Maschine braucht eine eigene Netzwerkschnittstelle. Durch die Konfiguration eines Interfaces als Trunkport lassen sich nahezu beliebig viele VLANs aus der physischen in die virtuelle Welt transferieren. Die virtuelle und die physische Welt koexistieren also völlig transparent, sie bilden ein gemeinsames logisches Netzwerk. Der Nutzer eines Services erkennt nicht, ob er Services in einer Virtualisierungsumgebung nutzt oder nicht.

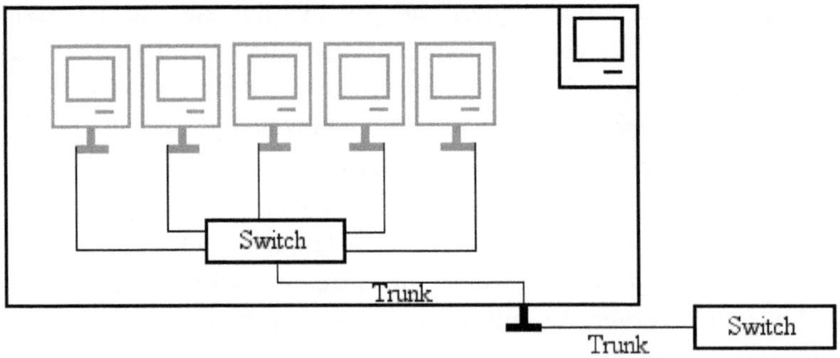

Bild 6.19 Der emulierte Switch in der Virtualisierungsumgebung verfügt über dieselben VLANs wie der physische außerhalb der Virtualisierung. Dies ist für den Anwender völlig transparent.

6.2.2 Virtuelle Router und virtuelle Firewalls

Klar ist der nächste Schritt, alle Geräte zu virtualisieren. Dies ist in jeder Form möglich und wird auch entsprechend umgesetzt. Im Backbone großer Netzwerke sind Geräte im Einsatz, die Router und Switch in einem sind. Sie haben viele Ports für den Access-Layer. Wir haben gesehen, dass es von Vorteil ist, möglichst einen Sicherungsschicht-Backbone zu haben, damit VLANs an jeden Ort transportiert werden können. Für Vermittlungsschicht-Switches ist konfigurierbar, welche Ports geroutet und welche geswitcht sind. Solche Vermittlungsschicht-Switches gibt es schon lange. Neu ist, diese virtuell zu etablieren. Nicht mehrere Geräte werden eingesetzt, sondern ein Gerät, auf dem mehrere virtuelle Instanzen der gewünschten Art etabliert werden können. In einem Gehäuse/Chassis können so, virtuell und logisch völlig getrennt, mehrere solche Vermittlungsschicht-Switches implementiert werden. Die physischen Ports werden den Instanzen zugeordnet, ebenso intern virtuelle Ports, die zwischen den virtuellen Instanzen Verkehrsbeziehungen haben. Das Gleiche gilt für große Firewall-Systeme oder Router, in denen heute virtuell viele logische getrennte virtuelle Firewalls und Router konfiguriert werden können.

6.3 Software-defined Networking (SDN)

Bislang kennen wir Router, Firewalls und Switches als Gerät oder als virtuelles emuliertes Gerät. Wir haben uns auf den Geräten eingeloggt und sie konfiguriert, die Konfiguration wurde in einem Flashspeicher gespeichert und ausgeführt – emuliert oder nicht. Oder wir haben Konfigurations-Files auf die Geräte geladen und sie neu gestartet. Die Konfiguration war also immer individuell per Gerät auf diesem selbst abgelegt – ob nun virtuell oder physisch. Mit Software-defined Networking (SDN) wird dies anders. Die Aufgabe eines Netzwerkgerätes lässt sich in zwei große Teilgebiete unterscheiden. Einmal gibt es den Datenfluss an sich. Dieses nennt man die Datenebene (Data Plane). Andererseits gibt es die für die Datenflusskontrolle zuständige Steuerungsebene (Control Plane). Sie kontrolliert zum Beispiel in welchem VLAN ein Interface ist und wer darauf zugreifen darf oder auch nicht darf. Es handelt sich dabei also um Konfigurationsparameter, die ein Administrator vorgibt. Bei SDN werden diese getrennt und die Steuerungsebene vom Gerät abgetrennt. Alle Funktionsparameter, die den Datenfluss und Berechtigungen betreffen, werden zentral von SDN-Controllern gesteuert. Die gesamte Kontrolle des Datenflusses wird zentralisiert und an einem (oder besser wegen der Ausfallsicherheit an mehreren Orten) vorgenommen und konfiguriert und in einer zentralen Datenbank abgelegt.

Die Funktionalität der Geräte, ob physisch oder virtuell, bleibt bestehen. Die Kontrolle und Konfiguration aber geschieht zentralisiert. Auch hier sind für die Kontrolle wieder Standards und Protokolle im Einsatz. Als Standardprotokoll zwischen SDN-Controllern und Switches gilt weiterhin OpenFlow, aktuell in Version 1.5.2 [ONF2023]. Ergänzend kommen P4 und Controller-Frameworks wie OpenDaylight oder ONOS zum Einsatz, die komplexe Automatisierungen ermöglichen.

Fazit ist, dass im Zusammenhang mit SDN Begriffe wie VLAN, Routing, Switch, Firewall eigentlich keine Rolle mehr spielen. Wir konfigurieren über Regeln in der Steuerungsebene an zentraler Stelle, ob und wie A mit B kommunizieren darf. Dabei spielt es keine Rolle, ob A und B virtuelle Maschinen oder SQL-Instanzen sind oder sich im selben VLAN befinden. Ob sie über UDP-Port 449 kommunizieren oder auf Basis ihrer IP-Adresse, spielt ebenfalls keine Rolle. Man definiert zentral in der Steuerungsebene Regeln, die transparent in Konfigurationen übersetzt und anschließend in der Datenebene umgesetzt werden.

6.4 Cloud und Microsegmentierung

Die konsequenteste Umsetzung dieser Virtualisierungstechniken und von SDN findet sich bei den Cloud-Providern. Ihre Netzwerke agieren weltweit und sind von Software gesteuert. Sie sind derart groß und komplex, dass eine Konfiguration im herkömmlichen Sinn nicht mehr funktionieren würde, ja nicht mehr verwaltbar wäre. Hier müssen Software und Automatismen greifen. Cloudprovider wie Microsoft oder Amazon betreiben Rechenzentren für Clouddienste mit hunderttausenden von Servern verteilt über die ganze Welt. Auf ihnen laufen virtuelle Maschinen von Millionen Kunden. Hier werden Dienste wie IaaS (Infrastructure as a Service, zum Beispiel virtuelle Server) und SaaS (Software as a Service, zum Beispiel SQL-Server-Instanzen) angeboten.

All dies muss mit Berechtigungen versehen werden, Router und Firewalls müssen den Verkehr und Zugriff regeln, Server müssen mit benötigter Kapazität und Leistung bereitgestellt werden. Alles wird verwaltet durch Self-Service-Portale, die die Kunden bedienen. All das muss komplett automatisch geloggt und abgerechnet werden. Wenn ein Kunde innerhalb von Sekunden einen neuen virtuellen Server starten kann, muss die Cloud alle Netzwerk-Konfigurationen in derselben Zeit über SDN bereitstellen. Wird eines der gigantischen Rechenzentren umgebaut, muss die virtuelle Umgebung im laufenden Betrieb ausgelagert werden. Dies ist nur noch über eine Matrix aus virtualisierten Komponenten möglich, die über „intelligente" Software gesteuert werden. Wie in einem Baukasten werden Funktionen völlig automatisiert zusammengeschachtelt und aufgebaut. Die Konfiguration eines Matrix-Elements ist an diesem selbst verankert und die Cloud-Intelligenz baut sie nach einer Verschiebung an einen neuen Standort automatisch nach.

So virtuell die Umgebung auch ist, am Ende steht dennoch physische Hardware in Racks, die die Virtualisierungsplattform realisiert. Diese Systeme sind hochredundant ausgelegt und halten weltweit Spiegelungen und Kopien vor, um Ausfallsicherheit zu gewährleisten. Zugriffsregeln und Konfigurationsparameter sind dabei an jedes einzelne Element gebunden. Jedes dieser Elemente verfügt über einen Regelsatz, der durch die Cloud-Intelligenz mittels SDN aufgebaut und verwaltet wird. Für den Kunden bleibt dieser Prozess vollständig transparent. Die Zugangsregeln, also wer mit welchem Element Daten austauschen darf und welche Ressourcen erreichbar sind, werden individuell pro Element definiert. Diese feingranulare Segmentierung wird auch als Microsegmentierung bezeichnet. Zunehmend setzen Cloud-Netze dabei auf Zero-Trust-Konzepte und dynamische Microsegmentierung: Plattformen wie VMware NSX, Kubernetes Network Policies oder Service Meshes (z. B. Istio) ermöglichen feingranulare Zugriffskontrollen zwischen Diensten und virtuellen Maschinen – unabhängig von ihrer physischen Position im Netz. Microsegmentierung ist keine neue Erfindung der Cloud-Technologien. Vergleichbare Konzepte, etwa die Unterbindung der direkten Kommunikation zwischen Systemen in einer gemeinsamen DMZ, existieren seit Langem. Die Cloud-Betreiber haben diese Trennungsmechanismen jedoch konsequent weiterentwickelt und perfektioniert.

6.5 Zum Weiterlesen

VLANs sind eine Layer-II-Technologie und daher nicht von der IETF, sondern von der IEEE standardisiert [IEEE2011].

Die Standardisierung des OpenFlow-Protokolls [ONF2015] erfolgt durch die Open Networking Foundation (ONF), einem Zusammenschluss von Herstellern, die das Thema Software-defined Networking vorantreiben wollen. Dem Thema SDN sind mittlerweile ganze Bücher gewidmet, z. B. [Siegmund2018].

Literatur

[IEEE2011] IEEE 802 Working Group: IEEE Standard for Local and metropolitan area networks: Media Access Control (MAC) Bridges and Virtual Bridged Local Area Networks. IEEE Std 802.1Q-2011 (Revision of IEEE Std 802.1Q-2005). Institute of Electrical and Electronics Engineers, August 2011. *https://doi.org/10.1109/IEEESTD.2011.6009146*

[ONF2015] Open Networking Foundation. „OpenFlow Switch Specification Version 1.5.1". Open Networking Foundation, 2015. Zugegriffen am 13.08.2025. *https://opennetworking.org/wp-content/uploads/2014/10/openflow-switch-v1.5.1.pdf*

[Siegmund2018] Siegmund, Gerd: SDN – Software-defined Networking. VDE-Verlag, Berlin, 2018.

7 VPN – virtuelle private Netze

Virtuelle private Netze (Virtual Private Networks, VPN) gewinnen zunehmend an Bedeutung. Wie muss man sich diese vorstellen? Ein „privates“ Netzwerk ist ein abgeschlossenes Netzwerk, das von anderen Netzen aus nicht zugänglich ist, zum Beispiel ein gut geschütztes Intranet einer Firma. Die Daten dort müssen geschützt sein, außer den Mitarbeitern, die sie bearbeiten, darf niemand Zugriff auf sie haben. Allerdings wird es zunehmend wichtiger, Homeoffices einzubinden und mobilen Mitarbeitern sicheren Zugriff auf Firmendaten zu ermöglichen. Genauso wichtig ist es, einen sicheren Datenaustausch zwischen Filialen von Firmen zu ermöglichen.

Früher wurde dies im Fall von Homeoffice und hybriden Arbeitsmodellen durch gesicherte Einwahlverbindungen (PPP) realisiert, im Fall von Firmenverbünden über Mietleitungen (Standleitungen). Inzwischen hat sich die Idee durchgesetzt, statt privater Leitungen das öffentliche Internet als Transportmedium zu nutzen. In der Tat gibt es heute zahlreiche Möglichkeiten, sich fast überall mit hoher Bandbreite mit dem Internet zu verbinden. Daher ist es naheliegend, eine verschlüsselte, gesicherte Verbindung über das Internet zu einer Datenressource aufzubauen. Kosten entstehen nur für die Verbindung zum Internet. Die Kosten für die verbindende Infrastruktur entfallen, denn das Internet transportiert die Daten. Die Anschlusskosten fallen nur noch lokal an, Einwahlverbindungen im Weitbereich, geschweige denn international, können umgangen werden.

Moderne VPN-Lösungen dienen heute nicht nur dem klassischen Zugriff auf Firmennetze, sondern sind Bestandteil ganzheitlicher Sicherheitsstrategien (z. B. Zero Trust Network Access, ZTNA). ZTNA ist dabei ein zentraler Bestandteil solcher Zero-Trust-Architekturen (ZTA) und verfolgt das Prinzip, dass jeder Zugriff auf Anwendungen und Daten individuell geprüft und nur nach eindeutiger Authentifizierung und Autorisierung gewährt wird.

7.1 Tunnel

Eine solche Verbindung nennt man einen Tunnel, da die Verbindung wie ein gesicherter Schlauch durch das Internet verläuft.

Am Firmennetzwerk sitzt ein VPN-Gateway, der mit dem Internet verbunden ist. Ein Reisender oder Homeoffice-Mitarbeiter verbindet sich über einen lokalen Provider mit dem Internet, egal wo und wie auf der Welt. Über einen Soft- oder Hardware-Client nimmt er mit dem VPN-Gateway seiner Firma Kontakt auf. Beide handeln einen Schlüssel aus, mit dem der folgende Datenverkehr verschlüsselt wird.

Durch den Tunnel bekommt das Endsystem eine Adresse aus dem Firmennetzwerk zugewiesen. Damit wird das Endsystem virtuell ein Mitglied des Firmennetzwerks, so als wäre es direkt vor Ort an dieses angeschlossen.

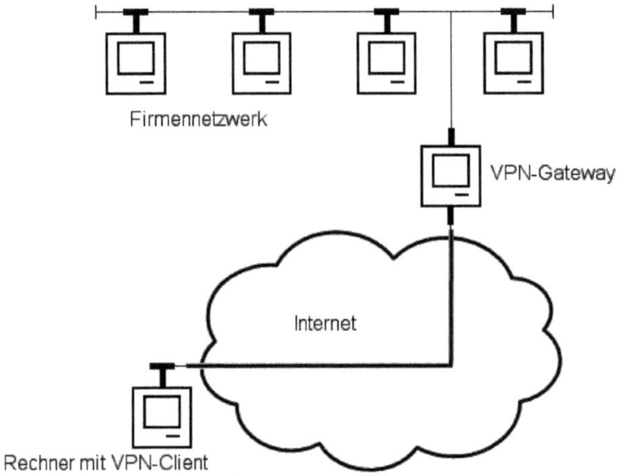

Bild 7.1
Ein Reisender verbindet sich wo auch immer auf der Welt mit dem Internet und stellt über seinen VPN-Client eine Verbindung mit dem Firmennetzwerk her. Beide handeln eine verschlüsselte Verbindung aus. Das Transportmedium ist das Internet. Kosten für Standleitungen oder teure Einwahlverbindungen entfallen.

Daher auch der Name „Virtual Private Network“. Die verschlüsselte Verbindung ist wie ein gesicherter Schlauch (oder Tunnel) durch das Internet.

Werden ganze Standorte miteinander verknüpft, läuft die Kommunikation über zwei VPN-Server (Gateways), die miteinander kommunizieren und ganze Netzwerke ständig verbinden. Somit ist es möglich, entfernte Filialen sicher zu verbinden oder Reisenden einen freien Zugriff zu ermöglichen. Die Verbindung ist für die Endsysteme völlig transparent.

An den Endpunkten des Tunnels wird die Verschlüsselung decodiert, man sagt, der VPN-Tunnel wird terminiert. Das Firmennetzwerk sieht nur einen „normalen“ unverschlüsselten Verkehr, genauso die Applikationen des Nutzers.

Kosten fallen nur lokal am Ort der Verbindung mit dem Internet an. Während früher zum Beispiel ein Einwahlserver am Firmenstandort zur Verfügung stand und sich ein

Reisender mit einem teuren Ferngespräch einwählen musste, kann er nun jeden beliebigen Internetzugang nutzen.

Der Datentransport verläuft über das „freie“ Internet. Der einzige Nachteil ist, dass hier keine garantierte Bandbreite zur Verfügung steht. Die Qualität der Verbindung ist dem Zugriff der Nutzer entzogen. Heute sind die Verbindungen im Internet jedoch qualitativ so gut, dass meistens über einen breitbandigen Zugang deutlich höhere Übertragungsraten erreicht werden können als über klassische Einwahlverbindungen.

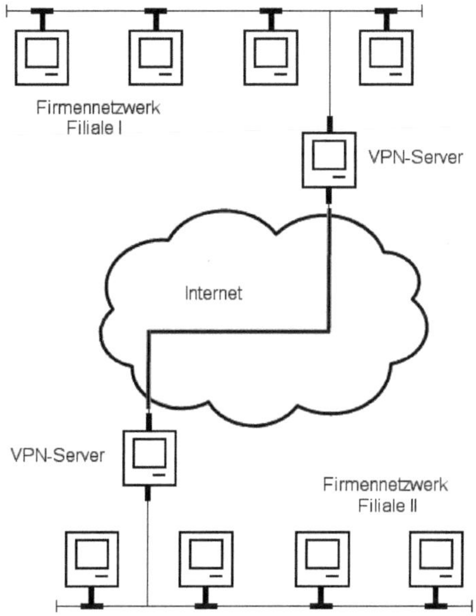

Bild 7.2
Werden ganze Netze miteinander verbunden, übernehmen zwei VPN-Server die Verbindung. Für die Netzwerke der Filialen ist dies transparent. Für sie ist es, als ob sie am gleichen geografischen Standort wären. Kosten für eine WAN-Verbindung fallen nicht an. Implementiert werden kann dies über spezielle Server oder über Router und Firewalls mit VPN-Funktion.

7.1.1 Absicherung der Verbindung

Das Internet ist heute ein unsicherer Ort mit vielfältigen Bedrohungen. Hacker, Würmer, Viren, Trojaner und etliches mehr tummeln sich dort, immer auf der Suche danach, Schaden anzurichten. Ist es daher sinnvoll, auf die hohen Kosten eigener Infrastruktur zu verzichten und das freie Internet als Transportmedium zu verwenden?

Eine VPN-Verbindung ist nicht zwangsweise verschlüsselt. Man kann solche Tunnels auch unverschlüsselt aufbauen. Dies aber nur zur Information, dies ist nicht unsere Intention. Wir wollen einen gesicherten Verkehr, denn VPN gilt heutzutage mit geeigneten Verschlüsselungsverfahren als sehr sicher. Die Verschlüsselung ist in den meisten Fällen konfigurierbar.

Moderne Verschlüsselungstechniken gelten als sehr sicher. Man müsste den Verkehr jahrelang abhören, um die Verschlüsselung zu brechen. Da die Schlüssel üblicherweise regelmäßig gewechselt und verschlüsselt über den Tunnel ausgetauscht werden, kann davon ausgegangen werden, dass eine solche Verschlüsselung im Normalfall nicht entschlüsselt werden kann. Ein Nachteil besteht im zusätzlichen Datenverkehrs-Overhead. Die Verschlüsselung (Encryption) und Entschlüsselung (Decryption) des gesamten Datenstroms ist sehr rechenaufwendig. Bei Verbindungen von ganzen Netzen miteinander setzt man daher in den VPN-Servern Hardware-Ver- und -Entschlüsselung ein.

Es gibt verschiedene Möglichkeiten, sichere Tunnel aufzubauen. Der IPSec-Standard [RFC7296, RFC8247] setzt direkt auf die Vermittlungsschicht auf. Heutige Implementierungen basieren dabei primär auf IKEv2, das IKEv1 weitgehend abgelöst hat.

Andere Ansätze, allen voran OpenVPN [OpenVPN2023] und WireGuard [Donenfeld2023], setzen auf die Transportschicht auf und übertragen verschlüsselte IP-Pakete über TCP- bzw. UDP-Verbindungen. OpenVPN unterstützt heute moderne Authentifizierung wie mTLS und die Anbindung an Identity Provider. WireGuard überzeugt durch eine schlanke Architektur, moderne Kryptografie (ChaCha20-Poly1305) und die breite Unterstützung in gängigen Betriebssystemen. Aufgrund der weiten Verbreitung wird im Folgenden dennoch IPSec als Beispiel für eine VPN-Technologie betrachtet.

7.1.2 Verbindungsaufbau

Der Verbindungsaufbau folgt einem strikten Schema. Der VPN-Client nimmt über das Internet Verbindung zum VPN-Server auf. Die Art des Netzzuganges ist dabei ohne Bedeutung.

Dann muss sich der VPN-Client am Server authentifizieren. Dies kann durch verschiedene Verfahren geschehen, zum Beispiel durch Username/Passwort, durch Chip-Karten, biometrischen Scan (z. B. Iris, Fingerabdruck) oder andere Mechanismen. Erst dann wird der gesicherte, verschlüsselte Tunnel aufgebaut. Vorher müssen viele Parameter untereinander ausgehandelt werden, z. B. die Art der Verschlüsselung, die Gültigkeitsdauer der Schlüssel, die Länge der Schlüssel. Die Verschlüsselung der Pakete erfolgt durch das ESP-Protokoll (Encapsulating Security Payload).

Die Schlüssel dafür können manuell verwaltet werden. Dies ist jedoch umständlich. Heute verwendet man dazu meist ein eigenes Protokoll, das IKE-Protokoll (Internet Key Exchange). Die Suite der Protokolle, die IPSec definieren, dient dazu, die Daten sicher über die unsichere Welt des Internets zu transportieren.

Die vier wichtigsten Prüfkriterien sind die Verschlüsselung, die Echtheit des Absenders, die Unverfälschtheit der Daten sowie die Verwaltung der benutzten Schlüssel.

7.1.3 Split und Closed Tunnel

Die meisten VPN-Implementierungen bringen eine eigene Firewall mit sich. Sobald der Tunnel aufgebaut ist, wird jeglicher Verkehr nur noch ausschließlich durch den Tunnel erlaubt. Alles andere, ein- und ausgehender Verkehr, wird gesperrt.

Dies hat Sicherheitsgründe, aber auch Nachteile. So sind zum Beispiel Netzwerkdienste am lokalen Standort (Netzwerk) des Endsystems, wie zum Beispiel Netzwerkdrucker, Shares und Faxserver, nicht mehr erreichbar.

Die meisten VPN-Clients können auch so konfiguriert werden, dass sie lokalen Verkehr trotzdem erlauben. In diesem Fall spricht man von einem „Split Tunnel". Split-Tunnel-Implementierungen müssen durch Zugriffsregeln und Sicherheitsmaßnahmen auf den Endgeräten abgesichert werden, da sie ein erhöhtes Angriffsrisiko mit sich bringen.

Ein per VPN verbundenes Endsystem ist virtuell Bestandteil des Firmennetzes. Dringt ein Hacker in dieses System ein, hat er nicht nur auf dem System vollen Zugriff, sondern auf das gesamte Intranet der Firma. Als Mitglied dieses Netzbereiches ist er virtuell „vor Ort". Alle Sicherheitsmechanismen, die das Firmennetzwerk schützen, greifen nicht mehr. Der Rechner ist virtuell direkt im Netz. Das Endsystem ist virtuell ein Mitglied des Firmennetzwerks, er taucht also hinter der Firewall auf! Mit „Open/Split Tunnel" öffnet man somit unkontrollierte Wege ins eigene Netzwerk. Bei Closed Tunnel ist dies nicht möglich, sobald der Tunnel aufgebaut wird, ist der Rechner von seinem lokalen Netzwerk und dem Internet völlig isoliert.

Daher kommt auch dem VPN-Client, in Soft- und Hardware, eine besondere Bedeutung zu. Er muss genauso geschützt und behandelt werden wie ein Passwort oder sonstiger Zugangsschutz. Ein VPN-Zugang, der weitergegeben wird, ermöglicht unkontrollierten Zugriff!

7.1.4 Transport- und Tunnel-Modus

IPSec verwendet zwei Methoden des Datenschutzes, die verschiedene Sicherheitsstufen bieten. Bei der ersten Methode wird nur der Datenteil des IP-Paketes verschlüsselt. Alles andere bleibt unverändert. Dies nennt man den Transportmodus.

Mit der zweiten Methode kann das gesamte Paket verschlüsselt werden. Es braucht in diesem Fall einen neuen IP-Header. Dies ist der Tunnel-Modus, der auch die Unverfälschtheit des IP-Headers gewährleistet.

IP-Header	ESP-Header	Daten (verschlüsselt)		ESP-Trailer
IP-Header	ESP-Header	IP-Header (verschlüsselt)	Daten (verschlüsselt)	ESP-Trailer

Wie im oberen Beispiel dargestellt, wird im Transportmodus nur der Datenteil verschlüsselt. Ein ESP-Header und -Trailer (Encapsulating Security Payload) kennzeichnen den geschützten Inhalt. Der ursprüngliche IP-Header bleibt dabei unverändert und ist somit nicht vor Manipulation oder Mitlesen geschützt. Beim Transportmodus sind Kommunikations- und Verschlüsselungsendpunkte identisch, es handelt sich also um die direkt kommunizierenden Endsysteme.

Im Tunnelmodus hingegen wird auch der IP-Header verschlüsselt und durch einen neuen ersetzt, wie im unteren Beispiel dargestellt ist. Dadurch sind sowohl die Integrität als auch die Vertraulichkeit des gesamten Pakets gewährleistet. Hier können Kommunikations- und Verschlüsselungsendpunkte voneinander abweichen, etwa bei einem VPN-Tunnel zwischen zwei VPN-Servern, der unabhängig von den tatsächlich kommunizierenden Endsystemen arbeitet.

7.1.5 VPN durch Firewalls

Eine VPN-Verbindung durch Firewalls zu leiten, erhöht in der Regel nicht die Sicherheit. Die Verbindung ist im Closed Tunnel sowieso nur Punkt zu Punkt zwischen Server und Client beziehungsweise zwischen VPN-Servern möglich. Daher senkt eine Firewall lediglich die Datenrate. Da der gesamte Inhalt der Pakete verschlüsselt ist, kann auch mit Prüfmechanismen höherer Schichten nichts erreicht werden. Sollte VPN trotzdem über Firewalls verlaufen, müssen die Ports offengehalten werden, durch die kommuniziert wird. Die erforderlichen offenen Ports hängen von der jeweiligen IPSec-Implementierung ab.

7.1.6 Andere Tunneltechniken

Eine weitere Form von gesichertem Verkehr basiert heute auf Transport Layer Security (TLS, [RFC8446]). TLS ist Nachfolger des Secure Socket Layer (SSL), das inzwischen als veraltet und unsicher gilt. Ursprünglich für die Absicherung von Webverbindungen entwickelt, wird TLS mittlerweile auch für andere Protokolle wie FTP, IMAP, SMTP oder VPN-Zugriffe über Webportale genutzt. In solchen Szenarien spricht man häufig von Clientless VPNs, da für den Zugriff lediglich ein Browser benötigt wird und kein dedizierter VPN-Client installiert werden muss. Durch die breite Unterstützung von TLS in Betriebssystemen und Anwendungen lassen sich so gesicherte Zugriffe auf Unternehmensressourcen mit minimalem Konfigurationsaufwand realisieren.

7.2 Verschlüsselung

Die Details der Verschlüsselung sind zwar interessant, jedoch nicht das Hauptthema dieses Buches. Es gibt ausgezeichnete Werke zur Kryptographie. Lediglich der Vollständigkeit halber und vor allem zum Verständnis sollen hier die gängigen Verfahren kurz qualitativ vorgestellt und erklärt werden.

7.2.1 Symmetrische Verschlüsselung

Bei der symmetrischen Verschlüsselung wird zum Ver- und Entschlüsseln jeweils derselbe Schlüssel verwendet. Der Vorteil ist, dass es die schnellste Methode darstellt. Der große Nachteil ist, dass der Schlüssel mehr oder weniger geheim vom Sender zum Empfänger geschickt werden muss. Schließlich benötigt der Empfänger die Information, wie die Daten verschlüsselt sind, damit er den Text wiederherstellen kann. Hierbei liegt das größte Risiko in der Sendung dieser Daten. Bei der Übersendung könnte der Schlüssel „mitgelauscht" werden.

Das lässt sich mit einer Geheimschrift vergleichen, wie sie viele von uns als Kinder entworfen und benutzt haben – etwa durch das Ersetzen von Buchstaben durch Zahlen, durch systematische Buchstabenvertauschung nach festen Regeln oder durch Zahlen, die auf bestimmte Wörter in einem Buch verweisen.

Breit verwendete Verfahren wie der Advanced Encryption Standard (AES, [Morris2001]) gelten inzwischen als unsicher und werden nicht mehr empfohlen. Nachfolger sind in Arbeit.

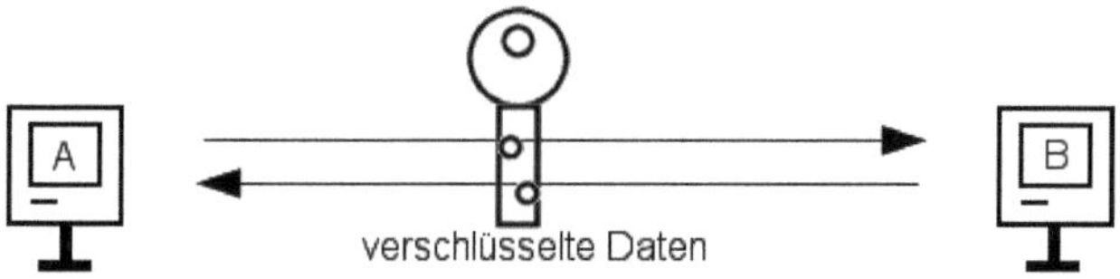

Bild 7.3 Bei der symmetrischen Verschlüsselung muss A seinen Schlüssel an B versenden oder B vertraulich zukommen lassen. Ab dann kann B Daten verschlüsselt an A versenden und Daten von A lesen, und auch A ist in der Lage, die Daten auf dem Rückweg wieder zu entschlüsseln. Das große Risiko hier ist, dass der Schlüssel unverschlüsselt ausgetauscht werden muss.

Ein weiteres Risiko ist, dass der Schlüssel in der Regel während der gesamten Übertragung derselbe bleibt. Je nach der Länge des Schlüssels kann jemand, der den Datenstrom abhört, den Schlüssel rekonstruieren, wenn er genug Daten gesammelt hat. Dies muss nicht ad hoc sein, es ist auch möglich, den gesamten Verkehr mitzulesen, zu speichern und dann in Ruhe zu bearbeiten. Dies gilt besonders für Funknetzwerke, die aufgrund ihrer Übertragungsart nur schwer abzusichern sind. Darauf wird weiter unten noch näher eingegangen.

Die symmetrischen Standardverfahren, wie sie vor allem günstigere Geräte, besonders im Wireless-Bereich, anbieten, sind daher für die Übertragung kritischer Daten ungeeignet. Hier genügt ein normaler, leistungsstarker PC, um die Verschlüsselung in kurzer Zeit zu knacken.

7.2.2 Asymmetrische Verschlüsselung

Mithilfe spezieller mathematischer Algorithmen lassen sich aus einer Zahl zwei Schlüssel derart berechnen, dass sie nicht voneinander hergeleitet werden können. Es ist also unmöglich, aus einem den anderen zu berechnen. Wird nun ein Datenpaket mit einem Schlüssel verschlüsselt, lässt es sich nur mit dem anderen wieder entschlüsseln.

Da mit dem Verschlüsselungsschlüssel niemand etwas anfangen kann, außer Daten zu verschlüsseln, kann er bedenkenlos verschickt oder sogar freigegeben werden.

Möchte nun Person B Daten an Person A versenden, holt sich B den Verschlüsselungsschlüssel von A, der frei zugänglich ist, und verschlüsselt die Daten mit diesem und versendet sie. Nur A hat den Entschlüsselungsschlüssel und ist in der Lage, die Daten wiederherzustellen.

Daher nennt man ersteren Schlüssel den öffentlichen Schlüssel (Public Key), letzteren den privaten Schlüssel (Private Key). Der private Schlüssel muss geheim bleiben, da sonst jeder die Daten entschlüsseln kann. Er verbleibt immer lokal beim Besitzer, kann also nicht „mitgelauscht" werden.

Ein Beispiel für ein asymmetrisches Verfahren ist das nach den Erfindern Ron Rivest, Adi Shamir und Leonard Adleman benannte RSA-Verfahren [Rivest1983]. Neben RSA wird zunehmend Elliptic Curve Cryptography (ECC) verwendet, da diese bei vergleichbarer Sicherheit deutlich kürzere Schlüssel und bessere Leistung bietet. Dennoch besteht der große Nachteil der asymmetrischen Verschlüsselung im erheblichen mathematischen Aufwand, der viel Zeit und Prozessorleistung erfordert.

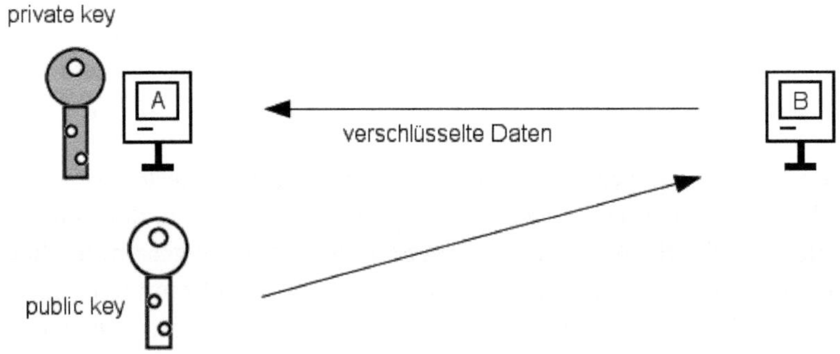

Bild 7.4 Bei der asymmetrischen Verschlüsselung wird kein Schlüssel gefährdet verschickt oder übertragen. B holt sich den frei zugänglichen Public Key von A. Diese Übertragung ist ohne jedes Risiko, da mit diesem Schlüssel nur ver-, aber nicht entschlüsselt werden kann. B verschlüsselt die Daten mit dem Public Key von A und versendet sie an A. Dieser kann die Daten mit seinem Private Key wiederherstellen. Der private Key wurde nie übertragen.

7.2.3 Hybrid-Verschlüsselung

Aufgrund der hohen Systemanforderungen der asymmetrischen Verschlüsselung verwendet man in der Praxis hybride Verfahren, die beide, symmetrisch und asymmetrisch, gleichzeitig nutzen und kombinieren. Auch hier sind zwei Schlüssel im Einsatz.

Hier wird zuerst ein symmetrischer Schlüssel erzeugt. Dieser wird asymmetrisch verschlüsselt (jeweils über einen Private Key) und an den Empfänger versendet. Der folgende Datenverkehr wird mit dem gesichert übertragenen symmetrischen Schlüssel verschlüsselt, den nur der Empfänger wieder auspacken kann. Dieser symmetrische Schlüssel (Session Key) kann im Hintergrund beliebig oft gewechselt und jeweils asymmetrisch verschlüsselt ausgetauscht werden, sodass ein Mithörer des Verkehrs die Schwächen der symmetrischen Verschlüsselung nicht ausnutzen kann.

Das Verfahren gilt als ebenso sicher wie reine asymmetrische Verschlüsselung, wenn der Session Key oft genug gewechselt wird. In der Praxis wird in Umgebungen, die sicher sein sollen, die Hybrid-Verschlüsselung verwendet.

Sie bietet fast dieselbe Sicherheit bei weit weniger Anspruch an Prozessorleistung. Die Schlüsselverwaltung und Zeitdauer der Gültigkeit der Schlüssel kann bei vielen Geräten konfiguriert werden. Bei guten Geräten sind die Standardeinstellungen als praktisch sicher einzustufen.

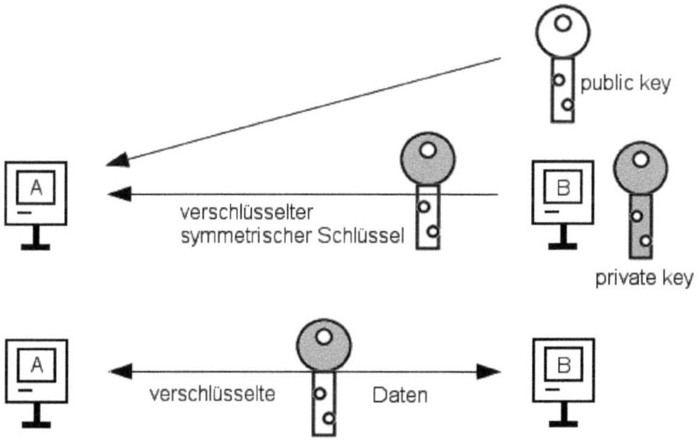

Bild 7.5 Bei der Hybrid-Verschlüsselung wird nach beiden Verfahren gearbeitet. Im ersten Schritt holt sich A den Public Key von B. A erzeugt einen symmetrischen Schlüssel und verschlüsselt diesen mit dem Public Key von B. Dann sendet er diesen verschlüsselten Schlüssel an B. B kann diesen mit seinem Private Key entschlüsseln. Somit haben A und B denselben symmetrischen Schlüssel. So ist er nie der Gefahr einer Offenlegung ausgesetzt und kann ohne Risiko über das Internet versendet werden. Dieser symmetrische Schlüssel wird in festgelegten Zeitabständen immer wieder neu generiert und asymmetrisch verschlüsselt ausgetauscht. Somit ist beides gegeben, die absolute Sicherheit und hohe Leistung. Die symmetrischen Verfahren sind deutlich schneller als die asymmetrischen.

7.3 Zum Weiterlesen

Im Umfeld von IPsec gibt es mittlerweile eine Vielzahl von Dokumenten und Standards. Das Standarddokument [RFC6071] gibt einen Überblick und ist daher als Einstieg in die Materie zu empfehlen. Informationen zu den auf der Transportschicht basierenden VPN-Lösungen OpenVPN [OpenVPN2023] und WireGuard [Donenfeld2023] finden sich auf den entsprechenden Webseiten. Dort sind auch Implementierungen für verschiedene Betriebssysteme verfügbar. TLS als grundlegende Technologie ist in [RFC8446] beschrieben.

Informationen zu den Standards für symmetrische Verschlüsselung mit DES [NBS1977] und AES [Morris2001] (beide inzwischen zurückgezogen) hat das National Institute of Standards and Technology in den USA veröffentlicht. Das RSA-Verfahren zur asymmetrischen Verschlüsselung wurde von seinen Erfindern patentiert [Rivest1983].

Literatur

[Donenfeld2025] Donenfeld, Jason A.: WireGuard: WireGuard – Fast, Modern, Secure VPN Tunnel. Zugegriffen am 13.08.2025. *https://www.wireguard.com*

[Morris2001] Dworkin, Morris J., Elaine B. Barker, James R. Nechvatal, James Foti, Lawrence E. Bassham, E. Roback, und James F. Dray Jr.: Advanced Encryption Standard (AES). National Institute of Standards and Technology, 2001. *https://doi.org/10.6028/NIST.FIPS.197*

[NBS1977] National Bureau of Standards: Data Encryption Standard (DES). National Institute of Standards and Technology, 1977. Zugegriffen am 13.08.2025. *https://csrc.nist.gov/publications/detail/fips/46/archive/1977-01-15*

[OpenVPN2025] OpenVPN: Secure access and network connectivity reimagined. Zugegriffen am 13.08.2025. *https://openvpn.net*

[RFC6071] Frankel, Sheila und Suresh Krishnan: IP Security (IPsec) and Internet Key Exchange (IKE) Document Roadmap. Request for Comments 6071. Internet Engineering Task Force, Februar 2011. *https://doi.org/10.17487/RFC6071*

[RFC8446] Rescorla, Eric: The Transport Layer Security (TLS) Protocol Version 1.3. Request for Comments 8446. Internet Engineering Task Force, August 2018. *https://doi.org/10.17487/RFC8446*

[Rivest1983] Rivest, Ronald L., Adi Shamir und Leonard Adleman: Cryptographic communications system and method. Patent *US4405829*, 1983.

8 Wireless LAN

Der drahtlose Netzwerkanschluss hat sich in den letzten Jahren rasant durchgesetzt. In jedem Haushalt gibt es viele Rechner und andere Geräte, die miteinander kommunizieren sollen und auch einen Zugang zum Internet benötigen. Damit hat das Thema Netzwerktechnik seinen festen Platz in Privathaushalten gefunden. Auch Unternehmen setzen zunehmend auf drahtlose Netzwerke, um die Flexibilität ihrer IT-Infrastruktur zu erhöhen, mobile Arbeitsplätze zu unterstützen und die Kosten für aufwendige Verkabelungen zu senken.

Da die meisten keine strukturierte Netzwerkverkabelung zu Hause haben und auch nicht verlegen lassen möchten, ist Wireless LAN (WLAN) eine günstige und einfache Alternative. Durch WLAN lassen sich genauso öffentliche Gebäude wie Bahnhöfe, Schulen, Universitäten mit sogenannten Hotspots (öffentlich zugängliche Funknetzzugänge) auszurüsten, damit sich Nutzerinnen und Nutzer mit Laptop oder Smartphone unterwegs mit dem Internet verbinden können. Moderne Hotspots nutzen Captive Portals und oft WPA3-Enterprise (z. B. mit RADIUS-Authentifizierung) um ein einfaches Anmelden zu unterstützen.

In diesem Kapitel beziehen wir uns im Wesentlichen auf die IEEE-802.11-Familie [IEEE2025] mit ihren aktuellen Erweiterungen. Für den Alltag werden diese Standards von der Wi-Fi-Alliance in verständliche Generationenbezeichnungen überführt: Wi-Fi 4 (802.11n), Wi-Fi 5 (802.11ac), Wi-Fi 6/6E (802.11ax) und Wi-Fi 7 (802.11be).

8.1 Access-Points und Antennen

Wie bei jedem Dienst über Funk muss es einen Sender und einen Empfänger geben. Wie beim Funktelefon auch, geht die Datenübertragung in beide Richtungen. Das heißt, der Funknetzwerkadapter des PC oder Notebooks ist genauso Sender und Empfänger wie der „Sender“, der sogenannte Access-Point, das Gerät, das die Verbindung zum physischen Netzwerk herstellt.

Es gibt auf dem Markt die verschiedensten Antennentypen mit den verschiedensten Abstrahlungscharakteristiken. Die Auswahl richtet sich nach der Topologie der Umgebung und erfordert fachgerechte Planung. So gibt es beispielsweise Richtantennen, die in einer definierten Richtung strahlen, weitere Antennen mit kugelförmiger Abstrahlung und solche mit birnenförmiger Charakteristik.

8.2 Störungen

Störmöglichkeiten gibt es viele. Wir können hier nur die wichtigsten Effekte betrachten. Meist handelt es sich um Störstrahlungen oder Hindernisse, wenn ein Funknetz nicht funktioniert.

Sind andere Funknetze derselben Frequenz in der Nähe, stören sich ihre Signale gegenseitig. Dies ist durch Wahl einer anderen Frequenz zu beheben (siehe Abschnitt 8.2.3).

Neben der Signaldämpfung durch die Entfernung haben Hindernisse einen Störeffekt. Ein Funknetzwerk verläuft nur bei Sichtverbindung perfekt. Hierbei ist auch das Material entscheidend. Betonwände mit ihrer Stahlmatteneinlage wirken wie ein Faradaykäfig. Dies zeigt sich deutlich daran, dass Mobiltelefone in Betongebäuden oft keinen Empfang haben. Daher ist die vertikale Anbindung über Stockwerke meist kritischer als horizontal über mehrere Räume hinweg, da in den Decken meist mehr Metall verarbeitet ist als in den Wänden. Ebenso können thermisch isolierende Fenster Funksignale blockieren, sie sind oft mit einer unsichtbaren Metallschicht bedampft.

Die Zahl potenzieller Störquellen im Funkbereich nimmt stetig zu. Nicht nur andere Funknetze, auch Wetterphänomene, elektrische Schaltungen, Entladungen aller Art, Mikrowellenherde, Leuchtstoffröhren, Bluetooth und vieles mehr können ein Funksignal stören.

8.2.1 Interferenzen, Mehrwegeausbreitung

An Hindernissen, Wänden, Decken und Böden kann es nicht nur zu einer Dämpfung des Signals kommen, sondern auch zu Reflexionen und dadurch zu Interferenzen. Es kann passieren, dass in einem Raum ein Funk-Interferenzmuster entsteht, das dafür sorgt, dass im Zentimeterbereich Zonen entstehen, die guten Empfang haben, abgewechselt mit Zonen ganz ohne Empfang. Bereits eine leichte Neuausrichtung des Empfängers oder der Access-Point-Antennen kann die Empfangsqualität deutlich verbessern. Sind sehr viele Hindernisse zu überwinden, muss vermessen oder probiert werden, wo der günstigste Ort für den Access-Point ist und wie die Antennen auszurichten sind. Durch Reflexionen sieht eine Empfänger-Antenne dasselbe Signal mehrfach, wie ein Echo, zeitverzögert. Diesen Effekt nennt man Mehrwegeausbreitung. Die primären und die reflektierten Signale stören sich.

Abhilfe schafft hier, die Reflexionsbedingungen zu ändern, was nicht leicht ist, da dies Decken-, Boden- und Wandbeläge, also bauliche Gegebenheiten, betrifft.

Weiter kann man, wenn die Entfernungen kurz sind und ein Signal guter Qualität vorliegt, die Sendeleistung des Access-Points drosseln. An nahezu allen Geräten ist dies möglich. Dadurch wird die Reichweite der Reflexionen und die Häufigkeit der Echos zurückgedrängt.

Eine dritte Möglichkeit ist der Einsatz von Access-Points mit sogenannter Antennen-Diversität (siehe Abschnitt 8.10.1.4). Dies ist ein Verfahren, bei dem der Access-Point mit zwei Antennen arbeitet. Da sich die Antennen an verschiedenen Orten befinden und die Störungen durch Mehrwegeausbreitung an diesen Orten statistisch unabhängig sind, ist es sehr unwahrscheinlich, dass alle Antennen von einer starken Störung betroffen sind. Durch geschickte Signalverarbeitung ist es sogar möglich, die Signale mehrerer Sende- und Empfangsantennen zu kombinieren, um insgesamt eine höhere Übertragungseffizienz zu erzielen. In diesem Fall spricht man von Multiple-Input-Multiple-Output (siehe Abschnitt 8.10.1.5).

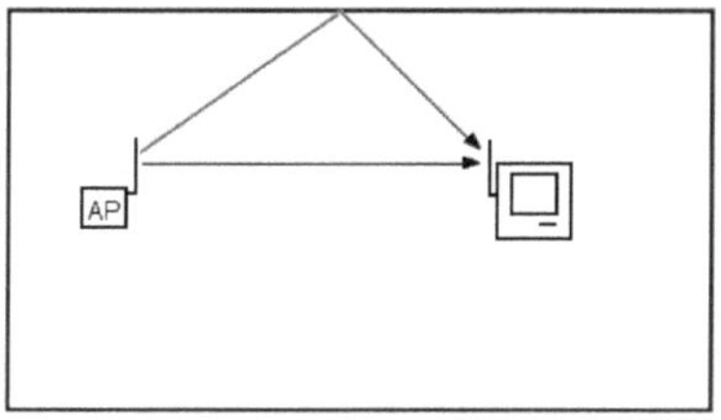

Bild 8.1 Die Mehrwegeausbreitung. Eine ungerichtete Antenne strahlt in alle Richtungen aus. Wird ein Signal zum Beispiel an einer Wand reflektiert, erreicht es den Empfänger mehrfach. Der zurückgelegte Weg und damit die Laufzeit unterscheiden sich. Die Signale stören sich. Ein Interferenzmuster entsteht. Ist die Phasenverschiebung so groß, dass sich die Signale auslöschen, empfängt der Empfänger nichts mehr.

8.2.2 Versteckte Endgeräte

WLAN funktioniert als geteiltes Medium, ähnlich dem Verkehr über Thin-Wire. WLAN ist immer halbduplex. Eine Antenne kann nur senden oder empfangen.

Das Zugriffsverfahren ist hier CSMA/CA (siehe Abschnitt 3.2.2). Die Station „horcht" also vor der Sendung, ob die Frequenz frei ist. Stehen zwei Stationen nun so weit auseinander, dass sie zwar den Access-Point erreichen, sich aber gegenseitig nicht empfangen können, senden sie, und Kollisionen treten ein. Man spricht in dieser Situation von füreinander versteckten Endgeräten (engl. Hidden Terminal bzw. Hidden Node). Hier kann nur eines helfen: Der Access-Point selbst muss als Vermittler über das Verfahren RTS/

CTS (Ready to Send/Clear to Send, siehe Abschnitt 3.2.2) oder andere die Sendungen der Stationen koordinieren. Er muss auf Anfrage publizieren, ob das Medium zur Verfügung steht oder nicht.

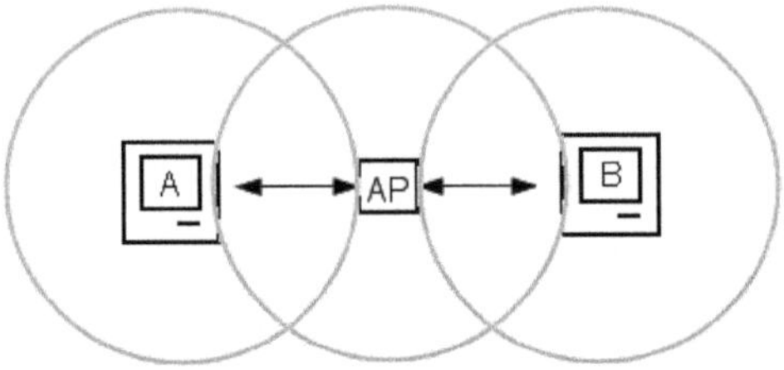

Bild 8.2 Versteckte Endgeräte. Jeder Sender hat eine definierte Reichweite (graue Bereiche). Beide Rechner, A und B, können den Access-Point erreichen, sie „sehen" einander aber nicht. Daher können sie auch nicht wissen, wann der andere sendet. Hier muss der Access-Point vermitteln.

8.2.3 Entstörung

Die Möglichkeiten der Störungen sind vielfältig. Als Regel gilt, zu Hause und im Privatbereich reicht es, die Mittel zu benutzen, die mit den Access-Points und Adaptern geliefert werden. Fast alle haben Monitore (meist Software) zur Messung der Signalqualität, die mehr oder weniger genau sind.

Werden aber professionelle WLAN-Installation im gewerblichen Bereich geplant, muss vorher funktechnisch ausgemessen werden, insbesondere auch nach baulichen Veränderungen im Nachhinein. Hier müssen professionelle Messmethoden eingesetzt werden, da die Störungen oft sehr schwer zu identifizieren sind.

Besonders gilt dies, wenn Roaming, also die Übergabe einer Station von einem Access-Point zum anderen bei Bewegung der Station, eingesetzt werden soll. Hier dürfen sich die Funkbereiche der Access-Points nicht zu dicht überlappen.

Ebenso muss genau vermessen werden, wenn eine häufige Überlappung von Funkzellen zu erwarten ist, die verschiedenen Netzen angehören. Die Anzahl der möglichen Frequenzen ist gering, und sie müssen sinnvoll so abgewechselt werden, dass keine Störungen auftreten. Hier muss ein sogenannter Flächenwabenplan in der Planung erstellt werden.

8.3 Die Funkzelle und die Kanäle

Jeder Access-Point hat eine gewisse Reichweite. Den Raum um den Access-Point, in dem mit ihm aufgrund seiner Reichweite kommuniziert werden kann, nennt man seine Funkzelle. Werden mehrere verschiedene Funknetze auf engem Raum betrieben, zum

Beispiel in Mehrfamilienhäusern, können sich die Funkzellen überschneiden, und es kann durch diese Störungen zu einer drastischen Reduktion der Verbindungsgeschwindigkeit kommen. Für diese Fälle kann man die Access-Points auf verschiedene, festgelegte Funkkanäle (Frequenzen) einstellen. Alle Teilnehmer eines Funknetzes müssen denselben Kanal benutzen.

Sollten mehrere Kanäle in der Umgebung unbelegt sein, ist es das Beste, den weitest entfernten zu benutzen, um die Störeinflüsse zu minimieren.

Die Access-Points und Empfänger schalten sich bei niederem Signalpegel automatisch in der Geschwindigkeit zurück, bevor der Empfang zum Erliegen kommt. Daher ist es kein Hardware- oder Konfigurationsfehler, wenn die Geschwindigkeit, die angezeigt wird, nicht die maximal mögliche des Access-Points ist. Hier muss gleichzeitig auf die Qualität der Verbindung geachtet werden.

8.4 Betriebsmodi

Funknetze lassen sich in zwei verschiedenen Modi betreiben: einerseits im Ad-hoc-, andererseits im Infrastrukturmodus.

Im Ad-hoc-Modus ist das Funknetz ein Peer-to-Peer-Verbund von Wireless-Adaptern. Einen Access-Point gibt es nicht. Alle sind gleichberechtigt. Dies ist zum Beispiel eine unkomplizierte Methode, um Notebooks spontan miteinander zu verbinden und schnell und einfach Daten auszutauschen, Konferenzen abzuhalten oder PDAs zu synchronisieren. Das Ad-hoc-Netz ist in der Regel isoliert, also nicht mit anderen Netzen verbunden.

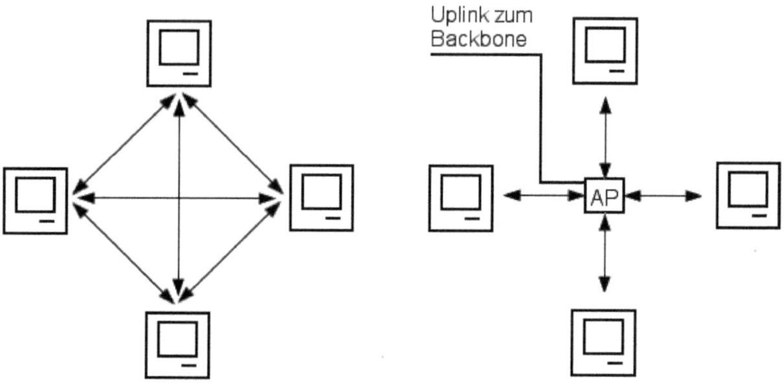

Bild 8.3 Im Ad-hoc-Modus (links) gibt es keinen Access-Point. Alle Funknetzadapter sind gleichberechtigt, und jeder kommuniziert mit jedem (Bild links). Im Infrastruktur-Modus verläuft die gesamte Kommunikation über den (oder mehrere) Access-Points (Bild rechts). Während Netze im Ad-hoc-Modus isoliert sind, kann im Infrastrukturmodus durch einen Uplink vom Access-Point aus die Verbindung zu einem kabelgebundenen Netzwerk hergestellt werden.

Im Infrastrukturmodus wird über Access-Points kommuniziert. Der Access-Point ist in der Regel die Verbindung zum physischen Netzwerk, daher wird ein Internet-Zugang über WLAN in der Regel immer im Infrastrukturmodus sein. Im Infrastrukturmodus kommunizieren alle mit und über den Access-Point. Die Access-Points stellen hier die zentralen Verteiler dar.

8.5 SSIDs und Beacons

Jedes Funknetz hat einen Namen, den sogenannten Service Set Identifier (SSID), der es identifiziert. Damit das Netz unter der SSID auffindbar ist, sendet jeder Access-Point in der Regel von sich aus in regelmäßigen Abständen ein kleines Datenpaket aus, das die Parameter des Netzes wie die SSID und den Verschlüsselungsmodus enthält. Dieses Paket nennt man Beacon. Damit kann jeder, der eine Funknetzwerkkarte hat, das WLAN „sehen".

Will man sein Netz besser absichern, kann man die Aussendung der SSID unterdrücken (SSID-Broadcast abschalten). Nun sieht man die Kennung nicht mehr und muss den Namen explizit kennen, um sich verbinden zu können. Das ist aber ein schwacher Schutz, auf den Sie sich nicht verlassen sollten.

8.6 Sicherheit

Die Sicherheit drahtloser Netze hat sich seit den Anfängen von WLAN erheblich weiterentwickelt. Das ursprünglich eingesetzte Verfahren WEP (Wired Equivalent Privacy) gilt heute als vollständig kompromittiert und darf nicht mehr verwendet werden. Als Nachfolger entwickelte die Wi-Fi-Alliance das Verfahren WPA (Wi-Fi Protected Access), das mit dynamischen Schlüsseln und zusätzlichen Integritätsprüfungen bereits ein deutlich höheres Schutzniveau bot. Der aktuelle Standard ist WPA3 [WiFi2025]. Er verwendet für die Aushandlung gemeinsamer Passwörter das Verfahren Simultaneous Authentication of Equals (SAE), das deutlich widerstandsfähiger gegen Wörterbuchangriffe ist. Darüber hinaus bietet WPA3 mit Opportunistic Wireless Encryption (OWE) auch für offene Netzwerke eine Verschlüsselung, sodass der Datenverkehr nicht mehr im Klartext übertragen wird. Für Gastzugänge ohne individuelle Authentifizierung steht der Modus Enhanced Open zur Verfügung. In Unternehmensumgebungen kommt WPA3 in der Variante WPA3-Enterprise zum Einsatz, die auf der IEEE-802.1X-Authentifizierung (z. B. mit RADIUS-Servern) basiert und optional eine 192-Bit-Verschlüsselung vorsieht. In modernen Netzen wird empfohlen, ausschließlich WPA3 zu verwenden oder – falls ältere Geräte dies nicht unterstützen – einen Übergangsmodus mit WPA2 und WPA3 einzurichten.

8.7 Aufbau eines Infrastruktur-WLAN

Im Infrastrukturmodus verläuft die Kommunikation über den Access-Point. Dieser stellt die Verbindung zum physischen Netz dar. Der Markt bietet eine große Vielfalt an Geräten mit unterschiedlichen Implementierungen und Bauformen, sodass keine einheitliche Standardbeschreibung möglich ist. Eine vollständige Darstellung aller Varianten würde den Rahmen sprengen.

Die Access-Points können in allen möglichen Bauarten gekauft werden. Sie gibt es mit Funktionen von der reinen Bridge ins Netzwerk bis hin zum vollwertigen Router oder einer Firewall. Manche lassen sich je nach ihrer Funktion konfigurieren.

Während im Heimumfeld meist der Wireless-Router, mit integriertem Switch für den Anschluss von Ethernet-Kabeln für Desktop-PCs, häufig auch mit DSL- oder Kabel-Modem zum Kombi-Gerät integriert, vorherrscht, wird im gewerblichen Umfeld bei der Planung von WLAN-Netzen häufiger die Variation als transparente Bridge als Access-Point eingesetzt. Hier übernimmt der Access-Point fast nur noch eine Antennenfunktion ohne eigene Intelligenz. Services wie das Roaming, Routing, Switching, VLANs, Access-Control und DHCP-Services werden im Hintergrund von zentralen, leistungsfähigen Geräten übernommen. Dadurch lässt sich die Umgebung deutlich einfacher zentral verwalten, da die Konfigurationen nicht an vielen Access-Points verteilt vorgenommen werden müssen, sondern lediglich einmal an den zentralen Geräten. Ebenso können die Zugangsberechtigung, Verschlüsselungen und vieles andere mehr zentral eingerichtet und terminiert werden.

In der Regel übernehmen dies Appliances, sogenannte Wireless-LAN-Controller. Wer viele Sender in verschiedenen Gebäuden betreibt, wird ohne sie nicht auskommen, die Funkumgebung ist sonst nicht mehr zu managen. Die modernen Appliances regeln unter anderem auch automatisch die Funkkanäle, die Sendestärke. Sie wechseln automatisch die Frequenzen, wenn Störungen auftauchen. In der Regel sind diese Lösungen proprietär. Das heißt, man muss sich auf einen Hersteller festlegen. Die Vorteile sind in großen Umgebungen aber immens. Wer möchte ein Software-Update an 200 Geräten in acht Gebäuden Stück für Stück durchführen?

Inwieweit diese Trennung oder Integration der Services und Geräte infrage kommt, muss von Fall zu Fall entschieden werden. Ein solches Funksystem ist in das Sicherheitskonzept einer Firma zu integrieren.

Zu Hause sollte man dafür sorgen, dass die eigene Umgebung geschützt ist, aber so einfach strukturiert als möglich bleibt. Hier ist dafür zu sorgen, dass die eigenen Daten nicht zugänglich sind, keine illegalen Daten heimlich „gelagert" werden können, zum Beispiel durch geeignete Passwörter und Verschlüsselung. Ebenso sollte kein Missbrauch mit dem Internet-Anschluss ermöglicht werden.

Es ist zwar „nett", anderen seinen Internetzugang frei zur Verfügung zu stellen. Die juristischen Konsequenzen aber sollten mit bedacht werden. Wenn von einer IP-Adresse aus juristisch relevante Vorgänge oder sogar Straftaten verübt werden, ist der

Besitzer der Adresse im Erklärungszwang. Die Transaktionen im Internet werden von den Providern geloggt. Bei einem Vergehen kann der Provider sagen, wer wann welche Adresse hatte, aber es ist in der Regel durch NAT nicht möglich, das Endgerät genau zu identifizieren. Die Vorsicht im privaten Umfeld muss nicht übertrieben werden, der mögliche Schaden sollte aber ebenfalls nicht unterschätzt werden.

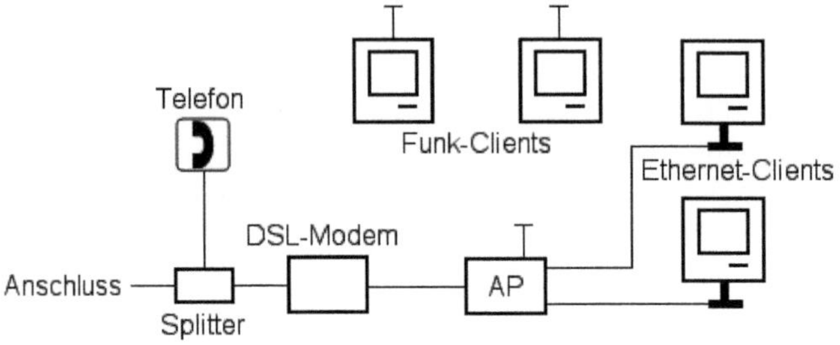

Bild 8.4 Der mögliche Aufbau eines Netzwerks zu Hause oder in kleinen Umgebungen. Am Telefonanschluss werden per Splitter das DSL- und das Telefonsignal getrennt. Das DSL-Modem decodiert das Signal und stellt Ethernet zur Verfügung. Der Access-Point (AP) ist hier ein integriertes Kombi-Gerät. Er ist NAT-Router, Firewall und DHCP-Server in einem Gerät, hat mehrere geswitchte Ports für PCs, die über Kabel angeschlossen werden, und ist gleichzeitig Wireless-Access-Point. Alle Netzwerkfunktionen sind hier in einem einzigen Kombi-Gerät zusammengefasst.

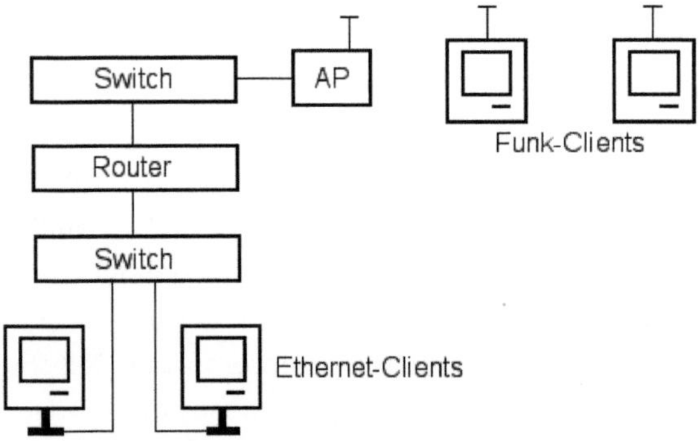

Bild 8.5 Der mögliche Aufbau einer größeren, professionellen Umgebung. Die Access-Points (AP) sind hier einfache Bridges ohne große Funktionalität und Intelligenz. Die Services wie DHCP, Firewall, Routing, Switching werden von den sehr viel leistungsfähigeren Core-Switches und Routern übernommen. Aus Sicherheitsgründen werden die Funk-Clients in einem gesonderten Subnetz geführt, nicht zusammen mit den fest angeschlossenen Rechnern. Somit kann auf dem Router (oder auf einer Firewall) gezielt für Sicherheit gesorgt werden. Für die Funk-Clients können so leicht höhere Sicherheitskriterien angewandt werden. In gewerblichen Umgebungen sollte auf jeden Fall VPN eingesetzt werden. Der Router stellt die Verbindung zum Backbone oder Internet her (nicht eingezeichnet). In großen Umgebungen regelt ein weiteres Gerät, der WLAN-Controller, die Access-Points.

8.8 Stromversorgung der Sender

Ein Access-Point benötigt selbstverständlich eine Stromversorgung. Theoretisch muss also ein Stromkabel mit dem Netzwerkkabel, das den Access-Point erschließt, verlegt werden. Um dies zu vermeiden, gibt es Power over Ethernet, auch Power-Injection genannt. Hier wird die Versorgungsspannung über das Ethernet-Kabel in den Access-Point geführt.

Power-Injection gibt es in verschiedenen Varianten. Einmal wird ein Koppler zwischengeschaltet (Power-Injector), der Strom bezieht und einspeist, im anderen Fall liefert bereits der Switch, an dem gepatcht wird, von sich aus den Strom über die Ethernet-Schnittstelle (PoE, Power over Ethernet). PoE wird auch angewandt, um IP-Telefone mit Strom zu versorgen.

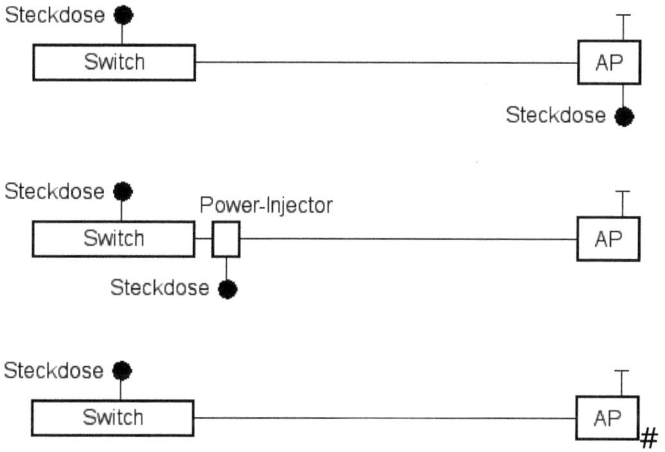

Bild 8.6 Es gibt mehrere Möglichkeiten, einen Access-Point (AP) mit Strom zu versorgen. Herkömmlich muss eine Stromversorgung bis an den AP geführt werden, er steckt schlichtweg in der Steckdose (oben). Mit dem Verfahren Power over Ethernet wird der Strom über das Netzwerkkabel geleitet. Dies kann einmal dadurch geschehen, dass man einen Power-Injector dazwischen patcht, der Strom aus der Steckdose bezieht und ins Netzwerkkabel einspeist (Mitte), oder der Switch, an dem der AP angeschlossen ist, speist den Strom direkt aus seiner eigenen Stromversorgung ein.

Bei PoE ist noch Vorsicht geboten. Bei den ersten Implementierungen wurde der Strom für die Sender über die ungenutzten Adern des Netzwerkkabels geleitet. Zur Erinnerung: Bei Fast Ethernet werden vier Adern genutzt, ein Netzwerkkabel besitzt insgesamt acht. Dies war aber nicht immer möglich. Um Geld zu sparen, hat man früher oft zwei Netzwerkdosen mit einem Kabel erschlossen, mit Doppeldosen. Hier sind alle acht Adern in Nutzung. Mit der Entwicklung des N-Standards (siehe Abschnitt 8.12.5) mussten sich die Hersteller jedoch etwas einfallen lassen. Ein Access-Point nach N-Standard bietet eine Brutto-Datenrate von bis zu 600 Mbit/s. Daher müssen diese Access-Points mit Gigabit-Ethernet erschlossen werden. Hier sind sowieso alle acht Adern im Betrieb. Dies wurde gelöst, indem Strom und Datensignal gemeinsam ins Kabel eingespeist und am Ziel elektronisch getrennt werden. Diese Verfahren funktionieren auch über Doppeldosen. In der Übergangsphase aber sollte man prüfen, welchen Standard eine Stromquelle liefert, um Schäden zu vermeiden. PoE arbeitet mit 48 Volt, hier riskiert man eventuell große Schäden, wenn man alte und neue Standards mischt.

8.9 Mesh

Eine Besonderheit bei der Installation von Netzwerken ist der Einsatz von Mesh-Topologien. Während klassische WLAN-Infrastrukturen jeden Access-Point per Kabel mit dem Netzwerk verbinden, können in Mesh-Netzen auch drahtlose Verbindungen zwischen Access-Points genutzt werden. Dadurch lassen sich große Flächen, etwa Plätze, Hallen oder Gebäudekomplexe, versorgen, ohne an jedem Standort Netzwerkkabel verlegen zu müssen.

Heute wird für solche Installationen der Standard IEEE 802.11 s eingesetzt, der die herstellerübergreifende Einrichtung von Mesh-Netzen ermöglicht. Dabei bildet ein Teil der Access-Points den drahtlosen Backbone und stellt die Verbindung zum kabelgebundenen Netzwerk her, während andere Access-Points ihre Daten darüber weiterleiten. Moderne Mesh-Systeme unterstützen sowohl 2,4- und 5-GHz-Verbindungen als auch die neuen 6-GHz-Bänder, wodurch sich die verfügbare Bandbreite deutlich erhöht und Interferenzen reduziert werden.

Im Heimbereich bieten viele Hersteller inzwischen einfach zu konfigurierende Mesh-Systeme an, die neben der drahtlosen Vernetzung auch Funktionen wie automatische Kanaloptimierung, Client-Steering und Self-Healing bei Verbindungsabbrüchen integrieren. In professionellen Umgebungen werden Mesh-Netze häufig zentral durch WLAN-Controller verwaltet, die die optimale Topologie, die Kanalverteilung und die Leistungsparameter dynamisch anpassen.

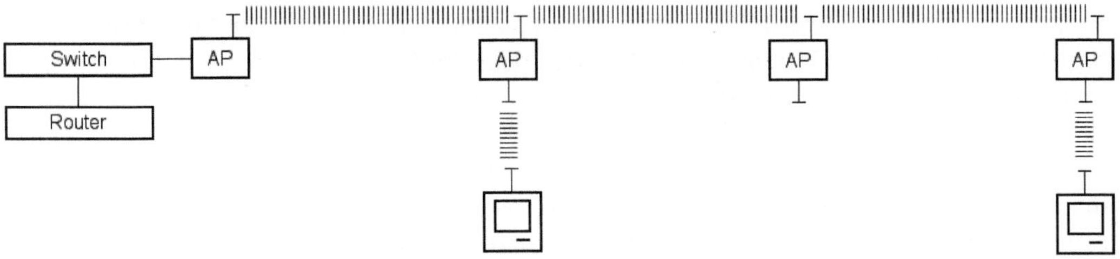

Bild 8.7 Ein Mesh-Verbund. Ein AP ist an das Netzwerk per Kabel angeschlossen. Über Funk sind die anderen erschlossen.

8.10 Techniken der Funkübertragung

Bevor die einzelnen WLAN-Standards betrachtet werden, werfen wir einen Blick auf die grundlegenden Verfahren, die ihre Leistungsfähigkeit ermöglichen. Drahtlose Datenübertragung ist störanfällig und unterliegt engen regulatorischen Beschränkungen. Um dennoch hohe Datenraten und eine stabile Verbindung zu gewährleisten, nutzen WLAN-Systeme Techniken wie Bandspreizung, Mehrträgerübertragung und adaptive Modulation. Diese Verfahren bilden das Fundament, auf dem die unterschiedlichen Ausprägungen der IEEE-802.11-Familie aufbauen. Im Folgenden werden diese Grundlagen kompakt erläutert, bevor sie in den unterschiedlichen WLAN-Standards erneut aufgegriffen und in ihrem jeweiligen Kontext eingeordnet werden.

8.10.1 Bandspreizung

Um Datensignale per Funk übertragen zu können, müssen sie „vorbereitet" werden. Die Unverfälschtheit muss gewährleistet sein, sei es durch Prüfmechanismen oder andere Kontrollen, und zerstörte oder gestörte Daten müssen erneut angefordert werden. Sinnvoll ist, schon im Vorfeld die größten Störmöglichkeiten zu minimieren. Man wählte dazu das Verfahren der Bandspreizung, das in der Militärfunktechnik schon lange bekannt war. Zur Minimierung der Störungen wird das Signal zuerst gespreizt, dann auf die Trägerfrequenzen aufmoduliert und übertragen.

Was bedeutet nun gespreizt? 802.11 beschreibt zwei Verfahren, von denen nur eines in Betrieb gegangen ist (DSSS).

8.10.1.1 DSSS, Direct Sequence Spread Spectrum

Bei DSSS wird eine Datensequenz mit einem bestimmten Bitcode bearbeitet, in der Funktechnik sagt man „gescrambelt". Das bedeutet, Bit für Bit wird die Information vor der Sendung mit XOR-Operationen gegen einen festgelegten Bitcode codiert. Und zwar mit einer höheren Bitrate als die eigentliche Sendung. Das eigentliche Signal wird also über die Frequenzen „verschmiert". Die Intensität des Signals sinkt dabei. Dies nennt man Chipping und die Coderate die Chipping-Frequenz.

Die XOR-Funktion ist eine logische Funktion wie AND oder OR. Hat man eine Schaltung mit zwei Eingängen und einem Ausgang, bekommt bei AND der Ausgang den Wert eins, wenn beide Eingänge den Wert eins haben. Bei OR bekommt der Ausgang den Wert eins, wenn einer der beiden Eingänge oder beide den Wert eins haben. Bei XOR (exclusive-or) bekommt der Ausgang nur dann den Wert eins, wenn die Eingänge unterschiedliche Zustände haben.

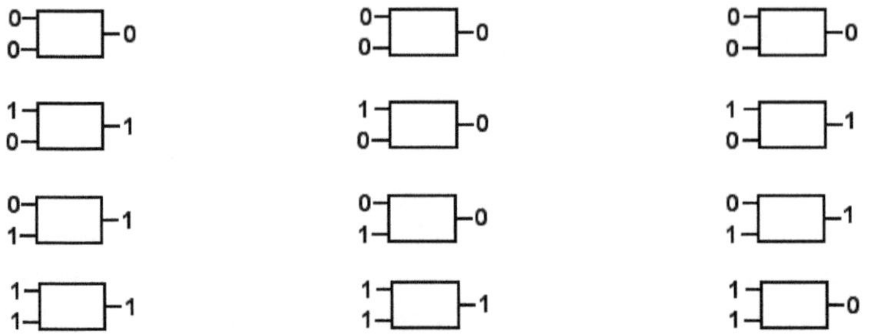

Bild 8.8 Drei neuronale Zellen mit den Funktionen OR (links), AND (Mitte) und XOR (rechts). Bei XOR wird der Ausgang nur eins, wenn die Eingänge unterschiedliche Werte haben.

Chippt man nun ein Signal aus zwei Bit mit einer 8-Bit-Chipping-Sequenz, könnte dies zum Beispiel so aussehen: Wir wollen die Zustände 0 und 1 übertragen, die Chipping-Sequenz sei 00110011:

Zu sendende Bits:	0 1
8-Bit-Spreizung:	0000000011111111
Chipping-Sequenz:	0011001100110011
Ergebnis XOR:	0011001111001100

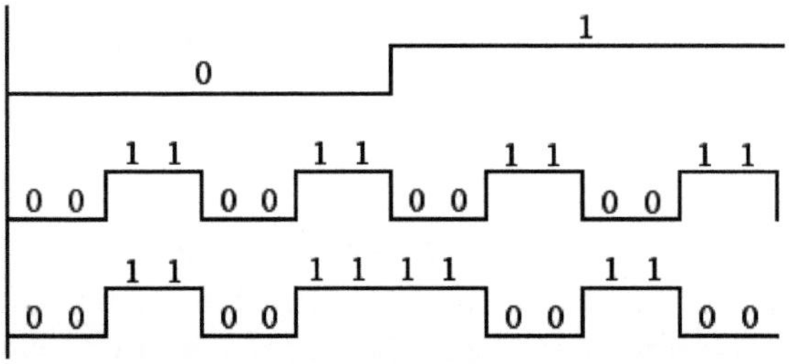

Bild 8.9 Das Chipping. Die ursprünglich zu sendende Bitfolge 0 1 (oben) wird mit dem Bitcode 00110011 (Mitte) gescrambelt. Das Ergebnis ist der Bitcode, der zur Sendung aufmoduliert wird (unten).

Am Empfänger erfolgt nun der entscheidende Schritt: Wendet man dieselbe XOR-Operation mit der identischen Chipping-Sequenz erneut auf das empfangene Signal an, lässt sich der ursprüngliche Bitcode rekonstruieren. Dieser Effekt ist mathematisch beweisbar, wird hier jedoch nicht im Detail hergeleitet. Das zuvor gespreizte Signal wird auf diese Weise wieder entspreizt und in seine ursprüngliche Form zurückgeführt.

Gescrambelte Folge:	0011001111001100
Chipping-Sequenz:	0011001100110011
Ergebnis (XOR):	0000000011111111
Integrative Entspreizung:	0 1

Die ursprüngliche Bitrate des Ursignales (also unserer 0 und 1) nennt man die Sampling-Periode. Das Ergebnis der XOR-Operation wird in Stücke der Sampling-Periode zerlegt und integrativ ausgewertet. Also: $8 \times 0/8 = 0$ und $8 \times 1/8 = 1$.

Welchen Zweck hat dieses Vorgehen? Dabei werden zwei wesentliche Effekte erzielt. Zum einen gibt es hier eine Möglichkeit einer Fehlererkennung und -korrektur. Wäre unser entspreiztes Signal nun in der ersten Sampling-Periode 00000100, wüssten wir, dass das nicht sein kann. Innerhalb einer Periode müssen alle Bits gleich sein, denn wir haben dasselbe Bit achtmal gechippt. Daher können wir sicher davon ausgehen, dass hier eine Störung passiert ist und das Ergebnis 00000000 sein muss. Ist die Störung zu groß, sodass nicht mehr eindeutig entschieden werden kann, muss die Übertragung nochmals angefordert werden. Ansonsten kann der Fehler korrigiert werden.

Zum anderen haben wir noch einen weitreichenden Effekt in der Funktechnik. Durch das Chipping wird das Signal auf einen breiteren Frequenzraum „aufgespreizt" und damit in der Intensität geringer. Es kann sogar im Rauschen untergehen. Im Militärfunk erhoffte man sich damit, Funksendungen verstecken zu können. Nur wer den Chipcode und die Sampling-Rate kennt, kann das Signal wiederherstellen.

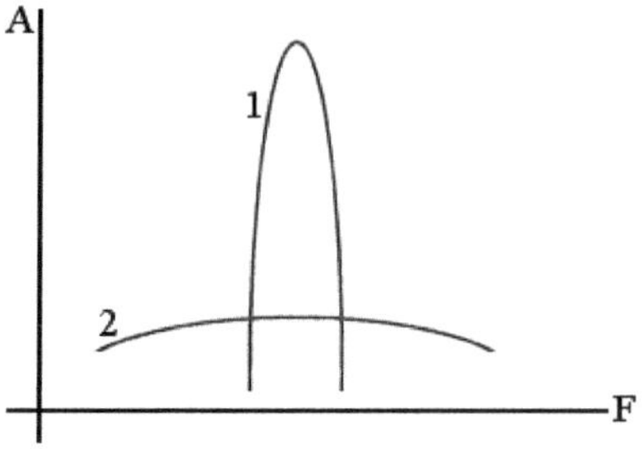

Bild 8.10
Das ursprüngliche Signal (1) wird durch das Chipping auf mehrere Frequenzen verteilt (2). Die Intensität sinkt dabei stark ab. Hier ist es schematisch dargestellt, die Fläche unter beiden Signalen sollte dieselbe sein. Das Signal ist als solches kaum noch zu sehen.

Ein Störsignal ist meist engbandig. Der Sender codiert störungsfrei. Der Empfänger erhält das Signal mit einer Störung. Durch das erneute Chipping wird das ursprüngliche Signal wiederhergestellt, die Störung aber wird nur einmal vom Empfänger gechippt und dadurch „verschmiert". So sinkt sie in der Intensität weit ab, wird bedeutungslos oder kann gefiltert werden. Dadurch werden Störungen eliminiert.

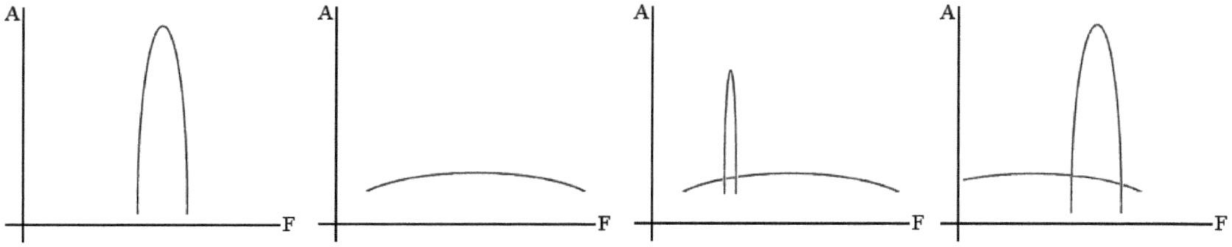

Bild 8.11 Bild links: das ursprüngliche Signal. Mitte links: das gespreizte Signal. Mitte rechts: Eine Störung wird eingestreut. Rechts: Durch das Chipping wird das eigentliche Signal wiederhergestellt, die Störung aber unterdrückt.

Die Signale werden also zweifach bearbeitet, einmal gespreizt und dann auf die Trägerfrequenzen aufmoduliert. Zur Modulation kommen noch Fehlerkorrekturmechanismen. Die einzelnen Modulationsverfahren werden wir nicht ausführlich beschreiben. Sie arbeiten mit Phasen- und Amplitudenmodulation. Zu Details wird auf Büchern zur Funktechnik verwiesen.

Die Kombination aus Codierungs-, Modulationsverfahren und Fehlerkorrekturmechanismen bestimmt die einzelnen Geschwindigkeitsraten, die in einem Standard möglich sind. Automatisch werden diese an die bestehenden Verhältnisse angepasst. Sind Verbindungen schlecht oder das Signal schwach, werden Modulationen verwendet, die eine geringere Datenrate bieten, aber robuster sind; ist die Verbindung gut, werden Verfahren gewählt, die eine höhere Informationsdichte pro Zeiteinheit übertragen.

Damit wird deutlich, warum in drahtlosen Netzwerken feste Übertragungsraten definiert sind, zwischen denen die Geräte abhängig von der aktuellen Signalgüte automatisch wechseln. Grundlage dafür ist die Kombination aus Modulationsverfahren, Kanalcodierung und Fehlerkorrektur. Bei schwacher Verbindung oder starken Störungen greifen die Systeme auf robustere, aber weniger effiziente Modulationsarten zurück, um die Übertragung stabil zu halten. Ist die Verbindung dagegen von hoher Qualität, werden komplexere Modulationsverfahren mit höherer Informationsdichte eingesetzt, sodass mehr Daten pro Zeiteinheit übertragen werden können. Auf diese Weise wird die verfügbare Bandbreite stets an die aktuellen Funkbedingungen angepasst.

Beispielsweise werden für die Standards 802.11 g und 802.11a (siehe Abschnitt 8.12.3) die folgenden Kombinationen aus Modulation und Fehlerkorrektur verwendet:

Mbit/s	**Modulation**	**Korrektur**
6	BPSK	1/2
9	BPSK	3/4
12	QPSK	1/2
18	QPSK	3/4
24	16-QAM	1/2
36	16-QAM	3/4
48	64-QAM	2/3
54	64-QAM	3/4

(Für Interessierte: BPSK: Binary Phase Shift Keying, QPSK: Quadrature Phase Shift Keying, QAM: Quadrature Amplitude Modulation)

Die Spalte „Korrektur“ gibt die Code-Rate der Fehlerkorrektur an; z. B. bedeutet 1/2, dass 1 Nutzbit in 2 Sendebits (inkl. Redundanz) kodiert wird. Bei einem größeren Verhältnis von Nutz- zu Sendebits ist die Übertragung effizienter, es können aber weniger Fehler korrigiert werden.

8.10.1.2 FHSS

Der Standard 802.11 beschreibt ein weiteres Verfahren der Bandspreizung, FHSS, Frequency Hopping Spread Spectrum. Hier wird nach einem festgelegten Muster die Trägerfrequenz gewechselt. Genauso muss der Empfänger nach demselben Muster auf diesen Frequenzen empfangen. Tritt nun eine Störung auf einer Frequenz auf, geht nur ein kleiner Teil der gesendeten Information verloren und muss nachgefordert werden. Treten Störungen in einer Frequenz häufig oder dauernd auf, kann diese vom Hopping ausgeschlossen werden. Für Interessierte: Bluetooth arbeitet nach FHSS.

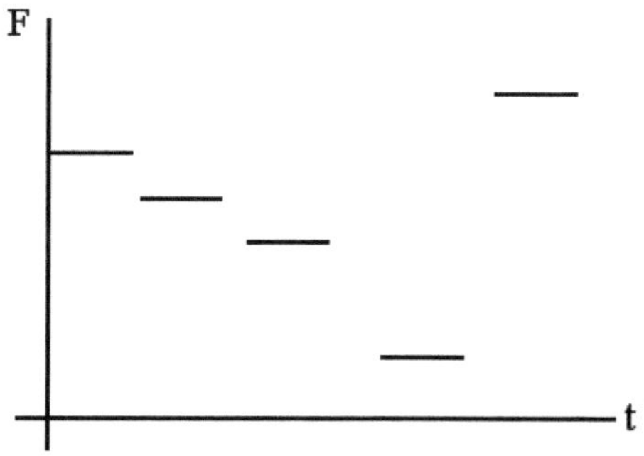

Bild 8.12
FHSS. Der Sender springt nach einem festen Muster auf verschiedenen Trägerfrequenzen. Der Empfänger muss dieses Muster kennen und genauso auf den verschiedenen Frequenzen empfangen. Frequenzen, die mit Störungen behaftet sind, können durch einen Wechsel des Musters ausgeklammert werden.

8.10.1.3 OFDM

Da die Bandspreizungsverfahren wie DSSS bei steigenden Datenraten und breiteren Kanälen an ihre physikalischen und spektralen Grenzen stoßen, wurde mit Orthogonal Frequency Division Multiplex (OFDM) ein flexibleres Mehrträgerverfahren eingeführt, das höhere Übertragungsraten bei gleichzeitig robusterer Übertragung ermöglicht. Mit OFDM, so wie es beispielsweise in IEEE 802.11a und g eingesetzt wird, wird ein Kanal mit 20 MHz Kanalbandbreite in 64 Unterkanäle aufgeteilt, die sehr schmal sind. 48 werden parallel zur Übertragung verwendet, vier zur Synchronisation. Am oberen und unteren Rand bleiben je sechs Unterkanäle unbenutzt, sodass zwischen den Kanälen zwölf Unterkanäle zur Trennung verbleiben. Jede Frequenz wird für sich moduliert. Die einzelnen Kanäle sind orthogonal zueinander, das heißt, der Frequenzmittelpunkt (Scheitel) eines Unterkanals liegt genau im Nulldurchgang der benachbarten Unterkanäle. So stören sich die Signale am wenigsten, und die überlagerten Signale können am Empfänger durch Fourier-Transformation wieder leicht separiert werden. Gibt es dauernde Störungen in einem Unterkanal, kann dieser gemieden werden. Intelligente Fehlerkorrekturmechanismen machen die Methode fehlertolerant. Sollte trotzdem etwas verloren gehen, muss nur ein Bruchteil nachgesendet werden.

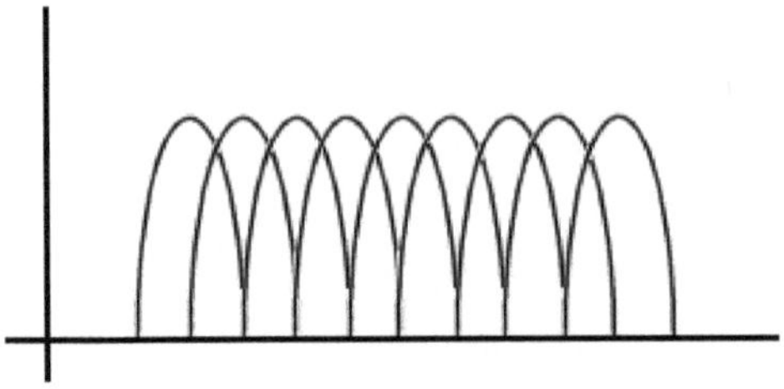

Bild 8.13 Bei OFDM wird ein Kanal in Unterkanäle unterteilt. Die Frequenzen werden so gewählt, dass der Scheitel eines Signals genau am Nullpunkt der benachbarten Unterkanäle liegt. So lassen sich die überlagerten Signale beim Empfänger durch Fourier-Transformation wieder gut trennen.

8.10.1.4 Antennendiversität und Gruppengewinn

Moderne WLAN-Geräte besitzen in der Regel mehrere Antennen. Schon mit zwei Antennen kann Antennendiversität (Antenna Diversity) genutzt werden. Durch Laufzeitunterschiede in Mehrwegeausbreitungen können Interferenzen entstehen, die das Signal unbrauchbar machen oder schwächen. Hat man zwei Antennen im richtigen Abstand, bilden sich alternierende Interferenzmuster. Sendet der Sender in der Kommunikation mit dem Client nur mit einer Antenne, kann diese Störung umgangen werden.

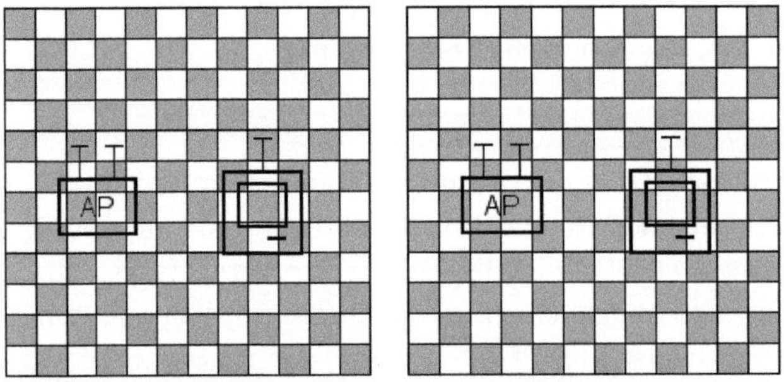

Bild 8.14 Zwei Antennen im richtigen Abstand (1/2 Wellenlänge) erzeugen alternierende Interferenzmuster. (Hier sehr symbolisch abgebildet.) Kommuniziert der Sender nur mit einer Antenne mit dem Client, ist dieser außerhalb der destruktiven Interferenz.

Mit mehreren Antennen kann auch mehr Leistung entnommen werden. In der Funktechnik nennt man dies Gruppengewinn.

8.10.1.5 MIMO und Beamforming

Der Einsatz mehrerer Antennen ist eine der bedeutendsten Weiterentwicklungen moderner WLAN-Technologien. Multiple Input Multiple Output (MIMO) ermöglicht es, mehrere unabhängige Datenströme gleichzeitig über dieselbe Funkfrequenz zu übertragen. Dabei nutzen Sender und Empfänger mehrere räumlich getrennte Antennen, um getrennte Datenströme, sogenannte Spatial Streams, aufzubauen. Dies steigert die Übertragungskapazität erheblich und verbessert die Robustheit gegenüber Störungen und Mehrwegeeffekten.

Eng verbunden mit dieser Technik ist das Beamforming. Hierbei werden die Signale mehrerer Antennen gezielt so überlagert, dass sich ihre Wellenfront in Richtung des Empfängers ausrichtet. Dadurch erhöht sich die Empfangsleistung, und es können komplexere Modulationsverfahren genutzt werden, die eine höhere Datenrate ermöglichen. Beamforming, ursprünglich in der Militärtechnik unter dem Begriff „Phase-Shift-Array" entwickelt, erfordert eine kontinuierliche Anpassung der Signalphasen an die aktuelle Funkumgebung.

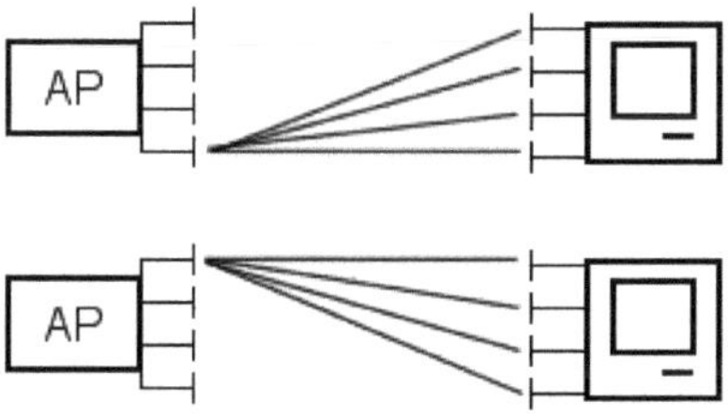

Bild 8.15 MIMO. Wird mit mehreren Antennen gesendet, trifft das Signal aufgrund der Laufzeitunterschiede leicht phasenverschoben ein. Hier im Bild sehen Sie zwei Möglichkeiten von acht. Aus diesen Informationen entsteht eine lineare Matrix, über die sich die Streams zuordnen lassen

Sowohl MIMO als auch Beamforming setzen voraus, dass Sender und Empfänger die räumlichen Eigenschaften der Übertragungsstrecke kennen. Moderne Systeme erreichen dies durch den Austausch von Trainingssignalen und eine fortlaufende Analyse der Funkumgebung, sodass sich die Signalübertragung dynamisch optimieren lässt.

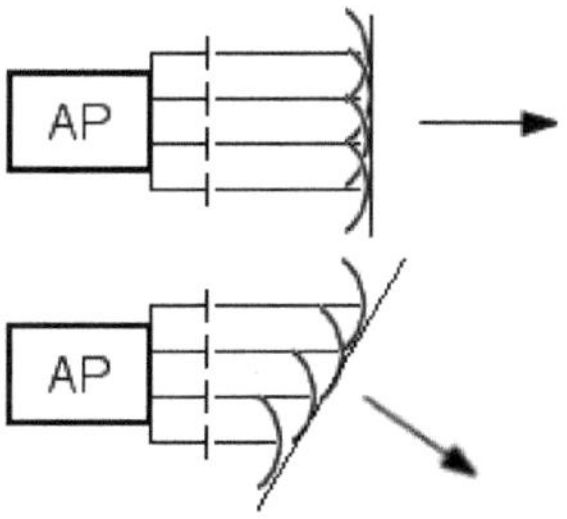

Bild 8.16
Beamforming. Wird ein Signal zeitversetzt von mehreren Antennen ausgesendet, kann die Richtung der Ausbreitung der Wellenfront gesteuert werden.

8.10.1.6 Packet Aggregation

Bei Packet Aggregation wird das WLAN-Frame so vergrößert, dass mehrere Datenpakete hineinpassen. Der Overhead von Headern wird reduziert. Bei häufigen Störungen entfällt der Vorteil, da nun größere Pakete mehrfach gesendet werden müssen.

8.11 Wi-Fi und Proprietäres

In den Anfangszeiten des WLAN waren viele Hersteller mit dem Standard nicht zufrieden und wollten höhere Übertragungsraten und Extrafunktionen. Dies ist mit proprietären Methoden wie einer Kanalbündelung oder mit Kompressionsverfahren möglich. Wie bei jeder Technik gibt es neben Vorteilen auch Nachteile. Es können bei proprietären Verfahren nur Access-Points und Adapter dieser Firmen und Verfahren miteinander eingesetzt werden. Eine Kompatibilität gibt es hier nicht. Meist wird angeboten, dass sich die Adapter bei einem Fehlen der erweiterten Implementierungen automatisch auf den Standard zurückschalten.

Daher hat sich eine Gruppe von Firmen zusammengeschlossen und die WECA-Vereinigung (Wireless Ethernet Compatibility Alliance) gebildet, die später in Wi-Fi Alliance [WiFi2025] umbenannt wurde. Diese vergibt das Wi-Fi-Logo (Wireless Fidelity). Wer es verwenden will, muss seine Geräte und Adapter einem Test unterziehen lassen. Sind diese absolut kompatibel, werden sie zertifiziert.

Das Wi-Fi-Logo besagt also, dass zum Beispiel die Adapter eines Herstellers garantiert an den Access-Points anderer anbinden können, wenn alle zertifiziert sind. Dieses Zertifikat ist jedoch freiwillig. Trägt es ein Gerät nicht, bedeutet dies nicht, dass es nicht kompatibel ist. Früher gab es viele Geräte, welche die Erweiterungen ihrer Hersteller haben und unter sich mit höherer Geschwindigkeit kommunizieren können, dies mit anderen Wi-Fi-Geräten aber nur nach Standard tun.

8.12 Die IEEE 802.11-Standards

Wireless-LAN ist nicht „Ethernet über Funk“, sondern eine eigene Implementierung in der IEEE 802-Familie. Mit IEEE 802.11 [IEEE2025] wurde 1997 von der IEEE ein Standard für Funknetzverbindungen im 2,4-GHz-Band mit Geschwindigkeiten von 1 Mbit/s und 2 Mbit/s beschrieben. Dazu gab es noch eine Spezifikation für eine Infrarot-Schnittstelle, die nie wirklich zum Einsatz kam. Die sehr geringe Reichweite und die Tatsache, dass direkte Sichtverbindung notwendig ist, machte diese Schnittstelle unbrauchbar.

Heute sind wesentlich höhere Verbindungsgeschwindigkeiten möglich beziehungsweise im Test. Ein großes Problem bei der Entwicklung von Funkstandards war die Unverfälschtheit der übertragenen Informationen. Während im Anfang des Radios Rauschen und Störungen alltäglich waren (und in manchen analogen Bändern heute noch sind), kann bei der Datenübertragung nicht akzeptiert werden, dass Bits verfälscht werden. Natürlich ist es schöner, Mozart ohne Rauschen zu hören. Jedoch sind Sprache und Musik im Verständnis auch bei einer relativ hohen Fehlerrate brauchbar. Daher musste in der drahtlosen Datenübertragung von Beginn an dafür gesorgt werden, dass Störungen gefiltert und korrigiert werden können.

Es gibt heute sehr viele Standards im Bereich 802.11. Diese werden mit Buchstaben bezeichnet, die hinter 802.11 angehängt werden, z. B. 802.11a. Die Buchstaben bis 802.11z sind inzwischen ausgeschöpft, und man musste zu zwei Buchstaben übergehen, z. B. 802.11ac. Zusätzlich hat die Wi-Fi Alliance für die Allgemeinheit eingängigere Bezeichnungen eingeführt: Wi-Fi 4 steht beispielsweise für IEEE 802.11n.

Viele Standards der IEEE-802.11-Familie arbeiten für Anwender im Hintergrund und sind nicht direkt wahrnehmbar. Im Folgenden werden daher nur diejenigen beschrieben, die sich im täglichen Einsatz deutlich bemerkbar machen oder noch relevant sind.

8.12.1 802.11

802.11 wurde im ISM-Frequenzband (Industrial, Scientific, Medicine) angesiedelt, das lizenzfrei von allen benutzt werden kann. Daher ist es dort „eng" geworden. In diesem Frequenzbereich tummeln sich aufgrund der kostenlosen Nutzung z. B. Bluetooth, Heim-Audio- und Videosysteme, Garagentorsteuerungen, Bewegungs- und Feuermelder oder Alarmanlagen.

Der verfügbare Frequenzbereich erstreckt sich über 14 Kanäle mit einem Abstand von 5 MHz mit den Mittelfrequenzen von 2412 MHz bis 2472 MHz. Hier gibt es regionale Unterschiede, Kanal 14 ist zum Beispiel nur in Japan zugelassen, 12 und 13 in Europa, in Amerika sind nur die Kanäle 1 –11 erlaubt.

Tabelle 8.1 Kanäle im ISM-Band

	1	2	3	4	5	6	7	8	9	10	11	12	13	14
Amerika												X	X	X
Europa														X
Japan														

Die Mittelfrequenzen sind: 2412, 2417, 2422, 2427, 2432, 2437, 2442, 2447, 2452, 2457, 2462, 2467, 2472 und 2477 MHz.

Aufgrund der oben beschriebenen Anforderungen an eine unverfälschte und fehlerfreie Übertragung, wie sie insbesondere durch die Bandspreizungsverfahren (z. B. DSSS) bedingt sind, können die Kanäle nicht eng nebeneinander genutzt werden. Für eine störungsfreie Übertragung ist eine Kanalbandbreite von etwa 20 MHz um die jeweilige Mittelfrequenz erforderlich, im ursprünglichen Standard wurden sogar 30 MHz festgelegt. Erst mit diesem Abstand lässt sich sicherstellen, dass sich benachbarte Kanäle nicht überlappen und gegenseitig stören. Warum diese vergleichsweise breiten Kanäle notwendig sind, erschließt sich aus den zuvor erläuterten Verfahren der Funkübertragung.

8.12.2 802.11b

1999 wurde mit 802.11b die Spreiztechnik DSSS zu HR-DSSS (High-Rate Direct Sequence Spread Spectrum) erweitert, was nun Geschwindigkeiten von 5.5 und 11 Mbit/s erlaubte.

8.12.3 802.11a und 802.11 g

1999 wurde parallel mit 802.11a ein neues Fenster im 5-GHz-Band erschlossen. Man wollte der Überfüllung des 2,4-GHz-Bereiches ausweichen. Durch eine gleichzeitige Umstellung der Codierung, von DSSS auf OFDM waren nun Datenraten bis 54 Mbit/s möglich. Das neue Frequenzband hatte nicht die Last der vielfältigen Nutzung durch andere Funktechniken, aber „Geburtsschwierigkeiten" unter anderem technischer Art. Es dauerte lange, bis die Hersteller der Sender und Endgeräte 802.11a großflächig unterstützten. Die Frequenz ist höher, die Wellenlänge damit kürzer. Damit ist auch die Materialdurchdringung geringer.

Im 5-GHz-Band bestehen zudem internationale Unterschiede in der Nutzung der verfügbaren Frequenzen. Nicht in allen Ländern sind sämtliche Bereiche freigegeben. In Europa sind die Frequenzbereiche von 5,15 GHz bis 5,35 GHz sowie von 5,47 GHz bis 5,725 GHz nutzbar. In den USA stehen zwölf jeweils 20 MHz breite Kanäle zur Verfügung, während in Europa insgesamt 19 Kanäle erlaubt sind. Typische Mittenfrequenzen in Amerika und Europa sind 5.180 MHz, 5.200 MHz, 5.220 MHz, 5.240 MHz, 5.260 MHz, 5.280 MHz, 5.300 MHz und 5.320 MHz. In Europa kommen zusätzlich die Frequenzen 5.500 MHz, 5.520 MHz, 5.540 MHz, 5.560 MHz, 5.580 MHz, 5.600 MHz, 5.620 MHz, 5.660 MHz, 5.680 MHz und 5.700 MHz hinzu. In den USA sind darüber hinaus die Frequenzen 5.735 MHz, 5.755 MHz, 5.775 MHz und 5.835 MHz freigegeben.

2003 wurde mit dem Standard 802.11 g das Codierungsverfahren OFDM in das 2,4-GHz-Band übernommen. Seither kann auch in diesem Band mit Raten von bis zu 54 Mbit/s gesendet werden.

8.12.4 802.11h

802.11a wurde für Amerika definiert. Um auch in Europa zugelassen zu werden, wurden Erweiterungen eingeführt. 802.11h integriert zwei Verfahren: Transmit Power Control (TPC) und Dynamic Frequency Selection (DFS).

TPC sorgt dafür, dass Sender und Empfänger den Kanal mit der besten Verfügbarkeit aussuchen und die Sendeleistung auf das benötigte Minimum drosseln.

DFS sorgt dafür, dass WLAN-Geräte sofort den Kanal wechseln, wenn Verkehr von Nicht-WLAN-Geräten detektiert wird. Dies ist der Schutz anderer Nutzer dieser Frequenzen, die Vorrang haben, sogenannte Primärnutzer. Das sind vor allem Radaranlagen. Dies war die Voraussetzung zur Freigabe der Frequenzen in Europa.

8.12.5 802.11n, Wi-Fi 4

Bei der Entwicklung des WLAN galt es lange Zeit als wichtiges Ziel, drahtlose Netze in ihrer Leistungsfähigkeit an kabelgebundene LANs heranzuführen. Maßstab war dabei Fast Ethernet mit einer Übertragungsrate von 100 Mbit/s. 2009 wurde der Standard 802.11n veröffentlicht.

Neben der seriellen Codierung der Signale wurden räumliche Codierungen eingeführt. Bei 802.11n wird mit mehreren Antennen gearbeitet. Mit mehreren Antennen lassen sich deutliche Gewinne erzielen. Systeme mit mehreren Antennen für Sendung und Empfang sind in der Lage, auf denselben Frequenzen mehrere Datenströme zu versenden und zu empfangen, parallel. 802.11n arbeitet in beiden Bereichen, im 2,4- und im 5-GHz-Bereich, wenn möglich gleichzeitig. Die Kanalbandbreite wurde auf optional 40 MHz erweitert. Damit waren völlig neue Codierungen möglich. Aufgrund der „Enge“ im 2,4-GHz-Bereich ist es selten möglich, die 40-MHz-Breiten zu nutzen. Im 5-GHz-Bereich aber ist dies möglich.

802.11n-Geräte kennen drei Modi des Betriebes: Legacy (802.11a/b/g), Mixed-Mode (802.11n und 802.11a/b/g) und Greenfield (nur 802.11n)

Greenfield schaltet alle Kompatibilitäten ab und erhöht so die Leistung deutlich. Dieser Modus sollte nur in abgeschlossenen Umgebungen eingesetzt werden. 802.11a-Geräte erkennen diese Datenströme im 5-GHz-Band nicht mehr als WLAN, sondern als fremde Primärnutzer und geben die Frequenzen per DFS frei, wodurch ihre Verbindung unterbrochen wird.

Eine Lösung ist, Access-Points, die diese Möglichkeit bieten, im 2,4-GHz-Band auf Legacy und im 5-GHz-Band auf n einzustellen. Somit sind die nötigen Features für alle möglich.

8.12.6 802.11ac, Wi-Fi 5

802.11ac, auch als Wi-Fi 5 bekannt, ist eine Weiterentwicklung von 802.11n und arbeitet ausschließlich im 5-GHz-Band. Durch die Erweiterung der Kanalbreiten auf bis zu 160 MHz, die Unterstützung von bis zu acht räumlichen Datenströmen (8×8-MIMO) und ein deutlich optimiertes Beamforming konnte die Übertragungskapazität erheblich gesteigert werden. Zusammen mit einer effizienteren Modulation (256-QAM) und verbesserten Mechanismen zur Kanalnutzung ermöglicht 802.11ac Bruttodatenraten von mehreren Gigabit pro Sekunde und legte damit den Grundstein für drahtlose Hochgeschwindigkeitsnetze.

8.12.7 802.11ax, Wi-Fi 6

802.11ax (Wi-Fi 6, erweitert zu Wi-Fi 6E im 6-GHz-Band) führt wichtige Neuerungen ein, um WLAN auch in stark belegten Umgebungen effizient und energiesparend zu betreiben. Mit bis zu 9,6 Gbit/s Bruttodatenrate bei 160 MHz Kanalbreite und 1024-QAM liegt die maximale Geschwindigkeit deutlich über der vorheriger Generationen. Die Technik OFDMA (Orthogonal Frequency Division Multiple Access) ermöglicht es, dass mehrere Geräte gleichzeitig Daten senden und empfangen. Mit BSS Coloring, einem Verfahren zur Kennzeichnung von Funkzellen, werden Störungen in dicht belegten WLAN-Netzen reduziert. Die Funktion Target Wake Time (TWT) plant Aufwachzeiten von Geräten, wodurch deren Akkuverbrauch sinkt – besonders nützlich bei batteriebetriebenen IoT-Geräten. Insgesamt sind diese Funktionen ideal geeignet für Anwendungen in Büros, Smart Homes oder Veranstaltungsorten mit vielen gleichzeitig verbundenen Geräten.

8.12.8 802.11be, Wi-Fi 7

Der Standard 802.11be (Wi-Fi 7) ist die neueste Entwicklung der IEEE-802.11-Familie und setzt dort an, wo 802.11ax endete. Ziel sind eine deutlich höhere Gesamtkapazität und niedrige Latenzen, passend für Anwendungen wie Augmented und Virtual Reality, Cloud-Gaming und drahtlose Verbindungen zwischen vermaschten Access Points. Im Vergleich zu Vorgängern erhöht Wi-Fi 7 die Kanalbandbreite auf bis zu 320 MHz, führt 4096-QAM zur höheren Symboldichte ein und ermöglicht über Multi-Link Operation (MLO) parallele Datenübertragungen über mehrere Frequenzbänder. Durch die flexible Zuweisung von Frequenz- und Zeitblöcken an Geräte und die Koordination mehrerer Access-Points (Multi-AP) können diese gemeinsam effizienter arbeiten. Gleichzeitig ermöglichen unabhängige Datenströme über mehrere Antennen (16×16 MU-MIMO) eine deutlich höhere Übertragungskapazität. In Summe ergibt dies Datenraten von bis zu 46 Gbit/s in vollständig ausgestatteten Geräten.

8.12.9 802.11ad

Dieser Standard verfolgt einen völlig neuen Ansatz und ist nicht mit anderen WLAN-Standards kompatibel. Er nutzt das 60-GHz-Band, das ausreichend Raum für mehrere Kanäle mit einer Bandbreite von jeweils bis zu 2 GHz bietet. Dieses Funkband ist ungenutzt und ebenfalls frei. Allerdings gibt es hier eine wesentliche Einschränkung. Bei 2,4 GHz liegt die Wellenlänge bei ca. 15 cm. Bei 5 GHz liegt sie bei ca. 7 cm. Bei 60 GHz haben wir Wellenlängen von ca. 5 mm. Eine Materialdurchdringung findet so gut wie nicht mehr statt. Vorteil: WLAN-Netze in benachbarten Räumen stören sich nicht, Nachteil: Ein Access-Point pro Raum wird notwendig.

8.12.10 802.11ay

Der Standard 802.11ay ist die Weiterentwicklung von 802.11ad und nutzt ebenfalls das 60-GHz-Band, erweitert jedoch dessen Möglichkeiten erheblich. Während 802.11ad mit Kanalbreiten von bis zu 2 GHz Datenraten im Bereich von etwa 7 Gbit/s ermöglicht, sieht 802.11ay die Bündelung mehrerer Kanäle sowie MIMO-Übertragungen mit bis zu acht Streams vor. Dadurch lassen sich Bruttodatenraten von mehr als 40 Gbit/s erreichen. Zudem wurden Reichweite und Verbindungsstabilität verbessert, sodass 802.11ay auch für dichte WLAN-Installationen, Wireless-VR und Verbindungen zwischen vermaschten Access-Points geeignet ist.

8.13 Powerline als WLAN-Ergänzung

Wenn weder eine strukturierte Netzwerkverkabelung vorhanden ist noch die Reichweite eines WLAN-Netzes ausreicht, kann die Datenübertragung auch über die bestehenden Stromleitungen erfolgen. Powerline-Kommunikation nutzt dabei das Stromnetz als Übertragungsmedium, indem die Daten auf hochfrequente Träger moduliert und an anderer Stelle von einem Adapter wieder demoduliert werden. Für die Kommunikation werden mindestens zwei solcher Powerline-Bridges benötigt.

Die Leistungsfähigkeit dieser Technik hat sich in den letzten Jahren erheblich verbessert. Moderne Systeme nach IEEE 1901-2023 und HomePlug AV2 erreichen Bruttodatenraten von bis zu 1,8 Gbit/s, wobei in der Praxis – abhängig von Leitungsqualität, Kabellänge und Störquellen – üblicherweise 300 bis 800 Mbit/s erzielt werden. Noch leistungsfähiger sind Geräte auf Basis des G.hn-Standards [ITU-T G.9963], die theoretische Datenraten von bis zu 2,5 Gbit/s unterstützen und zunehmend als Nachfolger der HomePlug-Technik etabliert werden.

Eine stabile Übertragung setzt voraus, dass sich Sender und Empfänger auf derselben Phase des Stromnetzes befinden. Sind sie auf unterschiedliche Phasen verteilt, kann ein Phasenkoppler durch eine Elektrofachkraft installiert werden. Problematisch sind auch moderne digitale Stromzähler, die häufig als Filter wirken und Powerline-Signale dämpfen oder blockieren.

Da prinzipiell jedes Gerät im gleichen Stromnetz den Datenverkehr mitlesen könnte, setzen aktuelle Powerline-Adapter auf eine End-zu-End-Verschlüsselung mit AES-Schlüsseln (128 oder 256 Bit), die bei der Einrichtung automatisch zwischen den Geräten ausgehandelt werden.

Powerline eignet sich besonders für Szenarien, in denen zusätzliche Kabelinstallationen nicht praktikabel sind, etwa in Altbauten oder bei der Anbindung entlegener Räume. Häufig werden Powerline-Adapter heute mit integrierten WLAN-Access-Points kombiniert, sodass entfernte Räume sowohl über Powerline an das Heimnetz angebunden als auch lokal per WLAN versorgt werden können. In modernen Smart-Home-Systemen findet Powerline darüber hinaus als Technologie für die Verbindung von Access Points in Mesh-Netzen Anwendung.

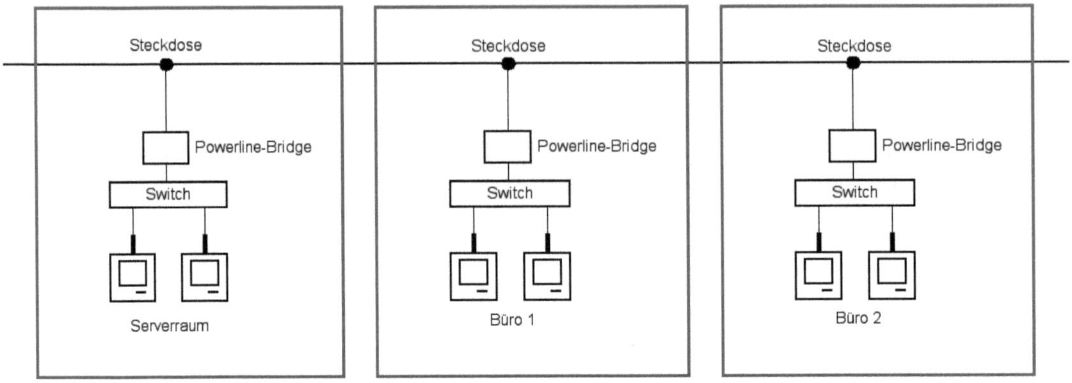

Bild 8.17 Vernetzung über Powerline-Bridges. Der Datentransport erfolgt über die herkömmliche Steckdose. Die verbundenen Räume müssen an einer Phase hängen, oder es muss mit Phasenkopplern gearbeitet werden. Ohne abgeschlossene Umgebung sollten die Daten stets verschlüsselt übertragen werden. Wie bei jedem geteilten Medium kann jeder, der Zugang zu einer Steckdose hat, den Verkehr mithören.

8.14 Zum Weiterlesen

Eine Übersicht über die Standards der IEEE 802.11-Familie findet sich auf der Webseite [IEEE2025]. Ebenso wird ein Überblick über die Aktivitäten der Wi-Fi Alliance auf deren Website [WiFi2025] gegeben. Interessant ist ein vergleichender Blick auf den historischen Standard WEP [IEEE1994] und die neueste Version von WPA, WPA3 [WiFi2022].

Eine vollständige Darstellung der Funktionsweise von WLAN würde den Rahmen dieses Buches sprengen. Zudem schreitet die Entwicklung der WLAN-Netze rasant voran, was sich auch in der Anzahl der hier aufgeführten Standards der 802.11-Familie widerspiegelt. Für einen tieferen Einblick in die Thematik wird daher auf Spezialliteratur verwiesen. Ein gutes deutschsprachiges Buch ist z. B. [Sauter2022], das eigentlich den Schwerpunkt auf Mobilfunknetze legt, aber auch einen umfangreichen und ständig aktualisierten Teil zum Thema WLAN enthält.

Die Standardisierung der Verfahren für die Powerline-Kommunikation wird von der IEEE [IEEE2020] und der ITU [ITU-T G.9963] durchgeführt.

Literatur

[IEEE1994] IEEE 802.11 Working Group: WEP: The ‚Wired Equivalent Privacy' Algorithm. IEEE Standards Association, 1994. Zugegriffen am 13.08.2025. *https://www.ieee802.org/11/Documents/DocumentArchives/1994_docs/1194249_scan.pdf*

[IEEE2025] IEEE 802.11 Working Group: IEEE 802.11, The Working Group Setting the Standards for Wireless LANs. Zugegriffen am 13.08.2025. *https://www.ieee802.org/11/*

[IEEE2020] IEEE BPLPHMAC Working Group: IEEE Standard for Broadband over Power Line Networks: Medium Access Control and Physical Layer Specifications. IEEE Standards Association, 2020. Zugegriffen am 13.08.2025. *https://standards.ieee.org/ieee/1901/7598/*

[ITU-T G.9963] International Telecommunication Union – Telecommunication Standardization Sector: Unified high-speed wire-line based home networking transceivers – Multiple Input/Multiple Output (MIMO) specification. Recommendation ITU-T G.9963, June 2023. Zugegriffen am 13.08.2025. *https://www.itu.int/ITU-T/recommendations/rec.aspx?rec=15557&lang=en*

[Sauter2022] Sauter, Martin. Grundkurs Mobile Kommunikationssysteme: 5G New Radio und Kernnetz, LTE-Advanced Pro, GSM, Wireless LAN und Bluetooth. Springer Fachmedien, Wiesbaden, 2022. *https://doi.org/10.1007/978-3-658-36963-7*

[WiFi2022] Wi-Fi Alliance: WPA3 Specification V3.1.

[WiFi2025] Wi-Fi Alliance: Wi-Fi Alliance. Zugegriffen 13.08.2025. *https://www.wi-fi.org/*

9 Technologien für den Netzzugang

Es gibt heute viele Möglichkeiten, sich mit dem Internet zu verbinden. Die gängigsten wollen wir uns genauer anschauen. Die Entwicklung, vor allem in der Bandbreite, war in den letzten Jahren enorm. Während vor wenigen Jahren noch Modems mit sehr geringen Übertragungsraten üblich waren, haben sich heute breitbandige Internetanschlüsse durchgesetzt. Ob per DSL, Breitbandkabel, Glasfaser oder Funk, die Vernetzung der Haushalte wird zur Regel. Der Internetzugang ist im Firmenbereich zum Standortfaktor geworden. Gemeinden, die keine Möglichkeiten für den Internetzugang bieten können, haben es inzwischen schwer, Firmen zu überzeugen, sich anzusiedeln.

9.1 DSL/ADSL/VDSL

DSL (Digital Subscriber Line), ADSL (Asymmetric Digital Subscriber Line, [ITU1999, ITU2003]), VDSL (Very High Data Rate Digital Subscriber Line [ITU2004, ITU2019]) und Fast Access to Subscriber Terminals (G.fast, [ITU2021]) sind Technologien, die den Kupferdraht der Telefonleitung benutzen, aber nicht per langsamer Telefontechnologie, sondern mit eigenen Verfahren. Der Vorteil ist, dass das normale Telefon-/ISDN-Signal weiterhin auf derselben Leitung übertragen wird, sodass gleichzeitig telefoniert werden kann. Alternativ kann die Telefonie auch vollständig über VoIP (Voice over IP) erfolgen, sodass auf klassische Telefonanschlüsse verzichtet werden kann. Eine Unterbrechung der Verbindung in Pausen ist aus Kostengründen nicht mehr erforderlich.

Asymmetrisch bedeutet hier, dass Up- und Download verschiedene Geschwindigkeiten haben. Meist ist man mehr am Download interessiert. Hier wird ein höherer Download mit einer Reduktion des Uploads forciert. Das DSL-Signal wird am Hausanschluss durch einen sogenannten Splitter vom Telefonsignal getrennt und nach einem DSL-Modem als Ethernet weitergegeben. Die Adresse wird meist vom Provider per DHCP vergeben.

Die erreichbare Geschwindigkeit hängt vom Verfahren, von der Entfernung, den Kosten und der Leitungsqualität ab. Mit VDSL2-Supervectoring erreichen heutige Anschlüsse Downloadgeschwindigkeiten von bis zu 250 MBit/s, in manchen Regionen durch G.fast-Technologie sogar bis zu 1 Gbit/s bei Leitungslängen unter 250 m. Diese Bandbreiten ermöglichen Telefonie, HDTV/4 K-Streaming und breitbandiges Internet. Ihre Verfügbarkeit muss vorher beim Provider angefragt werden. Genauso ist zu beachten, dass viele Anschlüsse überbucht sind. Würden alle Kunden versuchen, die volle Bandbreite gleichzeitig zu nutzen, wäre das vielerorts nicht möglich.

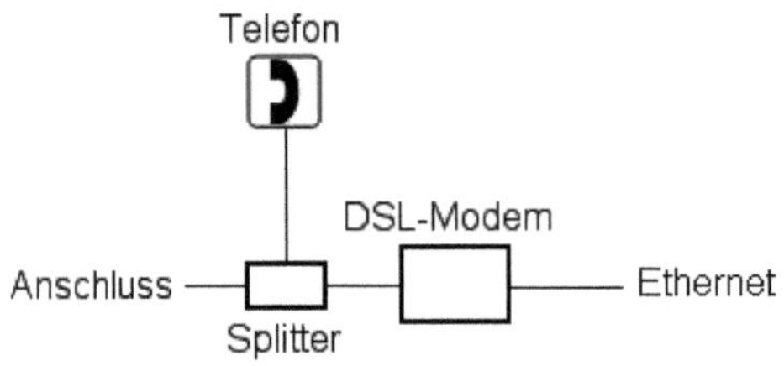

Bild 9.1 Das Telefonsignal und das Datensignal werden nach dem Hausanschluss von einem Splitter (Filter) getrennt. Damit ist es egal, ob ISDN oder analoge Telefonie verwendet wird. Das Datensignal benutzt nicht mehr die Verfahren des Telefons, sondern ist eigenständig. Das Datensignal wird als Ethernet weitergegeben.

Für den Verbindungsaufbau authentifiziert sich der Router oder PC einmalig beim Start. Danach bleibt die Verbindung bestehen. Der (A/V-)DSL-Zugang wird in der Regel nach dem Flatrate-Prinzip abgerechnet, d. h., die Datenmenge ist unbegrenzt. Viele Provider setzen inzwischen auf Dual-Stack-Lite (DS-Lite) und Carrier-Grade-NAT, wodurch öffentliche IPv4-Adressen nicht mehr direkt verfügbar sind

9.2 Breitbandkabel

Seit einiger Zeit wird von vielen Kabelanbietern nicht nur Kabelfernsehen, sondern auch ein Internetzugang angeboten. Der Vorteil ist, dass die Verkabelung bereits vorhanden ist. Ein Kabelmodem, das neben dem Fernseher parallel angeschlossen wird, übernimmt hier die Verbindung. Eine Authentifizierung ist in der Regel nicht nötig. Das Modem ist meist an seine Adresse gebunden und reicht eine Adresse des Providers durch, die unseren NAT-Pool bedient. Heute sind Kabelmodems meist in die Router integriert. Moderne Kabelnetze auf Basis von DOCSIS 3.1 und 4.0 ermöglichen heute Downloadraten von bis zu 10 Gbit/s und Upload-Raten bis zu 6 Gbit/s [CableLabs2024]. Viele Anbieter setzen dabei auf IPv6 mit DS-Lite.

9.3 Stand- oder Mietleitungen

Mit den stetig steigenden Geschwindigkeiten werden DSL- und Breitbandkabelanschlüsse auch für Firmen interessant. Wer aber garantierte Bandbreiten oder besonders sichere, dedizierte Leitungen benötigt, setzt in der Regel auf einen Festanschluss. Dies geschieht durch eine Standleitung zu einem Provider, sie ist die beste, aber auch teuerste Anbindung.

Es gibt die Möglichkeit, Kupferleitungen von Telekommunikationsanbietern zu mieten und den Verkehr über WAN-Modems abzuwickeln. Weiter kann Glasfaser angemietet werden. In der Regel stellt der Provider die Anschlüsse bis zum Router des Kundennetzes bereit und vergibt dazu einen Adresspool für die Adressübersetzung. Öffentliche IPv4-Adressen werden heute nur noch selten neu zugewiesen. Ob die Network Address Translation (NAT) im eigenen Router oder beim Provider erfolgt, ist grundsätzlich unerheblich – wichtig ist lediglich, dass die Adresspools aufeinander abgestimmt sind.

Eine spezielle Anbindung nennt sich „Dark Fiber" oder „Dark Copper". Hier wird eine Glasfaser oder eine Kupferleitung angemietet und selbst betrieben, nur das Medium wird gemietet, die Geräte aber werden selbst gestellt und gewartet, daher „Dark", dunkel. Für die „Beleuchtung", d. h. den Laser, oder im Falle der Kupferleitung für das Datensignal muss selbst gesorgt werden. Es wird dabei nur das Übertragungsmedium gemietet, während der Betreiber die aktive Technik und den Dienst selbst bereitstellt, was in der Regel kostengünstiger ist.

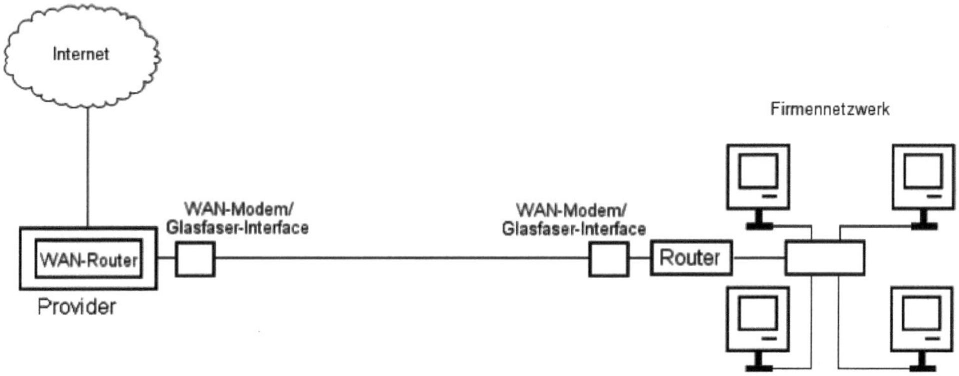

Bild 9.2 Internet-Anschluss nach Standard in Firmenumgebungen: Standleitungen aus Glasfaser oder Kupfer werden angemietet und eine ständige Verbindung zum Provider hergestellt, der die Daten ins Internet routet. Welcher Service bis wohin angeboten wird, ist Verhandlungssache.

Eingesetzt wird die „Dark Fiber“ nicht nur zum Internet-Zugang, sondern auch wenn Gebäude und Filialen über Grundstücke miteinander verbunden werden müssen, die nicht Eigentum sind, also WAN- und MAN-Verbindungen. Auf den eigenen Grundstücken kann Glasfaser selbst verlegt werden.

Ein Nachteil von Mietleitungen besteht darin, dass sich bei Störungen die Verantwortlichkeiten schwer abgrenzen lassen: Liegt die Ursache beim Betreiber der physischen Leitung oder beim Anbieter des darauf betriebenen Dienstes? Für den Kunden ist dies oft nur schwer nachvollziehbar und erschwert die Problemlösung.

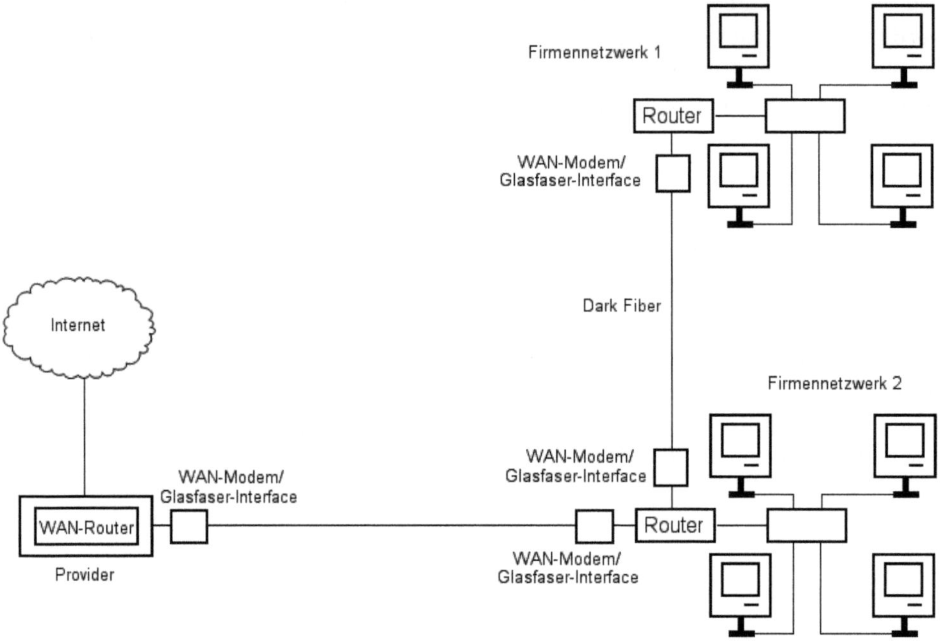

Bild 9.3 Eine Firma mit zwei Filialen. Während eine mit dem Provider über eine Standleitung verbunden ist und alle Services und Geräte bis zum eigenen Router von ihm gestellt werden, sind die Standorte mit einer Mietleitung verbunden, die von der Firma selbst betreut wird. Alle Router und weiteren Netzwerkgeräte werden selbst gemanagt. Vom Provider wird hier nur das blanke Medium gemietet.

9.3.1 Fiber to the Home, FTTH

Fiber to the Home (FTTH) ist inzwischen Standard in vielen europäischen Städten und wird flächendeckend ausgebaut. Zum Einsatz kommen dabei sogenannte Passive Optical Networks (PON), bei denen eine Glasfaserleitung über passive Splitter auf viele Haushalte verteilt wird. Moderne Standards wie XGS-PON ermöglichen symmetrische Bandbreiten von bis zu 10 Gbit/s und sind abwärtskompatibel zu bisherigen GPON-Systemen. Nationale Breitbandstrategien sehen bis 2030 einen nahezu vollständigen Glasfaserausbau vor.

9.4 Satellit

In Gegenden ohne DSL- oder Glasfaseranschluss bietet Satellitentechnologie eine praktikable Alternative für den Internetzugang. Klassische geostationäre Systeme ermöglichen heute Downloadraten im zweistelligen Megabit-Bereich, neuere Dienste erreichen sogar mehrere Hundert Megabit pro Sekunde. Neben reinen Empfangsanlagen gibt es inzwischen bidirektionale Satellitensysteme, bei denen sowohl der Upload als auch der Download über die Satellitenschüssel abgewickelt werden. Trotz dieser Fortschritte bleiben die Upload-Raten meist geringer als im Festnetz, und geostationäre Systeme weisen aufgrund der großen Entfernung der Satelliten eine hohe Latenzzeit (über 500 ms) auf. Eine deutliche Verbesserung bieten sogenannte Low-Earth-Orbit (LEO)-Systeme, wie sie beispielsweise von Starlink betrieben werden. Sie arbeiten mit deutlich niedrigeren Umlaufbahnen und erreichen so Latenzzeiten unter 50 ms bei Datenraten von bis zu 250 Mbit/s. Damit stellen moderne LEO-Satellitennetze eine ernst zu nehmende Option für ländliche Regionen ohne Festnetzanbindung dar.

9.5 Mobilfunk – das Handy-Netz

Der Zugang zum Internet über das Mobilfunknetz ist heute nahezu flächendeckend möglich. Mobiltelefone – oft einfach Handys genannt – sind dauerhaft mit dem Internet verbunden. Will man weitere Geräte über Mobilfunk mit dem Internet verbinden, ist die Vielfalt groß. So kann das Mobiltelefon beispielsweise als Modem verwendet werden, wobei der Rechner über Kabel oder Bluetooth angebunden wird. Ebenso bieten viele Anbieter USB-Empfänger für Notebooks an, die automatisch eine Verbindung herstellen (Surf-Stick). Zunehmend verbreitet ist zudem Fixed Wireless Access (FWA): Hierbei werden stationäre Router mit 4G- oder 5G-Funkmodulen genutzt, um Haushalten oder Unternehmen breitbandigen Internetzugang bereitzustellen – eine besonders interessante Option in Regionen ohne Glasfaser- oder DSL-Anbindung.

Im Folgenden werfen wir einen kurzen Blick auf die Geschichte der Mobiltelefonie. In der ersten Generation waren Frequenzen für analoge Telefonie reserviert. Diese stand am Anfang nur wenigen zur Verfügung, die Kosten waren sehr hoch und die Bandbreite minimal. Man spricht hier von 1G, Mobiltelefonie der ersten Generation. Diese Netze wurden als A-, B- und C-Netze bezeichnet und spiegelten den jeweiligen Stand der Mobilfunktechnologie ihrer Zeit wider. Ab ca. 1990 wurde das GSM-Netz etabliert (D-Netz), das Global System for Mobile Communications. Es war das erste digitale Netz für Daten und Telefonie. Dies ist die zweite Generation der Mobiltelefonie, 2G. Von diesem Zeitpunkt an war es möglich, ein Mobiltelefon als Modem einzusetzen. Ab dem Jahr 2000 folgte UMTS, das Universal Mobile Telecommunications System, und damit auch die dritte Generation der Mobiltelefonie, 3G. Dieses wurde in vielen europäischen Ländern bereits wieder abgeschaltet. Ihm folgte ab 2010 die vierte Generation, bezeichnet als LTE (Long Term Evolution). Seit 2019 erfolgt der Ausbau der fünften Mobilfunkgeneration (5G), die Datenraten von bis zu 10 Gbit/s und niedrige Latenzen ermöglicht. Forschung und Standardisierung für 6G-Netze (geplante Einführung ab ca. 2030) laufen bereits.

Dem Thema Mobilfunk sind eigene Bücher gewidmet, z. B. [Sauter2024].

9.6 Gebäudeverbindungen

Weniger im privaten Umfeld, wohl aber in Unternehmen stellt sich die Frage, wie Gebäude miteinander vernetzt werden können. Insbesondere bei Mietobjekten ist es nicht immer möglich, Kabel zu verlegen. Gehört einem nicht das Land, auf dem die Gebäude stehen, kann dies sogar unmöglich sein. Ideal wäre es, wenn nur ein Gebäude kostenintensiv – etwa mit einer Standleitung – angebunden werden müsste, während die übrigen Gebäude eigenständig erschlossen werden könnten.

9.6.1 Richtfunkverbindungen

Mit normalen WLAN-Antennen versucht man, einen möglichst großen Bereich zu erschließen. Nicht so beim Richtfunk. Hier werden Antennen eingesetzt, die nur scharf begrenzt in eine Richtung senden. Nur die Verbindung soll abgedeckt werden, nichts außenherum. Moderne Richtfunkverbindungen im E-Band (71–86 GHz) ermöglichen Punkt-zu-Punkt-Übertragungen mit symmetrischen Datenraten von bis zu 10 Gbit/s, in Multiband-Systemen sogar bis zu 20 Gbit/s, bei Reichweiten von typischerweise 2–3 km. Sichtverbindung bleibt Voraussetzung. Verschlüsselung ist obligatorisch, da Richtfunk trotz Fokussierung abhörbar sein kann.

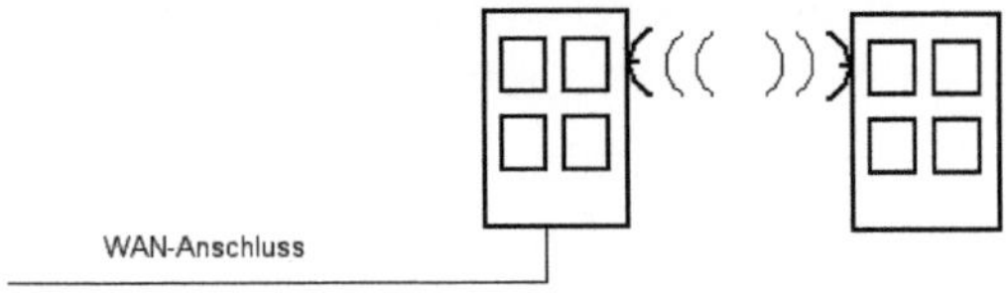

Bild 9.4 Werden Gebäude per Richtfunk verbunden, muss nur eine teure Anschlussmöglichkeit zum Provider betrieben werden.

Richtfunkstrecken sind in den meisten Ländern genehmigungspflichtig.

9.6.2 Richtlaser

Richtlaser (Free-Space-Optical Communication) erreichen hohe Bandbreiten im Gbit/s-Bereich, sind aber empfindlich gegenüber Witterungseinflüssen wie Nebel oder Schneefall. Laserlinks über öffentliche Gelände sind in den meisten Ländern genehmigungspflichtig.

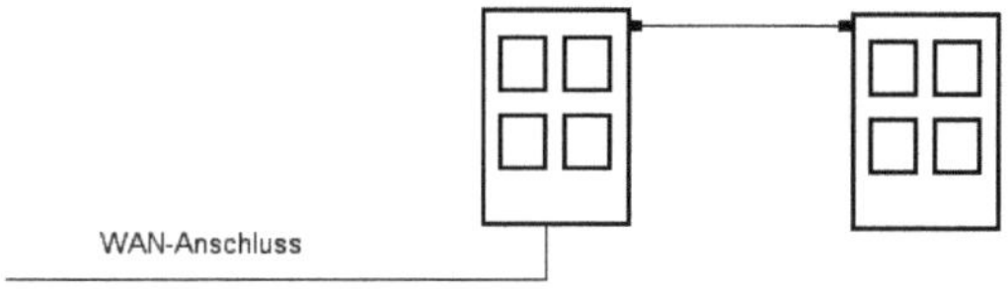

Bild 9.5 Gebäudeverbindung per permanentem Laserlink

9.7 Hardware

Wer einen Internetzugang hat, möchte heute normalerweise nicht nur einen PC mit dem Internet kommunizieren lassen, sondern gleichzeitig mehrere Computer, sei es zu Hause oder an einem Firmenstandort. Eine Lösung bieten hier Hardware-Router, die Aufgaben wie Routing, Zugangskontrollen, DHCP und NAT/PAT übernehmen.

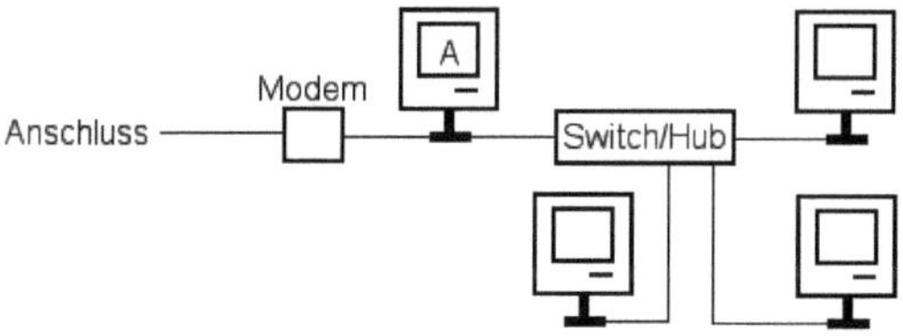

Bild 9.6 Ein Hardware-Router hat einen integrierten Switch, der die Endsysteme bedient. Auf der anderen Seite hat er ein Ethernet-Interface für Breitbandkabel- oder DSL-Modems. Bei einem Breitbandkabelanschluss ist die Verbindung meist ständig. Bei DSL authentifiziert sich der Router über PPPoE, wenn er eingeschaltet wird, und holt sich seine Adresse ab. Die Zugangsdaten werden in der Konfiguration abgelegt. Der Router ist hier NAT-Router, DHCP-Server und Switch in einem.

Der Markt bietet eine breite Auswahl an Geräten – von einfachen Routern über Mesh-WLAN-Systeme bis hin zu integrierten Security-Gateways mit Zero-Trust-Features. Moderne Geräte unterstützen IPv6 standardmäßig und bieten häufig erweiterte Sicherheitsfunktionen. Welches Gerät das Beste ist, hängt stark von seinem Einsatz ab. Sicher ist es besser, nicht für jede Funktionalität ein extra Gerät zu haben, aber immer alles zu kaufen, hängt vom Budget ab.

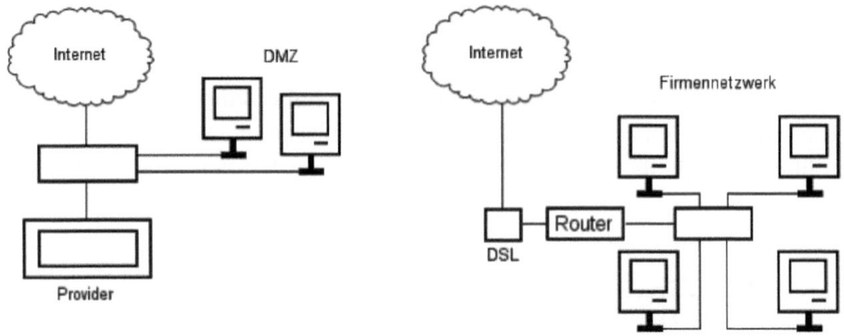

Bild 9.7 Hier geht die Firma einen günstigen Weg. Ihr Server ist in der DMZ eines Providers gehostet und mit hoher Bandbreite am Internet angeschlossen. Sie selbst bezahlt nur einen günstigen DSL-Anschluss. Der Server wird ferngewartet, zum Beispiel über eine VPN-Verbindung.

9.8 Zum Weiterlesen

Mit der International Telecommunication Union (ITU) treffen wir auf eine weitere große Standardisierungsorganisation, die vor allem im Bereich der Telekommunikationsnetze tätig ist. DSL wird von der ITU standardisiert. Die erreichbaren Datenraten entwickeln sich über die verschiedenen Standards ADSL [ITU1999], ADSL2 [ITU2003], VDSL [ITU2004],VDSL2 [ITU2019] und G.fast [ITU2021] weiter.

Dokumente zum DOCSIS-Standard für Breitbandkabel werden über die Webseite [CableLabs2023] verbreitet.

Zum Thema Mobilfunknetze gibt es umfangreiche Literatur. Da sich das Gebiet sehr schnell weiterentwickelt, ist es für deren Autoren schwierig, mit der Entwicklung Schritt zu halten. Ein regelmäßig aktualisiertes deutschsprachiges Werk ist z. B. [Sauter2022].

Literatur

[CableLabs2024] CableLabs: Data Over Cable Service Interface Specification (DOCSIS) 4.0 Technology. Zugegriffen am 13.08.2025. *https://www.cablelabs.com/technologies/docsis-4-0-technology*

[ITU1999] International Telecommunication Union: Asymmetric Digital Subsciber Line (ADSL) Transceivers. ITU-T Recommendation G992.1, 1999.

[ITU2003] International Telecommunication Union: Asymmetric Digital Subsciber Line (ADSL) Transceivers – Extended Bandwidth ADSL2. ITU-T Recommendation G992.5, 2003.

[ITU2004] International Telecommunication Union: Very high speed digital subscriber line transceivers (VDSL). ITU-T Recommendation G993.1, 2004.

[ITU2019] International Telecommunication Union: Very high speed digital subscriber line transceivers (VDSL). ITU-T Recommendation G993.2, 2019.

[ITU2021] International Telecommunication Union: Fast access to subscriber terminals (G.fast) – Physical layer specification. ITU-T Recommendation G.9701, 2021.

[Sauter2022] Sauter, Martin. Grundkurs Mobile Kommunikationssysteme: 5G New Radio und Kernnetz, LTE-Advanced Pro, GSM, Wireless LAN und Bluetooth. Springer Fachmedien, Wiesbaden, 2022. *https://doi.org/10.1007/978-3-658-36963-7*

10 Internet Protocol Version 6 (IPv6)

Bereits 2005 waren drei Viertel der Adressen, die Internet Protocol Version 4 bietet, vergeben. Seit 2011 sind bei der IANA keine Top-Level-Adress-Blöcke mehr verfügbar, und seit 2019 sind auch die letzten freien IPv4-Adressblöcke der Regional Internet Registries (RIRs) vergeben. Einerseits blockieren Großunternehmen und Regierungen Adressen ungenutzt, da sie zu Beginn des Internets A-Klassen zugesprochen bekamen, die sie nicht voll nutzen, aber auch nicht bereit sind, abzugeben. Damals konnte sich niemand vorstellen, dass über vier Milliarden Adressen irgendwann erschöpft sein könnten. Andererseits hat die Zahl der IP-Geräte eklatant zugenommen. So ist heute nahezu jedes neuere Mobiltelefon in der Lage, über Wireless-LAN mit dem Internet zu kommunizieren, und die Zahl der Hot Spots (öffentlicher Netzzugang über WLAN) nimmt ständig zu.

Maßnahmen wie VLSM und NAT/PAT konnten die Verknappung der Adressen etwas entschärfen, aber aktuelle Entwicklungen wie z. B. moderne IoT-Anwendungen wie Smart-Home-Geräte, Industrie-4.0-Anlagen und vernetzte Fahrzeuge deuten auf einen exponentiell wachsenden Bedarf an Internetadressen hin.

Man hat schon früh erkannt, dass das System der Adressierung in IPv4 abgelöst werden muss. Daher begann man, ein neues Adressierungssystem zu entwickeln. Internet Protocol Version 5 kam nie zum Einsatz und wir gehen hier auch nicht näher darauf ein. In der weltweiten Einführung ist nun Internet Protocol Version 6 (IPv6) [RFC8200].

10.1 Die IPv6-Adresse

IPv4 hat Adressen, die aus vier Byte bestehen, also aus 32 Bit. Damit lassen sich 2^{32}, also 4 294 967 296 (~4,3 Milliarden) Adressen definieren. IPv6-Adressen [RFC4291] bestehen aus 128 Bit. Damit lassen sich 2^{128}, also $3{,}4 \times 10^{38}$ Adressen darstellen. Diese Zahl, 340 Sextillionen, ist nicht mehr vorstellbar.

Die IPv6-Adresse wird in acht Blöcken zu je 16 Bit dargestellt. Im Gegensatz zu IPv4 werden die Zahlen hier hexadezimal geschrieben. Getrennt werden die Blöcke durch Doppelpunkte.

```
Beispiel:  fe80:0000:0000:0000:2ca8:00d4:3f57:0acf
```

Groß- und Kleinschreibung wird nicht unterschieden. Die Adressen können vereinfacht werden. Führende Nullen können weggelassen werden. Aufeinanderfolgende Blöcke von Nullen können mit einem „::“ zusammengefasst werden. Das vorhergehende Beispiel könnte man also auch so schreiben:

```
fe80::2ca8:d4:3f57:acf
```

Die Zusammenfassung der Null-Blöcke darf in der Adresse nur einmal erfolgen. Ein „::“ wird mit :0000: ergänzt, bis 128 Bit erreicht sind. Gäbe es mehrere Zusammenfassungen in einer Adresse, wäre sie nicht mehr eindeutig.

```
fe80:0000:0000:0000:2ca8:0000:0000:0acf
```

kann als

```
fe80::2ca8:0000:0000:acf
```

oder als

```
fe80:0000:0000:0000:2ca8::acf
```

geschrieben werden, aber nicht als

```
fe80::2ca8::0acf.
```

Die Adresse setzt sich aus definierten Teilen zusammen. Die Zahl der möglichen Netze ist derart groß, dass sie keine globale Routingtabelle mehr verarbeiten könnte. Daher besteht die Adresse aus einem globalen Routing-Präfix, das in der Regel 48 Bit lang ist, einer Subnetzkennung und der Interface-ID. Die Letztere ist immer 64 Bit lang. Das Routing-Präfix ist in sich strukturiert. Es wird so vergeben, dass nur übergeordnete Links zwischen großen Providern in der globalen Routingtabelle geführt werden müssen. Das Routing-Präfix ist wie folgt strukturiert:

FP	TLA	Res	NLA

Die Felder bedeuten:

Name	Länge (Bit)	Bedeutung
FP	3	Format Prefix, für global Unicast 001
TLA	13	Top Level Aggregation. Präfix, das Adressräume für weltweit agierende Provider definiert.
Res	8	Reserviert, um später TLA und SLA zu erweitern
NLA	24	Next Level Aggregation. Wird von Providern benutzt, um die eigene Routing-Struktur zu bilden.

Grob zusammengefasst sähe das also zum Beispiel so aus:

	2001:0db8:0000:0001:2ca8:0000:0000:0acf	
2001:0db8:0000	:0001:	2ca8:0000:0000:0acf
Routing-Präfix	Subnetz-ID	Interface-ID

Internet Service Provider bekommen in der Regel ein Präfix von 32 Bit zugeteilt. Für Endkunden werden heute üblicherweise Präfixe zwischen 56 Bit und 60 Bit vergeben, in Einzelfällen auch 48 Bit. Eine eigentliche Subnetzmaske gibt es in IPv6 nicht mehr, sie wäre auch zu kompliziert zu schreiben. Die Subnetzkennung erfolgt, wie ja auch als Alternative zur Subnetzmaske in IPv4, durch die Bitschreibweise. Bekommt ein Provider also den Bereich

`2001:0db8:0000:0000:0000:0000:0000:0000 – 2001:0db8:ffff:ffff:ffff:ffff:ffff:ffff`

so kann er einem Kunden zum Beispiel folgenden Bereich weitergeben:

`2001:0db8:0000:0001:0000:0000:0000:0000 – 2001:0db8:0000:0001:ffff:ffff:ffff:ffff`

Kurz gesagt, der Provider bekommt den Bereich 2001:0db8::/32 und der Kunde zum Beispiel den Bereich 2001:0db8:0000:0001::/64. Als kleinste Einheit bekommt der Kunde also einen Adressbereich von 2^{64}, also 18 446 744 073 709 551 616 Adressen!

Dadurch, dass große Provider 32-Bit-Präfixe bekommen, die sie zerlegen und zu ihren Kunden routen, bleiben die globalen Routingtabellen klein. Zwischen den Providern werden nur ganze Bereiche summiert geroutet (Aggregation).

In Internet-Adressen (URLs) wird die IPv6-Adresse in eckige Klammern eingeschlossen. Dadurch wird verhindert, dass mitgegebene Portnummern fälschlicherweise als Teil der Adresse interpretiert werden (hier ein Webserver, Adresse und Port 80):

http://[2001:0db8:0000:0001:0000:0000:0000:0001]:80/

10.2 Adressierung

IPv6 kennt, wie IPv4 verschiedene Adressentypen [RFC4291]. Sie werden in die Gruppen Unicast, Multicast und Anycast eingeteilt. Einen Broadcast, wie wir ihn klassisch kennen, gibt es in IPv6 nicht mehr.

10.2.1 Unicast-Adressen

10.2.1.1 Link Local Unicast-Adresse

Diese Adressen werden aus dem Präfix FE80::/10 und einer 64-Bit-Interface-ID gebildet. Jedes IP-V6-Interface muss eine solche Adresse besitzen (siehe Abschnitt 10.8.3 „Autokonfiguration, Stateless Autoconfiguration“). Diese Adressen werden nicht geroutet. Über sie sind also nur Endsysteme im selben Subnetz erreichbar. Diese Autokonfiguration sorgt dafür, dass Endsysteme im selben Subnetz automatisch miteinander kommunizieren können. Dies entspricht ungefähr der ARP-Funktion bei IPv4, ist jedoch deutlich umfassender.

HINWEIS: Ist ein Endsystem multihomed, hat also mehrere Netzwerkkarten in verschiedenen Netzen, und es soll über Link Local-Adressen kommuniziert werden, muss festgelegt werden, über welches Interface kommuniziert werden soll, da alle Interfaces das Präfix FE80::/10 benutzen.

10.2.1.2 Global Unicast-Adresse

Dies sind die weltweit gültigen, gerouteten Adressen, mit denen ein Endsystem im Internet kommuniziert. Der Aufbau, bestehend aus dem Routing-Präfix, der Subnetz-ID und der Interface-ID, wurde bereits besprochen. Der genaue Aufbau der Interface-ID wird später noch erklärt.

10.2.1.3 Unique Local Unicast-Adresse

Für diese Adressen ist der Bereich FC00::/7 vorgesehen. Sie entsprechen den privaten Adressen in IPv4. Viele Firmen benutzen intern aus Sicherheitsgründen private Adressen und kommunizieren per NAT/PAT ins Internet. Somit sind ihre Rechner „von außen“ nicht sichtbar.

10.2.1.4 Unspecified-Adresse

Diese Adresse ist das Äquivalent zu 0.0.0.0/32 in IPv4. Hier gilt also:

```
0000:0000:0000:0000:0000:0000:0000:0000 /128, oder ::/128
```

Diese Adresse steht für „keine Adresse“. Sie wird zum Beispiel in einem DHCP-Request als Quelladresse versendet, wenn der Rechner noch keine Adresse bekommen hat.

10.2.1.5 Loopback

Das Loopback erfüllt dieselbe Funktion wie bei IPv4. In IPv4 ist es die Adresse 127.0.0.1, in IPv6 ist es ::1/128.

10.2.1.6 IPv4-kompatible Adressen

Möchte ein IPv6-Endsystem mit einem anderen IPv6-Endsystem Daten austauschen, die Verbindung zwischen den Netzen ist aber IPv4, müssen die Daten getunnelt werden, also ein IPv6-über-IPv4-Tunnel erstellt werden (siehe Abschnitt 10.15). Damit an den Tunnelendpunkten leicht umgerechnet werden kann, gibt es die Möglichkeit,

IPv4-Adressen in einer IPv6-Adresse unterzubringen. Diese besteht dann aus 96-Bit-Nullen, gefolgt von 32 Bit einer IPv4-Adresse. Das sieht dann zum Beispiel so aus:

```
0000:0000:0000:0000:0000:0000:131.152.2.150 oder ::131.152.2.150
```

Diese Schreibweise dient der besseren Lesbarkeit. In IPv6 werden die Adressen hexadezimal geschrieben, richtig ist daher: ::8398:0296. Das vorgesehene Präfix ist: ::/96.

10.2.1.7 IPv4-Mapped-Adressen

Kommuniziert ein Endgerät in einer Übergangsphase mit IPv4 und IPv6, nennt man das Dual-Stack. IPv4-Ziele werden mit IPv4 angesprochen, IPv6-Ziele mit IPv6. Auch hier benutzt man analog zu den IPv4-kompatiblen Adressen solche, die sich sehr leicht umrechnen lassen. Der Aufbau ist sehr ähnlich. Die ersten 80 Bit sind Nullen, dann folgen 16 Bit FFFF, danach wieder eine ins Hexadezimale konvertierte IPv4-Adresse, zum Beispiel: ::FFFF:8398:0296.

10.2.2 Multicast-Adressen

In IPv6 werden viele Funktionen über Multicast-Adressen und -Gruppen realisiert. Alle stammen aus dem Bereich FF00::/8. Die Reichweite eines Multicasts ist in der Adresse selbst codiert, und zwar im sogenannten Scope. Die Adresse besteht aus acht Bit F, vier Bit Flags und vier Bit Scope-Information. Die restlichen 112 Bit codieren die Multicast-Gruppe.

FF	Flags	Scope	Group-Identifier

Die vier Bit Flags bezeichnet man als 0RPT. 0 ist reserviert, R gibt an, ob ein Rendezvous-Point existiert, P wird über das Unicast-Präfix erzeugt und T gibt an, ob die Adresse permanent oder nur temporär gültig ist. Die vier Bit Scope geben die Reichweite des Muticast an:

1	interface-local
2	link-local
3	subnet-local
4	admin-local
5	site-local
8	organisation
E	global

Es gibt verschiedene Verfahren, wie Multicast-Ströme durch ein geroutetes Netz geleitet werden. Bei gerichteten Multicast-Strömen werden Rendezvous-Points eingesetzt. Hierauf näher einzugehen, würde aber zu sehr in die Tiefe führen. Meist sind im Alltag alle Flags gleich null.

Beispiele im Scope link-local:

FF02::1	All Nodes
FF02::2	All Routers

10.2.2.1 Solicited-Node Multicast-Adresse

Auf diese Adresse muss jede Node hören. Wir werden sie in Abschnitt 10.8.3 noch genauer besprechen. Sie wird für jede Uni- und Anycast-Adresse eines Endsystems gebildet. Dazu werden die letzten 24 Bit der IPv6-Adresse genommen, also die letzten 24 Bit der Interface-ID, und das Präfix FF02:0:0:0:0:1:FF::/104 vorangestellt.

Hat ein Rechner zum Beispiel die Adresse 2001:0db8:0000:0001:0019:99ff:fe3b:1089, dann lautet die Interface-ID (die letzten 64 Bit): 0019:99ff:fe3b:1089. Die letzten 24 Bit davon wären: 3b:10:89. Die Solicited-Node Multicast-Adresse mit ihrem Präfix würde dann wie folgt aussehen: ff02::1:ff3b:1089.

2001:0db8:0000:0001:0019:99ff:fe3b:1089		
2001:0db8:0000:0001:0019:99fffe		3b:1089
ff02::1:ff		3b:1089
ff02::1:ff3b:1089		

Erzeugen der Solicited-Node Multicast-Adresse: Die letzten 24 Bit der IP-Adresse werden abgetrennt und mit dem Präfix ff02::1:ff versehen.

10.2.3 Anycast-Adressen

Anycast ist ein sehr spezieller Fall von Multicast. Während Multicast eine Kommunikation von einem zu vielen ist, ist Anycast eine Kommunikation von einem in Richtung vieler, tatsächlich kommuniziert wird jedoch nur mit dem Nächsten. Eine Anycast-Adresse wird also an mehrere Endsysteme vergeben. Wird sie von einem Endsystem angesprochen, kommuniziert er mit dem nächsten erreichbaren Interface, das diese Adresse hat. Welches Interface das nächste ist, wird aus dem Routing oder der Neighbor-Discovery (siehe Bild 10.1) ermittelt. Fällt das primäre aus, wird das nächste angesprochen.

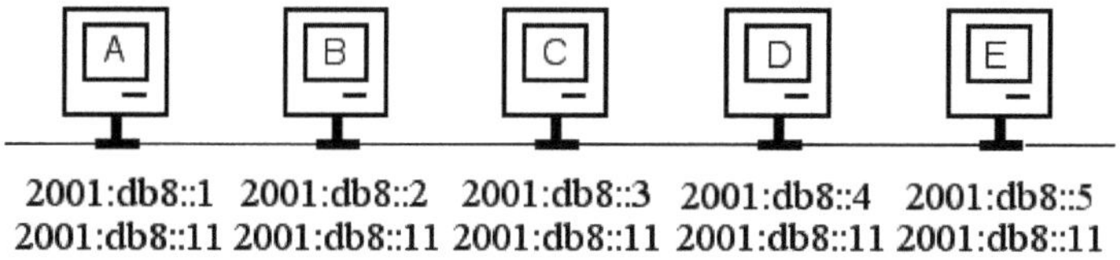

Bild 10.1 Zu seiner eindeutigen Adresse hat in diesem Beispiel jedes Endsystem noch einmal eine Adresse, eine Anycast-Adresse. Alle Endsysteme haben dieselbe. Fällt einer aus, wird automatisch der Nächste angesprochen.

Da Anycast-Adressen aus dem Bereich der Unicast-Adressen stammen, sind sie von ihnen nicht unterscheidbar und die Anycast-Funktion muss konfiguriert werden. Anycast wird heute breit eingesetzt, etwa für DNS-Root-Server, Content-Delivery-Netzwerke und Failover-Systeme.

10.3 Benötigte Adressen

Welche Adressen sind nun notwendig? Ein Endsystem braucht für jedes Interface in IPv6 eine Link Local-Adresse und eine Loopback-Adresse. Hören muss ein Endsystem immer auf die „All Nodes"-Multicast-Adresse (entspricht dem Broadcast in IPv4). Ist der Rechner Mitglied anderer Multicast-Gruppen, muss er auf diese Adressen hören. Zuletzt braucht jedes Interface noch eine Solicited-Node Multicast-Adresse. Für Kommunikationen aus dem eigenen Netz heraus braucht ein Interface eine Global Unicast-Adresse.

10.4 Interface-ID

IPv6-Adressen setzen sich aus einem Präfix und der Interface-ID zusammen [RFC4291]. Bei globalen Unicast-Adressen sitzt dazwischen noch die Subnetz-ID. Woher aber kommt die Interface-ID? Selbstverständlich kann der Netzwerk-Administrator weiterhin Adressen frei konfigurieren und vergeben, manuell oder über DHCPv6. Eines der größten Ziele bei der Entwicklung von IPv6 war aber die Autokonfiguration. Dazu später mehr. So viel jetzt schon: Ein Rechner, der auf Autokonfiguration eingestellt ist, bekommt das Präfix (mit Subnetz-ID) vom nächsten Router mitgeteilt. Daraus und aus der Interface-ID wird dann die IPv6-Adresse gebildet:

Präfix, vom Router, 64 Bit	Interface-ID, 64 Bit

In IPv4 erfolgte die Ermittlung der Sicherungsschichtadresse, also der MAC-Adresse, über ARP. In IPv6 war die Idee, die MAC-Adresse in die IPv6-Adresse mit einzubeziehen.

Wir erinnern uns: Klassischerweise ist die ID eines Netzwerkadapters die MAC-Adresse. Sie ist 48 Bit lang. Die ersten 24 Bit stellen den Vendor-Code dar, codieren also den Hersteller, die anderen 24 Bit sind eine fortlaufende Nummer. Die MAC-Adresse setzt sich also wie folgt zusammen:

Vendor-Code, 24 Bit4 Bit	Laufende Nummer, 24 Bit

Eigentlich sollte jede MAC-Adresse weltweit eindeutig sein. Heutzutage ist es jedoch oft möglich, MAC-Adressen für Adapter selbst zu definieren. Aufgrund der rasanten Nachfrage nach Adaptern weltweit (offensichtlich hat wer mehr Adressen braucht auch mehr Adapter im Einsatz) hat das IEEE-Konsortium eine Erweiterung der MAC-Adressen eingeführt, die EUI-64-Adresse (EUI = Extended Unique Identifier), welche 64 Bit lang ist. Sie wird entweder neu vergeben oder aus der klassischen MAC-Adresse berechnet. Man nennt sie auch Link Layer-Adresse. Die ersten 24 Bit der MAC-Adresse werden am linken Ende eines 64-Bit-Raumes angesiedelt, die letzten 24 Bit am Ende. Die verbleibenden 16 Bit in der Mitte werden mit FFFE aufgefüllt. Daraus resultiert eine 64-Bit-Adresse, die Link Layer-Adresse, die als Interface-ID eingesetzt werden kann und in der die MAC-Adresse eincodiert ist. Die letzten zwei Bit des ersten Bytes haben eine spezielle Funktion. Sie geben an, ob es sich um eine weltweite, eindeutige EUI-Adresse handelt, oder ob sie aus einer MAC-Adresse erzeugt wurde (u/l-Bit, universal/local). 0 bedeutet nativ EUI, 1 bedeutet erzeugt. Daher wird bei Adaptern ohne EUI das vorletzte Bit des ersten Bytes invertiert. Durch die Teilung der MAC-Adresse in der Mitte bleibt die Information erhalten, wer den Adapter gefertigt hat. Die ersten 24 Bit codieren den Hersteller. Man nennt sie OUI, Organizational Unique, oder Vendor-Code.

	00:19:3a:45:c3:0a	
00:19:3a:	fffe	:45:c3:0a
	00:19:3a:ff:fe:45:c3:0a	
	02:19:3a:ff:fe:45:c3:0a	

Berechnung der EUI-Adresse aus der MAC-Adresse: Der OUI bleibt erhalten. Wir schreiben hexadezimal, das erste Byte ist also 00. In Bit wäre das 0000 0000. Das vorletzte Bit des ersten Byte wird invertiert, um zu zeigen, dass die ID erzeugt, ist: 0000 0000 -> 0000 0010 = 02. Daraus resultiert die Interface-ID: 02:19:3a:ff:fe:45:c3:0a

Ein Nachteil besteht: Wechselt der Rechner den Adapter, ändert sich seine Adresse.

10.5 Privacy-Extension

Die Eleganz und Einfachheit der Autokonfiguration haben auch Nachteile. Dadurch, dass die Interface-ID aus der MAC-Adresse nach einem festen Schlüssel erzeugt wird, wird ein Gerät weltweit beobachtbar und verfolgbar. Ein mobiler User, der mit seinem Laptop in den verschiedensten Netzen andockt, bekommt immer ein anderes Präfix, behält aber seine Interface-ID. Daher ist er weltweit wiederzuerkennen. Es kann sogar ein richtiges Profil angelegt werden. Natürlich muss ein Server oder Drucker immer eine definierte Adresse haben. Ein Endsystem aber braucht das nur innerhalb einer Session. Daher wurde die Privacy-Extension eingeführt [RFC8981], die heute in allen gängigen Betriebssystemen standardmäßig aktiviert ist. Ein Rechner erzeugt eine randomisierte Interface-ID, die regelmäßig gewechselt wird.

Dies erschwert Nachverfolgbarkeit, kann jedoch die Zugriffskontrolle und Protokollierung in Unternehmensnetzen beeinträchtigen. Adressenbezogene Access-Filter oder ein Tracking, wer wann welche Adresse hatte, werden praktisch unmöglich. Host-Security, die bislang in IPv4 auf den Schichten 3 und 4 bequem und effizient verwaltet werden konnte, rutscht nun in die Sicherungsschicht, in der es nur wenige Möglichkeiten dafür gibt.

10.6 ICMPV6

ICMP ist ein Protokoll, das uns Hinweise auf den Zustand des Netzwerkes gibt. Es existierte bereits für IPv4, musste für IPv6 aber erweitert werden [RFC4443]. ICMPv6 ist essenziell für den Betrieb von IPv6 (z. B. Neighbor Discovery, Path MTU Discovery) und sollte in Firewalls nicht blockiert werden.

Sendet zum Beispiel ein Endsystem Pakete, die zu groß für die MTU sind, erhält er vom ersten Router, der die Weiterleitung verweigert, die ICMP-Message „packet too big“. Er kann dann die Größe anpassen und erneut senden. Wird ein Paket aufgrund einer Access-Liste zurückgewiesen, kann eine „ICMP reject“-Message zurückgegeben werden. Dies ist nicht immer der Fall. Bei vielen Firewalls ist es ein gewünschtes Verhalten, solche Meldungen nicht zurückzugeben, sondern die Pakete still zu verwerfen. Der bekannteste Vertreter der ICMP-Suite ist „ping“, der „echo request“ und sein „echo reply“. Das ICMP-Paket hat einen Header mit 32 Bit. Das sind acht Bit Typ, gefolgt von acht Bit codierten Nachrichten, und dann 16 Bit Prüfsumme.

Type	Code	Checksum
Message		

Die interessantesten Typen sind:

1	Destination Unreachable
2	Packet Too Big
128	Echo Request
129	Echo Reply
133	Router Solicitation
134	Router Advertisement
135	Neighbor Solicitation
136	Neighbor Advertisement
137	Redirect Message

Bei allen hier aufgeführten Typen (außer Typ 1) ist der Code 0, da es keine verschiedenen Bedeutungen gibt. Type 1 heißt „destination unreachable". Hier gibt es verschiedene Codes: 0 ist „no route", 3 ist „unreachable" usw.

10.6.1 Nachbarermittlung mit NDP

Wir wissen nun, welche Adresstypen benutzt werden, welche Adressen ein Rechner haben muss, und wie die Adressen zusammengesetzt sind. Wir haben aber auch erfahren, dass es keine Broadcasts und keine Subnetzmasken mehr gibt, sondern nur noch Subnetz-IDs. Wie funktioniert nun also die Kommunikation in der Sicherungsschicht mit MAC-Adressen?

Wir erinnern uns: Wie kann man mit anderen Rechnern innerhalb und außerhalb meines Subnetzes kommunizieren? Bei IPv4 wird innerhalb des Subnetzes die Adresse eines anderen Rechners per ARP (Broadcast) aufgelöst, nach „draußen" schicken wir die Pakete an den Router, der als unser Default Gateway konfiguriert ist. In IPv6 sind die Mechanismen anders [RFC4861]. Hier werden die Informationen über ICMPV6, dem Internet Control Message Protocol per NDP (Neighbor Discovery Protocol) aufgelöst.

10.6.1.1 Router Advertisements und Solicitation

Router senden über ihre Interfaces regelmäßig Pakete aus, in denen sie propagieren, welche Parameter das Subnetz hat, dessen Default Gateway das Router-Interface ist. Im Paket sind Informationen wie Präfix, Sicherungsschichtadresse oder MTU enthalten. Man spricht hier von Router Advertisements. Ihr Ziel ist die All Nodes-Multicast-Adresse FF02::1. Somit kann darauf verzichtet werden, an einem Rechner Subnetzmaske und Default Gateway zu konfigurieren. Der Rechner bekommt diese Informationen automatisch vom Router.

Startet ein Rechner neu, muss er nicht darauf warten, dass seine Interfaces diese Advertisements bekommen. Der Rechner sendet ein Fragepaket an die All Routers-Multicast-Adresse FF02::2, und der Router versendet daraufhin diese Informationen sofort. Dies nennt man Router Solicitation. Der Router schickt im Advertisement seine Sicherungsschichtadresse mit. Diese muss nun vor der ersten Kommunikation vom Endsystem nicht mehr aufgelöst werden, wie es in IPv4 der Fall war (ARP).

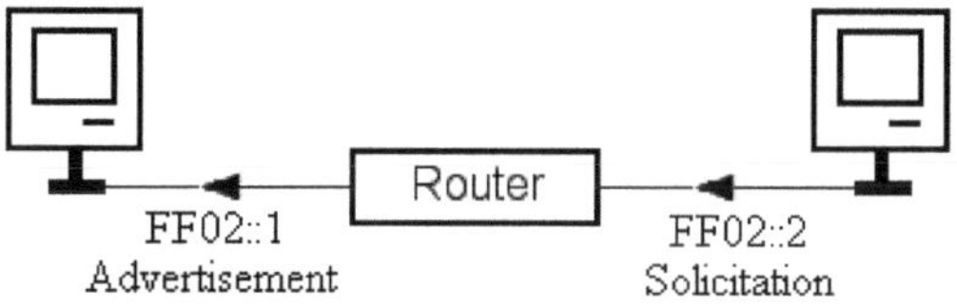

Bild 10.2 Router senden periodisch Advertisement-Pakete an die „All Nodes"-Multicast-Adresse, in denen sie die Parameter des Netzes propagieren. Benötigt ein Rechner diese Informationen sofort, kann er per Solicitation das Advertisement anfordern.

10.6.1.2 Neighbor Advertisements und Solicitation

Soll mit einem anderen Rechner im Subnetz kommuniziert werden, muss dessen Vermittlungsschichtadresse auf dessen Sicherungsschichtadresse aufgelöst werden, wenn sie nicht bekannt ist. In IPv4 war dieser Vorgang ein Broadcast, also ein ARP-Request.

In IPv6 wird dies per Multicast abgehandelt. Will eine Node mit einer anderen kommunizieren, schickt sie eine Neighbor Solicitation-Message an die Solicited Multicast-Adresse des Partners. Diese kann aus der Zieladresse, der IPv6 Unicast-Adresse des Empfängers, berechnet werden. Der Partner antwortet dann mit einem Neighbor Advertisement, in dem er seine Sicherungsschichtadresse zurückschickt. Wie bei ARP hat der Anfragende seine eigene Sicherungsschichtadresse in die Anfrage geschrieben, das heißt, beide können nun kommunizieren, da die Sicherungsschichtadressen beidseitig bekannt sind.

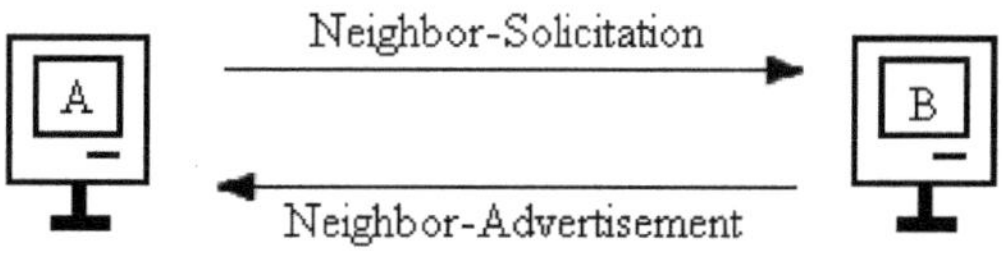

Bild 10.3 Möchte A mit B kommunizieren und findet die Adresse nicht in seinem Cache, muss er sie auflösen. Er sendet eine Neighbor Solicitation-Nachricht an die Solicited-Node Multicast-Adresse von B. In dieser gibt er seine eigenen Daten bekannt. B antwortet mit einem Advertisement, in dem seine Daten stehen. Beide tragen alle Daten in ihre Caches ein.

Startet ein Rechner neu oder ändert er seine Adresse (z. B. über die Privacy Extension), sendet er ein Neighbor Advertisement aus, diesmal aber an die All Nodes Multicast-Adresse. Auf diese Weise bekommen alle die Änderungen mit und korrigieren ihre Caches.

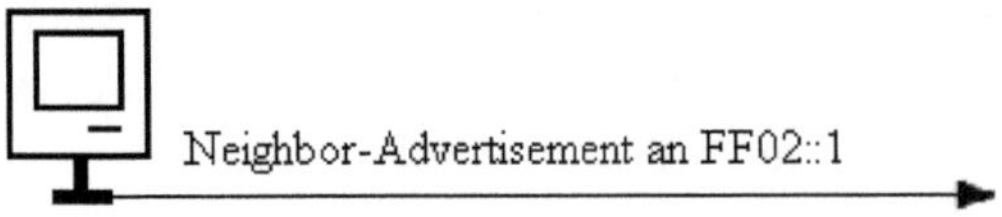

Bild 10.4 Ändert ein Host seine Adresse, sendet er ein Neighbor Advertisement an die All Nodes Multicast-Adresse. So bekommen alle die Änderungen mit.

10.6.2 Adress-Caches

In IPv4 wurden viele Angaben gecacht. Ein Beispiel ist die ARP-Table, die jeder Rechner führt. Auch in IPv6 muss vieles gecacht werden.

10.6.2.1 Neighbor-Cache

Im Neighbor-Cache werden Informationen zu Interfaces gecacht, an die Verkehr versandt wurde. So muss bei einer erneuten Sendung keine Auflösung gestartet werden. Gespeichert wird die IP-Adresse, die Sicherungsschichtadresse und ein Flag, ob der Nachbar ein Router ist oder nicht. Ebenso wird die Erreichbarkeit gespeichert.

IPv6 wurde für sehr dynamische Netze entwickelt, in denen eine sehr hohe Zahl an Devices fluktuiert. Auch Rechner können ihre Adressen ändern. Daher wird die Erreichbarkeit der gespeicherten Partner regelmäßig überprüft. Ist die Probe negativ, wird eine Neighbor Solicitation-Message gesendet. Kommt darauf keine Antwort, wird der Eintrag gelöscht.

10.6.2.2 Destination-Cache

Im Destination-Cache werden Informationen über Ziele gespeichert, mit denen Datenverkehr bestanden hat, innerhalb und außerhalb des Subnetzes.

Der Destination-Cache beinhaltet also quasi den Neighbor-Cache. Bei Zielen außerhalb des Subnetzes wird die Sicherungsschichtadresse des nächsten Hops gespeichert. Darüber hinaus kann auch noch mehr Information darin enthalten sein, z. B. die MTU des nächsten Links.

10.7 Zusammenfassung der IPv6-Adressen

Bislang hat die IANA (Internet Assigned Numbers Authority) folgende Bereiche festgelegt:

Loopback-Adressen:	::1/128 (entspricht 127.0.0.1 in IPv4)
Multicast-Adressen:	FF00::/8
Link Local:	FE80::/10
Unique Local:	FC00::/7
Alle anderen:	Global Unicast-Adressen

An die ISP weitergegeben hat die IANA bislang den Bereich 2000::/3, also nur einen winzigen Bruchteil des Adressraumes, der in sich aber schon riesig ist. Der Bereich 2001:db8::/32 dient Dokumentationszwecken, ist also anonymisiert und sollte keinem Interface zugewiesen werden.

10.8 Adressvergabe

Die Adressierung kann man in drei große Gruppen aufteilen: Feste Konfiguration durch den Administrator, Konfiguration über DHCPv6 oder Autokonfiguration.

10.8.1 Feste Konfiguration

Die Adressen werden vom Administrator händisch vergeben, die Multicast-Adressen dazu werden automatisch generiert.

10.8.2 DHCPv6, Stateful Autoconfiguration

Bei DHCPv6, auch Stateful Autoconfiguration genannt, wird die Link Local-Adresse generiert. Über das Router Advertisement bekommt das Endsystem mitgeteilt, dass es DHCP verwenden soll und macht einen entsprechenden Request. Mehr Details zu DHCPv6 finden sich in Abschnitt 10.17.

10.8.3 Autokonfiguration, Stateless Autoconfiguration

Bei der Stateless Autoconfiguration [RFC4862] bekommt das Endsystem alle wichtigen Parameter über das Router Advertisement, alles andere wird autokonfiguriert.

10.8.3.1 Automatische Adressvergabe

Sehen wir uns den Startvorgang genauer an. Startet ein Host, wird zuerst die Link Local-Adresse erzeugt, aus dem Präfix FE80 und der Interface-ID. Diese Adresse ist provisorisch. Dann wird die Solicited-Node Multicast-Adresse für die provisorische Adresse ermittelt. Sie wird überprüft (siehe Abschnitt 10.8.3.2). Danach schickt der Rechner eine Router Solicitation-Message an die Adresse FF02::2, die All Routers-Multicast-Group. Im Router Advertisement, das daraufhin erfolgt, bekommt er die Daten aller Router. Zuletzt sendet er ein Neighbor Advertisement an die All Nodes Multicast-Adresse aus. Dies wird für alle Interfaces durchgeführt. Damit ist er im Netz mit der provisorischen Adresse bekannt.

10.8.3.2 DAD, Duplicate Address Detection

Ist ein Interface auf Autokonfiguration eingestellt, muss es prüfen, ob die von ihm erzeugte Adresse eindeutig ist, bevor sie benutzt wird. Doppelte Adressen sind zwar unwahrscheinlich, aber möglich. Daher sendet der Host über das Interface eine spezielle Neighbor Solicitation-Message. In ihr ist die Source-Adresse „::“ , also nicht spezifiziert. Die Zieladresse ist die Solicited-Node Multicast-Adresse der provisorischen Adresse, die sich das Interface selbst geben will. Kommt eine Antwort zurück, in der ein anderes Interface im Subnetz seine Sicherungsschichtadresse zurückschickt, ist klar, dass diese Adresse bereits in Gebrauch ist. Sie kann nicht verwendet werden. Kommt keine Antwort, kann die Adresse verwendet werden. Jede Adresse muss so verifiziert werden – hat ein Host mehrere Adapter, dann auch für jeden von diesen. Bei Anycast-Adressen muss DAD unterdrückt werden, es würde sonst nicht funktionieren.

10.8.4 Adresszustand

Eine IPv6-Adresse kann mehrere Zustände haben. Ist sie noch nicht über DAD verifiziert, ist sie „tentative“, also provisorisch. Ist sie verifiziert, ist sie „preferred“, also bevorzugt.

IPv6-Adressen können ein „Verfallsdatum“ haben. Ist dieses erreicht, geht die Adresse in den Zustand „deprecated“, abgelehnt, über. Sie kann weiterverwendet werden, aber neue Sessions werden mit ihr nicht mehr aufgebaut. Sind keine Sessions mehr mit dieser Adresse aktiv, wird sie entfernt.

10.9 Umnummerierung eines Netzes

Die Umnummerierung eines Netzes ist in IPv4 sehr aufwendig. Alle Endsysteme müssen umkonfiguriert werden oder neue DHCP-Informationen bekommen. Erst wenn die Router (Default Gateway) umkonfiguriert sind, kann wieder nach außen kommuniziert werden.

Bei Autokonfiguration in IPv6 ist dies einfacher. Ein Router kann mehr als ein Präfix versenden und ein „Verfallsdatum" kann mitgeschickt werden. In einer Übergangsphase haben die Endsysteme also zwei Unicast-Adressen. Läuft die Lifetime des alten Präfixes ab, wird nur noch das neue verwendet, die Umnummerierung ist im Hintergrund abgelaufen.

10.10 MTU

Im Destination-Cache sind Angaben zur MTU des Zieles gecacht. In IPv4 kann jeder Router Pakete fragmentieren, die zu groß sind. Das kann auf dem gesamten Weg auch mehrfach der Fall sein. Am Ziel werden sie wieder zusammengesetzt (reassembliert). Bei IPv6 fragmentieren Router nicht mehr. In IPv6 muss sich die sendende Node selbst darum kümmern. Dazu wird eine MTU Path Discovery [RFC8201] gestartet. Die Node sendet ein Paket an das Ziel. Landet das Paket bei einem Router, der es aufgrund der Größe nicht weiterleiten kann, sendet er eine „packet too big"-Meldung zurück. In ihr sendet er die MTU des nächsten Links in Richtung Ziel mit. Der Sender setzt seine Paketgröße auf diesen Wert herab und sendet erneut. Dieser Vorgang wiederholt sich so lange, bis das Ziel erreicht ist. In IPv6 wurden als kleinste Größe 1280 Byte festgelegt, bei IPv4 waren es 576 Byte. Router, die diese MTU nicht bieten können, werden nicht mehr angesprochen, und es müssen andere Wege gesucht werden.

10.11 Router-Redirection

Bekommt ein Router Daten zur Weiterleitung und sieht an der Routingtabelle, dass es bessere Wege zum Ziel gibt, informiert er den Sender, dass er besser einen anderen ersten Hop verwendet. Dieser trägt die Information in seinem Destination-Cache ein.

10.12 Das IPv6-Paket

Der Header des IPv6-Paketes [RFC8200] wurde modular aufgebaut. In IPv6 kann es mehrere Header geben. Direkt in den Header können weitere eingebettet werden, die

z. B. Routing-Informationen oder andere Protokollinformationen enthalten. Die Daten (Payload) sind wie bei IPv4 angehängt.

Der Header ist einfacher aufgebaut als in IPv4, aber aufgrund der 128-Bit-Adressen größer. In jedem Header steht die Information, ob ein weiterer folgt – so lange bis die Daten folgen. Da jeder Header auf den nächsten verweist, kann der Header modular und völlig flexibel zusammengesetzt werden.

Version	Traffic-Class	Flow-Label	
	Payload-Length	Next Header	Hop-Limit
Source-Address			
Destination-Address			
Extension-Header			
Data			

Die einzelnen Felder bedeuten folgendes:

Name	Länge in Bit	Bedeutung
Version	4	Version, hier 6
Traffic Class	8	Priorität
Flow Label	20	Kennzeichnung von Paketen aus Strömen mit gleicher Behandlung
Payload Length	16	Länge des Payloads
Next Header	8	nächster Erweiterungsheader oder Protokoll
Hop Limit	8	TTL des Paketes
Source Address	128	Quell-Adresse
Destination Address	128	Zieladresse
Erweiterungsheader	variabel	weitere Header
Data	variabel	Payload

Wichtig ist, dass es keine Prüfsumme (checksum) mehr gibt. Die Verifikation der Daten wurde höheren Protokollen übergeben. Quelle und Ziel müssen verifizieren, dass die Daten integer sind. Das erfordert mehr Aufwand bei den Endgeräten, entlastet aber die Router. Es gibt auch kein Fragmentation Offset mehr, das heißt, die Router fragmentieren in IPv6 nicht mehr.

10.13 VPN in IPv6

IPsec (Internet Protocol Security) ist ein Framework zur Verschlüsselung von Daten (vgl. Kapitel 7). Es wurde in IPv4 als Zusatz verwendet, um gesicherte VPN-Tunnel über das Internet aufzubauen. In IPv6 wurde es integriert [RFC4301]. ESP (Encapsulating Security Payload) ist Teil dieser Protokollsammlung zur Verschlüsselung. Neben der Verschlüsselung kann auch die Authentizität der Daten geprüft werden, um sicherzustellen, dass sie nicht während der Übertragung verändert wurden.

Die nötigen Informationen werden über die Extension-Header ausgetauscht. Es ist dabei möglich, entweder nur den Payload oder das gesamte Paket zu verschlüsseln.

Die Verschlüsselung des Payloads sieht so aus:

IP-Header	Extension-Header	Auth-Header	ESP-Header	Payload	ESP-Trailer

Die Verschlüsselung des gesamten Paketes stellt sich wie folgt dar:

Neuer IP-Header	Neuer Extension-Header	Auth-Header	ESP-Header	Originaler IP-Header	Originale Extension-Header	Payload	ESP-Trailer

10.14 Quality of Service

In IPv4 gibt es im Header das TOS-Feld, Type of Service. Es wird selten genutzt. In IPv6 wurde es als Traffic Class, auch DS (Differentiated Service Field) genannt, übernommen. Es ist acht Bit lang.

Priority	Delay	Throughput	Reliability	Reserved

Name	Länge in Bit	Bedeutung
Priority	3	Vorrang
Delay	1	Verzögerung
Throughput	1	Durchsatz
Reliability	1	Sicherheit
Reserved	2	reserviert

In IPv6 spielt das TOS eng mit dem Flow Label zusammen. Ein Flow ist eine Sequenz von Paketen, die zu einem Datenstrom gehören, also alle gleich behandelt werden müssen. Über das Flow Label werden zusammenhängende Paketströme gekennzeichnet. Eine Datenverbindung mit hoher Priorität, aber mit geringem Volumen, bekommt hohe Prioritätswerte. Eine Voice- oder Multimediaverbindung braucht hohen Durchsatz, hohe Priorität und Stabilität. Das Flow Label kennzeichnet einen Datenstrom. Diese Daten sind ganz vorne im Header verankert. Protokolle höherer Schichten wie TCP oder UDP müssen nicht bis zur Transportschicht auspacken, schon die Vermittlungsschicht kann den Flow beurteilen und priorisieren.

10.15 Kommunikation beider Welten

Wird ein Netzwerk gleichzeitig mit IPv4 und IPv6 betrieben, spricht man von Dual-Stack. Dabei kommunizieren IPv6-Endgeräte untereinander über IPv6 und mit IPv4-Endgeräten über IPv4. Wollen IPv6-Endgeräte aber kommunizieren und ein reines IPv4-Netzwerk ist dazwischen, muss getunnelt werden. Dafür gibt es einige Verfahren. Wenn man auf der Kommandozeile eines Windows-Rechners `ipconfig /all` eingibt, sieht man viele neue Interfaces, wenn IPv6 eingeschaltet ist. Dies sind Tunneladapter, die für diesen Zweck eingerichtet wurden.

10.15.1 Kapselung

Wird ein IPv6-Paket über ein IPv4-Netzwerk getunnelt, wird es gekapselt. Dazu wird es in den Payload eines IPv4-Paketes eingebaut. Im IPv4-Netz werden die Pakete bei Bedarf am Tunneleingangspunkt fragmentiert und am Tunnelendpunkt wieder zusammengesetzt.

IPv4 Header	IPv6 Header	Data

10.15.2 Fixe und dynamische Tunnel

Die Wegfindung über das IPv4-Netz kann fest oder dynamisch konfiguriert sein. Bei fest konfigurierten Links, zum Beispiel bei einem fixen Link zwischen zwei Firmenfilialen, müssen die Router dementsprechend konfiguriert werden. Das Endsystem bemerkt davon nichts. Beim dynamischen Tunneln muss eine IPv4-Information mitgegeben werden, damit die Routing-Umgebung der IPv4-Welt genutzt werden kann.

10.15.3 Fixes Gateway-to-Gateway-Tunneling

Beim Gateway-to-Gateway-Tunneling wird an dem Router, der die Grenze zum IPv4-Netz darstellt, fix eine Verbindung zum Ziel-Gateway konfiguriert (statische Route). Beide Grenzrouter stellen ein Gateway oder Relay dar. Sind im eigenen Netzwerk keine IPv6-Router vorhanden, kann trotzdem mit einer IPv6-Node in der Welt kommuniziert werden. Der Host wird als Dual-Stack konfiguriert und ein V6/V4-Router wird als Default-Route hinter dem Tunnelendpunkt eingetragen. Dieser leitet die Pakete dann weiter.

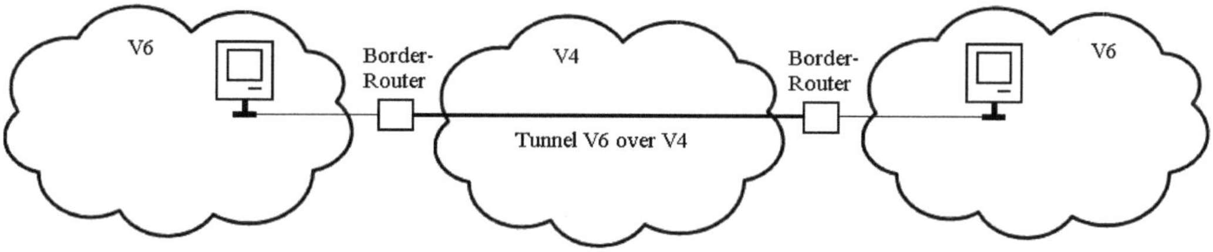

Bild 10.5 Zwei IPv6-Endgeräte in getrennten Netzwerken möchten kommunizieren. Ein IPv4-Netzwerk liegt dazwischen. Eine Möglichkeit ist, dass die Border-Router einen IPv6 over IPv4-Tunnel durch das IPv4-Netz aufbauen.

10.15.4 Automatische Tunnel

10.15.4.1 6to4

Bei 6to4 wird die Kommunikation über Router realisiert, die für 6to4 und IPv6 konfiguriert sind [RFC3056]. Der 6to4-Adapter einer Node bekommt eine spezielle IPv6-Adresse, in der die Adresse des 6to4-Gateways eingebaut ist. Die IANA hat dafür die Adressen 2002::/16 freigegeben. Das 6to4-Paket bekommt folgende Adresse:

Präfix	IPv4-Adresse	Subnet-ID	Interface-ID

Anycast war noch nicht in IPv4 integriert, wurde aber als Zusatz entwickelt. Damit eine Redundanz aufgebaut werden kann, falls ein 6to4-Gateway ausfallen sollte, hat die IANA die Adresse 192.88.99.1 als IPv4-Anycast-Adresse für 6to4-Gateways reserviert. Wird diese Adresse als Gateway in die IPv6-Adresse eingebaut, wird der nächste 6to4-Gateway per Anycast bestimmt, ist dieser außer Betrieb folgt der nächste, usw.

Bei 6to4 wird das IPv6-Paket also in IPv4 gekapselt und über „normales“ Routing übertragen. Das bedeutet auch, dass die Verbindung nicht statisch ist. Der Rückweg kann auch über ein anderes 6to4-Gateway erfolgen.

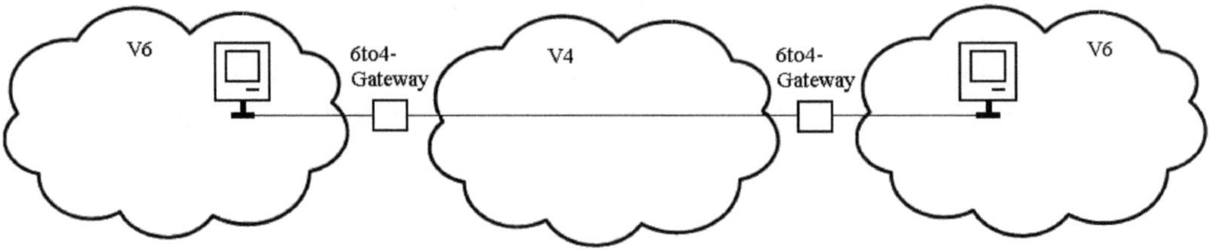

Bild 10.6 Der 6to4-Gateway kapselt das IPv6-Paket in IPv4. Es wird dann wie üblich geroutet. Am Zielpunkt stellt der zweite Gateway das IPv6-Paket wieder her.

10.15.4.2 ISATAP

Das ISATAP (Intra-Site Automatic Tunnel Addressing Protocol) [RFC5214] wurde entwickelt, um eine IPv6-Kommunikation innerhalb eines Subnetzes zu ermöglichen, in dem sonst nur IPv4 gesprochen wird, es also auch keine IPv6-Router als Gateway gibt. Bei ISATAP wird eine IPv4-Adresse in der Interface-ID eingesetzt. Das Präfix ist Standard, wie in jedem „normalen“ IPv6-Netzwerk, kann aber auch Link Local sein. Die IANA hat für diesen Zweck eine Kennung im Vendor-Teil der EUI-64-Link Layer-Adressen (OUI oder Vendor-Code) registriert. Er ist 24 Bit lang und lautet 00005E. Des Weiteren wird ein Type-Feld gesetzt, das angibt, dass es sich in den letzten 32 Bit der EUI um eine IPv4-Adresse handelt. Der Code dafür ist FE.

Präfix	OUI	Type	IPV4-Adresse

Ist das Präfix also zum Beispiel 2001:0db8::/64 und die IPv4-Adresse 131.152.2.160, dann lautet die ISATAP-Adresse 2001:db8::5EFE:131.152.2.160 bzw. 2001:db8::5EFE:8398:02A0. Die korrespondierende Link Local-Adresse wäre FE80::5EFE:8398:02A0. So können alle Endgeräte im Subnetz miteinander kommunizieren.

Soll mit IPv6 ins Internet kommuniziert werden, wird ein Gateway benötigt. Das kann ein 6to4-Router oder ein Router mit ISATAP-Interface sein. Ein Adresskonflikt im Internet tritt nicht auf, wenn offizielle, registrierte IPv4-Adressen verwendet werden. Sie sind Global Unique und die damit gebildeten IPv6-Adressen automatisch auch. Bei ISATAP können aber auch private IPv4-Adressen verwendet werden, wenn der Gateway-Router NAT anbietet.

10.15.4.3 Teredo

Das Teredo-Verfahren [RFC4380] ist eine Besonderheit. Es gibt Konfigurationen, in denen 6to4 nicht möglich ist. Dies ist der Fall, wenn mehrere IPv4-NATs zwischen den Kommunikationspartnern sitzen. Ein weiterer Grund ist die Kapselung. Wird IPv6 über IPv4 getunnelt, ist im Header als Protocol Type 41 eingetragen, das heißt, IPv6 ist gekapselt. Die meisten NAT-Implementationen übersetzen aber nur Protocol Type 6 und 17, TCP und UDP. Teredo hingegen kapselt IPv6 in UDP. Im Paket werden alle NAT-Informationen der Quelle mitgegeben, sodass ein Rückweg durch das NAT möglich wird. Ein externer Teredo-Server ist notwendig. Dies ist ein IPv6/V4-Host mit einem Teredo-Adapter. Die Kommunikation beginnt, indem das Endsystem durch das NAT einen Teredo-Server kontaktiert. Dieser übermittelt ihm einen IPv6 Präfix, aus dem er seine Adresse aufbaut. Mit dieser Adresse und der Hilfe des Teredo-Servers kann das Endsystem nun einen anderen Teredo-Client kontaktieren oder einen IPv6-Host. IPv4/V6-Router, die einen Teredo-Adapter besitzen, können Pakete zwischen IPv6-Endsystemen und Teredo-Clients im IPv4-Netz weiterleiten. Man nennt sie Teredo-Relay. Teredo benutzt UDP, um NAT zu durchtunneln. Dies kann zur Wirkungslosigkeit aller Access-Filter führen.

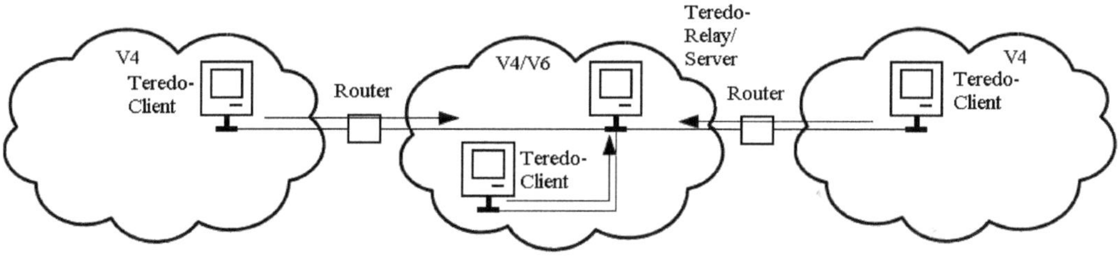

Bild 10.7 Im ersten Schritt nehmen die Teredo-Clients Kontakt zu einem Teredo-Server auf (UDP, IPv4). Dies kann auch über NAT erfolgen.

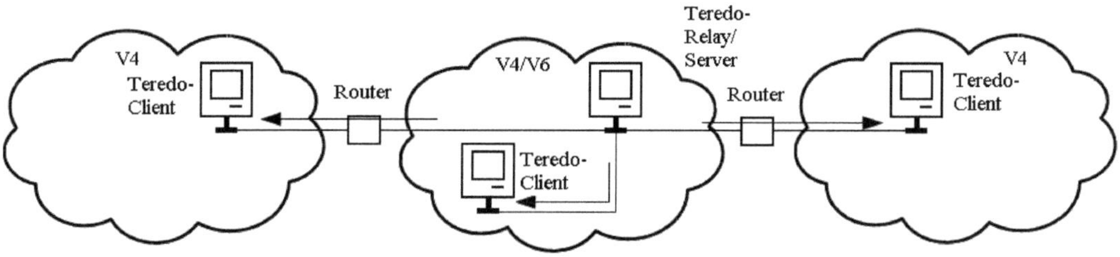

Bild 10.8 Der Teredo-Server sendet den Endsystemen ein IPv6-Adresspräfix zu, aus dem sie sich eine IPv6-Adresse zusammensetzen.

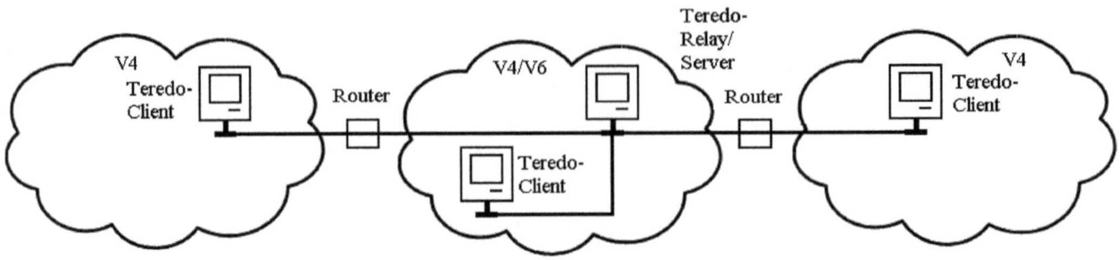

Bild 10.9 Ab diesem Zeitpunkt können die Teredo-Clients ihre IPv6-Pakete gekapselt in IPv4 UDP an das Teredo-Relay senden. Dieses reicht sie weiter. So können Rechner in einem IPv4-Netz eine IPv6-Kommunikation aufbauen. Durch den Teredo-Server kann nicht nur mit anderen Teredo-Clients kommuniziert werden, sondern auch mit IPv6-Endsystemen. Da die Verbindungen der Endsysteme „von innen nach außen" aufgebaut werden und der Teredo-Server als Relay fungiert, ist diese Kommunikation auch durch NAT und Firewalls möglich. Was die Sicherheit anbelangt, ist dies ein Albtraum.

10.15.5 Moderne Übergangsmechanismen

Die ursprünglich vorgesehenen Mechanismen 6to4, ISATAP und Teredo haben sich in der Praxis nicht durchgesetzt und werden heute kaum noch genutzt. Stattdessen setzen Betreiber auf Verfahren, die sich im produktiven Einsatz bewährt haben.

Ein wesentlicher Ansatz ist NAT64/DNS64 [RFC6146], bei dem IPv6-only-Clients über einen Übersetzer (NAT64) auf IPv4-Server zugreifen können, während DNS64 synthetische AAAA-Einträge für reine IPv4-Ziele erzeugt. Für Anwendungen, die IPv4-Adressen direkt nutzen, ergänzt 464XLAT [RFC6877] einen zusätzlichen stateless Übersetzer am Endgerät, der den Zugriff über ein IPv6-Netz ermöglicht.

Weitere Mechanismen wie MAP-E/T (Mapping of Address and Port) und Dual-Stack Lite (DS-Lite) kombinieren IPv6-Transportnetze mit der gemeinschaftlichen Nutzung weniger IPv4-Adressen. Diese Verfahren erlauben Providern, den Übergang zu IPv6 effizient und adresssparend zu gestalten.

10.16 DNS in IPv6

DNS muss für IPv6 ebenfalls angepasst werden [RFC3596]. Die Adressen sind nun weitaus größer. Es wird aber weiterhin mit Ressource Records gearbeitet. Der A-Record heißt bei IPv6 AAAA-Record (also Quad-A). Die Reverse Lookup-Zone ist gleich geblieben, sie besteht weiterhin aus der umgekehrten IP-Adresse. Die Domäne heißt jedoch nicht mehr IN-ADDR.ARPA, sondern IP6.ARPA. Die Teilung in delegierbare Subdomains liegt nicht mehr bei acht Bit, sondern bei vier. Daher wird die umgekehrte IP-Adresse in 32 durch Punkte getrennten Ziffern dargestellt. Erinnern wir uns an IPv4:

Der Rechner rudi1.test.com hat die IP-Adresse 192.168.17.4. Im DNS sieht das so aus:

Forward: rudi1.test.com. 3600 IN A 192.168.17.4

Reverse: 4.17.168.192.in-addr.arpa. 3600 IN PTR rudi1.test.com.

(IN: Internet, 3600: TTL, Time to Live, A: Host-Record, PTR: Pointer).

In IPv6 sieht das so aus:

Forward: rudi1.test.com. 3600 IN AAAA 2001:db8::1

Reverse:
1.0.0.0.0.0.0.0.0.0.0.0.0.0.0.0.0.0.0.0.0.0.0.0.8.b.d.0.1.0.0.2.ip6.arpa.3600 IN PTR rudi1.test.com.

10.17 DHCPv6

Privacy-Extension und Autokonfiguration sind zweifellos praktische Neuerungen in IPv6. Für Netzwerkadministratoren stellen sie jedoch eine Herausforderung dar – etwa beim Einrichten von Access-Filtern für Adressen, die sich alle zehn Minuten ändern. DHCP bot in IPv4 bereits eine elegante Möglichkeit zur dynamischen Adressvergabe. Durch die Bindung der IP-Adresse an die MAC-Adresse ließ sich zudem jederzeit nachvollziehen, welches Endgerät zu welchem Zeitpunkt welche Adresse genutzt hat.

DHCPv6 [RFC8415] ermöglicht dies ebenso. Es kann so konfiguriert werden, dass nur derjenige eine Adresse bekommt, dessen EUI-Adresse registriert ist – und das ohne Privacy-Extension. Einen Verlust stellt das nicht dar, da das nur eine Verfolgbarkeit im eigenen (Firmen-)Netz bedeutet. Ohne DHCP oder mit offenem DHCP in Public-Umgebungen ist die Privacy-Extension wieder da.

Eine der größten Neuerungen – alle haben darauf gewartet – ist die Möglichkeit, Änderungen sofort auszulösen. Wie in IPv4 können viele Parameter über DHCP weitergegeben werden. In IPv4 ist aber die Lease Time der Faktor, von dem abhängt, ab wann Änderungen wirksam werden. Erst bei der Erneuerung des Leases oder einem Neustart werden auch neue Parameter aktiv. In IPv6 gibt es eine neue DHCP-Nachricht an alle Endgeräte: DSI, DHCP Server Initiated Reconfiguration. Eine solche Nachricht veranlasst die Endsysteme, ohne Ansicht der Lease Time sofort alle Parameter neu vom Server anzufragen. Daher werden Änderungen oder Erweiterungen sofort wirksam.

10.18 Zusammenfassung

IPv6 ist nicht nur eine Erweiterung des Adressraumes. IPv6 bietet viele neue Features an, die aus den Beschränkungen von IPv4 erkannt wurden. Vor allem sind es die Bedürfnisse an Mobility, Service Class, Dynamik, Flexibilität und Sicherheit. IPv6 ist heute schon parallel zu IPv4 im Einsatz und wird sich auf lange Sicht etablieren.

10.19 Zum Weiterlesen

Wie wir in diesem Kapitel gesehen haben, erforderte der Übergang von IPv4 zu IPv6 die Anpassung fast aller Aspekte der Vermittlungsschicht. Dementsprechend gibt es eine Vielzahl von Standarddokumenten, die sich mit diesem Thema befassen. Eine gute Übersicht findet sich auf der Webseite [Systems2023].

Einige Standarddokumente wurden seit ihrem ersten Erscheinen mehrfach aktualisiert. Beispielsweise wurde die Funktionalität des IPv6-Protokolls zuerst in [RFC1883] beschrieben, inzwischen aber zweimal aktualisiert, sodass der aktuell gültige Standard [RFC8200] ist.

Die Adressarchitektur mit den verschiedenen Adresstypen ist in [RFC4291] definiert. Wie die Privatsphäre bei der Ermittlung der in den Adressen verwendeten Interface Identifier geschützt werden kann, ist in [RFC8981] beschrieben. NDP [RFC4861] ist die Alternative zu dem aus IPv4 bekannten ARP-Protokoll. Erweiterungen wichtiger Protokolle sind ICMPv6 [RFC4443], DNS in IPv6 [RFC3596] und DHCPv6 [RFC8415]. Alternativ zu DHCPv6 kann auch die zustandslose Autokonfiguration [RFC4862] verwendet werden. Wie MTUs eines Pfades bestimmt werden, da keine Fragmentierung mehr vorgesehen ist, ist in [RFC8201] beschrieben. [RFC4301] beschreibt die neue Sicherheitsarchitektur. Verschiedene Tunnelmechanismen für den Übergang zwischen IPv4 und IPv6 sind 6to4 [RFC3056], ISATAP [RFC5214] und Teredo [RFC4380]. Moderne Übergangsmechanismen sind in [RFC6146] und [RFC6877] beschrieben.

Literatur

[RFC1883] Deering, Steve E. und Bob Hinden: Internet Protocol, Version 6 (IPv6) Specification. Request for Comments 1883. Internet Engineering Task Force, Dezember 1995. *https://doi.org/10.17487/RFC1883*

[RFC3056] Carpenter, Brian E. und Keith Moore: Connection of IPv6 Domains via Ipv4 Clouds. Request for Comments 3056. Internet Engineering Task Force, Februar 2001. *https://doi.org/10.17487/RFC3056*

[RFC3596] Ksinant, Vladimir, Christian Huitema, Susan Thomson und Mohsen Souissi: DNS Extensions to Support IP Version 6. Request for Comments 3596. Internet Engineering Task Force, Oktober 2003. *https://doi.org/10.17487/RFC3596*

[RFC4291] Deering, Steve E., und Bob Hinden: IP Version 6 Addressing Architecture. Request for Comments 4291. Internet Engineering Task Force, Februar 2006. *https://doi.org/10.17487/RFC4291*.

[RFC4301] Seo, Karen und Stephen Kent: Security Architecture for the Internet Protocol. Request for Comments 4301. Internet Engineering Task Force, Dezember 2005. *https://doi.org/10.17487/RFC4301*

[RFC4380] Huitema, Christian: Teredo: Tunneling IPv6 over UDP through Network Address Translations (NATs). Request for Comments 4380. Internet Engineering Task Force, Februar 2006. *https://doi.org/10.17487/RFC4380*

[RFC4443] Gupta, Mukesh und Alex Conta: Internet Control Message Protocol (ICMPv6) for the Internet Protocol Version 6 (IPv6) Specification. Request for Comments 4443. Internet Engineering Task Force, März 2006. *https://doi.org/10.17487/RFC4443*

[RFC4861] Simpson, William A., Thomas Narten, Erik Nordmark und Hesham Soliman: Neighbor Discovery for IP version 6 (IPv6). Request for Comments 4861. Internet Engineering Task Force, September 2007. *https://doi.org/10.17487/RFC4861*

[RFC4862] Narten, Thomas, Tatsuya Jinmei und Susan Thomson: IPv6 Stateless Address Autoconfiguration. Request for Comments 4862. Internet Engineering Task Force, September 2007. *https://doi.org/10.17487/RFC4862*

[RFC5214] Gleeson, Tim, Dave Thaler und Fred Templin: Intra-Site Automatic Tunnel Addressing Protocol (ISATAP). Request for Comments 5214. Internet Engineering Task Force, März 2008. *https://doi.org/10.17487/RFC5214*

[RFC6146] Matthews, Philip, Iljitsch van Beijnum und Marcelo Bagnulo: Stateful NAT64: Network Address and Protocol Translation from IPv6 Clients to IPv4 Servers. Request for Comments 6146. Internet Engineering Task Force, April 2011. *https://doi.org/10.17487/RFC6146*

[RFC6877] Mawatari, Masataka, Masanobu Kawashima und Cameron Byrne: 464XLAT: Combination of Stateful and Stateless Translation. Request for Comments 6877. Internet Engineering Task Force, April 2013. *https://doi.org/10.17487/RFC6877*

[RFC8200] Deering, Steve E. und Bob Hinden: Internet Protocol, Version 6 (IPv6) Specification. Request for Comments 8200. Internet Engineering Task Force, Juli 2017. *https://doi.org/10.17487/RFC8200*

[RFC8201] McCann, Jack, Stephen E. Deering, Jeffrey Mogul und Bob Hinden: Path MTU Discovery for IP version 6. Request for Comments 8201. Internet Engineering Task Force, Juli 2017. *https://doi.org/10.17487/RFC8201*

[RFC8415] Mrugalski, Tomek, Marcin Siodelski, Bernie Volz, Anew Yourtchenko, Michael Richardson, Sheng Jiang, Ted Lemon und Timothy Winters: Dynamic Host Configuration Protocol for IPv6 (DHCPv6). Request for Comments 8415. Internet Engineering Task Force, November 2018. *https://doi.org/10.17487/RFC8415*

[RFC8981] Gont, Fernando, Suresh Krishnan, Thomas Narten und Richard P. Draves: Temporary Address Extensions for Stateless Address Autoconfiguration in IPv6. Request for Comments 8981. Internet Engineering Task Force, Februar 2021. *https://doi.org/10.17487/RFC8981.*

[Systeme2023] System.de, IPv6 RFC List. 2023. Zugegriffen am 13.08.2025. *https://www.system.de/ipv6-rfc/*

11 Netzwerkspeicher

Sinn und Zweck eines Netzwerks ist längst nicht mehr nur der Austausch von Daten, sondern deren gemeinsame Nutzung und Bearbeitung – ob im Unternehmen, im Homeoffice oder in privaten Haushalten. Werden Daten auf einem zentralen System vorgehalten, genügt ein Backup an einer einzigen Stelle, und alle Beteiligten arbeiten stets mit der aktuellen Version.

Die Datenmengen wachsen rasant: Hochauflösende Fotos und 4 K-/8 K-Videos, Musik- und Filmarchive, aber auch KI-Modelle, Projektdateien und Cloud-Synchronisation lassen den Speicherbedarf explodieren. Früher passten auf einen Diafilm 36 Urlaubsbilder – heute erzeugen Smartphones und Digitalkameras Tausende Aufnahmen in hoher Auflösung. In Haushalten sind heute mehrere PCs, Laptops und mobile Geräte üblich. Der klassische gemeinsam genutzte PC spielt kaum noch eine Rolle.

Diese Entwicklung verstärkt den Wunsch nach zentralem Zugriff: Alle Geräte sollen unkompliziert auf gemeinsame Daten zugreifen können – auch außerhalb des eigenen Hauses. In Unternehmen ist eine zentrale Datenspeicherung ohnehin seit Langem unverzichtbar. Netzwerkspeicherlösungen bieten die Möglichkeit, Daten nicht lokal, sondern auf zentralen Speichersystemen zu verwalten, zu sichern und gemeinsam zu bearbeiten. Letztlich macht dies sogar in vielen Fällen einen „vollwertigen PC" überflüssig, wenn der Zugriff auf Daten und Anwendungen über das Netzwerk erfolgen kann.

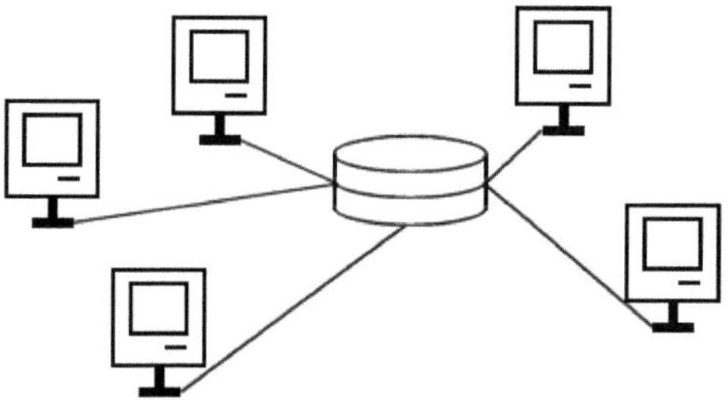

Bild 11.1
Dateien nicht auf vielen PCs gleichzeitig zu lagern und zu bearbeiten, ist ein verständlicher Wunsch. Statt viele Kopien auf mehreren Geräten abzulegen, ist es sinnvoller, Dateien einmal zentral abzulegen – mit Zugriff für alle.

11.1 Dateiübertragung, TFTP und FTP

Die einfachste Methode für den Zugriff auf einen Netzwerkspeicher besteht darin, Dateien zentral zu speichern und bei Bedarf herunterzuladen. Sie werden dann lokal bearbeitet und nach getaner Arbeit wieder zentral abgelegt. Dies wurde schon sehr früh realisiert.

11.1.1 TFTP – Trivial File Transfer Protocol

Sehr einfach ist die Übertragung mit TFTP, dem Trivial File Transfer Protocol [RFC1350]. TFTP benutzt UDP als Übertragungsprotokoll. Ein TFTP-Server hört auf Port 69 UDP auf Verbindungsanfragen. Ein TFTP-Client kann nun die in einem konfigurierten Verzeichnis des Servers liegenden Dateien zu sich herunter- oder auf den Server heraufladen. Die Sicherheit in Form von Zugriffsberechtigungen bietet das Betriebssystem, auf dem der TFTP-Server läuft.

TFTP ist bewusst sehr einfach konzipiert. Der Befehlssatz ist stark reduziert. Es ist nur möglich, Dateien herauf- oder herunterzuladen. Da TFTP über UDP abgewickelt wird, muss der TFTP-Server dafür sorgen, dass Paketverluste in der Übertragung korrigiert werden.

TFTP wird heute fast ausschließlich in isolierten Netzwerken (z. B. Boot- oder Notfallumgebungen) genutzt. Für Firmware-Updates und Konfigurationsmanagement moderner Geräte kommen zunehmend sichere Verfahren (HTTPS, SCP) zum Einsatz.

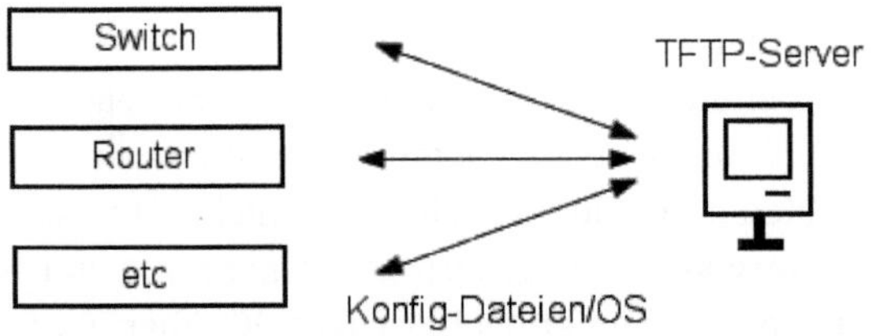

Bild 11.2 Netzwerkgeräte beziehen ihr OS und ihre Konfigurationsdateien in der Regel per TFTP, ebenso werden sie gesichert. Ein zentraler TFTP-Server verwaltet diese.

11.1.2 FTP – das File Transfer Protocol

Komfortabler als mit TFTP ist der Dateitransfer per FTP, dem File Transfer Protocol [RFC0959]. Dieses benutzt TCP als Übertragungsprotokoll. FTP bietet im Gegensatz zu TFTP einen erweiterten Befehlssatz. Es ist möglich, sich die Dateien im entfernten Verzeichnis z. B. listen zu lassen, Dateien dort zu löschen oder Unterverzeichnisse anzulegen. Bei FTP wird über zwei Kanäle kommuniziert. Es gibt einen Steuer- und einen Datenkanal. Über ersteren werden ausschließlich Steuerkommandos ausgetauscht, über den anderen ausschließlich Daten. Eine FTP-Verbindung verläuft, wie folgt.

Im ersten Schritt baut der Client eine Verbindung von einem Port über 1024 zum Steuer-Port (Control Port) des FTP-Servers auf Port 21 auf. Nach dem ACK des Servers teilt der Client dem Server seinen Daten-Port über den Steuerkanal mit. Im nächsten Schritt initiiert der Server von seinem Daten-Port 20 aus die Datenverbindung über diesen Kanal. Ab dann läuft der Datenverkehr über den Datenkanal und alle Befehle und Antworten über den Steuerkanal.

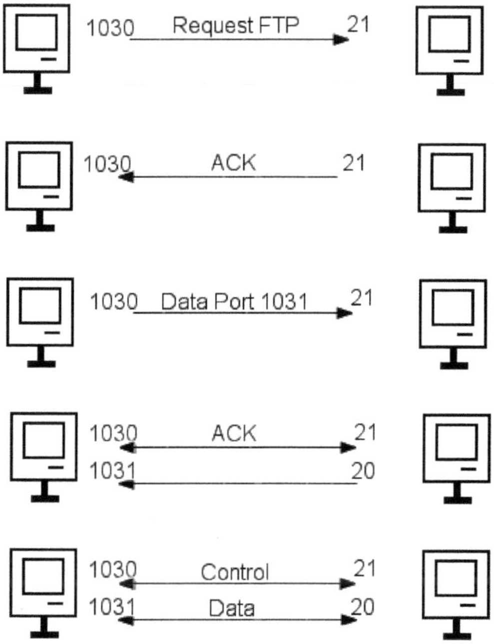

Bild 11.3
Der Client fragt am FTP-Server eine Verbindung auf Port 21 (Control) an. Der Ausgangsport des Sockets ist ein beliebiger Port über 1024, hier 1030. Der FTP-Server bestätigt die Verbindung mit einem ACK. Der Client teilt ihm nun mit, auf welchem Port er für Daten empfangsbereit ist, hier 1031. Der FTP-Server initiiert danach eine Datenverbindung von seinem Port 20 (Data) zum Daten-Port des Clients. Danach können Daten transferiert werden.

Probleme gibt es dann, wenn der Client hinter einem NAT arbeitet. Eine Verbindung „von außen" durch ein NAT funktioniert nicht (s. o. NAT/Masquerading). Auch funktioniert dies nicht, wenn sich der Client hinter einer Firewall befindet. In der Regel ist eine Firewall zustandsbehaftet (stateful), das heißt, von innen nach außen initiierte Verbindungen werden auch in der Gegenrichtung erlaubt, von außen angeforderte Verbindungen aber werden geblockt.

Um dies zu umgehen, wurde der passive FTP-Modus entwickelt. Die Verbindung wird so aufgebaut:

Der Client initiiert wiederum eine Verbindung zum Steuer-Port des Servers (21). Er teilt dem Server mit, dass er eine passive Verbindung benötigt. Daraufhin teilt der Server dem Client einen Port über 1024 mit, auf dem er für den Datenverkehr hören wird.

Der Client baut dann eine Verbindung zu diesem Port auf. Da hier beide Verbindungen clientseitig von innen nach außen aufgebaut werden, kann die Kommunikation auch über NAT und durch Firewalls erfolgen. Der Daten-Port 20 des Servers wird bei diesen Verbindungen nicht genutzt.

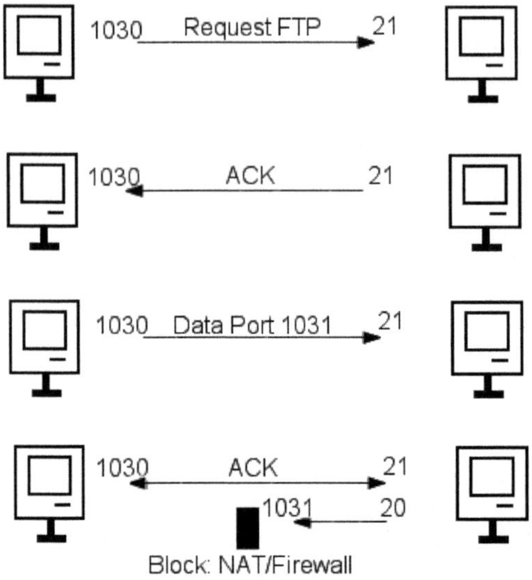

Bild 11.4 Der Aufbau der Datenverbindung vom Server zum Client kann nicht durchgeführt werden, wenn ein NAT oder eine Firewall Verbindungen von außen blocken.

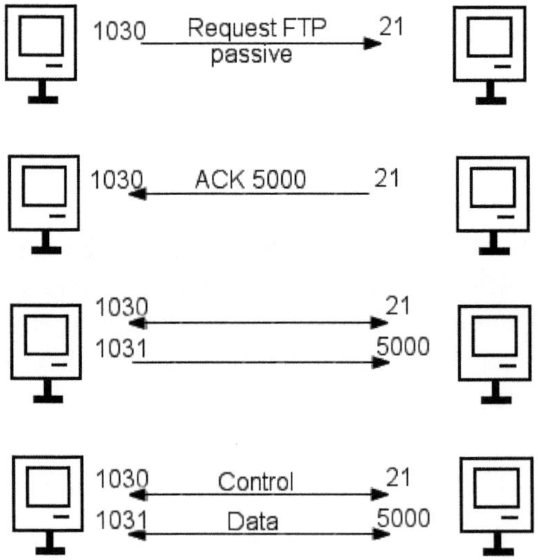

Bild 11.5 Beim passiven FTP werden beide Verbindungen, Control und Data, vom Client aufgebaut. NAT und Firewall sind damit kein Hindernis. Der Control-Port 20 des Servers wird hier nicht benutzt.

Für sichere Verbindungen wurden FTPS und SFTP entwickelt. Bei FTPS wird der Datenverkehr mit TLS verschlüsselt. Die Authentifizierung kann über ein hinterlegtes Zertifikat erfolgen. Bei SFTP wird FTP über eine sichere SSH-Verbindung durchgeführt.

FTP verliert im Internet an Bedeutung, da unverschlüsselte Verbindungen als unsicher gelten. Stattdessen werden FTPS (FTP über TLS) und vor allem SFTP (über SSH) sowie HTTPS-basierte Transfers genutzt.

11.2 Filesharing

Anwender benötigen transparenten Zugriff auf zentral gespeicherte Daten. Wenn mehrere Personen an einem Dokument arbeiten, ergeben sich sonst automatisch Versionierungsprobleme. Daher sind ständig verbundene oder mobile Speichermedien notwendig. Hier unterscheidet man drei Kategorien: DAS, Direct Attached Storage, NAS, Network Attached Storage, und SAN, Storage Area Network. Bei diesen Verfahren werden Dateien nicht heruntergeladen, sondern an ihrem Speicherort direkt über das Netzwerk bearbeitet. Das entfernte Speichermedium wird also virtuell in den lokalen Rechner eingehängt.

11.2.1 DAS – Direct Attached Storage

DAS sind Speichermedien, die man einfach an Rechner anschließen kann und die dem Rechner wie ein eingebautes Speichermedium erscheinen. Nach getaner Arbeit kann man sie abziehen und z. B. mit nach Hause nehmen. Dort schließen Sie sie an und haben die Daten parat. Vorteil: Die Daten müssen nicht immer synchronisiert werden, man hat sie nicht in verschiedenen Versionen an verschiedenen Orten. Nachteil: Ein geordnetes Backup ist fast unmöglich. Zu DAS-Medien gehören USB-Sticks und -Festplatten, eSATA- und Firewire-Platten. Diese sind jedoch feste Anschlüsse, weniger Netzwerk-Speichermedien, und sollen deshalb hier nicht weiter behandelt werden.

11.2.2 NAS – Network Attached Storage

Network Attached Storage sind Fileserver, die die Möglichkeit anbieten, sich mit einer freigegebenen Ressource (ein freigegebener Ordner im Dateisystem eines Servers, auch Share genannt) zu verbinden, die Speicherplatz zur Verfügung stellt, um dort Dateien abzulegen oder direkt zu bearbeiten. Die verbundene Ressource stellt sich dem Betriebssystem wie eine interne Ressource dar, sodass es sich für das Betriebssystem wie ein lokales Laufwerk darstellt. Die Verbindung erfolgt in der Regel per SMB, Server Message Block, oder NFS, Network File System. Oft werden NAS-Systeme als vorkonfigurierte Geräte (Appliances) verkauft, von kleinen Heimsystemen mit ein paar Gigabyte Kapazität bis hin zur Enterprise Storage. Ebenso gibt es bei den Betriebssystemen Servervarianten, die solche Fileserver betreiben lassen.

Bei NAS werden Freigaben auf Fileservern eingerichtet. Der Client kann sich ein freigegebenes Verzeichnis auf dem Server in seinen Laufwerksbaum einhängen (mounten) und dieses steht ihm ab dann wie ein eingebautes Laufwerk zur Verfügung. NAS basiert auf Freigaben des Servers auf Filelevel. Das Filesystem kontrolliert und verwaltet das NAS-System. Der Nutzer arbeitet mit Dateien.

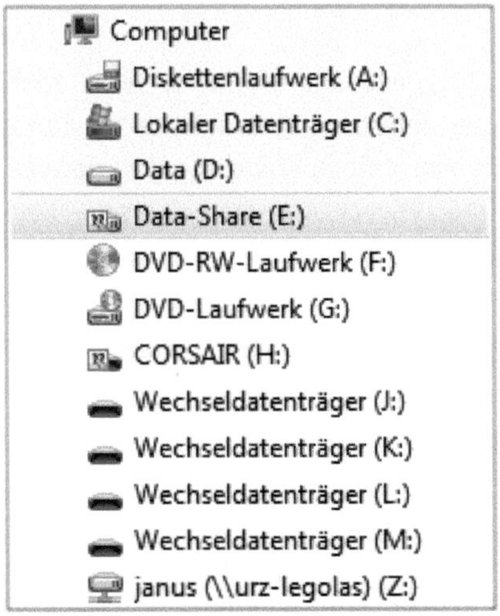

Bild 11.6
Hier folgt ein Beispiel eines gemounteten Netzwerkverzeichnisses, „janus". Es ist im Windows-Explorer durch das Symbol eines Netzwerklaufwerkes gekennzeichnet. In Klammern wird der Name des Fileservers angegeben. Unter Windows kann dem Netzwerklaufwerk ein Laufwerksbuchstabe zugeteilt werden, so als ob es sich um eine lokal eingebaute Ressource handele (Z:).

11.2.2.1 NFS – Network File System

Das Network File System (NFS, [RFC7530]) liegt heute in den Versionen 4.1 und 4.2 vor. Diese unterstützen u. a. Parallel NFS (pNFS), erweiterte Dateisperren und verbesserte Sicherheit und Benutzerverwaltung (Kerberos, Verschlüsselung). Meist wird NFS in der Unix-/Linux-Welt eingesetzt. Die Freigabe des Verzeichnisses nennt man hier „Export". Die Berechtigungen basieren auf der IP-Adresse des zugreifenden Clients. Erst NFS V4 bietet eine detaillierte Benutzerverwaltung. NFS ist schlank und schnell, meist ist es im Einsatz, wenn große Datenmengen, z. B. von Messgeräten, an Speicher übertragen werden.

11.2.2.2 SMB – Server Message Block

Das gängige Verfahren zur Freigabe von Daten auf Fileservern ist SMB, Server Message Block [Microsoft2022]. Es wurde ursprünglich von IBM entwickelt, dann aber von Microsoft weiterentwickelt. SMB wurde für die Kommunikation zwischen Rechnern und Fileservern, Druckern und zur Versendung von Nachrichten entwickelt. Es ist fester Bestandteil der Windows-Betriebssysteme, es gibt in der Unix-Welt aber mit SAMBA Implementationen davon, die es ermöglichen, SMB-Server für Windows-Clients unter Linux/Unix zu betreiben bzw. auch mit Linux/Unix-Clients auf Windows-Fileserver zugreifen zu können. Die meisten kleinen NAS-Systeme laufen als Appliance unter einer abgespeckten Linux-Variante mit SAMBA. SMB verwaltet Dateisperren durch ein Locking-Verfahren, das geöffnete Dateien für andere Benutzer blockiert. Bearbeitet jemand auf einem Share ein Dokument, bekommen andere, die es öffnen, den Hinweis, dass es in Bearbeitung ist, und bekommen nur lesend Zugriff, bis das Dokument wieder „frei" ist.

Microsoft hat SMB in den letzten Jahren kontinuierlich weiterentwickelt. Die aktuelle Version SMB 3.1.1 (seit Windows 10/Windows Server 2016) bietet neben signifikanten Sicherheitsverbesserungen wie SMB Signing und Ende-zu-Ende-Verschlüsselung auch Leistungsoptimierungen. Bereits mit SMB 3 wurde Remote Direct Memory Access (RDMA) eingeführt: Dabei reserviert das Betriebssystem Speicheradressen im RAM, und der Netzwerkadapter überträgt Daten direkt in diesen Speicherbereich, ohne dass die CPU den Datenstrom verarbeiten muss. Diese Technik reduziert die Latenz und bringt die Übertragungsgeschwindigkeit nahe an die physikalischen Grenzen der Netzwerkschnittstelle. Neuere SMB-Implementierungen unterstützen zudem Multichannel-Verbindungen (parallele Nutzung mehrerer Netzwerkpfade) und Direct I/O, was insbesondere in Rechenzentrumsumgebungen mit Hochgeschwindigkeitsnetzwerken (z. B. 25/40/100 Gbit/s) erhebliche Vorteile bietet.

Bei richtiger Konfiguration ist SMB sehr sicher. Zugriffsrechte können detailliert geregelt werden. Vor allem kann vollumfänglich die Sicherheit des Filesystems des Fileservers verwendet werden, Rechte können an User und Gruppen vergeben werden, insbesondere ist dies mit dem Einsatz von Active Directory eine mächtige Steuerungskontrolle. Den Zugang zu der Ressource verwalten die Zugriffsrechte auf den Share, darunter lässt sich mit den Access Control Lists (ACL) von NTFS bis auf Dateiebene genau steuern, wer welche Rechte hat.

Bild 11.7 Clients können freigegebene Verzeichnisse (Ordner) eines Fileservers mounten, wenn sie dazu berechtigt sind (links). Diese Freigaben sind Ordner auf dem Fileserver. Die Freigabe erfolgt auf Ordner und ihre enthaltenen Unterordner und Dateien (rechts).

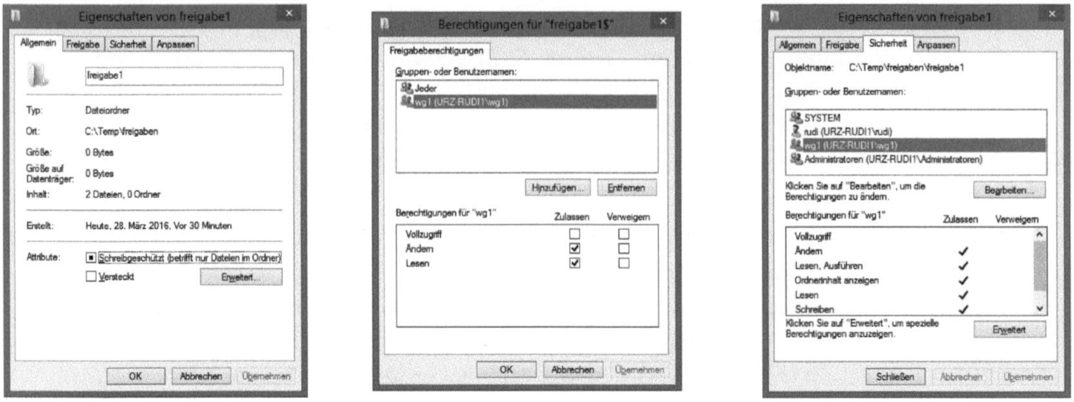

Bild 11.8 Ein Ordner „freigabe1" wird freigegeben. Unter den erweiterten Eigenschaften dieses Ordners wird im Tab „Freigabe" geregelt, wer zugreifen darf (Mitte). „Jeder lesen" ist leider der Standard und sollte auf berechtigte Benutzer beschränkt werden. Unter dem Tab „Sicherheit" wird geregelt, was die Zugriffsberechtigten dürfen (rechts). Hier darf die Gruppe „wg1" (also alle Benutzer, die dieser Gruppe angehören) lesen und schreiben (rechts).

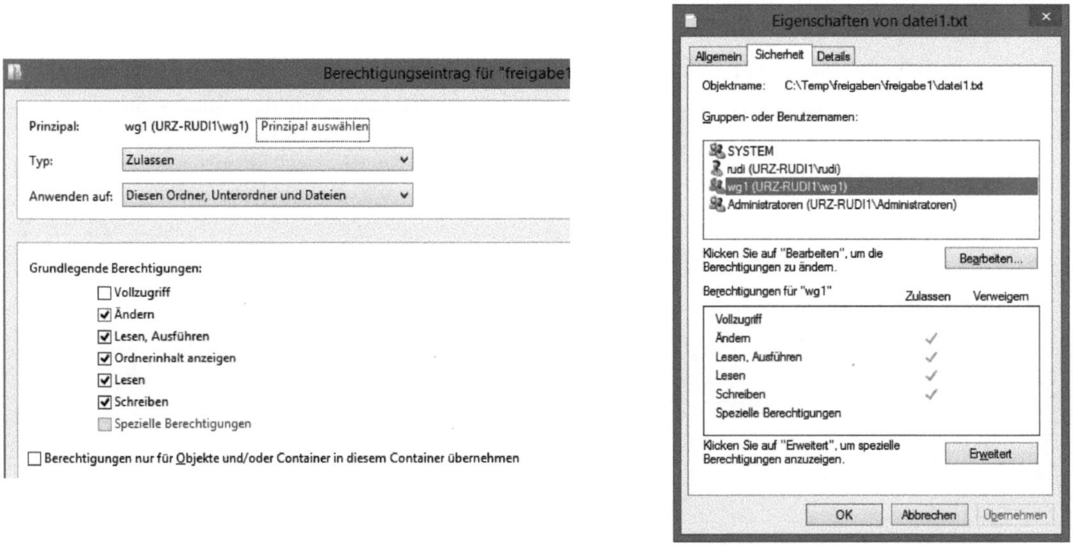

Bild 11.9 Die Vererbung von Berechtigungen kann Ordner für Ordner konfiguriert werden. Hier wird über den gesamten Baum nach unten vererbt (links: alle Unterordner und Dateien). Der Erfolg ist, legt man im Ordner freigabe1 eine Datei an, erbt sie automatisch die Berechtigungen des übergeordneten Ordners (rechts, graue Haken zeigen ererbte Berechtigungen an, schwarze solche, die fest gesetzt sind).

Die Berechtigungen werden vererbt. Wie, kann konfiguriert werden. In der Regel werden die Berechtigungen durch Vererbung an untergeordnete Ordner weitergegeben. Wer die Vererbung von Berechtigungen in der Ordnerstruktur unterbricht, hat in der Regel die Ordnerstruktur schlecht geplant.

Oft dienen NAS-Systeme auch als Backup-Ziel. Dabei darf jedoch nicht übersehen werden, dass auch ein NAS ein physisches Gerät ist, das ausfallen kann. Wer seine Sicherung ausschließlich auf einem NAS ablegt oder dort die einzigen Kopien wichtiger Dateien speichert, riskiert bei einem Defekt den zentralen Datenverlust. Häufig wird argumentiert, ein NAS sei durch RAID geschützt, da Festplatten gespiegelt werden und der Ausfall einer einzelnen Platte keine unmittelbaren Auswirkungen habe. Doch: RAID schützt nur vor Hardwaredefekten, nicht vor Datenverlust durch versehentliches Löschen, Überschreiben oder Ransomware. Wird eine Datei gelöscht, wird diese Löschung auch auf alle gespiegelten Platten übernommen. RAID ist daher kein Backup, sondern lediglich ein Mittel zur Erhöhung der Verfügbarkeit.

11.2.3 WebDAV

Die zunehmenden Cloud-Services und die Tatsache, dass fast alle Firewalls Webverkehr auf Port 80 und 443 (HTTP/HTTPS) durchlassen, führten zur Erweiterung des HTTP-Protokolls um Dateidienste. Web-Based Distributed Authoring and Versioning (WebDAV, [RFC4918]), bietet über Port 80/443 die Möglichkeit, Dateien auf entfernte Datenträger abzulegen und im Team zu bearbeiten. Sperrfunktionen verhindern, dass eine Datei verändert werden kann, wenn ein anderer gerade schreibt, und es ist eine Versionierung eingebaut, die ältere Versionen speichert und ermöglicht, Änderungen rückgängig zu machen. Mit WebDAV lassen sich nicht nur einzelne Dateien übertragen, sondern ganze Verzeichnisse. Während man für FTP- oder SMB-Ports in der Firewall speziell öffnen muss, ist dies nicht nötig, wenn bereits Webservices angeboten werden, dann ist Port 80 in der Firewall bereits geöffnet. NFS und SMB/Samba sind daher die Wahl innerhalb eines LAN, WebDAV die für Fernzugriffe. WebDAV wurde ursprünglich entwickelt, um Teams die gemeinsame Pflege von Webseiten zu ermöglichen. WebDAV kennt eine Benutzer- und Rechteverwaltung, die auch z. B. mit Active Directory gekoppelt werden kann. Nahezu jedes Betriebssystem bietet eine Implementation von WebDAV an.

WebDAV ist weiterhin in Kollaborationstools (z. B. SharePoint, Nextcloud) im Einsatz, verliert jedoch an Bedeutung gegenüber modernen API-basierten Zugriffsverfahren (REST, GraphQL).

11.3 SAN – Storage Area Network

Dateiübertragungen über Protokolle wie NFS, SMB oder FTP stoßen bei sehr großen Datenmengen und enormen Übertragungsraten an ihre Grenzen. Die Verwaltung einzelner NAS-Systeme oder von Festplattenarrays in dedizierten Servern bringt rasch einen verwaltungstechnischen Overhead. Datenhaltung in sehr großem Stil ist so nicht mehr handhabbar. Bei NAS-Systemen sind die Speichermedien fest Geräten zugeordnet. Sie können geclustert und gespiegelt werden, aber es bleiben dedizierte Speicher, die Daten auf Filelevel anbieten. Wird ein NAS migriert, müssen die Daten langwierig umkopiert werden.

Bild 11.10 NAS-Server sind dedizierte Server mit dedizierten Speichereinheiten. Sie können zwar gespiegelt und redundant aufgebaut werden, aber es sind trotzdem einzelne Einheiten.

Mit einem SAN wird der physische Speicher virtualisiert. Viele einzelne Speicherarrays mit Festplatten werden von speziellen Speichercontrollern verwaltet, virtuell zusammengefasst und den Servern zugeteilt.

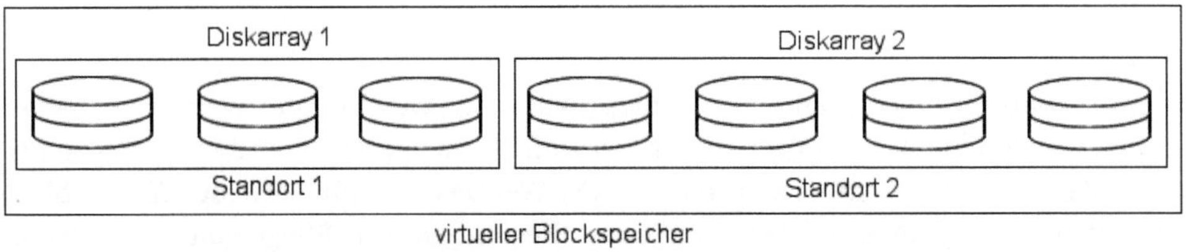

Bild 11.11 Virtualisierung des physischen Speichers. Einzelne Arrays werden zu einem virtuellen Block zusammengefasst.

Der Zugriff der Server auf den Speicher erfolgt auf Teile des gesamten Blocks. Während bei einer NAS dem Client der Zugriff auf Dateien ermöglicht wird, wird bei einem SAN für Server der direkte Zugriff auf Speicherblöcke ermöglicht. Der Server verwaltet also die Filesysteme auf dem Speicher. Dieser kann ihn dann je nach Zuteilung wieder auf Filelevel an die Clients präsentieren. Die Übertragung von Speicherdaten über ein LAN bringt Nachteile, die Bandbreite des LAN wird belastet, die Paketgrößen sind gering.

Daher wird ein SAN parallel zu einem LAN aufgebaut und benutzt eine eigene Infrastruktur, meist über Glasfasern. Die Übertragungsprotokolle sind hier optimiert, sie heißen Fibrechannel, iSCSI, Infiniband oder NVMe-over-Fabrics (NVMe-oF). Teile eines Blockspeichers werden einem Server über einen HBA (Host Bus Adapter, ein spezieller Netzwerkcontroller, der die SAN-Protokolle verarbeiten kann) zugeteilt und stellen sich diesem als eingebauter Festplattenspeicher dar. Die Wege können zur Ausfallsicherheit redundant aufgebaut werden. Durch die sehr viel höheren Übertragungsraten kann Speicher redundant gespiegelt werden. Der Ort eines Servers und seines Speichers muss nicht mehr derselbe sein. Fällt ein Server aus, kann der Speicher einfach im Hintergrund einem anderen zugeordnet werden. Durch den direkten Zugriff auf den Blockspeicher kann ein Backup wesentlich schneller angefertigt werden. Speicher, der von einem Server zum anderen übertragen werden muss, muss nicht umkopiert, sondern kann einfach neu zugeordnet werden.

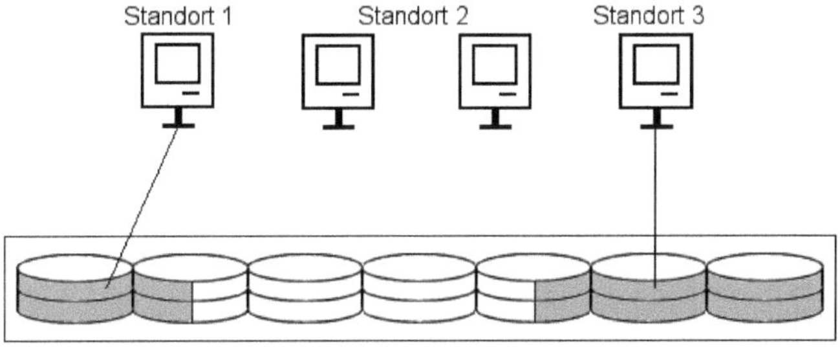

Bild 11.12 Die einzelnen physischen Speichereinheiten sind zu einem virtuellen Block zusammengefasst. Sie können geografisch an unterschiedlichen Orten untergebracht sein. Teile des Blocks werden Servern zugeteilt, für sie stellen sich die Teile als dedizierte Speicherarrays dar. Verfahren wie RAID-Arrays sichern die absolute Verfügbarkeit.

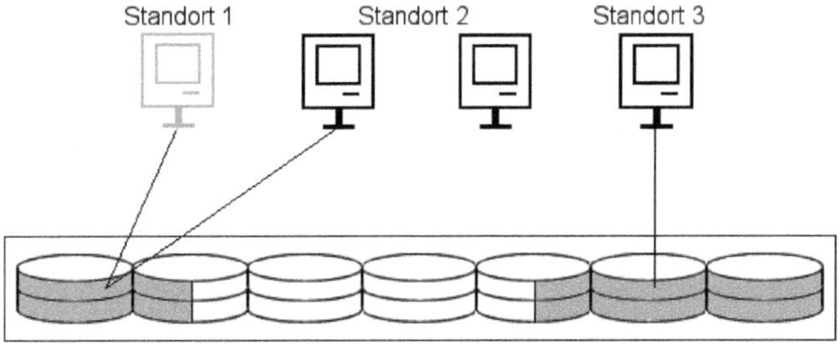

Bild 11.13 Fällt ein Server aus, muss der Inhalt des Speichers nicht kopiert werden. Er kann einem anderen Server einfach zugeteilt werden. Das ermöglicht auch eine unterbrechungsfreie Maintenance. Muss ein Server gewartet werden, kann ein anderer übernehmen, die Daten, egal welcher Größe, können einfach neu zugeteilt werden.

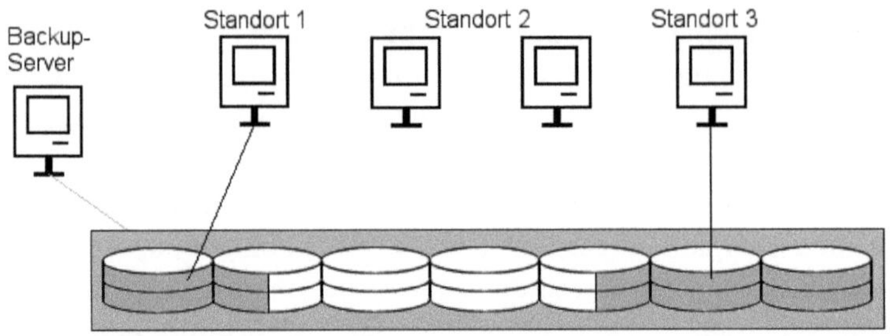

Bild 11.14 Backup eines SAN-Arrays. Nicht mehr einzelne NAS-Arrays oder Speichercluster werden gesichert, der Backup-Server sichert direkt das virtuelle Block-Device. Durch den Zugriff über die schnelleren SAN-Protokolle kann das Backup wesentlich performanter abgewickelt werden.

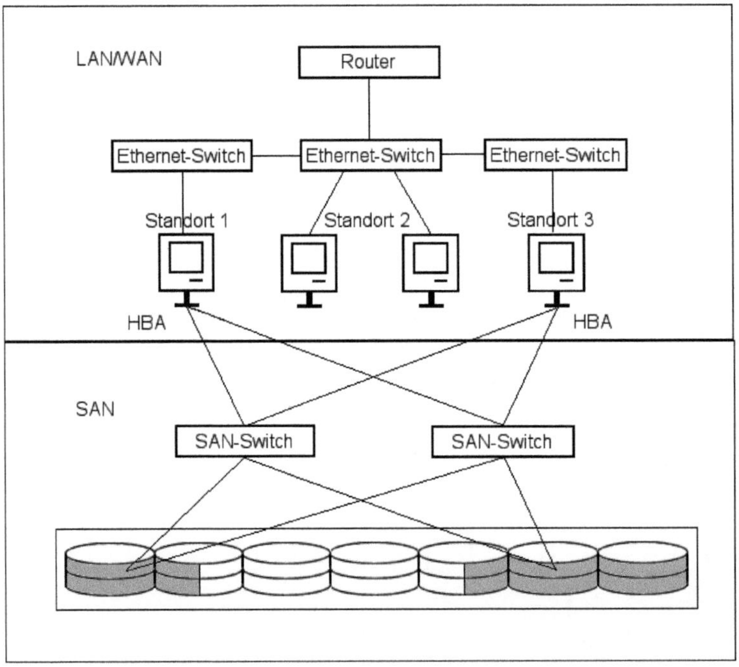

Bild 11.15 Sicht auf ein komplettes SAN-System. Die Speichereinheiten sind virtualisiert. Die Übertragung der Daten innerhalb des SAN erfolgt über eine eigene Infrastruktur von speziellen SAN-Switches mit eigenen Protokollen. Den Servern wird der Speicher als Teil des Blocks zugeteilt – RAW. Das Filesystem verwaltet der Server, das SAN liefert nur Speicherplatz ohne Filesystem. Zugeteilte Stücke des Speichers stellen sich den Servern als unformatiertes Laufwerk dar. Wo welcher Teil des Speichers liegt, ist nicht relevant, die einzelnen Speicher können geografisch verteilt sein – was sehr große Möglichkeiten für Datensicherheit bietet.

Daten und Server können so redundant an geografisch getrennten Orten ausfallsicher angeboten werden. Für KMU-Bereiche wird SAN über LAN angeboten (Fibrechannel over Ethernet). Hier werden die Daten über Ethernet getunnelt, belasten also das LAN. In großen Umgebungen sind LAN und SAN getrennte Infrastrukturen. Das SAN benutzt eigene Glasfasern, eigene SAN-Switches, die speziell für die Datenprotokolle optimiert sind; das SAN ist vom normalen Daten-LAN also völlig abgekoppelt.

SAN-Systeme sind sehr komplex, und ihre Funktionsweise lässt sich nur begrenzt in diesem Rahmen darstellen – für eine vertiefte Darstellung existieren spezialisierte Fachbücher wie [Robbe2004]. Die Begriffe SAN und NAS werden in der Praxis häufig verwechselt; mit den vorangegangenen Erläuterungen sollte der Unterschied jedoch klar geworden sein.

11.4 Zum Weiterlesen

Die Protokolle TFTP [RFC1350], FTP [RFC0959], NFS [RFC7530] und WebDAV [RFC4918] sind Internet-Standards und als solche auf den Webseiten der Internet Engineering Task Force zu finden. SMB wurde zwar nicht öffentlich entwickelt, ist aber zumindest auf den Webseiten von Microsoft öffentlich verfügbar [Microsoft2022].

Zum Thema Storage Area Networks gibt es zahlreiche Bücher, von denen hier beispielhaft [Robbe2004] genannt sein soll.

Literatur

[Microsoft2022] Microsoft Corporation: Server Message Block (SMB) Protocol Versions 2 and 3. Zugegriffen am 13.08.2025. *https://learn.microsoft.com/en-us/openspecs/windows_protocols/ms-smb2/5606ad47-5ee0-437a-817e-70c366052962*

[RFC0959] Postel, Jon und Joyce K. Reynolds: File Transfer Protocol. Request for Comments 959. Internet Engineering Task Force, Oktober 1985. *https://doi.org/10.17487/RFC0959*

[RFC1350] Sollins, Karen R.: The TFTP Protocol (Revision 2). Request for Comments 1350. Internet Engineering Task Force, Juli 1992. *https://doi.org/10.17487/RFC1350*

[RFC4918] Dusseault, Lisa M.: HTTP Extensions for Web Distributed Authoring and Versioning (WebDAV). Request for Comments 4918. Internet Engineering Task Force, Juni 2007. *https://doi.org/10.17487/RFC4918*

[RFC7530] Haynes, Thomas und David Noveck: Network File System (NFS) Version 4 Protocol. Request for Comments 7530. Internet Engineering Task Force, März 2015. *https://doi.org/10.17487/RFC7530*

[Robbe2004] Robbe, Björn: SAN – Storage Area Network. Hanser Fachbuchverlag, München, 2004.

12 Repetitorium und Verständnisfragen

Dieses Repetitorium soll stichprobenweise ermöglichen, das Erlernte zu überprüfen. Die Antworten stehen direkt unter den Fragen. Also am besten die Antworten mit einem Blatt Papier abdecken und anschließend prüfen, was im Kopf geblieben ist.

12.1 Einführung

Wie kann ein Netzwerk definiert werden?

Ein Netzwerk ist eine Infrastruktur, die es Datenendgeräten ermöglicht, Daten auszutauschen. Die wichtigsten Parameter sind:

- Transparenz

  Der Übertragungsweg an sich bleibt dem Anwender verborgen. Auf welche Weise die Daten unterwegs transportiert werden, z. B. über Kabel, Glasfaser, Funk, Satellit, Laser muss dem Anwender nicht bekannt sein.

- Konvergenz

  Bei Störungen und Defekten an den Verkehrsverbindungen oder Netzwerkgeräten muss ein globales Netzwerk in der Lage sein, von selbst redundante Wege zu aktivieren und die Datenübertragung aufrechtzuerhalten.

Welche drei Grundansätze für das Design von Netzwerken gibt es?

Einerseits den Einsatz von Terminals ohne eine eigene Intelligenz und Speichermedien, zum Beispiel Terminalserversysteme. Hier ist die gesamte Verarbeitung der Daten bis hin zur Darstellung auf einem Server gehostet.

Andererseits das Peer-to-Peer-Netzwerk, bei dem gleichwertige Stationen zu einem Verbund vernetzt sind.

Die dritte Alternative ist eine Mischung der beiden ersteren, das heterogene Netzwerk, in dem intelligente Arbeitsstationen und Server für dedizierte Aufgaben vernetzt sind. Letzteres ist der heutige Standard. So kann zum Beispiel jeder einen PC am Arbeitsplatz haben, es ist aber nicht notwendig, dass jeder einen eigenen Farblaserdrucker hat. Zentrale Printserver können diesen Dienst für alle erreichbar anbieten.

Was zum Einsatz kommt, hängt stark von den Bedürfnissen ab – dies muss von Fall zu Fall entschieden werden.

12.2 Schicht 1 – die Bitübertragungsschicht

Was ist in der Bitübertragungsschicht des OSI-Modells beschrieben?

In der Bitübertragungsschicht (Physical Layer) werden die physischen Parameter eines Netzwerks beschrieben. Dies sind zum Beispiel die Signale in den verschiedenen Medien, das Zugriffsverfahren, Frequenzen, die Medien selbst, Transceiver (indirekt damit auch Medienkonverter).

Worauf muss bei der Handhabung und Verlegung der Medien besonders geachtet werden und warum?

Um Signalreflexionen in den Medien zu vermeiden, muss darauf geachtet werden, dass die Biegeradien eingehalten werden, keinerlei Beschädigungen oder Verformungen der Kabel auftreten (z. B. zu enge Kabelbinder, Knicke, Stuhlrollen). Dasselbe gilt für Glasfaserkabel. Wird der zulässige Biegeradius unterschritten, kann die Faser brechen. Des Weiteren kommt es zu einem hohen Signalverlust, da der Lichtstrahl in den Mantel abgelenkt wird.

Was bestimmt den Wellenwiderstand im Medium (50 Ohm bei Thin-Wire/100 Ohm bei der strukturierten Verkabelung)?

Der geometrische Aufbau und die verwendeten Materialien bestimmen den Wellenwiderstand. Er darf nicht mit dem „normalen" Ohm'schen Widerstand des Kupferleiters verwechselt werden.

Woher resultieren die Längenbeschränkungen der Verkabelung?

Damit Verfahren wie CSMA/CD erfolgreich funktionieren, müssen einige zeitabhängige Parameter eingehalten werden. Das Signal hat im Medium eine definierte Geschwindigkeit. Das Signal muss in einer definierten Zeit das gesamte Medium belegen, damit alle Adapter wissen, dass eine Station sendet. Daher muss ein Datenpaket eine definierte Mindest- und Maximalgröße haben. Erfolgt in der anfänglichen Sendezeit eine Kollision, müssen die Timer ausreichend lange sein, damit es nicht sofort wieder Kollisionen gibt. Repeater und Kaskaden kosten Zeit. Zu viele Kaskaden stören diese Parameter. Ebenfalls darf durch Kaskaden keine Längenbeschränkung verletzt sein. Nur wenn alle diese Parameter fein aufeinander abgestimmt sind, kann eine Kollisionsvermeidung zuverlässig funktionieren.

Warum muss ein Bussystem terminiert werden?

Ohne Abschlusswiderstände an beiden Enden des Stranges käme es zur Reflexion der Signale am Kabelende (unendlich hoher Widerstand) und damit zur Störung. Wird das Signal am Ende des Mediums bewusst vernichtet, unterbleibt die Reflexion. Für den sendenden Adapter sieht das Medium aus, als wäre es unendlich lang.

Was sind die großen Nachteile einer Thin-Wire-Verkabelung, was die Vorteile?

Nachteilig ist, dass es bei einer Unterbrechung/Beschädigung des Stranges zu einem Totalausfall kommt. Auch über intakte Bereiche hinweg ist keine Kommunikation mehr möglich. Ebenfalls nachteilig ist die geringe Bandbreite von 10 Mbit/s. Vorteilig sind die mechanische Stabilität und die Unempfindlichkeit für Störstrahlungen.

Warum wird heute trotz erheblich höherem Kabelbedarf eine strukturierte Verkabelung eingesetzt?

Die Ausfallsicherheit ist wesentlich besser als bei Thin-Wire, ebenso die Bandbreite (bis Gigabit). Weiter ist die strukturierte Verkabelung wesentlich flexibler. Über sie können praktisch alle Dienste übertragen werden (Netzwerk, Telefon, Wechselsprechanlagen, Steuerungen, ISDN usw.). Bei einem Nutzungswechsel muss nicht jeweils neu oder nachverkabelt werden.

Wieso sind die einzelnen Adern im Twisted-Pair-Kabel ineinander verdrillt?

Hierdurch wird dafür gesorgt, dass die einzelnen Kabel nicht zu eng nebeneinander verlaufen. Laufen sie nebeneinander, können durch Störstrahlungen Signale, die über einen Draht verlaufen, die auf anderen Drähten stören (Nahnebensprechen, NEXT). Außerdem erzeugen bewegte Ladungen in einem Leiter Magnetfelder. Die Verdrillung wird bewusst so gewählt, dass sich diese Felder gegenseitig abschwächen beziehungsweise gegenseitig aufheben.

Was ist der Unterschied zwischen Multi- und Singlemode(Monomode)-Glasfasern?

Einer der größten Störfaktoren bei der Lichtwellenübertragung ist die Modendispersion. Wird der Faserkern klein genug gehalten (< 10 µm), ist nur noch eine Mode erlaubt, die Dispersion entfällt. Damit können sehr viel weitere Entfernungen überbrückt werden. Monomode ist jedoch wesentlich teurer. In der vertikalen Gebäudeverkabelung (Backbone) bzw. Fiber-to-the-Desk-Umgebungen ist Multimode in der Regel aber gut einsetzbar. Nur bei weiteren Strecken (größere Gebäude, MAN- oder WAN-Verbindungen) muss Monomode eingesetzt werden.

Nennen Sie einige Vor- und Nachteile von Glasfasern.

Die Vorteile sind die wesentlich längeren Entfernungen, die überbrückt werden können, außerdem die Abhörsicherheit (keine Emissionen) und die Unempfindlichkeit gegen Störstrahlungen. Ein weiterer großer Vorteil ist die galvanische Trennung (Potentialtrennung). Spannungsspitzen z. B. durch Blitzschlag oder Schäden in der Elektrik werden durch eine Glasfaserverbindung nicht weitergegeben. Die Nachteile sind die höheren Kosten und eine größere mechanische Empfindlichkeit.

Was bezeichnet man als Backbone eines Netzwerks?

Der Backbone besteht aus den Teilen der Infrastruktur, an denen in der Regel keine Endgeräte angeschlossen sind, sondern lediglich Netzwerkkomponenten. Dies sind Gebäudeverteilungen/Gebäudeverbindungen wie Router und Switches oder Weitverbindungen.

Was ist ein Patchkabel?

In der Netzwerkverkabelung werden die Arbeitsplätze fest verdrahtet erschlossen, d. h. in jedem Raum gibt es eine Anzahl von Anschlussdosen. Von dort werden die Kabel zu Stockwerks- oder Gebäudeverteilern in ein Rangierpanel geführt. Hier steht in der Regel ein Konzentrator. Wird nun ein Endgerät angeschlossen, muss der Netzbetreuer zwei Verbindungen herstellen, eine zwischen dem Konzentrator und dem Rangierpanel und eine zwischen der Anschlussdose und dem Endgerät. Diese beiden kleinen Verbindungskabel nennen sich Patchkabel.

Was bedeutet CSMA/CD?

Carrier Sense Multiple Access/Collision Detection ist das Zugriffsverfahren auf das Medium bei Ethernet. Will eine Station senden, muss sie vorher nachsehen, ob das Medium frei ist. Schließlich teilen sich hier viele Stationen ein Medium (CSMA). Kommt es doch dazu, dass zwei Stationen gleichzeitig beginnen zu senden, kommt es zur Kollision der Signale im Medium. Dies muss erkannt und entsprechend behandelt werden (CD).

Wieso muss ein Rechner die doppelte Laufzeit seines Signals warten, bis er sicher sein kann, dass keine Kollision erfolgt ist?

Sind zwei Endgeräte genau maximal entfernt an den Enden des Stranges angeschlossen, kann es sein, dass das zweite, ganz kurz bevor das Signal des ersten eintrifft, beginnt zu senden. Das zweite würde die Kollision sofort bemerken; das erste aber erst nach nochmals der vollen Laufzeit, bis das Signal der zweiten bei ihr angekommen ist. Dies gilt für die Mindestlänge eines Paketes. Bei größeren Paketen tritt keine Änderung mehr auf.

Welche Störungen treten auf, wenn Carrier Sense nicht funktioniert?

Das Netzwerk wird heftige Störungen bekommen, da der entsprechende Adapter einfach sendet, auch wenn das Medium nicht frei ist und damit alle Signale gestört und unbrauchbar werden.

Was bedeutet Basisbandübertragung?

Basisbandübertragung bedeutet, dass die Daten im Kabel mit einer Frequenz gesendet werden. Im Gegensatz dazu gibt es die Breitbandübertragung, in der mehrere Frequenzen eingesetzt werden, zum Beispiel beim Kabelfernsehen.

Was versteht man unter einem Transceiver?

Der Begriff Transceiver setzt sich aus Transmitter und Receiver zusammen. Das bedeutet ein Gerät zum Empfangen und Senden. Jedes Netzwerkgerät besitzt intern eine „native“ Ethernet-Schnittstelle. Damit Daten aus einem Medium entnommen oder in es eingespeist werden können, muss diese „native“ Schnittstelle mit einem Adapter an die jeweils vor Ort herrschende Implementierung der Bitübertragungsschicht und ihr Zugriffsverfahren angeschlossen werden (z. B. Glasfaser, Koaxialkabel, strukturierte Verkabelung, Funk). Bei 10 Mbit/s nennt sich die Schnittstelle AUI (Attachment Units Interface), bei 100 Mbit/s MII (Media Independent Interface) und bei 1000 Mbit/s GMII (Gigabit Media Independent Interface). Eine solche native Schnittstelle erlaubt, mit dem richtigen Transceiver an nahezu jedes Medium anbinden zu können. In der Regel sehen wir heute diese Transceiver nicht mehr. Der Anschluss wird heute fertig ausgeführt. Früher existierten viele Typen von Netzwerkkarten mit ausgeführten nativen Ethernet-Schnittstellen, da die Transceiver sehr teuer waren. Heute ist RJ-45 der Standard als Anschluss. Im Endanwenderbereich wird dieser daher fertig ausgeführt und bei Bedarf mit Medienkonvertern gearbeitet.

Was bedeutet MDI (MDI-X)?

Ist der Transceiver fest in ein Gerät eingebaut, nicht auswechselbar und liefert nur eine Implementierung der Bitübertragungsschicht, wie zum Beispiel bei den meisten Netzwerkadaptern und Konzentratoren, spricht man von einem Media Dependent Interface (MDI). Da in der Kommunikation Senden und Empfangen miteinander verbunden werden müssen, benötigen Endgeräte eine andere Pinbelegung als die Kommunikation von Netzwerkgerät zu Netzwerkgerät. Dies kann entweder durch ein spezielles Patchkabel (Crossover-Kabel) erledigt werden oder durch einen speziellen Uplink-Port mit gekreuzter Pinbelegung (Media Dependent Interface – Crossover, MDIX). Moderne Geräte erkennen, was angeschlossen wird, und schalten von sich aus die Pinbelegung richtig (MDI-Autosensing).

Welche Geräte arbeiten in der Bitübertragungsschicht?

In der Bitübertragungsschicht arbeiten Hubs und Medienkonverter.

12.3 Schicht 2 – die Sicherungsschicht

Was ist in der Sicherungsschicht des OSI-Modells beschrieben?

In der Sicherungsschicht (Data Link Layer) wird die Datenübertragung zwischen in der Bitübertragungsschicht verbundenen Stationen geregelt. Hier findet die Adressierung in einer Broadcast-Domäne statt. In der Sicherungsschicht arbeiten Verfahren wie Spanning-Tree, VLAN-Transport und Switching.

Was bedeutet die MAC-Adresse?

Die MAC-Adresse (Media Access Control) ist die physische Adresse eines Netzwerkadapters. Sie darf in einer Broadcast-Domäne nur einmal vorhanden sein. Innerhalb dieser Broadcast-Domäne werden Pakete an diese Adresse gesendet. Existiert sie mehrfach, kann nicht eindeutig adressiert werden.

Bei vielen Adaptern kann heute die MAC-Adresse verändert werden. Dies kann z. B. sinnvoll sein, um in öffentlichen Netzen das Tracking eines Geräts zu verhindern.

Wie wird die MAC-Adresse ermittelt?

Will eine Station an eine andere senden, kennt sie meist erst einmal nur die logische Adresse. Innerhalb einer Broadcast-Domäne muss sie die physikalische ermitteln. Dazu macht sie einen ARP-Request (Address Resolution Protocol). Dies ist ein Broadcast. Die Zielmaschine trägt ihre MAC-Adresse in das Fragepaket ein und sendet es zurück. Ab dann sind beiden alle Adressen bekannt.

Diese Daten werden im ARP-Cache der Adapter gespeichert, sodass sie für eine Kommunikationssitzung präsent sind und nicht vor jedem Datenpaket aufgelöst werden müssen.

Warum verfallen die Daten über aufgelöste MAC-Adressen nach ca. 300 Sekunden?

Die MAC-Adresse ist im Adapter eingebrannt. Würde man den ARP-Cache permanent machen, könnte man einen Rechner, der eine neue Netzwerkkarte bekommt, nicht mehr erreichen. Alle MAC-Adressen müssten überall mit der Hand nachgeführt werden.

Was ist die Funktion einer Bridge?

Eine Bridge trennt Kollisionsdomänen. Sie liest die MAC-Adressen der Rechner mit und merkt sich, auf welcher Seite welche angeschlossen sind. Daten für diese Rechner leitet die Bridge dann nur in das richtige Segment weiter. Damit drängt eine Bridge die Zahl der Kollisionen zurück. Broadcasts (zum Beispiel ARP) muss die Bridge frei weiterleiten. Auch hier werden Einträge der MAC-Tabelle nach ca. 300 Sekunden automatisch gelöscht. Sonst könnte ein Rechner, der auf die andere Seite der Bridge umgezogen oder dessen Netzwerkadapter ersetzt wird, nicht mehr erreicht werden. Bridges sind heute in der Regel keine separaten Geräte mehr, sondern ein Teil eines Switches.

Wieso muss eine Bridge Daten zwischenspeichern können? Welche Vor- und Nachteile hat dies?

Eine Bridge zerlegt einen Netzwerkstrang in zwei Kollisionsdomänen, d. h. jede Seite bekommt ein eigenes CSMA/CD. Senden Rechner nun über die Bridge hinweg, muss auch die Bridge warten, bis das Medium frei ist, bevor sie weiterleitet. Daher muss sie in der Lage sein zu puffern. Der Vorteil ist, dass eine Bridge dadurch in der Lage ist, auch Segmente verschiedener Zugriffsverfahren zu verbinden, zum Beispiel Token Ring und Ethernet. Ebenfalls kann sie Busse verschiedener Geschwindigkeiten miteinander verbinden (siehe im Dual-Speed-Hub). Der Nachteil ist, dass dies Zeit kostet.

Was sind die Vorteile einer geswitchten Umgebung?

Nicht jeder bekommt alle Datenpakete zu sehen, sondern der Switch leitet die Daten nur zu dem Port, an dem die Zielmaschine hängt. Dies verringert nicht nur Kollisionen, sondern sorgt auch dafür, dass die Daten nicht mitgelauscht werden können. Weiter treten in einer rein geswitchten Umgebung keine Kollisionen auf. Daher kann mit Vollduplex gearbeitet werden.

Was bedeutet eine Schleife auf der Sicherungsschicht, und wie kann man sie verhindern?

Eine Schleife auf der Sicherungsschicht bedeutet, dass in einer geswitchten Umgebung mehrere Wege zwischen Switches vorhanden sind. Das Netzwerk bricht zusammen, da die Bridge nun Rechner auf beiden Seiten gleichzeitig sieht und nicht mehr entscheiden kann, wohin sie senden soll. Verhindern lässt sich dies, indem Geräte eingesetzt werden, die Schleifen erkennen und betreffende Ports sperren (Spanning Tree Protocol).

Was ist ein Spanning-Tree-Portdelay?

Wird ein Anschluss an einem Switch aktiviert, der Spanning-Tree fährt, schaltet dieser bei guten Geräten den neuen Port ab, bis die Topologie feststeht und klar ist, ob eine Schleife entstehen wird oder nicht. Dies kann bis zu 30 Sekunden dauern. Kollidiert dies z. B. mit Domänenanmeldungen oder dem Mounten von Netzwerkressourcen, kann dieser Portdelay bei modernen Geräten konfiguriert werden. Ist man sich sicher, dass keine Schleifen entstehen können, wenn zum Beispiel nur ein Endgerät an der Schnittstelle des Switches angeschlossen ist, kann man ihn ganz abschalten. Sollten andere Switches oder Konzentratoren angeschlossen sein, sollte man diese Funktion aktiv lassen.

Welche Bedeutung hat die Einstellung Halb- oder Vollduplex?

An einem Hub oder einem Thin-Wire-Strang muss im Halbduplex-Betrieb gearbeitet werden. Das bedeutet, der Netzwerkadapter kann nur senden oder empfangen, er teilt sich einen CSMA/CD-Bereich mit allen anderen (Halbduplex). An einer Bridge oder einem Switch angeschlossen kann es keine Kollisionen geben. Daher kann auf Carrier Sense verzichtet werden. Nun kann ein Rechner gleichzeitig senden und empfangen (Vollduplex).

Welche Geräte arbeiten in der Sicherungsschicht?

In der Sicherungsschicht arbeiten Switches und Bridges.

12.4 Schicht 3 – die Vermittlungsschicht

Was ist in der Vermittlungsschicht des OSI-Modells beschrieben?

Die Vermittlungsschicht (Network Layer) beschreibt die weltweite, logische Adressierung und das Routing, also die Wegfindung weltweit. Hier ist das IP-Protokoll angesiedelt.

Wie ist eine IPv4-Adresse aufgebaut?

Eine IP-Adresse ist vier Byte lang. Sie wird durch Punkte getrennt dezimal geschrieben, zum Beispiel: 192.168.13.4.

Was für einen Zusammenhang haben IP-Adresse und Subnetzmaske?

Die logische Addition beider gibt an, aus welchem Subnetz die IP-Adresse stammt. Die Router definieren diese Subnetze. Jeder sendende Rechner muss wissen, ob Pakete für Rechner im eigenen Subnetz bestimmt sind oder nicht. Die Subnetzmaske gehört damit fest zur Adresse. Ohne sie ist nicht definiert, in welchem Subnetz welche Adresse ist.

Was ist das Default Gateway?

Das Default Gateway wird am Endgerät konfiguriert. Es ist die Adresse des Routers, den das Endsystem für die Kommunikation mit Endsystemen in anderen Subnetzen verwenden muss.

Sind mehrere Router mit ihren Interfaces in einem Subnetz, kann der Administrator durch die Wahl des Default Gateways an den Klienten den Verkehr kanalisieren, wenn er sicherstellt, dass die Endkunden dies nicht ändern können.

Was ist eine Adressklasse in IPv4?

Die gesamte Zahl der IP-Adressen ist in Klassen aufgeteilt. Sie geben an, wie viele Adressen einer Organisation jeweils zur Verfügung stehen. Die Subnetzmaske teilt die Adressen in einen Netzwerkteil, der nicht verändert werden darf, und einen Host-Teil, der verändert werden darf. Somit wird sichergestellt, dass sich nirgends weltweit Adressen überlappen. Es gibt die Klassen A, B, C, D und E. Die Klassen D und E sind für Multicast-Verkehr und Testzwecke reserviert.

Was sind private Adressen?

In jeder Adressklasse gibt es einen Bereich, der im Internet nicht geroutet wird. Diese Adressen darf jeder benutzen. Sie dürfen im Internet nicht in Erscheinung treten. Daher müssen sie an der Grenze eines Netzes entweder über NAT übersetzt oder sie dürfen nur in isolierten Netzen verwendet werden.

Was ist APIPA?

Ein Adressbereich ist als privat reserviert worden, den PCs benutzen, die auf Autokonfiguration eingestellt sind, aber keinen DHCP-Server finden. Dies soll Ad-hoc-Netze ermöglichen, d. h. eine Kommunikation beliebiger Rechner, die einfach vernetzt werden, ohne jegliche Konfiguration. Eine ungewollte APIPA-Adresse in DHCP-Umgebungen ist immer ein guter Hinweis auf einen defekten DHCP-Server.

Was bedeutet DHCP?

Das Dynamic Host Configuration Protocol erlaubt Server im Netzwerk aufzustellen, die Adressen und Konfigurationsdaten an andere Rechner beim Starten vergeben. Es sind viele Parameter möglich, Adresse, Name, Nameserver, WINS-Server, Time-Server usw. Dadurch müssen nicht alle Stationen von Hand konfiguriert werden. Es ist möglich, IP-Adressen an MAC-Adressen zu binden, sodass ein Rechner immer dieselbe Adresse bekommt und unbekannte Rechner gar keine.

Will man DHCP über Router hinweg einsetzen, müssen diese als DHCP-Relays konfiguriert werden, Router trennen Broadcast-Domänen, lassen Broadcasts also in der Regel nicht durch.

Was ist ein DHCP-Relay?

Ein DHCP-Request ist eine Broadcast-Anfrage. Sie wird von einem Router nicht weitergeleitet. Soll daher ein DHCP-Server für mehrere Subnetze zuständig sein, müssen die Router, die sie verbinden, als DHCP-Relays konfiguriert werden. Sie verwandeln den

Broadcast in einen Unicast, der an den Server geroutet wird. Ansonsten müssten DHCP-Requests gebridgt werden, oder es müsste ein DHCP-Server für jedes Subnetz (Broadcast-Domain) geplant und betrieben werden.

Warum muss ein Router Sicherungsschichtinformationen im IP-Paket bearbeiten können?

Bei jedem Hop (dem Überqueren eines Routers) muss der Router die MAC-Adresse des nächsten Routers auflösen und ihn als Empfänger in der Sicherungsschicht eintragen; ebenso seine MAC-Adresse als die des Senders. Daher werden die MAC-Adressen bei jedem Hop umgeschrieben, die IP-Adressen des Senders und Empfängers aber bleiben stets gleich. Daher rührt auch die Zweistufigkeit der Adressen in den Schichten 2 und 3. Während die Vermittlungsschichtadressen gleich bleiben, ändern sich die in der Sicherungsschicht bei jedem Hop.

Was bedeutet TTL?

TTL bedeutet Time to live. Damit Pakete nicht endlos im Netzwerk kreisen, wenn sie keinen Empfänger finden, erniedrigt jeder Router beim Hop die TTL der gerouteten Pakete mindestens um eins. Ist die TTL null, löscht der nächste Router das Paket.

Was bedeutet Fragmentierung?

Ist ein IP-Paket zu groß für ein Übertragungsverfahren, muss der Router das Paket in mehrere kleine zerteilen, so lange, bis sie übertragbar werden. Der Empfänger am Ziel muss diese Fragmente wieder zusammensetzen (Reassemblieren).

Was bedeutet Reassemblierung?

Sind Datenpakete während der Übertragung fragmentiert worden, müssen sie am Ziel wieder zusammengesetzt, also reassembliert werden.

Welche Geräte müssen ebenfalls reassemblieren?

In manchen Fällen müssen Firewalls reassemblieren. Wenn sie Filter gesetzt haben, die nach Kriterien höherer Protokolle eingesetzt werden, müssen sie die Daten komplett im Strom zusammensetzen, um sie nach ihrem Inhalt klassifizieren zu können. Dies kann zu einer erheblichen Belastung des Gerätes führen.

Wie ermittelt man die MTU (Maximum Transport Unit) einer Verbindung?

Im IP-Paket wird das Don't fragment-Bit gesetzt. Dann werden Pakete immer kleinerer Größe versendet. Sobald die Sendung durchkommt, kennt man die maximale MTU der Verbindung (MTU-Path-Discovery).

Wie funktioniert Routing?

Router tauschen Informationen untereinander aus, welche Netzwerke an sie angeschlossen sind. Aufgrund dieser Informationen leiten sie die Daten weiter. Auf welche Weise sie lernen, ist vom Routing-Protokoll abhängig.

Wofür gibt es DNS?

Da IP-Adressen schwer zu behalten sind, wurde ein System eingeführt, das eine Übersetzung von Adressen zu Namen und umgekehrt durchführt. Dieses ist ein weltweites, verteiltes Verzeichnissystem, das Domain Name System. Jeder, der offizielle Adressen verwaltet und möchte, dass seine Rechner über klingende Namen erreichbar sind, muss einen DNS-Server führen.

Was für Zonen gibt es im DNS?

Es gibt im DNS die Forward Lookup-Zone. Hier wird die zum Namen gehörige IP-Adresse ermittelt. Daneben gibt es die Reverse Lookup-Zone. In dieser wird, genau umgekehrt, der zu einer IP-Adresse gehörende Name aufgelöst.

Wie ist der Begriff Zone im DNS mit der Administration verbunden?

Der Namensraum ist hierarchisch geordnet. Ein Verwalter eines Namensraumes kann untergeordnete Teile des Namens an andere Administratoren delegieren. Diese müssen dann den entsprechenden Nameserver führen. Sie eröffnen eine neue Verwaltungszone. Ein Nameserver kann also mehrere Namenszonen verwalten oder sie in neue Zonen delegieren. Die Verwaltungszone beschreibt alle Namensräume, die an einem Nameserver geführt werden.

Was ist WINS?

Der Windows Internet Name Service löst NetBIOS-Namen zu IP-Adressen auf. Da NetBIOS nicht geroutet werden kann, kann damit nicht über Router kommuniziert werden. Es muss verkapselt in TCP/IP übertragen werden. Will man über Subnetze hinweg kommunizieren, muss die IP-Adresse zu einem NetBIOS-Namen aufgelöst werden. Dies erfolgt am WINS-Server.

Was bedeutet On-Demand-Routing?

Ist ein Netzwerk mit einem anderen nicht ständig verbunden, sondern über eine Einwahlverbindung, kann ein Router so konfiguriert werden, dass er die Verbindung automatisch herstellt, wenn eine Anfrage an ein anderes Netzwerk gewünscht wird. Nach einer gewissen Idle-Time baut der Router die Verbindung selbsttätig wieder ab. Für die User ist dies transparent.

Dieses Verfahren wird auch als Failover-Lösung eingesetzt. Fällt eine Festverbindung, wie zum Beispiel eine Standleitung, aus, wählt sich der Router automatisch über eine Einwahlverbindung ein und sichert so den Netzwerkanschluss, bis der Schaden behoben ist.

Was sind Uni-, Multi- und Broadcast?

Ein Unicast bedeutet, dass ein Rechner zu einem dedizierten Rechner Daten sendet. Dies ist eine gerichtete reine Punkt-zu-Punkt-Kommunikation.

Ein Multicast ist ein Datenstrom von einem Rechner an eine Gruppe, also eine Punkt-zu-Multipunkt-Kommunikation.

Ein Broadcast ist eine Rundsendung an alle, also eine Punkt-zu-alle-Kommunikation. Sowohl in der Sicherungsschicht als auch in der Vermittlungsschicht gibt es speziell für Multi- und Broadcast-Anwendungen reservierte Adressen.

Wieso wird ein Multicast an eine Vermittlungsschicht-Multicast-Adresse nicht einfach geroutet?

Eine Multicast-Adresse hat kein dediziertes Ziel. Kein Endsystem und kein Netzwerk haben diese Adresse. Der Multicast würde die Vermittlungsschichtumgebungen überfluten, da ihn die Router überallhin routen würden. Das Multicast-Routing muss daher speziell konfiguriert werden.

Welche Geräte arbeiten in der Vermittlungsschicht?

In der Vermittlungsschicht des Netzwerks arbeiten Router.

12.5 Schicht 4 – die Transportschicht

Was ist in der Transportschicht des OSI-Modells beschrieben?

Die Transportschicht (Transport Layer) beschreibt die Mechanismen für einen Ende-zu-Ende-Transport der Daten zwischen zwei Rechnern. Hier sind Dinge wie Multiplexing, Framing geregelt.

Was unterscheidet TCP und UDP?

Das Transmission Control Protocol führt einen sehr sicheren Datenaustausch durch. Andere Rechner werden erst auf Bereitschaft und Vorhandensein geprüft, dann wird eine Verbindung gezielt aufgebaut. Daten, die fehlen, werden nachgefordert, sodass sichergestellt ist, dass die Informationen vollständig sind. Nach der Kommunikation wird die Verbindung gezielt wieder abgebaut. Bei UDP werden die Daten ohne Kontrolle einfach verschickt.

Was für einen Sinn hat ein unzuverlässiges Protokoll wie UDP?

In gewissen Fällen ist die ausführliche und datenintensive Verbindung von TCP-Overhead. Kontrolliert ein Protokoll höherer Schichten die Verbindung, muss sie nicht in der Transportschicht nochmals kontrolliert werden (zum Beispiel SMB in der Sitzungsschicht). Ist kein DHCP-Server im Netz, nutzt es nichts, ihn sicher kontaktieren zu wollen. Daher werden fünf Anfragen per UDP gemacht. Wenn darauf niemand antwortet, wird ein Fehler ausgegeben.

Was ist ein Socket? Was bedeuten Ports?

Ein Port beschreibt einen virtuellen Verbindungskanal, über den Services kommunizieren. Die Ports unter 1024 Ports sind fest zugeordnet (z. B. 53 DNS, 23 Telnet, 21 FTP, 445 CIFS), man nennt sie „Well-known Ports". Es gibt 65 535 Portnummern. Kontaktiert sich ein Rechner zum Beispiel per Telnet an einen anderen, sendet er Daten an Port 23 dieses Ziels. Dabei sendet er als Absender-Port einen willkürlich ausgesuchten über 1024. Diese Paarung aus Adressen und Ports nennt man Sockets. Der Zielrechner erkennt an der Portnummer sofort, dass zum Beispiel sein Telnet-Server gemeint ist. Somit werden Services gezielt angesprochen.

Wie kann man über Ports die Sicherheit erhöhen?

Möchte man nicht, dass ein Service erreichbar ist, sperrt man am Router oder an einer Firewall den entsprechenden Port auf UDP oder TCP, je nachdem. Damit ist dieser Service nur noch innerhalb der Broadcast-Domäne des Servers zugänglich.

Andersherum kann man nach außen Ports sperren, damit lassen sich Services außerhalb der Broadcast-Domäne verbieten.

Dies ist viel feiner zu konfigurieren als in der Vermittlungsschicht. Verbietet man die Kommunikation auf der Basis der IP-Adressen, verbietet man alle Services. Mit einzelnen Ports können gezielt dedizierte Services verboten werden, andere bleiben unter derselben Adresse erreichbar.

Was ist der Hauptunterschied zwischen einem Router und einer Firewall?

Eine Firewall ähnelt einem Router. Nur ist hier die Philosophie invers. Ein Router ist bemüht, so viele Daten als möglich zu routen, und muss mithilfe von Access-Listen eingeschränkt werden. Eine Firewall ist standardmäßig gesperrt, und man muss die Dienste, für die sie Pakete weiterleiten soll, explizit erlauben.

Was bedeuten NAT und PAT?

Wer ein Netzwerk mit privaten Adressen betreibt und ins Internet will, muss an der Grenze seines Netzes alle Adressen in offizielle umsetzen. Dies bedeutet NAT, Network Address Translation.

Werden mehrere private in eine (oder mehrere) offizielle umgesetzt, spricht man von PAT, Port and Address Translation. Im Socket wird nicht nur die Adresse umgesetzt, sondern auch der Source-Port. Der Router oder die Firewall führen darüber streng Buch, um die Antwort wieder der richtigen Adresse zuführen zu können. Die Destination-Ports können nicht verwendet werden, da sie die Services am Ziel beschreiben.

Was sind VLANs?

VLANs sind Virtual Local Area Networks, also virtuelle (Sub-)Netze. Der Switch leitet die Pakete zu den Ports, die für dieses VLAN vorgesehen sind. Von Switch zu Switch werden die Frames mit einem Tag transportiert, der das VLAN kennzeichnet. Soll ein Verkehr zwischen VLANs erfolgen, muss ein Router beide verbinden, routen kann ein Sicherungsschichtgerät nicht. Frames sind nur getagged, wenn sie von Switch zu Switch weitergegeben werden. Sobald sie einen Switch in Richtung „Nicht-Switch“ verlassen, wird der Tag entfernt, der Endrechner bekommt davon nichts mit.

Was ist ein Trunk-Link?

Zwischen Switches untereinander und zwischen Switches und einarmig angebundenen Routern werden die Pakete mit sogenannten Tags versehen transportiert. Diese sind vier Byte groß (802.1q, es gibt noch andere Implementierungen mit anderen Größen) und die Kennung des jeweiligen VLANs. Verbindungen, die getaggte Pakete übertragen, also mehrere VLANs transportieren, werden als Trunk-Links bezeichnet.

Was kann es mit Trunks für Probleme geben?

Da getaggte Pakete bis zu 1522 Byte groß sein können (oder bei anderen VLAN-Verfahren als 802.1q noch größer), normale Ethernet-Pakete aber nur 1518 Byte groß sein dürfen, verweigern manchmal (meist ältere) Hubs und Switches ihre Weiterleitung.

12.6 Allgemeines

Was bedeutet VPN?

Ein Virtual Private Network nennt man eine Verbindung, bei der durch ein fremdes Netzwerk Daten in einem meistens verschlüsselten Tunnel transportiert werden. Somit entfallen Kosten für fest gemietete Weitverkehrsverbindungen. Der VPN-Tunnel kann über Soft- oder Hardware erzeugt und terminiert werden.

Welche Modi der Datenverschlüsselung sind im Einsatz?

Die gängigsten sind die symmetrische, die asymmetrische und die hybride Verschlüsselung.

Symmetrisch verschlüsselt bedeutet, der Sender gibt dem Empfänger den Schlüssel, und dieser entschlüsselt damit. Dies ist unsicher, da der Schlüssel bei der Übertragung ungeschützt ist.

Asymmetrisch verschlüsselt bedeutet, dass der Sender einen Schlüssel des Empfängers bekommt, mit dem nur ver-, aber nicht entschlüsselt werden kann (Public Key). Nur der Empfänger kann die Daten mit einem zweiten Schlüssel wiederherstellen, den er geheim hält (Private Key). Dieses Verfahren ist sehr sicher, da der Entschlüsselungsschlüssel nie übertragen wird.

Bei der hybriden Verschlüsselung tauschen Sender und Empfänger einen symmetrischen Schlüssel asymmetrisch verschlüsselt untereinander aus. Der weitere Verkehr verläuft dann symmetrisch verschlüsselt. Dieses Verfahren ist ebenso sicher wie asymmetrische Verschlüsselung, wenn der Schlüssel während der Verbindung oft genug gewechselt wird (Session Key). Da der symmetrische Schlüssel verschlüsselt verschickt wird, ist er nahezu sicher.

Was ist eine Funkzelle?

Eine Funkzelle ist der Raum um einen Access Point, in dem mit ihm verbunden werden kann, sie entspricht also im Prinzip der Reichweite seines Senders.

Wie verhindert man, dass sein Funknetz für alle sichtbar ist?

Man schaltet den SSID-Broadcast ab (Service Set Identifier, der Name des Netzes). Damit muss der Name bekannt sein, um sich verbinden zu können.

Was bezeichnet man als Problem der versteckten Endgeräte?

Sind zwei Funk-Clients maximal voneinander entfernt und der Access Point steht in der Mitte, kann der Effekt auftreten, dass beide zwar noch in der Funkzelle des AP sind, sich selbst aber nicht mehr untereinander sehen können. Da WLAN auf CSMA/CA beruht, kann es zu Kollisionen kommen, da ein Client nicht sieht, wann der andere sendet.

Welche Betriebsmodi kann ein Funknetz haben?

Funknetze können im Ad-hoc- oder Infrastrukturmodus betrieben werden. Im ersteren gibt es keine Access Points, alle Funknetzadapter kommunizieren untereinander. Diese Netze sind meistens isoliert, da nirgends eine Verbindung zu anderen Netzwerken existiert. Der zweite Modus bedeutet, dass der gesamte Verkehr über einen Access Point verläuft, der meist auch die Bridge ins Netzwerk/Internet ist.

Was bedeutet Roaming?

Roaming bedeutet, dass ein Endsystem, das sich bewegt, von einem Access Point an den nächsten übergeben wird, wenn er die Funkzelle des ersten verlässt und die des zweiten betritt. Das Endsystem sieht nichts davon.

Was bedeutet Wi-Fi?

Wi-Fi bedeutet Wireless Fidelity. Die Geräte, die dieses Logo tragen, sind für eine Interaktion im Bereich Funkvernetzung zertifiziert. Sie genügen einem Standard und sind getestet. Es wird garantiert, dass sie miteinander zusammenarbeiten. Die Teilnahme an der Zertifizierung ist nicht Pflicht. Dies bedeutet, dass Geräte, die nicht zertifiziert sind, unter Umständen trotzdem problemlos angebunden werden können, dies ist einfach nicht garantiert.

Was ist ein Power-Injector, was ist Power over Ethernet?

Power over Ethernet bedeutet, dass die Stromversorgung eines Access Points über ungenutzte Adern des Ethernet-Kabels erfolgt. Hierzu braucht es geeignete Switches, die selbst einspeisen, oder die Zwischenschaltung eines Gerätes, des Power-Injectors.

Welche Vorteile hat ein Access-Router vor einem Connection Sharing?

Bei dem Connection Sharing muss der Rechner, der als NAT-Router aufgesetzt ist, ständig laufen und bei Einwahlverbindungen zugänglich sein. Einen Router gibt es in sehr kompakter Bauform. Er arbeitet lautlos und kann automatisiert Verbindungen auf- und abbauen, niemand außer dem Administrator selbst muss Zugriff auf ihn haben.

Was ist in der Sitzungsschicht des OSI-Modells beschrieben?

Die Sitzungsschicht (Session Layer) ist eine Serviceschicht für die Kommunikation von Anwendungen zwischen Rechnern. Sitzungen und Datenströme werden angefordert und abgebaut. Ein Beispiel ist SMB, das Protokoll für Freigaben und Drucken unter Windows.

Was ist in der Darstellungsschicht des OSI-Modells beschrieben?

In der Darstellungsschicht (Presentation Layer) sind Kodierungs-, Konvertierungs- und Kompressionsverfahren geregelt, ebenso Video- und Audio-Codierungen. Hier existieren Standards wie TIFF, ASCII, MPEG, GIF.

Was ist in der Anwendungsschicht des OSI-Modells beschrieben?

Die Anwendungsschicht (Application Layer) interagiert direkt mit der Software. Hier sind z. B. User-Interfaces und Client-Server-Anwendungen verortet.

Eine Firma ist in einer Stadt angesiedelt, in der es in der Umgebung keine Möglichkeit gibt, breitbandige Standleitungen zu mieten. Wie kann sie ihre Server trotzdem schnell ans Internet anschließen?

Für solche Fälle empfiehlt sich ein Serverhosting. Der Server wird physikalisch bei einem Provider eingemietet und per Fernwartung betreut.

12.7 Internet Protocol Version 6

Wie ist eine IPv6-Adresse aufgebaut?

Die Adresse ist 128 Bit lang. Dargestellt wird sie in acht hexadezimalen Blöcken zu je 16 Bit, getrennt durch Doppelpunkte.

Wie ist eine IPv6-Adresse strukturiert?

Die ersten 64 Bit codieren das Routing-Präfix und die Subnetz-ID. Die letzten 64 Bit codieren die Interface-ID.

Welche Adresstypen gibt es in IPv6?

In IPv6 gibt es Unicast, Multicast und Anycast. Broadcast gibt es nicht mehr.

Welche Adressen sind für ein Interface notwendig?

Jedes Interface benötigt eine Link Local-Adresse, eine Loopback-Adresse und eine Solicited-Node Multicast-Adresse. Für eine Kommunikation in andere Netze benötigt es eine Global Unicast-Adresse.

Auf welche Multicast-Adressen muss ein Interface hören?

Auf die Multicast Adressen All Nodes und die Solicited-Node Multicast-Adresse.

Was ist die Interface-ID?

Die Interface-ID stellt die letzten 64 Bit einer IPv6-Adresse dar. Nach Standard ist sie die EUI-64-Adresse in der Sicherungsschicht oder sie wird aus der klassischen MAC-Adresse berechnet.

Was ist die Privacy-Extension?

Da die IPv6-Adresse aus einem Präfix und der Interface-ID gebildet wird, macht sie einen Rechner potenziell nachverfolgbar. Unabhängig davon, in welchem Netz er sich befindet, erhält er eventuell ein anderes Präfix, aber die Interface-ID bleibt. Um dies zu umgehen, wird die Interface-ID randomisiert und in regelmäßigen Intervallen geändert.

Was bedeutet Neighbor Advertisement/Solicitation?

Bevor zwei Rechner in einem Subnetz miteinander kommunizieren können, müssen sie gegenseitig ihre Sicherungsschichtadressen kennen. Die Nachbarermittlung in IPv6 wird über ICMPv6 durchgeführt. Dazu sendet ein Rechner eine Nachricht an die Solicited-Node Multicast-Adresse seines Partners (Solicitation). Er sendet dabei seine Daten mit. Der Partner sendet seine Daten zurück (Advertisement). Die Daten der Kommunikationspartner werden wechselseitig im Neighbor-Cache gespeichert und regelmäßig verifiziert.

Was bedeutet Router Advertisement/Solicitation?

Router versenden regelmäßig Nachrichten mit ihren Daten. Dies ist das Router-Advertisement. Startet ein Rechner neu und braucht diese Informationen sofort, sendet er ein Anfrage-Paket und löst damit das Advertisement aus. Dies nennt man Router-Solicitation. Das Advertisement geht an die Adresse FF02::1, All Nodes, die Solicitation an FF02::2, All Routers.

Was bedeutet DAD?

Bei Autokonfiguration muss geprüft werden, ob die erstellten Adressen schon in Benutzung sind. Dies erfolgt durch eine Neighbor Solicitation an die eigene, geplante Solicited-Node Multicast-Adresse. Kommt keine Antwort, ist die Adresse frei. DAD bedeutet Duplicate Address Detection.

Wie steht es um die Fragmentierung und MTU in IPv6?

In IPv6 fragmentieren die Router nicht mehr. Vor der Datenversendung muss per MTU-Path Recovery die MTU der Verbindung ermittelt werden. In IPv6 wurden 1280 Byte als Minimum festgelegt. Router, die dies nicht bieten, werden nicht angesprochen.

Wie wurde in IPv6 der Header im Gegensatz zu IPv4 verändert?

Der Header ist modular geworden, das heißt, mehrere Header können aneinandergehängt werden. Im Header gibt es das Feld „Next Header", das anzeigt, ob ein weiterer folgt. Dadurch, dass mehrere Header in einem Paket möglich sind, konnten unter anderem VPN-Funktionen und Verschlüsselung direkt ins Protokoll integriert werden.

Wie sieht ein DNS-Eintrag in IPv6 aus?

Der A-Record heißt nun AAAA-Record. Der Reverse-Eintrag trägt jetzt die Zone ip6.arpa. Die umgekehrte Adresse besteht aus 32 durch Punkte getrennten Zahlen, da die Teilung in delegierbare Subdomains auf vier Bit verfeinert wurde.

13 Praktische Übungen

Nach den vielen theoretischen Betrachtungen in den vorherigen Kapiteln gibt es in diesem Kapitel ein paar praktische Übungen, die man je – je nachdem welche Netzwerkgeräte zur Verfügung stehen – selbst durchführen kann. Obwohl sich die Computernetzwerke, wie in den vorangegangenen Kapiteln beschrieben, technologisch rasant entwickelt haben, hat sich ihre Schnittstelle zu den Betriebssystemen und Anwendungen über die Jahre kaum verändert. Daher können die Übungen mit nahezu allen Versionen der Betriebssysteme Windows und Linux durchgeführt werden.

Die verwendeten Techniken lassen sich auch jeweils hervorragend für das Finden von Fehlern einsetzen. Zu Beginn jeder Übung werden die notwendigen Voraussetzungen angegeben. Wer die Übungen aufgrund fehlender Vielfalt von Subnetzen oder Rechnern nicht selbst machen kann, kann trotzdem weiterlesen. Alle sind durch Screenshots erläutert.

Im Folgenden wird nicht mehr ausdrücklich darauf hingewiesen, dass Sie unter Windows mit Administratorrechten arbeiten müssen bzw. Anwendungen als Administrator ausführen können sollten. Unter Linux ist gegebenenfalls dem Befehl das Kommando `sudo` voranzustellen, um die erforderlichen Rechte als „root" zu erhalten.

Um die Übungen durchführen zu können, müssen wir zunächst ein Terminal, also ein Fenster mit einer Kommandozeile, öffnen. Bei den meisten Windows-Versionen können Sie dies tun, indem Sie mit der rechten Maustaste auf das Windows-Menü klicken und aus dem erscheinenden Menü den Eintrag „Windows Terminal (Administrator)", „Eingabeaufforderung (Administrator)" oder „Windows PowerShell (Administrator)" auswählen. Danach sollten Sie das Terminal zur Tastatureingabe vor sich haben.

Wenn Sie Linux verwenden, starten Sie ein Terminal über die entsprechende Funktion Ihres Linux-Desktops. Wenn die Befehle unter Windows und Linux identisch sind, werden sie nicht extra zweimal erwähnt. Ist ein Vorgang also allgemein beschrieben, ist er in beiden Fällen identisch.

Bild 13.1 Ein Terminalfenster

13.1 ARP-Requests

Voraussetzung: zwei Rechner, die im selben Subnetz sind. Es ist egal, welches Betriebssystem auf welchem installiert ist oder ob beide dasselbe haben. Wir wollen uns praktisch ansehen, wie die Sicherungsschichtadresse eines Rechners ermittelt wird.

Weiter wollen wir uns ansehen, was passiert, wenn wir den ARP-Request unterbinden und mit statischen ARP-Einträgen arbeiten. Diese Kommunikation innerhalb des Subnetzes ist essenziell wichtig und bleibt unseren Augen normalerweise verborgen. Der ARP-Request wird in der Regel einfach im Hintergrund durchgeführt. Mit der Hilfe spezieller Programme, die meist der Fehlerdiagnose dienen, können wir diesen Vorgang sichtbar machen.

Im Beispiel ist folgendes Szenario realisiert.

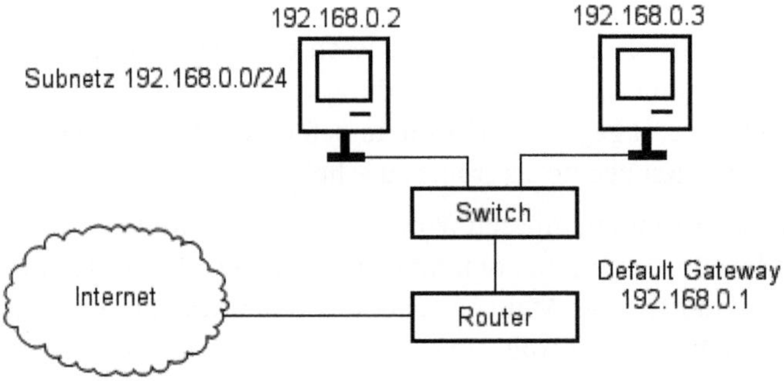

Bild 13.2 Beispielszenario: Zwei Rechner sind im selben Subnetz, also in derselben Broadcast-Domäne.

Öffnen Sie ein Terminal. Ermitteln Sie nun die IP-Adressen beider Rechner. Tippen Sie im Terminal bei Windows: `ipconfig /all`, bei Linux `ifconfig`.

Sie sehen nun detaillierte Angaben über alle Netzwerkkarten und ihre Einstellungen. Gelistet sind unter anderem der Name, Default-Gateway und Nameserver. Um unter Linux Angaben zum Gateway zu bekommen, müssen Sie `route -n` eingeben. Uns interessieren hier aber die IP- und die MAC-Adressen. Notieren Sie beide.

Wir wollen nun den ARP-Cache eines Rechners ansehen. Wir nehmen im Beispiel den Rechner mit der Adresse 192.168.0.2. Dies erledigt der Befehl: `arp -a`. Hatte der Rechner seit mehr als fünf Minuten keinen Netzwerkkontakt mehr zu einem anderen, ist der ARP-Cache leer.

Bild 13.3 Der ARP-Cache ist leer.

Nehmen wir nun irgendeinen Kontakt zum anderen Rechner auf. Wir erledigen dies mit dem Ping-Programm.

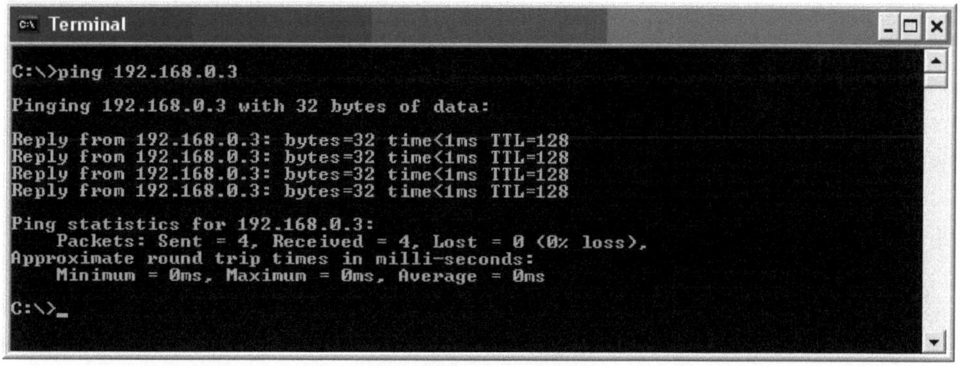

Bild 13.4 Der Rechner antwortet auf eine Ping-Anfrage.

Der Rechner antwortet. Also muss ein ARP-Request erfolgreich stattgefunden haben. Sehen wir uns wiederum mit `arp -a` den ARP-Cache an.

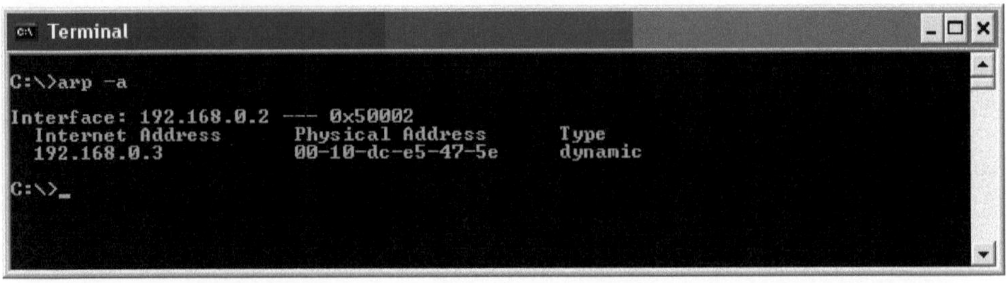

Bild 13.5 Der ARP-Cache ist nun nicht mehr leer, sondern enthält einen Eintrag.

Wir sehen nun einen Eintrag vom Typ „dynamisch“. Die MAC-Adresse des anderen Gerätes wurde aufgelöst und steht uns 300 Sekunden zur Verfügung. Mit `arp -d` können wir den Eintrag bewusst vorher löschen. Unter Linux muss dazu zusätzlich die IP-Adresse des zu löschenden Eintrags angegeben werden.

Bild 13.6 Der ARP-Cache wird gelöscht und neu abgefragt.

Wir induzieren nun einen Fehler, der uns deutlich machen wird, warum der ARP-Cache automatisch regelmäßig gelöscht werden muss. Wir geben dem Zielrechner bewusst eine falsche MAC-Adresse. Mit `arp -s` lassen sich statische MAC-Tabelleneinträge machen. Wir wählen eine willkürliche MAC-Adresse.

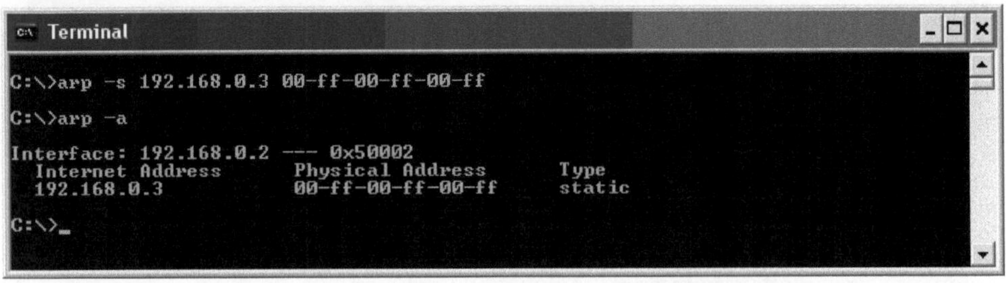

Bild 13.7 Der Eintrag der MAC-Adresse wird statisch vorgenommen.

Wir sehen nun einen Eintrag vom Typ „statisch“, der nicht automatisch gelöscht wird. Wenn wir nun versuchen, den Rechner zu erreichen, werden wir sehen, dass es nicht mehr funktioniert, da die MAC-Adresse nicht stimmt. Sie wird auch nicht mehr per ARP-Request aufgelöst, da der Adapter bereits einen statischen Eintrag hat, der die physische auf die logische Adresse abbildet.

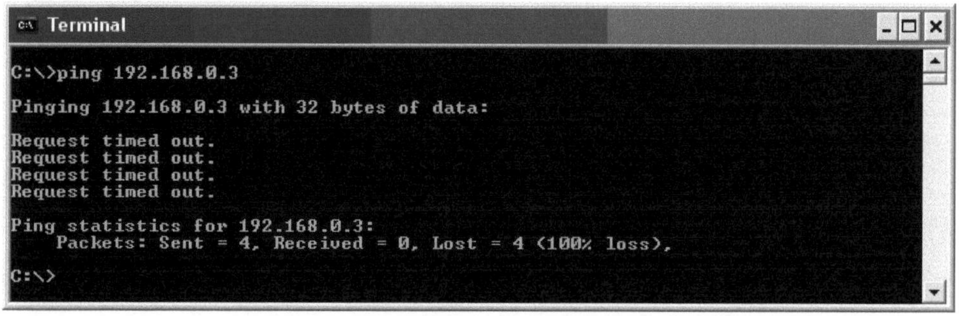

Bild 13.8 Der Zielrechner kann nicht mehr erreicht werden, die MAC-Adresse zur IP-Adresse ist falsch.

Ein Löschen des falschen Eintrags löst das Problem. Da keine Einträge mehr zu finden sind, startet der Rechner nun einen ARP-Request.

Es wird somit klar, dass es eine Gefahr darstellt, mit statischen ARP-Einträgen zu arbeiten. Sobald sich der Netzwerkadapter ändert, müssen bei statischen Einträgen in allen Rechnern die ARP-Tabellen manuell aktualisiert werden, damit eine Kommunikation wieder stattfinden kann.

Genau dies ist auch der Grund, warum die MAC-Adressentabellen einer Bridge oder eines Switches ausaltern. Ohne diesen Mechanismus müsste jeder Rechner mit der Hand in die Tabellen aller Netzwerkgeräte eingetragen werden.

Statische ARP-Einträge können manchmal einen Sinn ergeben. Wird zum Beispiel ein fabrikneuer Netzwerkdrucker das erste Mal über ein Web-Interface konfiguriert, kann der Fall eintreten, dass er noch keine konfigurierte Vermittlungsschichtadresse hat. Somit kann sein Webserver nicht angesprochen werden. Trägt man aber seine MAC-Adresse statisch zugeordnet zu einer IP-Adresse in einem Rechner ein, ist er, sofern er im selben Subnetz ist, trotzdem über diese IP-Adresse ansprechbar. Nach der Konfiguration darf man aber nie vergessen, den statischen Eintrag wieder zu löschen. Ansonsten riskiert man, dass der Drucker von diesem Rechner aus nicht mehr erreichbar ist. Bis man auf diese Idee kommt, kann es lange dauern. Daher sollte man bei einer Erreichbarkeit eines Zielgerätes von manchen Rechnern aus und von manchen nicht überprüfen, ob die ARP-Auflösung korrekt funktioniert, und alle statischen Einträge löschen.

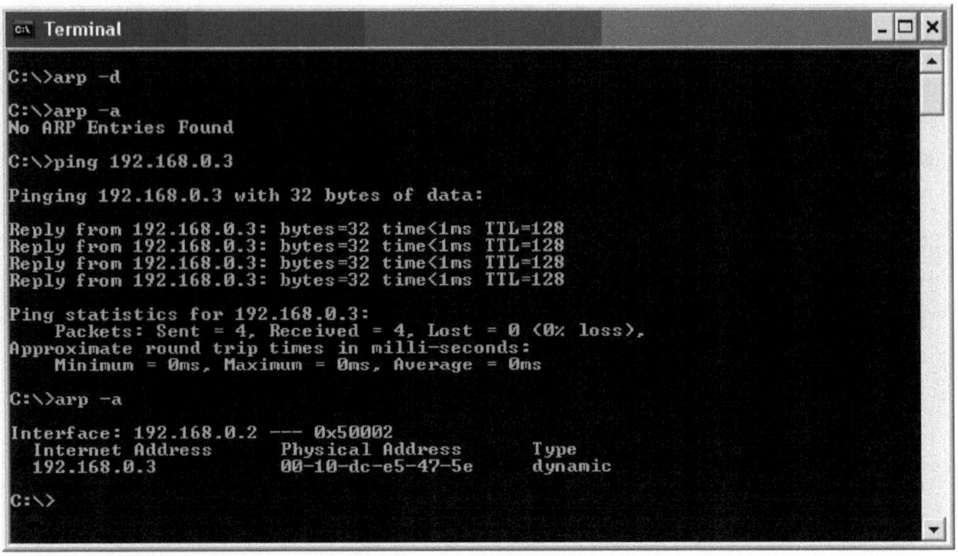

Bild 13.9 Da kein statischer Eintrag mehr da ist, erfolgt wieder ein ARP-Request. Die MAC-Adresse wird korrekt ermittelt, und der Rechner ist wieder erreichbar.

Der Rechner ist wieder erreichbar, und die korrekte MAC-Adresse ist im ARP-Cache eingetragen.

Die einfachste Methode, die MAC-Adresse eines beliebigen Rechners im eigenen Subnetz zu ermitteln, ist, mit ihm Kontakt aufzunehmen und dann den ARP-Cache zu sichten.

13.2 Kommunikation auf der Vermittlungsschicht

Diese Kommunikation ist auf der Sicherungsschicht verlaufen. Nun verlassen wir unser Subnetz über die Vermittlungsschicht, indem wir Rechner pingen, die außerhalb unseres Netzes stehen. Dazu müssen wir mit dem Internet oder über einen Router mit anderen Subnetzen verbunden sein.

Zur Erinnerung: Der Rechner ermittelt aus einer logischen Addition der Adresse und der Subnetzmaske einerseits bei sich, andererseits an der Zielmaschine, ob beide im selben Subnetz sind oder nicht.

Da bei jedem Hop die Sicherungsschichtadressen geändert werden müssen, damit die Daten in den Sicherungsschichtrahmen ihren Weg finden können, brauchen wir das zweistufige Schicht 2- und Schicht 3-Adressierungssystem, logische und physische Adressen. Ohne diese Zweistufigkeit wäre ein weltweiter Verkehr nicht möglich.

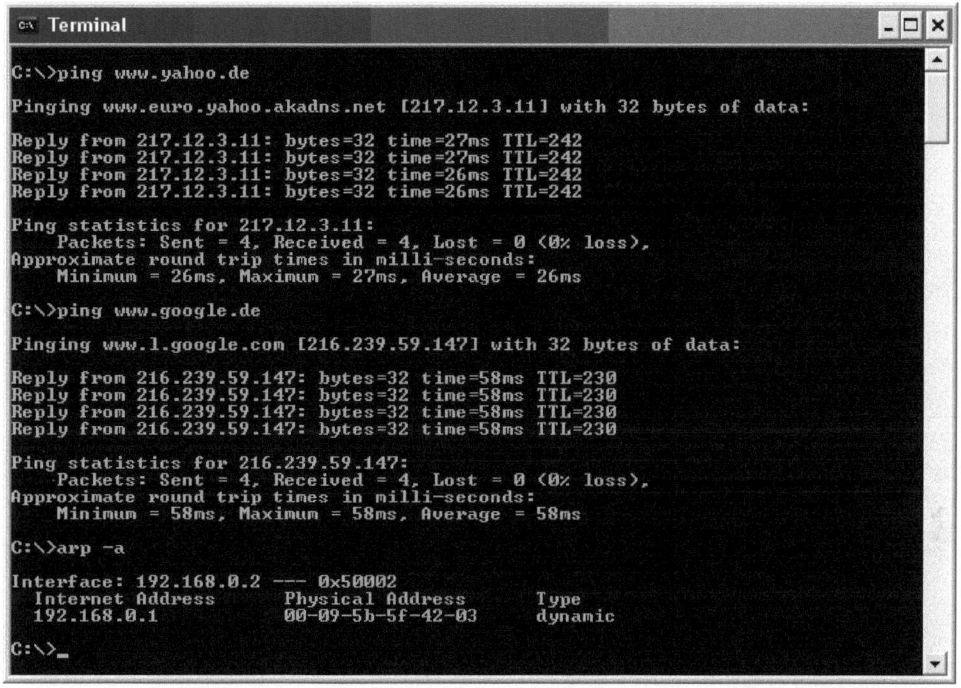

```
Terminal

C:\>ping www.yahoo.de

Pinging www.euro.yahoo.akadns.net [217.12.3.11] with 32 bytes of data:

Reply from 217.12.3.11: bytes=32 time=27ms TTL=242
Reply from 217.12.3.11: bytes=32 time=27ms TTL=242
Reply from 217.12.3.11: bytes=32 time=26ms TTL=242
Reply from 217.12.3.11: bytes=32 time=26ms TTL=242

Ping statistics for 217.12.3.11:
    Packets: Sent = 4, Received = 4, Lost = 0 (0% loss),
Approximate round trip times in milli-seconds:
    Minimum = 26ms, Maximum = 27ms, Average = 26ms

C:\>ping www.google.de

Pinging www.l.google.com [216.239.59.147] with 32 bytes of data:

Reply from 216.239.59.147: bytes=32 time=58ms TTL=230
Reply from 216.239.59.147: bytes=32 time=58ms TTL=230
Reply from 216.239.59.147: bytes=32 time=58ms TTL=230
Reply from 216.239.59.147: bytes=32 time=58ms TTL=230

Ping statistics for 216.239.59.147:
    Packets: Sent = 4, Received = 4, Lost = 0 (0% loss),
Approximate round trip times in milli-seconds:
    Minimum = 58ms, Maximum = 58ms, Average = 58ms

C:\>arp -a

Interface: 192.168.0.2 --- 0x50002
  Internet Address      Physical Address      Type
  192.168.0.1           00-09-5b-5f-42-03     dynamic

C:\>_
```

Bild 13.10 Zwei Rechner außerhalb des eigenen Subnetzes werden kontaktiert.

Wir haben zwei verschiedene Rechner im Internet angepingt. In der ARP-Tabelle sehen wir aber nur einen einzigen Eintrag, die MAC-Adresse des Default-Gateways. Da die IP-Adressen außerhalb unseres Subnetzes liegen, hätte ein ARP-Request keinen Sinn. Daher wird die MAC-Adresse des Default-Gateways aufgelöst, und die Daten werden zu ihm gesendet.

Sehen Sie sich alle Optionen an, die uns der arp-Befehl bietet. Unter Windows können wir dies mit `arp /?`, unter Linux mit `arp --help` oder `man arp` erledigen. Probieren Sie die verschiedenen Optionen und ihre Auswirkungen aus.

13.3 Probleme mit Schleifen auf der Sicherungsschicht

Voraussetzung: zwei Rechner und ein Mini-Switch. Lesen Sie in der Gerätebeschreibung nach, ob das Gerät MDI-Autosensing unterstützt. Wenn ja, benötigen wir ein normales Patchkabel, wenn nicht, ein Crossover-Kabel. Hat das Gerät einen Uplink-Port (MDI-X), kann auch dieser für diesen Test verwendet werden. Alle Geräte müssen in einem Subnetz sein. Ein Kontakt zum Internet oder zu anderen Subnetzen ist nicht notwendig.

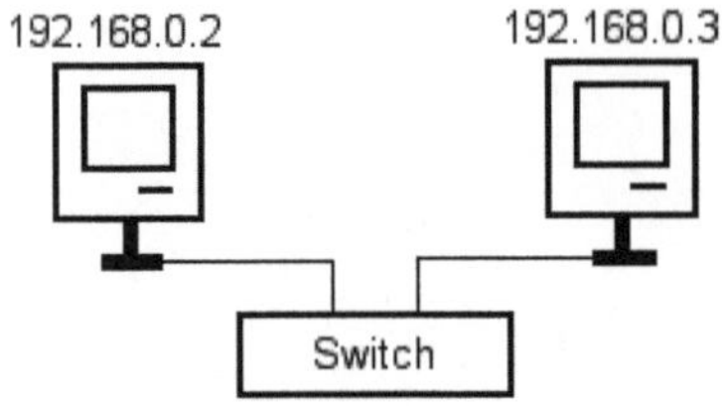

Bild 13.11
Zwei Rechner, die an einem Switch angeschlossen sind

Schließen Sie beide Rechner an den Mini-Switch an, und lassen Sie von einem zum anderen einen dauernden Ping laufen.

Unter Windows erfolgt dies mit: `ping -t IP-Adresse`, unter Linux mit `ping IP-Adresse`. Verbinden Sie nun zwei freie Ports des Switches mit dem Patch- oder Crossover-Kabel, um eine Schleife zu bilden. Ab diesem Zeitpunkt schlägt der Ping-Befehl wegen einer Zeitüberschreitung fehl. Lösen Sie die Schleife wieder auf. Der Ping-Befehl ist nun wieder erfolgreich.

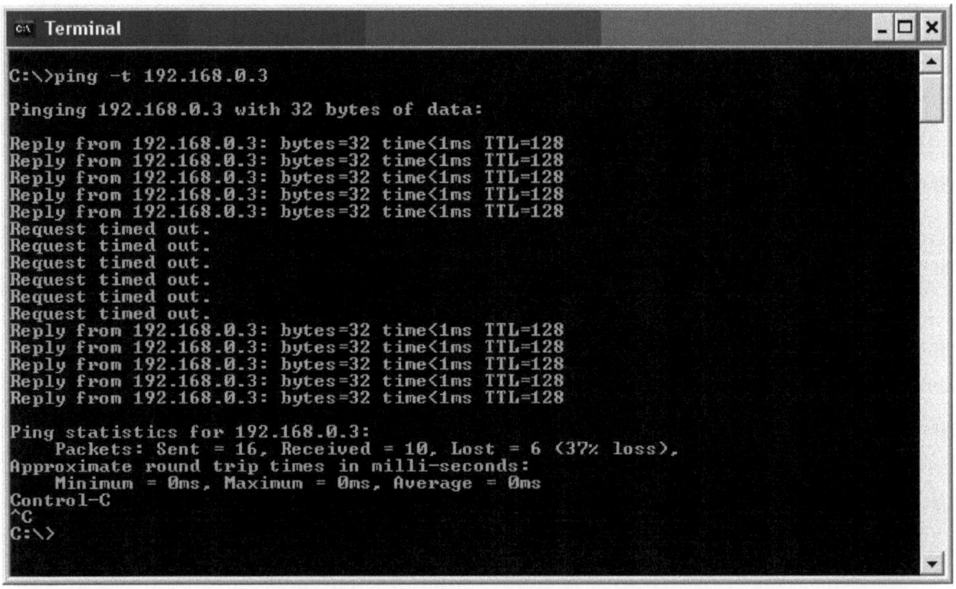

Bild 13.12 Eine Schleife auf der Sicherungsschicht bringt den Verkehr zum Erliegen.

Sobald eine Schleife auf der Sicherungsschicht gesteckt wird und der Switch das Spanning Tree Protocol nicht unterstützt, bricht der Netzwerkverkehr zusammen. Wird die Schleife wieder gelöst, ist Netzwerkverkehr wieder möglich.

Solche Fehler sind in der Regel schwer zu diagnostizieren. Einen guten Hinweis bekommt man hier über die Status-LEDs der Netzwerkkarten und Switches. Leuchten diese konstant, anstatt wie üblich zu blinken, ist dies ein Zeichen für eine Schleife.

Viele Mini-Switches, besonders in der sehr günstigen Kategorie, „überleben" eine Schleife nicht. Sie stürzen ab und müssen ein- und ausgeschaltet werden, damit sie wieder funktionieren.

13.4 Die Subnetzmaske

Voraussetzung: ein Adressbereich der Klasse B, über die Subnetzmaske in virtuelle C-Klassen zerlegt. Kontakt zum Internet oder zu einem Netz außerhalb ihrer B-Klasse.

Geben Sie Ihrem Rechner nun bewusst eine falsche Subnetzmaske. Die Effekte, die dadurch auftreten, sehen auf den ersten Blick seltsam aus. Einiges funktioniert, anderes nicht. Solche Fehler können schwierig zu finden sein.

Die richtigen Daten sind:

- Rechner 1: 192.168.12.100
- Rechner 2: 192.168.13.100
- Rechner 3: 10.10.11.100
- Default-Gateway Netzwerk 1 (Rechner 1): 192.168.12.254
- Default-Gateway Netzwerk 2 (Rechner 2): 192.168.13.254
- Default-Gateway Netzwerk 3 (Rechner 3): 10.10.11.254

Die korrekte Subnetzmaske für alle drei Netze lautet 255.255.255.0.

Geben Sie dem Rechner 192.168.12.100 nun einmal bewusst die falsche Subnetzmaske: 255.255.0.0 und öffnen auf ihm ein Terminal.

Pingen Sie einen Rechner in Ihrer Sicherungsschichtumgebung an – es funktioniert (hier das Default-Gateway 192.168.12.254).

Pingen Sie einen Rechner in einem Netz Ihrer B-Klasse-Adresse, aber nicht in Ihrem Subnetz an (hier die 192.168.13.100). Es funktioniert nicht.

Pingen Sie einen Rechner in einem anderen Netzwerk (irgendwo im Internet) an (hier die 10.10.11.100). Es funktioniert.

Anhand der Subnetzmaske und der IP-Adresse glaubt der Rechner, im Netzwerk 192.168.0.0 mit der Subnetzmaske 255.255.0.0 zu stehen. Er geht also davon aus, dass die gesamte B-Klasse-Adresse, in der er sich glaubt, innerhalb einer Broadcast-Domäne angesiedelt wäre. In Wirklichkeit aber, so ist der Router konfiguriert, haben wir virtuelle C-Klasse-Netze daraus gemacht.

Pingen wir nun einen Rechner in unserer Sicherungsschichtumgebung an (hier das Default-Gateway 192.168.12.254), funktioniert alles. Er kann durch einen ARP-Request erreicht werden.

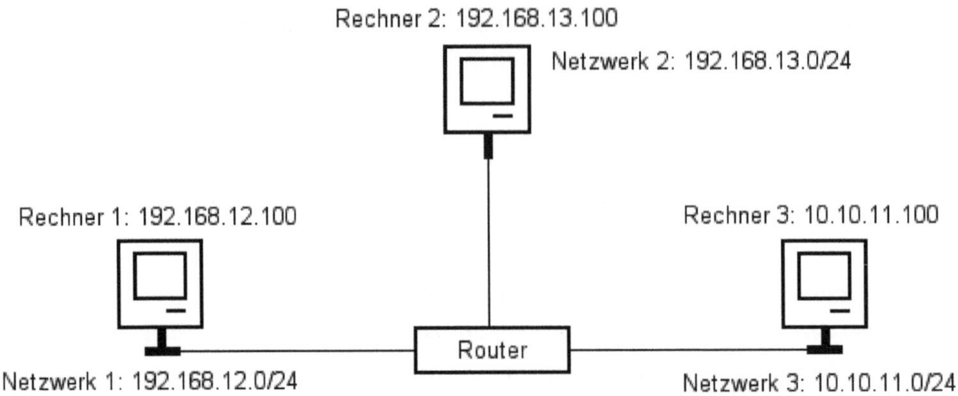

Bild 13.13 Beispiel einer Umgebung mit verschiedenen Subnetzen: Zwei sind „Klasse-C-Derivate" eines B-Klasse-Netzes, eines gehört zu einer völlig anderen Klasse

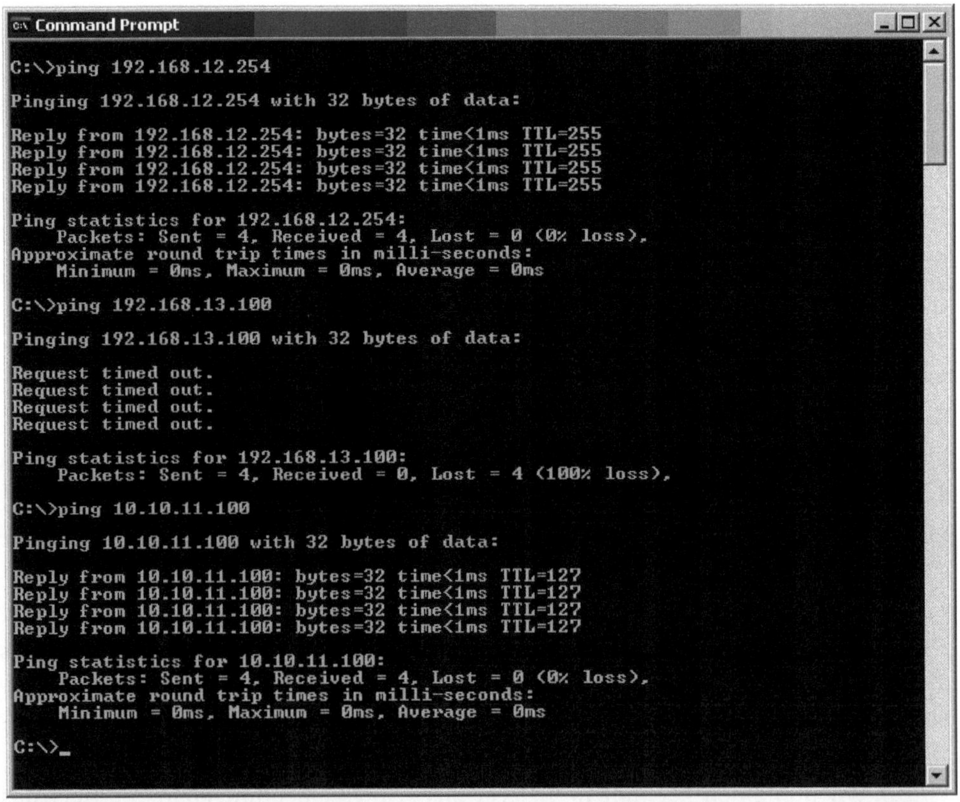

Bild 13.14 Eine falsche Subnetzmaske kann ziemlich unangenehme und verwirrende Effekte verursachen.

Pingen wir einen Rechner an, der innerhalb unserer Klasse B ist, aber außerhalb unseres Subnetzes (hier die 192.168.13.100), funktioniert es nicht. Der Rechner nimmt an, dass beide in derselben Broadcast-Domäne sind, und sendet einen ARP-Request. Dieser ist ein Broadcast und wird vom Router geblockt. Ein Kontakt ist daher nicht möglich.

Pingen wir nun einen Rechner außerhalb unserer fälschlichen B-Klasse an (hier die 10.10.11.100), nimmt unser Rechner an, dass er außerhalb seiner Broadcast-Domäne ist. Daher sendet er die Pakete an das Default-Gateway. Es funktioniert.

Bei einer Fehlkonfiguration der Subnetzmaske ist also alles erreichbar, was entweder in der eigenen Broadcast-Domäne oder außerhalb des B-Klasse-Bereiches (beziehungsweise des Bereiches, den unsere Subnetzmaske definiert) ist, aber kein anderes Subnetz innerhalb unserer B-Klasse (unseres Definitionsbereiches).

13.5 Das Default-Gateway

Voraussetzung: Dieser Test funktioniert auch mit einem oder mehreren Rechnern. Hier werden zur Verdeutlichung mehrere verwendet.

Zwei Rechner sind im selben Subnetz, einer in einem anderen. Der Rechner mit der Adresse 192.168.11.100 hat ein falsches Default-Gateway konfiguriert.

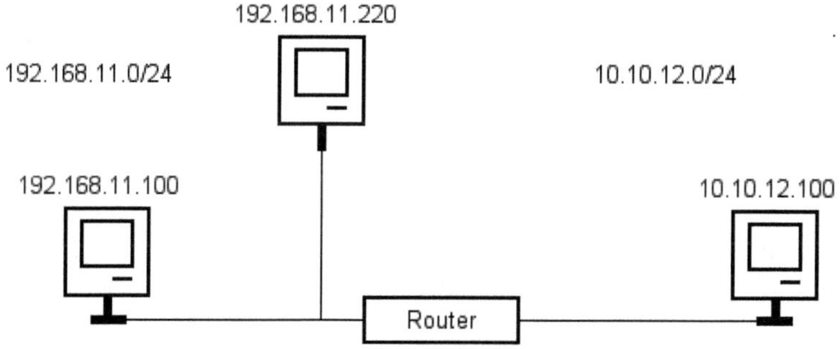

Bild 13.15 Beispielszenario für ein falsches Default-Gateway.

Pingen wir von dem falsch konfigurierten Rechner aus einen Rechner im selben Subnetz an, funktioniert dies, hier wird per ARP-Request aufgelöst.

Pingen wir einen Rechner in irgendeinem anderen Netzwerk an, funktioniert dies nicht. Der Rechner sendet die Daten an das (falsche) Default-Gateway. Aber diesen gibt es hier nicht, die Sendung läuft ins Leere. Pingen wir vom Rechner mit der IP-Adresse 192.168.11.220 aus den Rechner an (oder umgekehrt), funktioniert dies. Beide sind im selben Subnetz.

Hier sehen wir deutlich die unterschiedliche Vorgehensweise, um einen Rechner in und außerhalb der eigenen Broadcast-Domäne zu erreichen. Fehler im Default-Gateway und in der Subnetzmaske können also, je nach Konstellation, relativ ähnliche Effekte bewirken. Beide sorgen für eine fehlerhafte Weiterleitung der Daten.

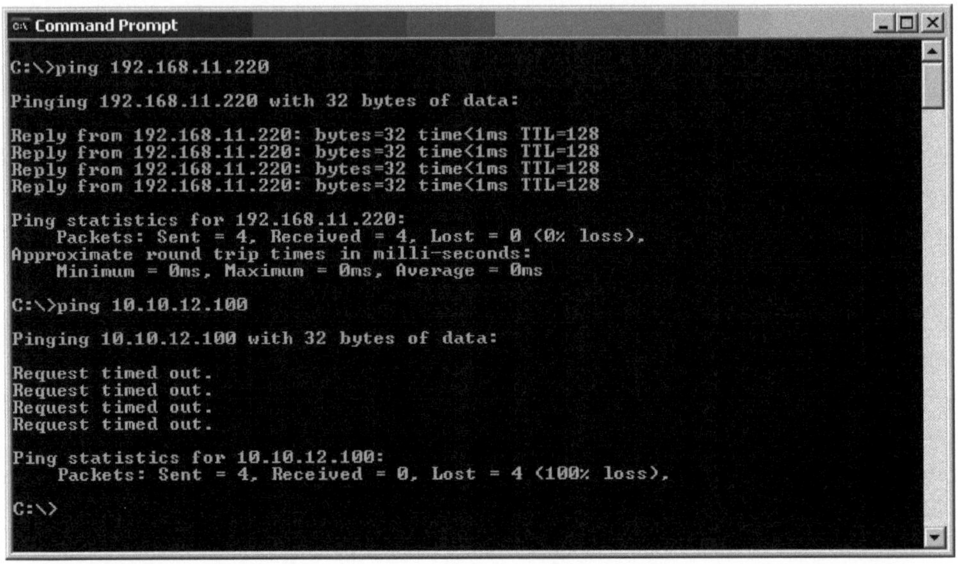

Bild 13.16 Der Kontakt in eine andere Vermittlungsschichtumgebung funktioniert mit falschem Default-Gateway nicht.

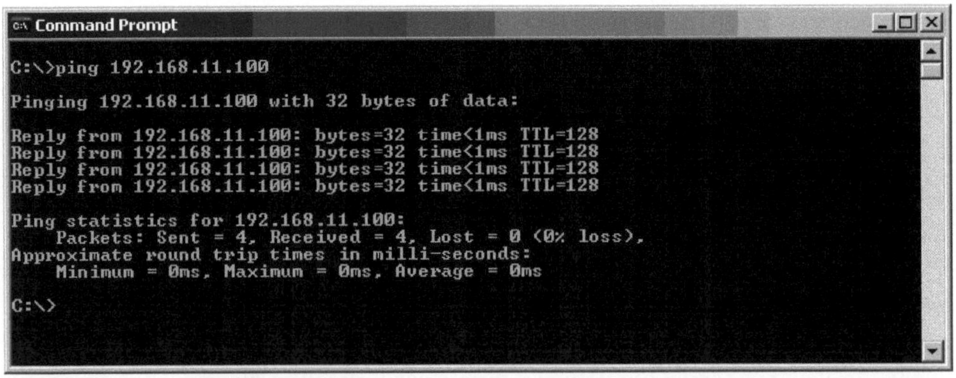

Bild 13.17 Im selben Subnetz funktioniert es – hier wird ein ARP-Request an die Zielmaschine vorgenommen, der erfolgreich ist.

Versuchen wir nun, den Rechner von der 10.10.12.100 her zu erreichen, funktioniert dies nicht. Daher folgt, dass ein Rechner mit einem falschen Default-Gateway nur innerhalb des eigenen Subnetzes erreichbar ist und andere erreichen kann.

Versucht man, ihn von einem anderen Netz aus zu erreichen, funktioniert das zwar, die Daten kommen bei ihm an, aber man erhält keine Antwort. Genauso kann er von sich aus außerhalb seines eigenen Netzes niemanden erreichen.

Dies kann auch bewusst aus Sicherheitsgründen eingesetzt werden. Ein Server, der kein Default-Gateway konfiguriert bekommt, kann demnach nur Rechner innerhalb seiner Broadcast-Domäne erreichen. Von Rechnern außerhalb der Broadcast-Domäne kann er Daten empfangen, kann aber nicht antworten. Diese Rechner bekommen Timeouts und können nicht mit ihm kommunizieren. Andere Rechner in dieser Broadcast-Domäne können aber, wenn sie ein korrektes Default-Gateway haben, mit Rechnern außerhalb der Broadcast-Domäne kommunizieren.

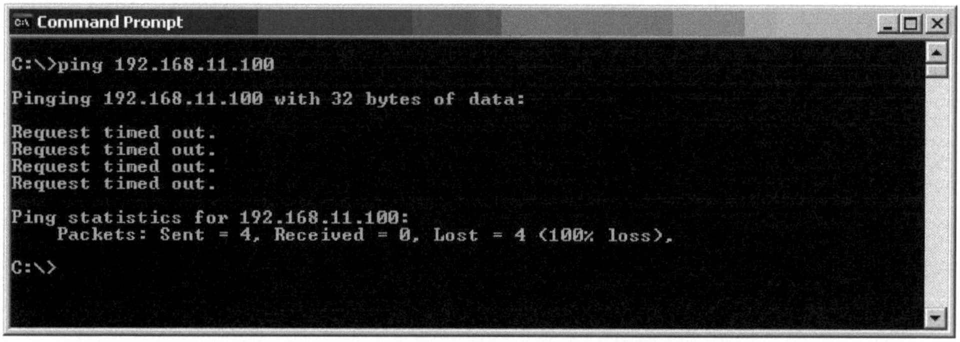

Bild 13.18 Der Weg über den Router kann nicht gefunden werden.

Hier noch eine Anmerkung. Es gibt die Möglichkeit, an Routern Funktionen zu aktivieren, die solche Fehlkonfigurationen aufzufangen vermögen. Diese nennt man „Proxy-ARP“. Der Router, der den Weg nach außen aus einem Subnetz ja durch seine Konfiguration kennt, kann hier veranlasst werden, Daten, die für andere Subnetze bestimmt sind, zu routen, obwohl sie nicht an sein Interface, das normalerweise das Default-Gateway sein sollte, adressiert sind. In Netzwerken mit derart konfigurierten Routern funktioniert die Kommunikation auch mit einem falschen Default-Gateway.

Diese Funktionen sollten konsequent deaktiviert werden. Sie korrigieren Fehlkonfigurationen, betreiben also „Kosmetik“. Ein Netzwerk sollte aber besser durch eine korrekte Konfiguration laufen als durch solche Parameter. Diese stellen auch eine erhebliche Gefahr dar.

Sind in einem Subnetz zum Beispiel bei allen Rechnern falsche Default-Gateways konfiguriert und der Router ist auf Proxy-ARP eingestellt, können alle normal nach außen kommunizieren.

Wird nun aber, durch Ersatz, neue Firmware oder neue Konfiguration, diese Funktion am Router auf einmal deaktiviert, ist auf einen Schlag das gesamte Subnetz isoliert und kann keine Rechner mehr außerhalb der eigenen Broadcast-Domäne erreichen. Sehr unangenehm wird dies bei einer Fernwartung von Rechnern. Auf sie kann dann nur noch lokal vor Ort zugegriffen werden.

13.6 Nameserver

Diesen Test kann jeder durchführen, der einen Internet-Anschluss besitzt. Zuerst suchen wir einen Server im Internet, der sich in beide Richtungen, Forward Lookup und Reverse Lookup, auflösen lässt.

Oft funktioniert, gerade bei Webservern, nur das Forward Lookup, und die Reverse Lookup-Zone ist nicht geführt. Dies hat viele Gründe. Einerseits weisen bei manchen Servern viele Namen auf eine IP-Adresse. Diese bezeichnet man als Aliase. Andererseits wird zu 99 % nur die Forward Lookup-Zone verwendet.

Namen sind einfach leichter zu behalten und aussagekräftiger als Adressen. Zum anderen vermieten Provider Namenszonen an ihre Kunden, wollen aber nicht deren DNS führen. Der Teil der offiziellen Adressen aber, der ihnen zugeteilt ist, wird von ihnen verwaltet. Es kann nur einen autoritativen Nameserver für einen Namensbereich und seine Adressen geben. Daher können Provider zwar Weiterleitungen an Namen machen, aber sie können die Reverse Lookup-Zone, bei der es ja um IP-Adressen geht, nicht delegieren. Daher wird dem Kunden nur die Forward Lookup-Zone zur Verfügung gestellt.

Ein Programm, mit dem wir Nameserver abfragen können, ist `nslookup`.

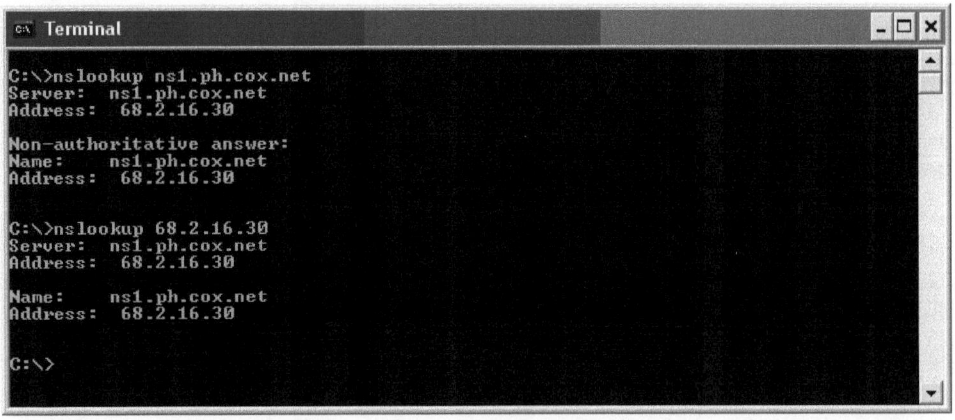

Bild 13.19 Forward und Reverse Lookup

Im Beispiel kommt oben die Abfrage der Forward Lookup-Zone. Welche IP-Adresse hat ein Name? Dies ist der normale Vorgang.

Wenn wir zum Beispiel in einem Browser `http://www.nasa.gov` eingeben, erfolgt diese Auflösung im Hintergrund von uns unbemerkt. Das Internet funktioniert ausschließlich über Adressen.

Direkt anschließend kommt der Reverse Lookup. Welche IP-Adresse hat welchen Namen? Dies ist der eher seltenere Vorgang. Denn eine IP-Adresse muss nicht extra aufgelöst werden, sie gilt sofort im Internet.

Nun pingen wir noch beides.

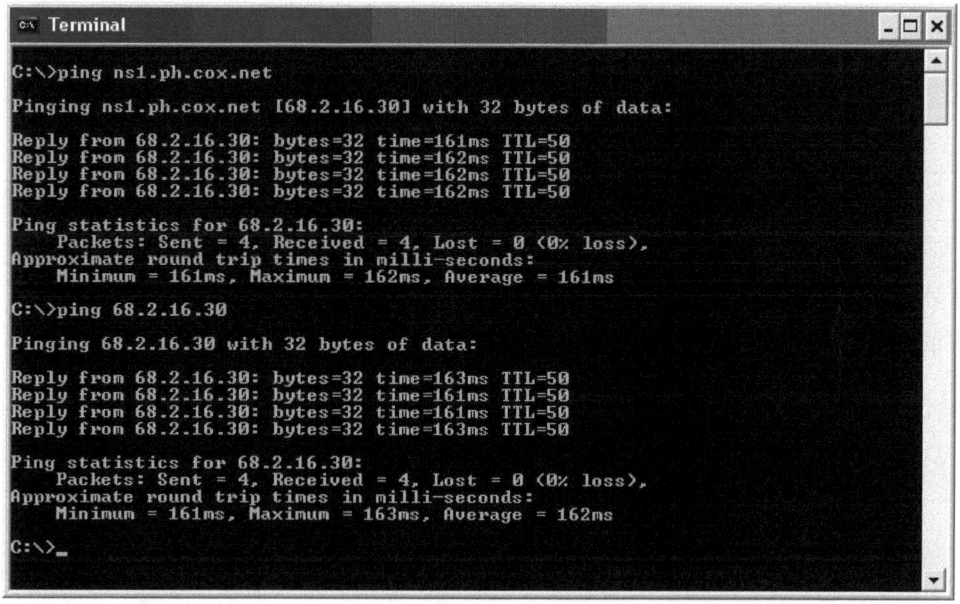

Bild 13.20 Der Ping ist sowohl auf die Adresse als auch auf den Namen erfolgreich.

Beide Auflösungen, Name und Adresse, funktionieren.

Nun konfigurieren wir einen falschen Nameserver, am besten einen, der nicht vorhanden ist, oder die Adresse eines Rechners, der kein Nameserver ist. Dann versuchen wir alles noch einmal.

Die hier von mir gewählten Adressen sind absolut willkürlich gewählt. Zum Zeitpunkt der Tests war alles auflösbar. Dies kann zeitweise anders sein (z. B. wegen Umstrukturierungen, Wartung). In diesem Fall suchen Sie bitte ein anderes Beispiel, es ist völlig willkürlich, wichtig für unseren Test ist nur, dass beide Richtungen funktionieren.

Weder die Forward- noch die Reverse Lookup-Zone können mit einem falschen Nameserver abgefragt werden.

Der Ping nach dem Namen funktioniert nicht. Der Ping auf die Adresse funktioniert.

Im Internet sind nur die IP-Adressen entscheidend. Dabei ist stets zu beachten, dass eine Dienstanforderung über einen Namen zunächst einen DNS-Lookup auslöst, während bei einer Anforderung direkt über eine Adresse dieser Schritt entfällt.

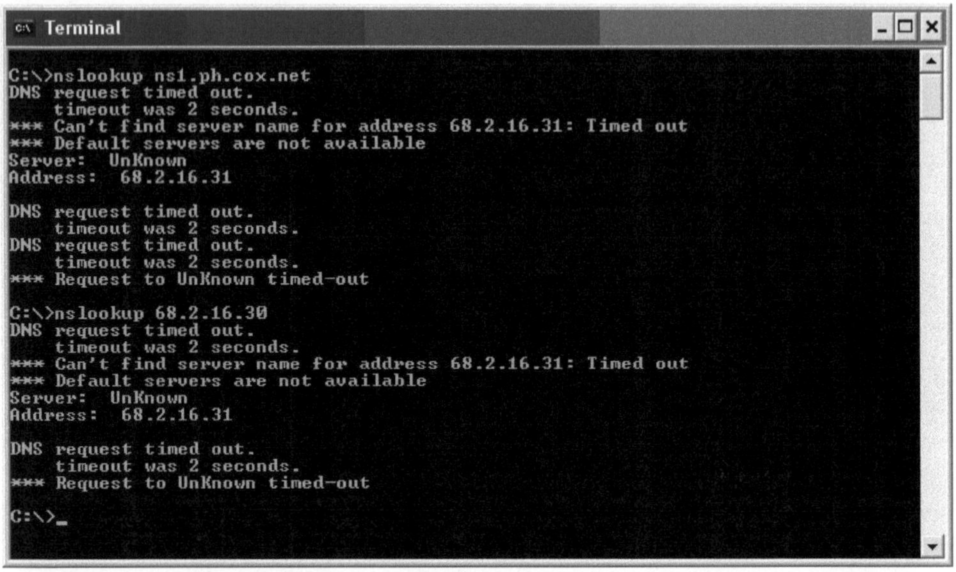

Bild 13.21 Die Auflösung ist nun nicht mehr möglich.

Nun probieren wir es noch einmal mit einem Ping.

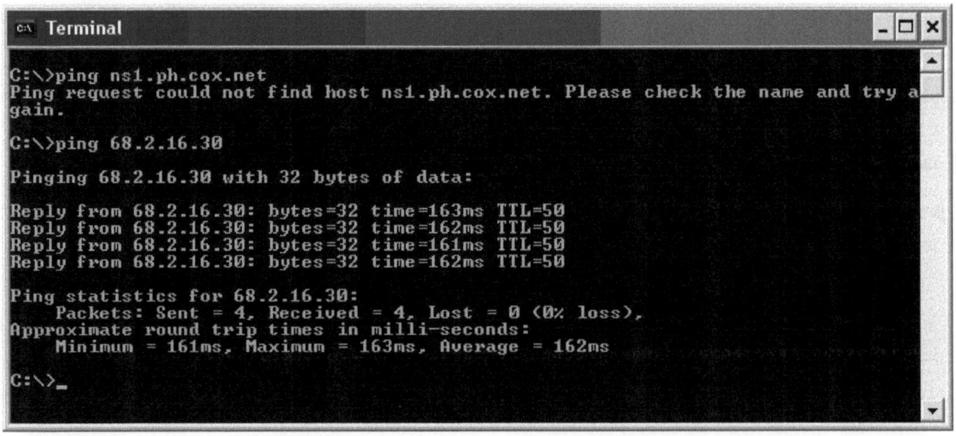

Bild 13.22 Der Ping auf den Namen scheitert, der auf die Adresse funktioniert.

13.7 Routen prüfen

Diesen Test kann jeder machen, der einen Internet-Zugang hat. Welche Route ein Datenpaket nimmt, wenn er das Internet überquert, ist manchmal sehr interessant. Vor allem wenn in einem Netzwerk Routing-Probleme auftauchen, ist es manchmal nötig herauszufinden, welchen Weg die Daten wirklich nehmen.

Netze können in der Vermittlungsschicht beliebig vermascht sein. Um den Weg der Daten über eine Vermittlungsschichtstruktur zu verfolgen, gibt es das Programm `tracert` unter Windows und `traceroute` unter Linux (letzteres muss ggf. installiert werden, z. B. auf Ubuntu-basierten Linux-Distributionen mit `sudo apt install traceroute`). Beide, `traceroute` und `tracert`, senden bei jedem Überqueren eines Routers dessen Daten an uns zurück. So können wir den Weg durch das weltweite Netzwerk mitverfolgen.

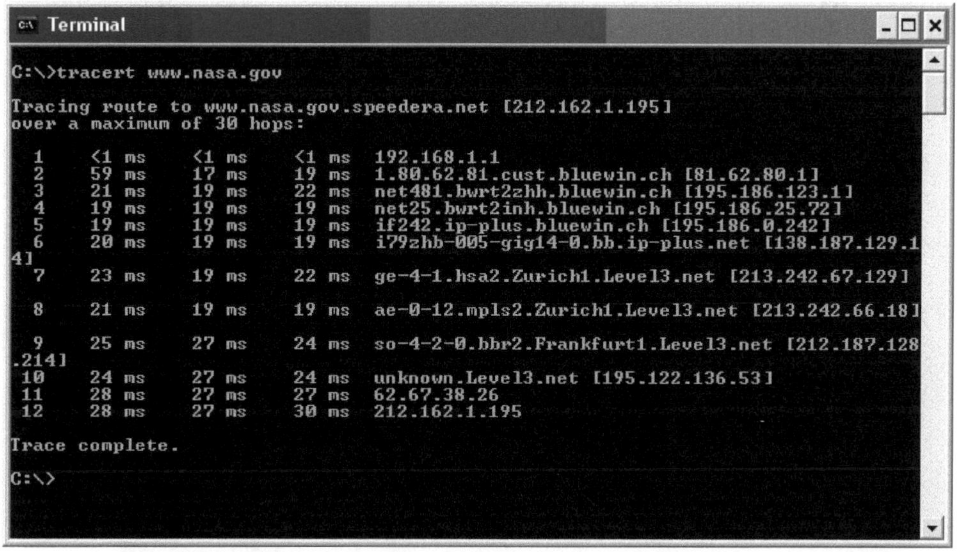

Bild 13.23 Mit Traceroute kann man den Weg der Daten im Netzwerk über die Router verfolgen.

Machen wir dasselbe zu einer anderen Tageszeit nochmals.

Wir sehen, dass das Routing dynamisch ist. Das Internet ist selbstkonvergent. Wenn beispielsweise ein Router nicht verfügbar oder außergewöhnlich belastet ist, können neue Routen gefunden werden, die diesen Router umgehen.

In der nächsten Abbildung sehen wir, dass bei diesem erneuten Trace die Daten über Brüssel geroutet worden sind, nicht über Frankfurt wie beim ersten Versuch. Und oben sind wir zum selben Namen, aber zu einer anderen Adresse geschickt worden als unten.

```
Terminal

C:\>tracert www.nasa.gov

Tracing route to www.nasa.gov.speedera.net [212.3.243.131]
over a maximum of 30 hops:

  1    <1 ms    <1 ms    <1 ms   192.168.1.1
  2    20 ms    19 ms    19 ms   1.80.62.81.cust.bluewin.ch [81.62.80.1]
  3    19 ms    19 ms    19 ms   net481.bwrt2zhh.bluewin.ch [195.186.123.1]
  4    18 ms    19 ms    19 ms   net25.bwrt2inh.bluewin.ch [195.186.25.72]
  5    20 ms    19 ms    19 ms   if242.ip-plus.bluewin.ch [195.186.0.242]
  6    19 ms    19 ms    19 ms   i79zhb-005-gig14-0.bb.ip-plus.net [138.187.129.1
41]
  7    18 ms    19 ms    19 ms   ge-4-1.hsa2.Zurich1.Level3.net [213.242.67.129]

  8    17 ms    19 ms    19 ms   ae-0-12.mpls2.Zurich1.Level3.net [213.242.66.18]

  9    37 ms    34 ms    37 ms   so-3-0-0.mp2.Brussels1.Level3.net [212.187.128.5
]
 10    36 ms    34 ms    37 ms   ge-11-1.ipcolo2.Brussels1.Level3.net [212.3.239.
84]
 11    38 ms    34 ms    37 ms   unknown.Level3.net [212.3.234.146]
 12    35 ms    37 ms    34 ms   mail.europeaninvestor.com [212.3.243.131]

Trace complete.

C:\>_
```

Bild 13.24 Jeder Hop ist sichtbar. Hier gehen die Daten einen anderen Weg.

13.8 Prüfen der Verbindungen auf der Transportschicht

Oft ist es interessant zu wissen, welche Verbindungen zu oder von einem Rechner offen sind. Auch hierfür gibt es das richtige Hilfsmittel, das Programm `netstat`.

```
Terminal

C:\>netstat -an

Active Connections

  Proto  Local Address          Foreign Address        State
  TCP    0.0.0.0:135            0.0.0.0:0              LISTENING
  TCP    0.0.0.0:445            0.0.0.0:0              LISTENING
  TCP    0.0.0.0:1025           0.0.0.0:0              LISTENING
  TCP    0.0.0.0:1037           0.0.0.0:0              LISTENING
  TCP    0.0.0.0:1038           0.0.0.0:0              LISTENING
  TCP    0.0.0.0:5000           0.0.0.0:0              LISTENING
  TCP    127.0.0.1:5679         0.0.0.0:0              LISTENING
  TCP    192.168.1.18:139       0.0.0.0:0              LISTENING
  UDP    0.0.0.0:445            *:*
  UDP    0.0.0.0:500            *:*
  UDP    0.0.0.0:1026           *:*
  UDP    0.0.0.0:1027           *:*
  UDP    0.0.0.0:1032           *:*
  UDP    0.0.0.0:1033           *:*
  UDP    127.0.0.1:123          *:*
  UDP    127.0.0.1:1076         *:*
  UDP    127.0.0.1:1900         *:*
  UDP    127.0.0.1:62515        *:*
  UDP    127.0.0.1:62517        *:*
  UDP    127.0.0.1:62519        *:*
  UDP    127.0.0.1:62521        *:*
  UDP    127.0.0.1:62523        *:*
  UDP    127.0.0.1:62524        *:*
  UDP    192.168.1.18:123       *:*
  UDP    192.168.1.18:137       *:*
  UDP    192.168.1.18:138       *:*
  UDP    192.168.1.18:1900      *:*

C:\>_
```

Bild 13.25 Die Ports, die auf Services warten, lassen sich mit dem Befehl `netstat` auf der Kommandozeile abfragen.

Es zeigt alle Ports an, die in Betrieb sind. Die Voraussetzung für diesen Test ist lediglich ein Rechner. Sehen Sie sich mit `netstat /?` unter Windows und `netstat --help` unter Linux die Optionen an, und probieren Sie sie aus. Hier sehen wir, dass der Rechner auf einigen Ports ständig lauscht. Dies sind die Serverservices, die er anbietet.

Machen wir nun einen Browser auf und verbinden uns zu einem Webserver, sehen wir die Verbindung. Wie man deutlich sieht, hat unser Rechner sich Ports über 1024 gesucht und von dort aus Daten an den Port 80, TCP, eines Webservers gesendet. Damit sind die Sockets aufgebaut, und die Verbindung ist im gesamten Internet einmalig und unverwechselbar.

Somit könnten wir auch zum Beispiel drei verschiedene Browser öffnen und von allen aus verschiedene Seiten dieses Webservers öffnen. Trotzdem könnten die Datenströme eindeutig auseinandergehalten werden.

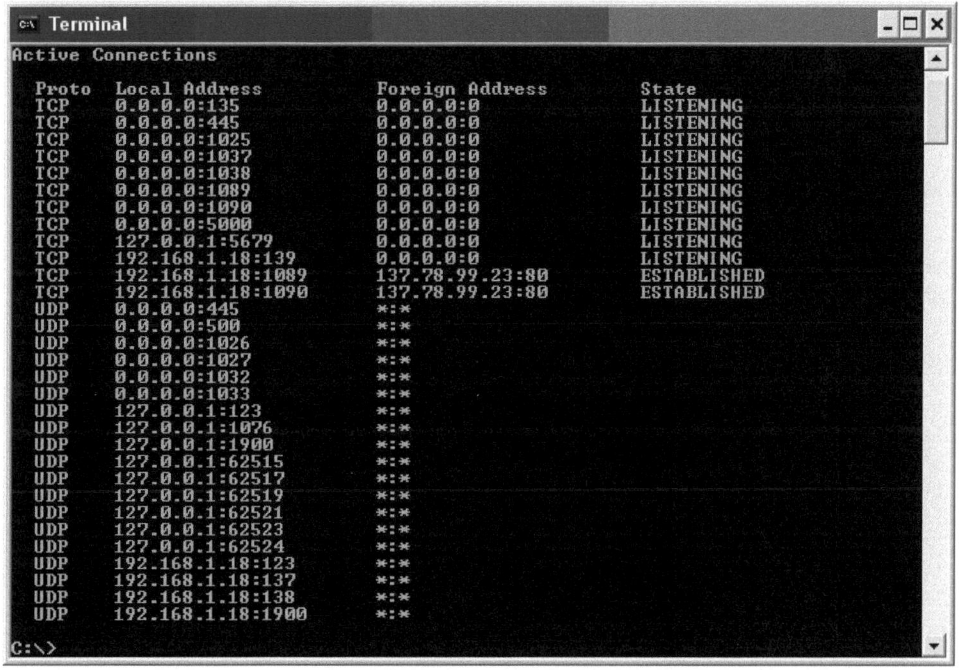
```
Terminal
Active Connections

  Proto  Local Address          Foreign Address        State
  TCP    0.0.0.0:135            0.0.0.0:0              LISTENING
  TCP    0.0.0.0:445            0.0.0.0:0              LISTENING
  TCP    0.0.0.0:1025           0.0.0.0:0              LISTENING
  TCP    0.0.0.0:1037           0.0.0.0:0              LISTENING
  TCP    0.0.0.0:1038           0.0.0.0:0              LISTENING
  TCP    0.0.0.0:1089           0.0.0.0:0              LISTENING
  TCP    0.0.0.0:1090           0.0.0.0:0              LISTENING
  TCP    0.0.0.0:5000           0.0.0.0:0              LISTENING
  TCP    127.0.0.1:5679         0.0.0.0:0              LISTENING
  TCP    192.168.1.18:139       0.0.0.0:0              LISTENING
  TCP    192.168.1.18:1089      137.78.99.23:80        ESTABLISHED
  TCP    192.168.1.18:1090      137.78.99.23:80        ESTABLISHED
  UDP    0.0.0.0:445            *:*
  UDP    0.0.0.0:500            *:*
  UDP    0.0.0.0:1026           *:*
  UDP    0.0.0.0:1027           *:*
  UDP    0.0.0.0:1032           *:*
  UDP    0.0.0.0:1033           *:*
  UDP    127.0.0.1:123          *:*
  UDP    127.0.0.1:1076         *:*
  UDP    127.0.0.1:1900         *:*
  UDP    127.0.0.1:62515        *:*
  UDP    127.0.0.1:62517        *:*
  UDP    127.0.0.1:62519        *:*
  UDP    127.0.0.1:62521        *:*
  UDP    127.0.0.1:62523        *:*
  UDP    127.0.0.1:62524        *:*
  UDP    192.168.1.18:123       *:*
  UDP    192.168.1.18:137       *:*
  UDP    192.168.1.18:138       *:*
  UDP    192.168.1.18:1900      *:*

C:\>
```

Bild 13.26 Die Verbindung, also die Sockets, sind deutlich sichtbar.

Die Verbindung ist bereits „Established“, das heißt, dass SYN und ACK ausgetauscht sind. Beide Sockets der Verbindung sind zu sehen. Der Verbindungsauf- und -abbau ist so schnell, dass man ihn nur schwer sehen kann.

Aber mit einem Trick geht es doch. Senden wir eine Dienstanforderung an ein Endsystem, das diesen Dienst gar nicht anbietet, dann haben wir Zeit bis zum Timeout, zum Beispiel `telnet www.google.com`.

Die Suchmaschine Google bietet keinen Telnet-Zugang an. Daher ist auf diesem Rechner kein Telnet-Server installiert, der auf Port 23 auf einen Verbindungsaufbau wartet. Unser Rechner wird daher SYN-Anfragen senden, bis ein Timeout eintritt.

Dann bekommen wir die Meldung, dass der Dienst nicht zur Verfügung steht. Die anderen Services anderer Well-known Ports sind davon nicht betroffen. Im Datenpaket ist vermerkt, dass diese Anfrage an einen Telnet-Server gerichtet ist. Ein FTP-, Web- oder anderer Serverservice wird sich daher nicht um diese Pakete kümmern.

Probieren Sie aus, welche Services Sie auf anderen Rechnern im Internet sehen können und welche nicht. Richten Sie auf der Kommandozeile Anfragen an sie unter verschiedenen Well-known Ports und sehen sich mit `netstat` das Ergebnis an.

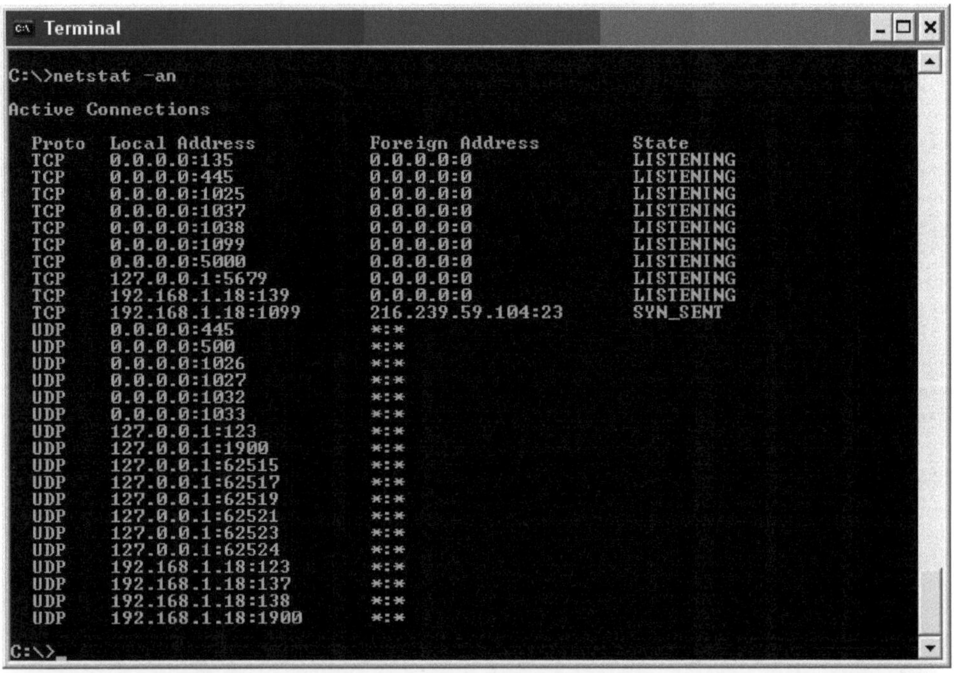

Bild 13.27 Ein SYN-Paket wurde gesendet, und die Antwort wird erwartet.

Wir sehen, eine Verbindung an Port 23 TCP wird angefordert, ein SYN ist gesendet. Natürlich wird nie ein ACK zurückkommen, denn der Service existiert auf der Zielmaschine nicht.

Der `netstat`-Befehl kann sehr nützlich sein, wenn die Vermutung besteht, dass ein Rechner gehackt wurde oder von einem Virus befallen ist. Hier kann relativ einfach überprüft werden, ob im Hintergrund versucht wird, ungewollten Verkehr zu anderen, meist unbekannten Rechnern aufzubauen.

Der `netstat`-Befehl und die Liste der laufenden Prozesse sind daher bei solchen Vermutungen die wichtigsten Hilfsmittel. Läuft auf einem Rechner zum Beispiel ein FTP-Server, obwohl dieser nie bewusst installiert wurde, und `netstat` zeigt Aktivitäten auf ihm an, können wir fast sicher sein, dass hier ein Angriff vorliegt.

13.9 APIPA-Adressierung

Voraussetzung: ein Windows-Client, der per DHCP konfiguriert wird

Deaktivieren Sie alle DHCP-Services im Subnetz und etwaige DHCP-Relays, und leiten Sie einen Reboot des Clients ein.

Das Erste, das auffällt, ist, dass der Rechner erheblich länger als sonst zum Start benötigt. Dann öffnen wir ein Terminal und sehen uns die IP-Konfiguration an.

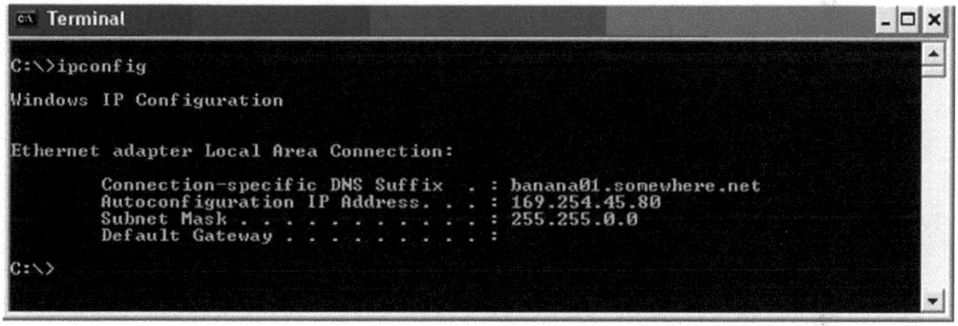

Bild 13.28 Die Adresse wird nach APIPA vergeben.

Wird ein Client gestartet, der als DHCP-Client konfiguriert ist, und dieser findet keinen DHCP-Server, gibt er sich nach Broadcast-Anfragen ins Netz selbst eine APIPA-Adresse. Dieser Umstand kann für eine Fehlersuche sehr interessant sein. Auffällig ist, dass kein Default-Gateway da ist. Das ist gut und richtig so. Der APIPA-Bereich ist ein „private Net“ und wird nicht geroutet. Daher kommunizieren alle Endsysteme auf der Sicherungsschicht. Ein Gateway ist nicht notwendig und wäre sinnlos.

13.10 Das Kernel-Routing

Nicht nur Router müssen routen können, sondern auch schon ein PC selbst. Das liegt daran, dass er wissen muss, was wo erreichbar ist. Neben der IP-Adresse hat ein Rechner ja auch eine Loopback-Adresse, in der Regel 127.0.0.1.

13.10.1 Die Routing-Tabelle

Schauen wir uns das genauer an, und zwar im Terminalfenster unter Windows mit `route print` und unter Linux mit `route`. Um die bestehenden Adressen zu sehen, betrachten wir uns dies zuerst wieder mit `ipconfig`.

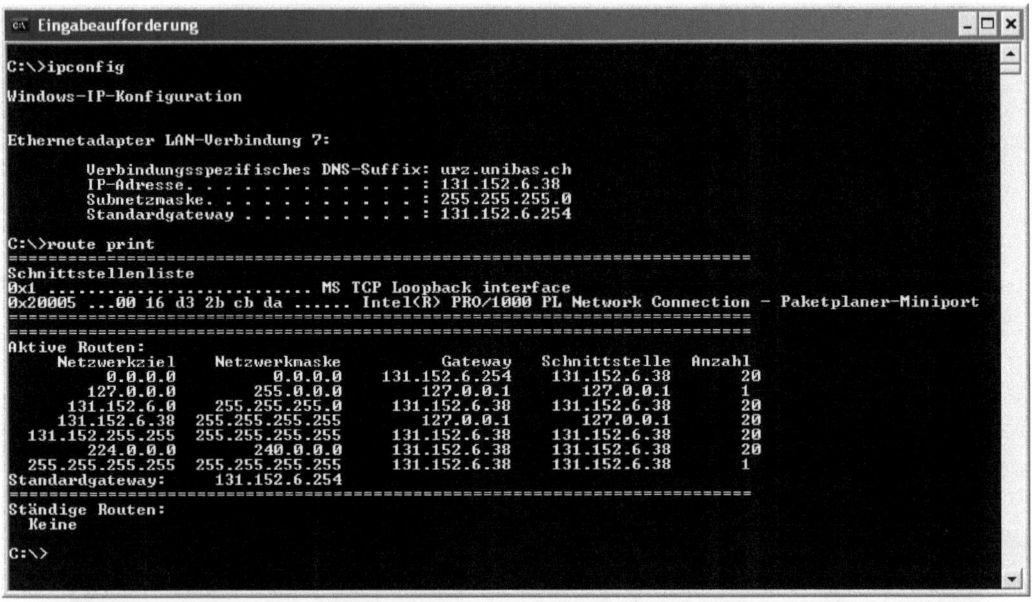

Bild 13.29 Die Kernel-Routing-Tabelle

Wie wir sehen, hat der Rechner die IP-Adresse 131.152.6.38 /24. Der Default-Gateway ist die 131.152.6.254. Die MAC-Adresse sehen wir auch; sie lautet 00-16-d3-2b-cb-da.

Als Erstes kommt die „Null-Route". Ziel 0.0.0.0, sprich alles, was nicht durch andere Routen abgedeckt wird, wird an den Default-Gateway geschickt. Hier sehen wir schon den nächsten Hop, der Gateway kann über das eigene Interface 131.152.6.38 erreicht werden. Der Kernel sieht sich also als eigene Netzwerkinstanz. Dies ist auch richtig so. Hätten wir nun mehrere Netzwerkkarten im Rechner, müsste er ja entscheiden, wohin welche Daten geschickt werden, also muss er routen. Ebenso muss er das können, um NAT machen zu können, zum Beispiel für ein Internet-Connection-Sharing.

Die nächste Zeile zeigt den Loopback-Adapter 127.0.0.1 mit der Maske 255.0.0.0. Wie beschrieben, routet er alle Daten an sich selbst.

Dann kommt das Netzwerk selbst, in dem wir sind, 131.152.6.0, es ist über unsere aktive IP-Adresse erreichbar.

Die nächste Zeile zeigt den Weg zu mir selbst. 131.152.6.38 mit einer Maske von 255.255.255.255, also Single Host, ist über den Loopback-Adapter erreichbar, Daten, die wir uns selbst schicken, müssen nicht ins Netz, sie können intern verbleiben.

Dann kommt der Eintrag für die Broadcasts. Wir sind im Subnetz 131.152.6.0 /24. Dieses ist ein Teil der B-Klasse 131.152.0.0 /16. Alle Broadcasts werden nach diesem Routing-Eintrag einfach über unsere Adresse ins Netz gesendet, über 131.152.6.38, ebenso alle Multicasts 224.0.0.0.

13.10.2 Beeinflussen des Routings

Beeinflussen wir nun die Routing-Tabelle bewusst. Dies geschieht mit `route change` unter Windows, oder mit `route add` und `route del`. Unter Linux gibt es nur die letzteren. Vorher prüfen wir die Erreichbarkeit anderer Adressen mit ping.

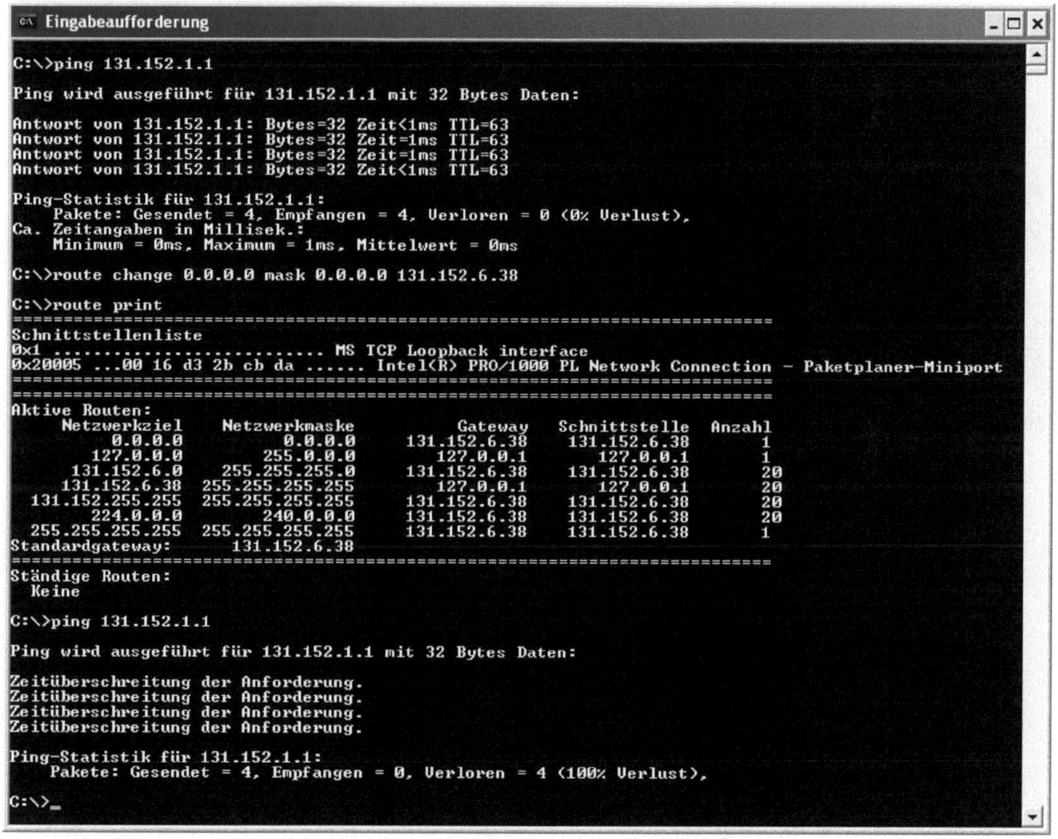

Bild 13.30 Zuerst wird sichergestellt, dass andere Netze erreichbar sind, mit `ping`. Dann ändern wir die Null-Route und damit den Gateway.

Wir ändern also die Nullroute von 131.152.6.254 auf unsere eigene Adresse. Es ist zu sehen, dass automatisch der Standardgateway geändert wurde. Dieser wird aus der Nullroute entnommen, 0.0.0.0 mit der Maske 0.0.0.0 heißt alles, was keinen Routing-

Eintrag hat. Natürlich sind wir damit vom Netzwerk abgehängt. Alle Daten aus meinem Rechner heraus werden nun an mich selbst geschickt. Machen wir es rückgängig, funktioniert alles wie vorher. Der Befehl `route print` zeigt uns also sofort Fehler an, die durch falsche Konfigurationen von Gateway oder Adaptern entstehen.

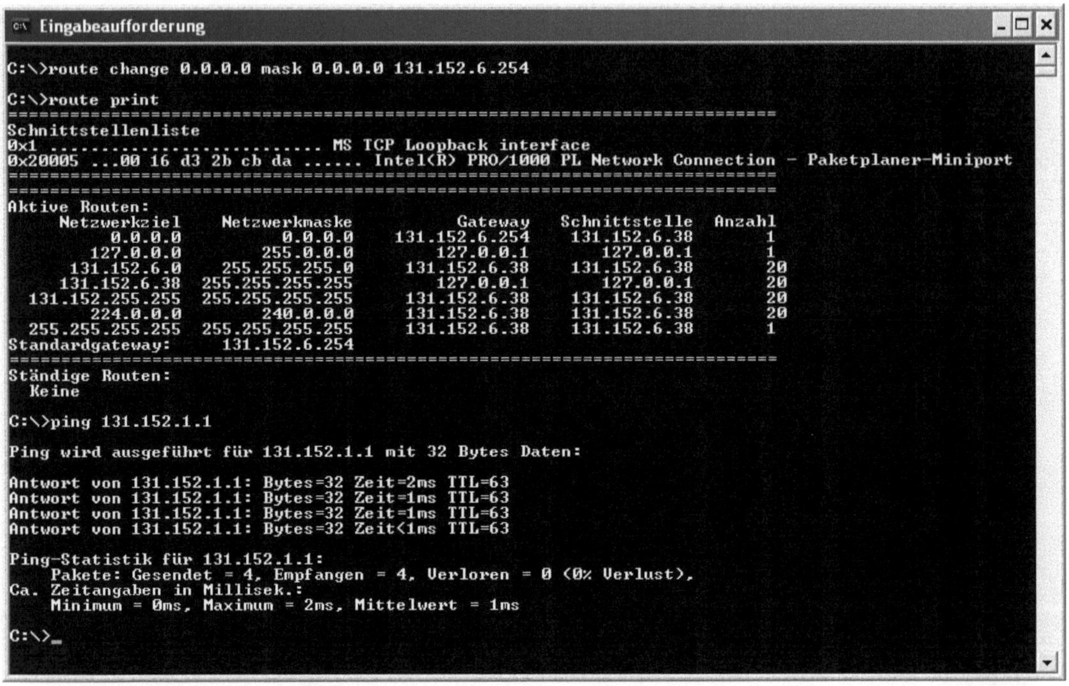

Bild 13.31 Setzen wir die Null-Route wieder richtig, funktioniert alles wieder.

13.10.3 Mehrere Netzwerkadapter

Bislang hatten wir eine Netzwerkkarte im Rechner und eine IP-Adresse. Wie sieht es nun aus, wenn weitere dazukommen? Wir aktivieren nun unsere Wireless-LAN-Karte. Damit haben wir zwei aktive Netzwerkadapter im Rechner.

Jeder braucht eine IP-Adresse, damit er kommunizieren kann. Damit muss der Kernel aber auch wissen, welche Daten er an welchen Adapter schickt.

Es wird deutlich, dass die Netzwerkkarte und ihre Konfiguration lediglich den „letzten Ausgang zum Medium" darstellen. Welche Daten wohin geroutet werden, muss das Betriebssystem bereits auf höherer Ebene entscheiden. Versteckt in jedem Rechner ist also im Betriebssystem ein kleiner Router. In der Ausgabe von `ipconfig` sehen wir die Daten.

Bild 13.32 Haben wir zwei Netzwerkadapter im Rechner, haben beide ihre dedizierten Einstellungen. Der Wireless-Adapter hat hier aus Sicherheitsgründen eine private Adresse. Aus diesem Netz darf sich nur mit VPN weiterbewegt werden, der VPN-Server macht ein NAT auf offizielle Adressen.

Sehen wir uns jetzt die neue Routing-Tabelle an. Wie zu erwarten war, haben sich die meisten Einträge einfach mit geänderten Adressen wiederholt. Ein wichtiger Umstand aber ist, dass es immer noch nur einen Default-Gateway gibt. Wir können die Tabelle wie folgt interpretieren: Die Netze, die bekannt sind, werden intern geroutet. Für 131.152.6.0 255.255.255.0, für 10.81.8.0 255.255.252.0 und für 127.0.0.0 255.0.0.0 ist alles bekannt. Erreicht werden sie über den nächsten Hop der betreffenden Netzwerkadapter im Gerät. Für alle Netze aber, die nicht bekannt sind, gibt es global einen Default-Gateway, hier der nächste Router 131.152.6.254.

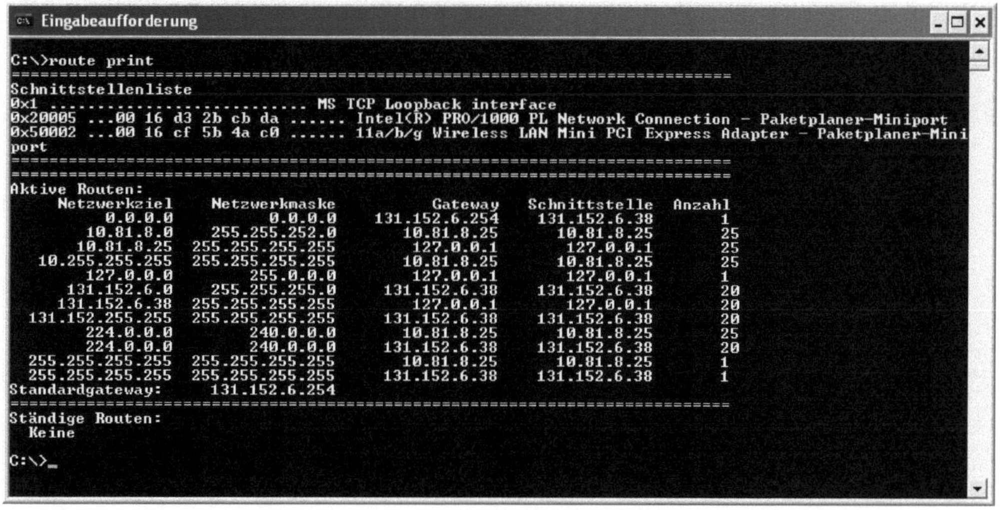

Bild 13.33 Die Routing-Tabelle mit zwei Netzwerkkarten. Alles hat sich verdoppelt. Nur der Default-Gateway nicht, es kann nur einen geben.

Daten in unbekannte Netze würde der Kernel also nie in Richtung 10.81.11.254 schicken. Das ist der Gateway dieses dedizierten Netzes. Es kann nur einen globalen Default-Gateway geben.

Beeinflussen wir nun nochmals die Routing-Tabelle, und leiten wir allen Verkehr in das private Netz. Wir sehen, dass nichts mehr erreicht werden kann; wie gesagt, ohne VPN wird dort nichts zugelassen.

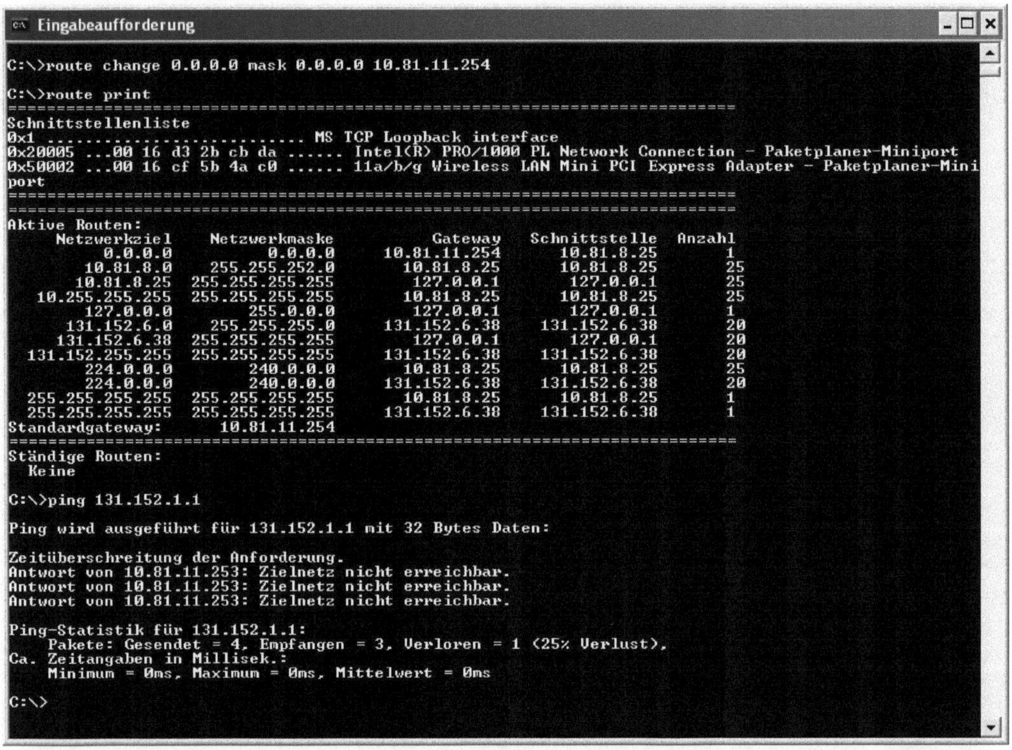

Bild 13.34 Wir leiten den Verkehr nach außen in das Wireless-Netz, indem wir den Default-Gateway durch ein Ändern der Null-Route „umbiegen". Dort ist er verboten. Es ist kein Kontakt zur Außenwelt mehr möglich.

Nur der erlaubte Verkehr funktioniert noch. Im Netz 10.81.8.0 255.255.252.0 kann alles erreicht werden. Ebenso das, was dieser Router erlaubt. Alles andere scheitert.

Machen wir die Änderungen rückgängig, ist alles natürlich wieder erreichbar.

Ein Analysieren der Kernel-Routing-Tabelle kann sehr hilfreich sein. Routen ändern sollte man nur sehr bewusst durchführen. Falsche Einträge in der Routing-Table können zu sehr schwer nachvollziehbaren Effekten führen.

Bild 13.35 Erreichbar ist noch der erlaubte Verkehr in das Wireless-Netz.

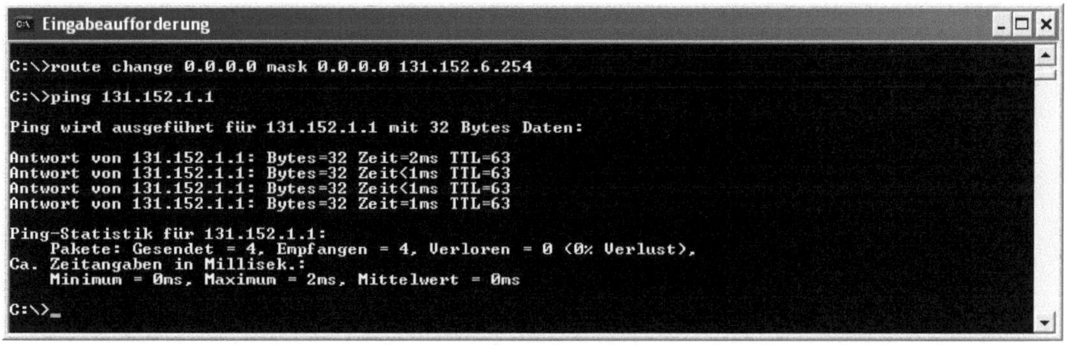

Bild 13.36 Setzen wir die Route wieder richtig, ist alles wieder erreichbar.

13.11 Genau hineingesehen – der Network Analyzer

Wer im Troubleshooting oder einfach nur aus Interesse mal ganz genau in den Netzwerkverkehr hineinsehen will, kann dies tun – mit einem „Network Analyzer“. Das sind Programme, die den ganzen Verkehr mitlesen und sichtbar machen. Wir benutzen dazu ein Freeware-Tool namens „Wireshark“. Es ist kostenlos herunterladbar.

Wer das erste Mal mit einem Analyzer arbeitet, wird sehr viel sehen, zu viel. Besonders in großen Umgebungen rauschen die Daten seitenweise nur so vorbei. Die Kunst ist es, die richtigen Capture- und Display-Filter zu setzen, um nicht von Informationen erschlagen zu werden.

Achtung auch vor der Interpretation! An einem Switch sehen wir nicht viel. Wer alles sehen will, muss mit Hubs arbeiten oder am Switch einen Mirror-Port konfigurieren.

13.11.1 ARP-Request

Belauschen wir einen ARP-Request. Zur Wiederholung: Auf der Sicherungsschicht muss erst die MAC-Adresse des anderen Partners aufgelöst werden, dies erledigt ein ARP-Request. Per Broadcast wird die Anfrage gestellt, welche MAC-Adresse zu welcher IP-Adresse gehört.

Wir sehen (nächste Seite) zwei Frames, den ARP-Request und den ARP-Reply. Wireshark übersetzt den Hersteller-Code der MAC-Adresse in Klartext, wenn er bekannt ist. Daher steht hier nicht unsere MAC-Adresse „00-16-D3-2B-CB-DA“, sondern „Wistron_2B-CB-DA“. Ebenso findet sich bei unserem Drucker, den wir angesprochen haben, nicht „00-01-e6-ab-d5-66“, sondern „Hewlett_ ab-d5-66“.

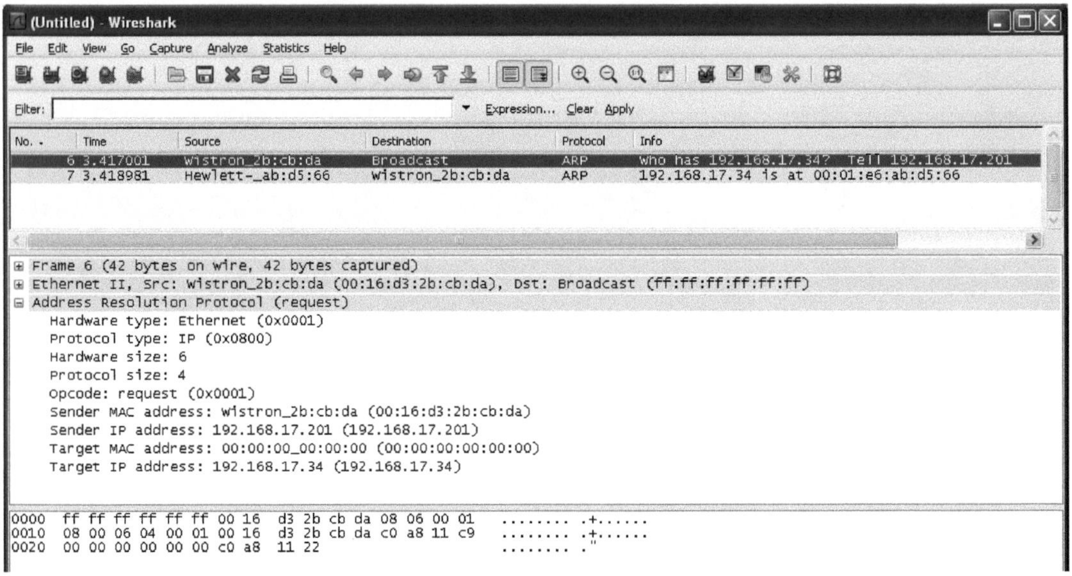

Bild 13.37 ARP-Request. Per Broadcast wird angefragt.

Deutlich ist zu sehen, dass im Request die MAC-Adresse auf 00:00:00:00:00:00 gesetzt ist, also unbekannt. In der Antwort ist sie eingetragen.

Durch den ARP-Request kennen nun beide die MAC- und IP-Adressen, ebenso der Switch, der diese Frames ebenfalls sieht.

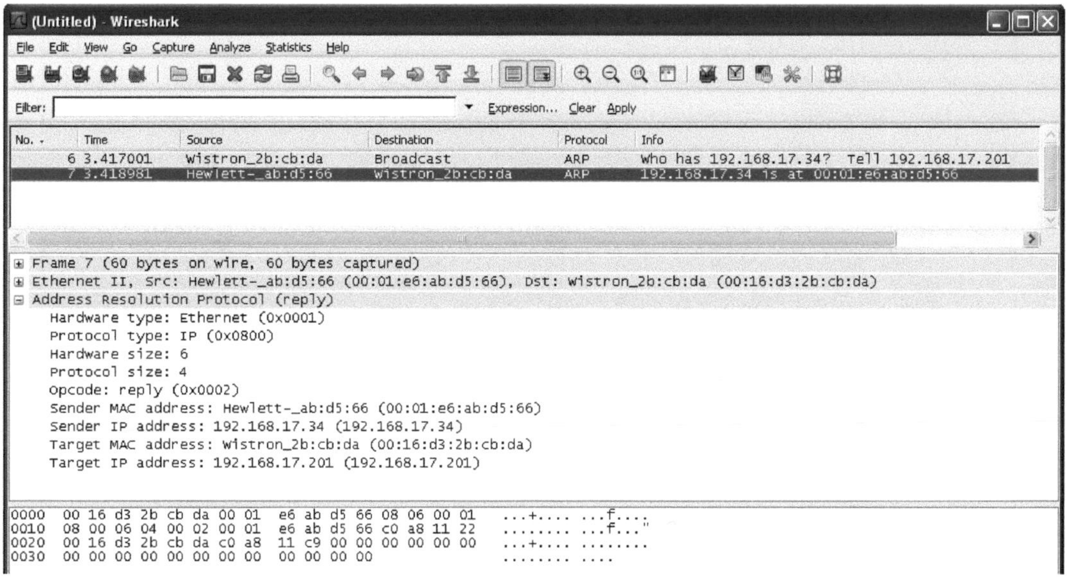

Bild 13.38 ARP-Reply, die Antwort.

13.11.2 Telnet-Session

Machen wir einen Trace einer Telnet-Session wieder zu einem Drucker.

Der Rechner, 192.168.17.201, eröffnet eine Telnet-Session, sendet also an Port 23 des Druckers. Der Handshake erfolgt, [SYN], [SYN, ACK] und [ACK]. Ab dann werden die Daten ausgetauscht. Am Ende wird die Verbindung wieder abgebaut (mit [FIN], [FIN, ACK] und [ACK], nicht mehr aufgeführt).

Wir können nun auch in den Payload hineinsehen. Besser noch, wir lassen Wireshark das für uns erledigen, denn sonst müssten wir buchstabenweise alles wieder aus den Paketen zusammensetzen. Nun erleben wir die große Überraschung (oder nicht).

Das Passwort, das wir eingeben mussten, ist im Klartext zu sehen, denn Telnet ist unverschlüsselt! So einfach ist es, wenn keine Verschlüsselung verwendet wird.

Ein Analyzer ist für Fortgeschrittene ein erhebliches Hilfsmittel bei Problemen. Allerdings muss man sich einarbeiten und üben, damit umzugehen.

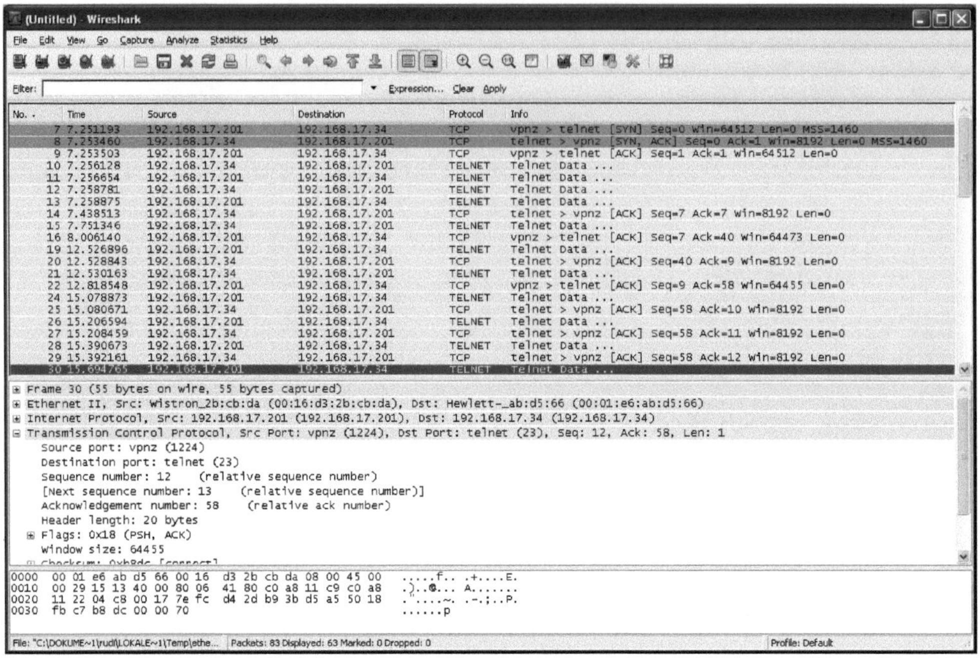

Bild 13.39 Telnet-Session

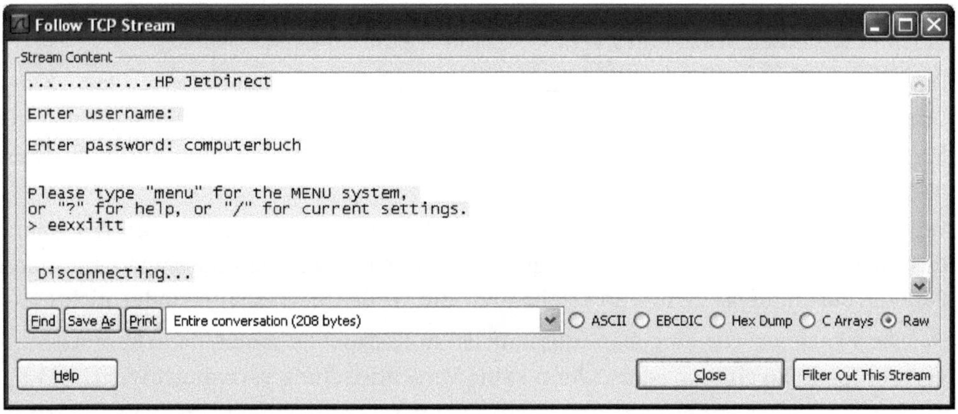

Bild 13.40 Decodierter Inhalt des Payloads

13.12 IPv6

Wir haben zwei Rechner in unserem Netzwerk für IPv6 konfiguriert. Bei beiden haben wir die Windows-Firewall ausgeschaltet, um in Ruhe testen zu können. Außerdem haben wir beiden ein Präfix aus dem Dokumentationsbereich gegeben: 2001:db8:0:1.

Wer unter Windows mit installiertem IPv6 den Befehl `ipconfig` ausführt, wird viele Adapter finden. Das liegt daran, dass einige, speziell die VPN-Tunnel, pro Verbindung angelegt werden. 50 oder mehr Tunneladapter sind keine Seltenheit. Dies kann ignoriert werden. Wir haben sie alle, bis auf die initial vom Betriebssystem angelegten, gelöscht, um einen vernünftigen Output zu erhalten. Daher müssen Sie sich nicht wundern, wenn der Output bei Ihnen sehr viel größer ist.

Unsere Rechner sind Dual-Stack. Sie haben als IP 192.168.17.201 und 192.168.17.202 in IPv4. Alles andere sehen wir uns direkt an.

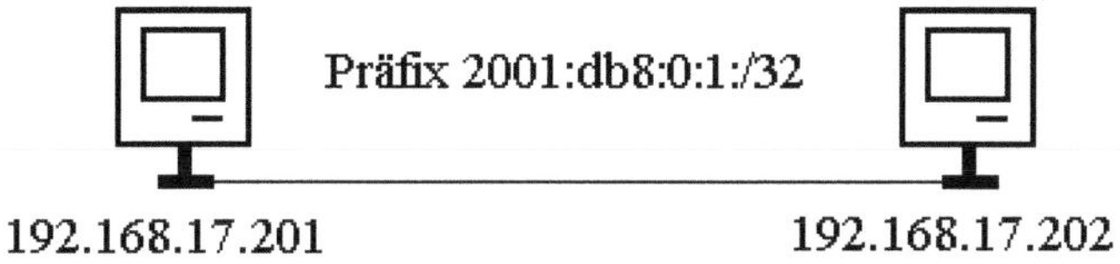

Bild 13.41 Das Testnetz: Jede Node hat eine IPv4-Adresse und ein IPv6-Präfix aus dem Dokumentationsbereich. IPv6 ist aktiviert; dies nennt man Dual-Stack.

Schauen wir uns nun die Konfiguration an.

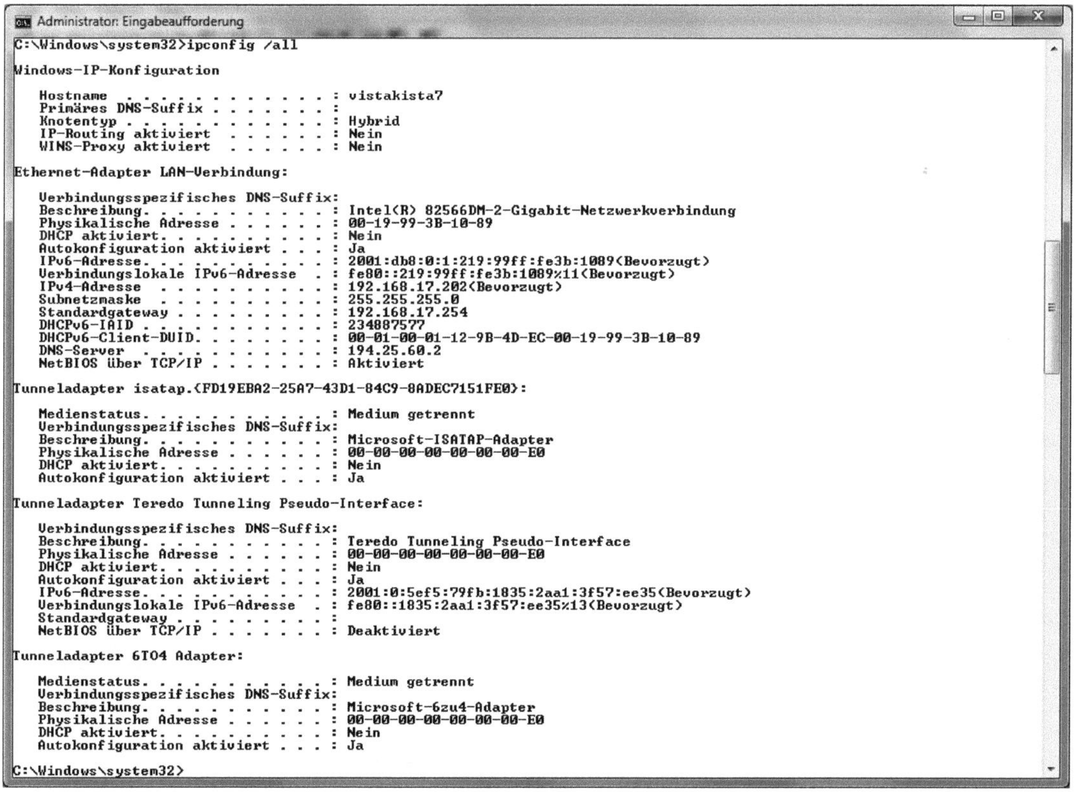

Wir sehen, dass die MAC-Adresse 00-19-99-3B-10-89 ist. Die Interface-ID wurde erwartungsgemäß zu 0219:99ff:fe3b:1089 berechnet. Die Privacy-Extension haben wir zum Test natürlich deaktiviert. Die Tunnel-Adapter sind nicht konfiguriert. Alle Caches sind zu Beginn leer.

Als Nächstes fragen wir die Neighbor- und Destination-Caches sowie die ARP-Table ab.

```
Administrator: Eingabeaufforderung
C:\Windows\system32>netsh interface ipv6 show neighbors

Schnittstelle 1: Loopback Pseudo-Interface 1

Internetadresse                              Physische Adresse   Typ
--------------------------------------------  -----------------  ----------
ff02::1:2                                                        Permanent

Schnittstelle 13: Teredo Tunneling Pseudo-Interface

Internetadresse                              Physische Adresse   Typ
--------------------------------------------  -----------------  ----------
ff02::1:2                                     255.255.255.255:65535  Permanent

Schnittstelle 11: LAN-Verbindung

Internetadresse                              Physische Adresse   Typ
--------------------------------------------  -----------------  ----------
ff02::1:2                                     33-33-00-01-00-02  Permanent

C:\Windows\system32>netsh interface ipv6 show destinationcache

Schnittstelle 11: LAN-Verbindung

PMTU Zieladresse                             Adresse des n. Hops
---- ---------------------------------------  ------------------------
1500 ff02::1:2                                     ff02::1:2

C:\Windows\system32>arp -a
Keine ARP-Einträge gefunden.

C:\Windows\system32>
```

Weder der Neighbor- noch der Destination-Cache haben Einträge, auch der ARP-Cache unter IPv4 ist leer.

Nun pingen wir die IPv4-Adresse des Partners und schauen uns dann den IPv4-Cache an.

```
Administrator: Eingabeaufforderung
C:\Windows\system32>ping 192.168.17.201

Ping wird ausgeführt für 192.168.17.201 mit 32 Bytes Daten:
Antwort von 192.168.17.201: Bytes=32 Zeit=1ms TTL=128
Antwort von 192.168.17.201: Bytes=32 Zeit<1ms TTL=128
Antwort von 192.168.17.201: Bytes=32 Zeit=1ms TTL=128
Antwort von 192.168.17.201: Bytes=32 Zeit<1ms TTL=128

Ping-Statistik für 192.168.17.201:
    Pakete: Gesendet = 4, Empfangen = 4, Verloren = 0
    (0% Verlust),
Ca. Zeitangaben in Millisek.:
    Minimum = 0ms, Maximum = 1ms, Mittelwert = 0ms

C:\Windows\system32>arp -a

Schnittstelle: 192.168.17.202 --- 0xb
  Internetadresse       Physische Adresse     Typ
  192.168.17.201        00-21-70-e6-05-13     dynamisch
  192.168.17.254        00-1d-19-ff-c5-8f     dynamisch
  192.168.17.255        ff-ff-ff-ff-ff-ff     statisch
  224.0.0.252           01-00-5e-00-00-fc     statisch
  239.255.255.250       01-00-5e-7f-ff-fa     statisch

C:\Windows\system32>_
```

Wir sehen die ARP-Einträge für das Gateway, den Host, den Broadcast und zwei Multicast-Gruppen. Der Partner hat die MAC-Adresse 00-21-70-e6-05-13. Was erwarten wir nun in der Welt von IPv6?

Das Präfix ist 2001:db8:0:1::/32. Aus der MAC-Adresse wird die EUI generiert, 0021:70ff:-fee6:0513. Das u/l-Bit wird invertiert, daher resultiert 0221:70ff:fee6:0513 als Interface-ID. Die IPv6-Adresse, die wir erwarten, ist also 2001:db8:0:1:221:70ff:fee6:0513. Die Local Link-Adresse sollte fe80::221:70ff:fee6:0513 sein.

Im nächsten Schritt prüfen wir dies nach und setzen einen IPv6-Ping an diese Adresse ab.

```
Administrator: Eingabeaufforderung
C:\Windows\system32>ping 2001:db8:0:1:221:70ff:fee6:513

Ping wird ausgeführt für 2001:db8:0:1:221:70ff:fee6:513 mit 32 Bytes Daten:

Antwort von 2001:db8:0:1:221:70ff:fee6:513: Zeit<1ms
Antwort von 2001:db8:0:1:221:70ff:fee6:513: Zeit<1ms
Antwort von 2001:db8:0:1:221:70ff:fee6:513: Zeit<1ms
Antwort von 2001:db8:0:1:221:70ff:fee6:513: Zeit<1ms

Ping-Statistik für 2001:db8:0:1:221:70ff:fee6:513:
    Pakete: Gesendet = 4, Empfangen = 4, Verloren = 0 (0% Verlust),
Ca. Zeitangaben in Millisek.:
    Minimum = 0ms, Maximum = 0ms, Mittelwert = 0ms
C:\Windows\system32>
```

Dann fragen wir die Caches ab.

```
Administrator: Eingabeaufforderung
C:\Windows\system32>netsh interface ipv6 show neighbors

Schnittstelle 1: Loopback Pseudo-Interface 1

Internetadresse                              Physische Adresse   Typ
-------------------------------------------- -----------------   ----------
ff02::c                                                          Permanent
ff02::1:2                                                        Permanent

Schnittstelle 13: Teredo Tunneling Pseudo-Interface

Internetadresse                              Physische Adresse   Typ
-------------------------------------------- -----------------   ----------
ff02::1:2                                    255.255.255.255:65535   Permanent

Schnittstelle 11: LAN-Verbindung

Internetadresse                              Physische Adresse   Typ
-------------------------------------------- -----------------   ----------
2001:db8:0:1:221:70ff:fee6:513               00-21-70-e6-05-13   Erreichbar
fe80::221:70ff:fee6:513                      00-21-70-e6-05-13   Test
ff02::c                                      33-33-00-00-00-0c   Permanent
ff02::1:2                                    33-33-00-01-00-02   Permanent
ff02::1:3                                    33-33-00-01-00-03   Permanent
ff02::1:ffe6:513                             33-33-ff-e6-05-13   Permanent

C:\Windows\system32>netsh interface ipv6 show destinationcache

Schnittstelle 11: LAN-Verbindung

PMTU Zieladresse                             Adresse des n. Hops
---- --------------------------------------- -------------------------
1500 2001:db8:0:1:221:70ff:fee6:513               2001:db8:0:1:221:70ff:fee6:513
1500 ff02::1:2                                    ff02::1:2

C:\Windows\system32>
```

Wie wir sehen können, ist die Adressierung nach Standard verlaufen.

Anschließend kontrollieren wir noch die Solicited-Node Multicast-Adresse. Dazu ermitteln wir zunächst das richtige Interface und fragen dann gezielt.

```
Administrator: Eingabeaufforderung
C:\Windows\system32>netsh interface ipv6 show interfaces

Idx     Met         MTU          State                Name
---  ----------  ----------  ------------  ---------------------------
  1          50  4294967295  connected     Loopback Pseudo-Interface 1
 12          50        1280  disconnected  isatap.{FD19EBA2-25A7-43D1-84C9-8ADEC7151FE0}
 13          50        1280  connected     Teredo Tunneling Pseudo-Interface
 11          20        1500  connected     LAN-Verbindung
 14          50        1280  disconnected  6TO4 Adapter


C:\Windows\system32>netsh interface ipv6 show joins 11

Schnittstelle 11: LAN-Verbindung


Multicastadresse : ff01::1
Bereich              : 0
Verweise         : 0
Letzter Bericht?     : Ja

Multicastadresse : ff02::1
Bereich              : 0
Verweise         : 0
Letzter Bericht?     : Ja

Multicastadresse : ff02::c
Bereich              : 0
Verweise         : 1
Letzter Bericht?     : Ja

Multicastadresse : ff02::1:3
Bereich              : 0
Verweise         : 1
Letzter Bericht?     : Ja

Multicastadresse : ff02::1:ff3b:1089
Bereich              : 0
Verweise         : 2
Letzter Bericht?     : Ja


C:\Windows\system32>_
```

Anhang

Der Anhang enthält weiterführende Themen und Informationen, die bewusst aus dem Hauptteil ausgelagert wurden.

- Kapitel 14 befasst sich detailiert mit den im Buch verwendeten Zahlensystemen.
- Kapitel 15 enthält Beispiele für die Netzwerkplanung in verschiedenen Szenarien unter Verwendung von Bausteinen aus dem Hauptteil.
- Kapitel 16 gibt eine Übersicht über gängige Steckertypen.
- Kapitel 17 gibt praktische Hinweise zur Fehleranalyse.

Der Anhang schließt mit einem Abkürzungsverzeichnis und dem Stichwortverzeichnis

14 Zahlensysteme

14.1 Bit, Byte, binär

Computer verarbeiten ausschließlich binäre Informationen, also zwei Zustände: 0 oder 1. Sie arbeiten daher im Dual- bzw. Binärsystem. Alle Zahlen müssen vor der Verarbeitung in dieses umgerechnet werden. Um zu verstehen, wie logische und physische Adressen aufgebaut sind, müssen wir uns also ansehen, wie das Dualsystem funktioniert und wie wir unsere Zahlen dahin umrechnen können. Für Anwender ist dies schließlich ein ziemlich unhandliches und ungewohntes Format.

14.1.1 Binär ist nicht digital

Oft werden die Begriffe binär und digital verwechselt. Sie bedeuten aber nicht dasselbe. Genauer gesagt: Binär ist stets digital, aber nicht jedes Digitalsystem ist binär.

Digital bedeutet, dass nur diskrete, eindeutige Zustände benutzt werden. Binär bedeutet, dass nur genau zwei Zustände verwendet werden.

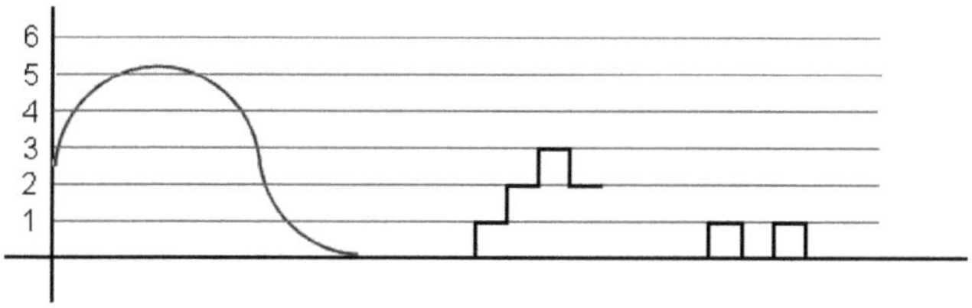

Bild 14.1 Analog bedeutet, dass jeder Wert erlaubt ist (links). Digital bedeutet, dass nur diskrete Zustände zugelassen werden, aber keine analogen Zwischenwerte (Mitte, zum Beispiel die Signale bei der ISDN-Übertragung). Binär ist ebenfalls digital, aber nur genau zwei Zustände sind erlaubt, null und eins (rechts).

14.1.2 Bit und Byte

Die kleinste Informationseinheit ist für Computer eine Ja-Nein-Entscheidung, der Zustand null oder eins. Sie nennt man ein Bit. Eine Gruppe von acht Bit wird zu einem Byte zusammengefasst.

14.2 Zahlensysteme in der Computerwelt

Computer arbeiten intern nur binär, ihre Welt besteht lediglich aus null und eins. Alle Zahlen und Informationen, die wir eingeben oder ausgegeben bekommen, werden daher umgerechnet.

Für uns ist die Darstellung des Computers unbrauchbar. Unser gewohntes Dezimalsystem ist anderen Zahlensystemen gegenüber aber nicht im Vorteil. Hätten wir nur einen Finger, würden wir wahrscheinlich auch im Dualsystem (Binärsystem) rechnen. Hätten wir 16 Finger, wäre es wohl das Hexadezimalsystem.

Wir sind lediglich an das Dezimalsystem gewöhnt und tagtäglich darin geübt. Trotzdem müssen wir verstehen, wie wir die Zahlen ineinander umrechnen können. Nur dann sind wir in der Lage, die Funktion der Adressen im Rechner und im Netzwerk zu verstehen.

Drei Zahlensysteme sind in dieser Hinsicht wichtig: zuerst unser Dezimalsystem, dann das Hexadezimalsystem und natürlich das Binärsystem. Für die Mathematik ist es völlig bedeutungslos, in welchem System wir arbeiten. Die Zahlen sind dort exakt dieselben, lediglich in einer anderen Darstellungsform.

14.2.1 Das Dezimalsystem

In allen Zahlensystemen lassen sich die Zahlen in Summen zerlegen, die sich aus den einzelnen Stellen ergeben. So zum Beispiel die Zahl 51 024 im Dezimalsystem. Sie lässt sich in die folgende Summe zerlegen (Achtung, es wird immer, egal in welchem Zahlensystem, von rechts nach links gelesen!):

$$4 \times 1 + 2 \times 10 + 0 \times 100 + 1 \times 1000 + 5 \times 10000 = 51024$$

Die Stelle einer Zahl zerlegt sie in 1er-, 10er-, 100er-, 1000er- usw. Einheiten.

Schreiben wir das in Hochzahlen, ergibt sich:

$$4 \times 10^0 + 2 \times 10^1 + 0 \times 10^2 + 1 \times 10^3 + 5 \times 10^4 = 51024$$

Alle Zahlen im Dezimalsystem können also in eine Summe aus Potenzen von 10 mal ihrem Wert zerlegt werden. Die Hochzahl entspricht der Stelle in der Zahl, begonnen mit null als der ersten.

In jedem Zahlensystem ist die potenzierte Zahl stets dieselbe – im Dezimalsystem ist es die 10. Diese Zahl, die das Zahlensystem kennzeichnet, nennt man Basis. Die Basis bleibt unverändert, nur der Exponent steigt von Stelle zu Stelle um eins. Im Dezimalsystem werden die Zahlen 0–9 verwendet, die Basis, die 10, ist wiederum zusammengesetzt aus $0 \times 10^0 + 1 \times 10^1$.

14.2.2 Das Binärsystem

Im Binärsystem ist die Basis 2. Hier wird alles mit den Zahlen 0 und 1 ausgedrückt. So bedeutet die binäre Zahl 1011 nichts anderes als (von rechts nach links):

$1 \times 2^0 + 1 \times 2^1 + 0 \times 2^2 + 1 \times 2^3 = 1011$

14.2.3 Das Hexadezimalsystem

Ein weiteres Zahlenformat hat sich in der Welt der Informationstechnologie aufgrund der Kompaktheit etabliert, das Hexadezimal- oder 16er-System. Es ermöglicht, ein Byte Informationen in zwei Stellen auszudrücken (siehe MAC-Adressen).

Im Hexadezimalsystem ist die Basis 16. Da wir mit unseren arabischen Zahlen nur 0–9 zur Verfügung haben, müssen wir uns behelfen, sobald wir auf Werte oberhalb von 9 gelangen. Für die Zahlen 10 –15 werden daher die Buchstaben a – f verwendet. Alles andere bleibt gleich. Auch hier lassen sich alle Zahlen in Summen von Potenzen zerlegen.

$8 \times 16^0 + a \times 16^1 + 2 \times 16^2 + 3 \times 16^3 + b \times 16^4 = b32a8$

(Dies entspricht: $8 \times 16^0 + 10 \times 16^1 + 2 \times 16^2 + 3 \times 16^3 + 11 \times 16^4 = b32a8$)

Für Computer wie auch für Mathematiker spielt dies keine Rolle. Für sie ist alles dasselbe. Ob nun binär oder sonst wie, es ist einfach eine andere Art der Darstellung. Mitunter ist es hilfreich, dies nachzuvollziehen.

Daher wollen wir uns ansehen, wie wir von der einen „Welt“ in die andere gelangen können, wie wir diese Darstellungen desselben ineinander überführen können.

14.2.4 Umrechnung der Systeme

Vergleichen wir nun die Darstellungen in den verschiedenen Systemen. Sie sind absolut gleichwertig.

Binär Basis 2	Hexadezimal Basis 16	Dezimal Basis 10
0000	0	0
0001	1	1
0010	2	2
0011	3	3

Binär Basis 2	Hexadezimal Basis 16	Dezimal Basis 10
0100	4	4
0101	5	5
0110	6	6
0111	7	7
1000	8	8
1001	9	9
1010	a	10
1011	b	11
1100	c	12
1101	d	13
1110	e	14
1111	f	15

Wie können wir die Systeme nun ineinander umrechnen? Eine Umrechnung zwischen Binär- und Hexadezimalsystem ist für Anwender im Alltag selten nötig.

Trotzdem werden wir uns am Ende kurz ansehen, wie das funktioniert. Wichtig für uns und unser Verständnis ist, dass wir Hexadezimal- und Binärzahlen ins Dezimalsystem und zurück übertragen können.

Die meisten Betriebssysteme bieten einen „Taschenrechner“ an, der die verschiedenen Darstellungen kennt und umrechnen kann, trotzdem wollen wir es selbst verstehen. Der Weg zur Umrechnung ins Dezimalsystem wurde oben bereits gezeigt. Alles, was wir wissen müssen, ist, dass jede Zahl eine Summe von Vielfachen fest vorgegebener Potenzen ist, dass es in einem Zahlensystem eine feste Basis gibt und dass sich alles in einer Summe aus Potenzen darstellen lässt. Dies gilt in jedem Zahlensystem. Ist die Regel einmal verstanden, können wir jedes Zahlensystem abbilden und verstehen.

Nehmen wir wieder unsere Binärzahl 1101. Wir wissen nun, dass sie zusammengesetzt so ausschaut: $1 \text{ x } 2^0 + 0 \text{ x } 2^1 + 1 \text{ x } 2^2 + 1 \text{ x } 2^3 = 1101$

Rechnen wir die Potenzen in unserem System aus: $2^0 = 1$, $2^1 = 2$, $2^2 = 4$, $2^3 = 8$

$$1 \text{ x } 2^0 + 0 \text{ x } 2^1 + 1 \text{ x } 2^2 + 1 \text{ x } 2^3 = 1 \text{ x } 1 + 0 \text{ x } 2 + 1 \text{ x } 4 + 1 \text{ x } 8 = 13$$

Das bedeutet, dass wir einfach die Summen in unserem System ausrechnen müssen. Wie beschrieben sind die Potenzen immer fest vorgegeben. Eine Zahl kann sich also nur aus der Multiplikation der Stelle mit den festen Potenzen berechnen.

Ein weiteres Beispiel, die Binärzahl 1110: $0 \text{ x } 2^0 + 1 \text{ x } 2^1 + 1 \text{ x } 2^2 + 1 \text{ x } 2^3 = 1110$

$$0 \text{ x } 2^0 + 1 \text{ x } 2^1 + 1 \text{ x } 2^2 + 1 \text{ x } 2^3 = 0 \text{ x } 1 + 1 \text{ x } 2 + 1 \text{ x } 4 + 1 \text{ x } 8 = 14$$

Kennen wir nun die Potenzen, die auftreten können, haben wir es leicht. Im Binärsystem sind es folgende:

$2^0 = 1$, $2^1 = 2$, $2^2 = 4$, $2^3 = 8$, $2^4 = 16$, $2^5 = 32$, $2^6 = 64$, $2^7 = 128$, $2^8 = 256$ usw.

Bei einer Binärzahl müssen wir einfach jede Stelle der Zahl mit ihrer zugehörigen Potenz multiplizieren, um die Entsprechung im Dezimalsystem zu bekommen. Im Dezimalsystem ist das genauso. Hier sind es folgende Potenzen:

$10^0 = 1$, $10^1 = 10$, $10^2 = 100$, $10^3 = 1000$, $10^4 = 10\,000$, $10^5 = 100\,000$ usw.

Und genauso ist es im Hexadezimalsystem:

$16^0 = 1$, $16^1 = 16$, $16^2 = 256$, $16^3 = 4096$, $16^4 = 65\,536$ usw.

Wenn wir nun berücksichtigen, dass mangels zur Verfügung stehender arabischer Zahlen die Buchstaben a–f „ausgeliehen“ sind, aber nichts anderes als 10 –15 bedeuten, können wir auch dies leicht übertragen.

Eine Zahl 3bf8 entspricht also dezimal:

$8 \text{ x } 16^0 + \text{f x } 16^1 + \text{b x } 16^2 + 3 \text{ x } 16^3 = 8 \text{ x } 16^0 + 15 \text{ x } 16^1 + 11 \text{ x } 16^2 + 3 \text{ x } 16^3$

$8 \text{ x } 1 + 15 \text{ x } 16 + 11 \text{ x } 256 + 3 \text{ x } 4096 = 15\,352$

Die Umrechnung zurück ist ebenso einfach, es geht auch ohne große Algorithmen. Wir wissen nun, dass in einem Zahlensystem alles aus den Stellen mal einer fixen Potenz besteht. Diese wissen wir nun. Haben wir nun eine Dezimalzahl, müssen wir diese einfach in die Potenzen des entsprechenden Zahlensystems umrechnen.

Jede Zahl im Binärsystem ist also eine Summe aus Zahlen multipliziert mit den Potenzen:

$2^0 = 1$, $2^1 = 2$, $2^2 = 4$, $2^3 = 8$, $2^4 = 16$, $2^5 = 32$, $2^6 = 64$, $2^7 = 128$, $2^8 = 256$ usw.

Nehmen wir die Zahl 312 im Dezimalsystem. Zuerst suchen wir die größte Potenz, die noch in unserer Zahl enthalten ist. Dies ist die $256 = 2^8$ (2^9 wären 512).

Wie oft kommen Vielfache von 256 vor? Einmal: (312/256 = 1,21875)

Der Rest ist 312–256 = 56.

Daraus können wir sehen, dass Vielfache von 128 und 64 nicht vorkommen, 56 ist bereits kleiner. Daher gibt es keine Vielfachen von 2^7 und 2^6.

Wie oft kommt 32 (2^5) vor? Einmal: (56/32 = 1,75)

Der Rest ist 56–32 = 24.

16 (2^4) kommt einmal vor (24/16 = 1,5).

Der Rest ist 24–16 = 8.

8 (2^3) kommt einmal vor (8/8 = 1).

Es bleibt kein Rest, daher kommen Vielfache von 4 (2^2), 2 (2^1) und 1 (2^0) nicht vor.

Zusammen haben wir also:

$0 \text{ x } 1 + 0 \text{ x } 2 + 0 \text{ x } 4 + 1 \text{ x } 8 + 1 \text{ x } 16 + 1 \text{ x } 32 + 0 \text{ x } 64 + 0 \text{ x } 128 + 1 \text{ x } 256.$

Unsere gesuchte Zahl ist also: 100111000

(Achtung, das Ergebnis muss von kleiner zu größer von rechts nach links entwickelt werden, so wie wir unsere Zahlen auch schreiben.)

Als weiteres Beispiel nehmen wir die Zahl 539. Die höchste enthaltene Potenz ist: $2^9 = 512$.

$2^9 = 512$	1×2^9
$539 - 512 = 27$	
$2^8 = 256$	0×2^8
$2^7 = 128$	0×2^7
$2^6 = 64$	0×2^6
$2^5 = 32$	0×2^5
$2^4 = 16$	1×2^4
$27 - 16 = 11$	
$2^3 = 8$	1×2^3
$11 - 8 = 3$	
$2^2 = 4$	0×2^2
$2^1 = 2$	1×2^1
$3 - 2 = 1$	
$2^0 = 1$	1×2^0

Unsere gesuchte Binärzahl ist also: 1000011011. Eine Gegenprobe kann leicht durchgeführt werden.

Die MAC-Adressen stellen sich uns also dar als Zahlen von:

Binär:	00000000:00000000:00000000:00000000:00000000:00000000 – 11111111:11111111:11111111:11111111:11111111:11111111.
Hexadezimal:	00:00:00:00:00:00 – ff:ff:ff:ff:ff:ff
Dezimal:	0:0:0:0:0:0 – 255:255:255:255:255:255

Aufgrund der Binärdarstellung sagt man, die MAC-Adresse ist sechs Byte oder 48 Bit lang.

Neben dem Binärsystem hat sich auch das Hexadezimalsystem etabliert – nicht nur wegen seiner kompakteren Darstellung.

Ein weiterer Grund für die Darstellung von Zahlen im Hexadezimal- und Binärsystem im Computer-Bereich ist die große Affinität der beiden Systeme. Sie lassen sich sehr einfach ineinander umrechnen. Ein Programm (oder ASIC), das diese Übersetzung durchführen muss, kommt ohne eine große Rechenleistung aus.

Nehmen wir eine beliebige Binärzahl, zum Beispiel: 1001001101. Schreiben wir sie einmal anders, zerlegen wir sie in Vierergruppen.

Führende Nullen sind – wie in jedem Zahlensystem – bedeutungslos. Aber durch die Darstellung in Vierergruppen wird die enge Verwandtschaft deutlich. Wir nehmen also von rechts nach links immer Vierergruppen und ergänzen vorne fehlende Stellen durch Nullen.

(00)1001001101 <=> 0010 0100 1101

Rechnen wir nun von binär in hexadezimal um, so ist die Binärzahl 1001001101 hexadezimal die Zahl 24d. Unsere Vierergruppen sind hexadezimal: 0010 = 2, 0100 = 4, 1101 = d.

In der Tabelle zur Umrechnung können wir sehen, dass unsere Vierergruppen binär genau den Umrechnungen in hexadezimal entsprechen. Zur Umrechnung müssen wir also nicht die gesamten Zahlen verarbeiten.

Binärzahlen können also in Vierergruppen zerlegt, durch führende Nullen ergänzt und direkt umgerechnet werden. Hexadezimalzahlen können Stelle für Stelle in binäre Zahlen umgesetzt, diese zu Vierergruppen ergänzt und direkt zusammengesetzt werden. Wichtig ist dabei, die führenden Nullen nicht zu vergessen.

15 Beispiele und Szenarien für die Netzwerkplanung

Um ein Netzwerk richtig zu entwerfen, muss viel bedacht und beachtet werden. Jede Umgebung ist anders, jeder hat andere Anforderungen. Die einen brauchen sehr hohe Bandbreite, die anderen Zuverlässigkeit, die dritten beides. Je nach Einsatzszenario ist sinnlos, einen 10-Gigabit-Router zu kaufen, wenn die Datenrate des Anschlusses an das Internet nur 100 Mbit/s beträgt. Daher gilt hier die Faustregel: die Planung sollte so einfach wie möglich gehalten sein.

Ein Netzwerkdesign ähnelt in gewisser Weise der Softwareentwicklung. Niemals werden zwei Programmierer denselben Code schreiben, auch wenn ihre Programme dasselbe Ergebnis liefern werden. Um eine kleine Empfehlung geben zu können, werden hier einige gängige Szenarien vorgestellt und die Gedanken geschildert, die dahinterstecken. Eine generelle Vorgehensweise gibt es leider nicht, dazu gibt es zu viele verschiedene Parameter. Hier kann nur Erfahrung helfen.

Ein paar Beispiele sind daher die maximale Hilfe, die man allgemein in diesem Rahmen bieten kann. Für Heimnetzwerke gilt dies genauso wie für den Anschluss von kleinen bis mittleren Firmen.

Bietet der Provider im Paket eine fertige Lösung an, ist dies abzuwägen. Wenn der Preis stimmt und die Geräte den eigenen Anforderungen entsprechen, sollte dies angenommen werden, da meistens in solchen Paketen der nötige Support in Hard- und Software enthalten ist. Dazu kommt noch ein wichtiges Argument. Werden Geräte eingesetzt, die nicht vom Provider stammen, verweist dessen Support häufig auf den Gerätehersteller. Dieser wiederum verweist zurück an den Provider – und der Kunde bleibt ohne Unterstützung in einer Endlosschleife zwischen beiden stecken.

15.1 Netzwerke im privaten Bereich

Im Heimnetzwerk-Bereich dominieren heute Breitbandanschlüsse über DSL, Kabel sowie zunehmend Glasfaser (FTTH) und 5G-basierte Fixed Wireless Access (FWA)-Lösungen. Dabei kann es vorkommen, dass man vom Provider eine IP-Adresse zugewiesen bekommt, die bereits aus einem privaten Adressbereich stammt. In diesem Fall wird bereits beim Provider NAT eingesetzt. In vielen Fällen wird uns eine öffentliche IP-Adresse zugewiesen. Dies geschieht in der Regel über DHCP oder eine Bindung der Adresse an unseren Anschluss. In beiden Fällen handelt es sich in der Regel nicht um eine feste Adresse, sondern bei jeder Einwahl um eine andere.

In den meisten Fällen gibt es in einem Privathaushalt mehrere Computer und andere internetfähige Geräte, zwischen denen der Internetzugang geteilt werden soll. In diesem Szenario wird NAT (genauer PAT) benötigt, um eine vom Provider zugewiesene IP-Adresse für alle Geräte verwenden zu können. Für eine komfortable Konfiguration der Geräte ist weiterhin der Einsatz von DHCP wünschenswert. Angesichts der vielen Gefahren, die im Internet lauern, sollte auch im privaten Bereich nicht auf Firewall-Funktionen verzichtet werden.

All diese Wünsche können mit einem modernen Router erfüllt werden. Dieser bietet in der Regel die Möglichkeit eines DSL- oder Breitbandkabelanschlusses. Gegebenenfalls muss er das Authentifizierungsverfahren unseres Providers unterstützen. Bei DSL ist dies in der Regel PPPoE. Bei Breitbandkabelzugängen kann dies PPPoE sein, oder eine Authentifizierung ist nicht erforderlich, da der Anschluss selbst physikalisch an seinen Standort gebunden ist.

Sobald der Router mit dem Internet verbunden ist, müssen die anderen Geräte mit dem Router verbunden werden. Zu diesem Zweck bietet der Router Ethernet-Ports, normalerweise mit 1 Gbit/s oder sogar 10 Gbit/s. Diese ermöglichen stabile Verbindungen mit guter Leistung. Leider gibt es in den meisten Haushalten keine strukturierte Verkabelung, sodass Ethernet nur für Geräte in unmittelbarer Nähe des Routers verwendet werden kann. Soll eine ganze Wohnung oder sogar ein Einfamilienhaus vernetzt werden, kommen in der Praxis oft nur WLAN oder Powerline in Frage.

Die meisten Router verfügen über integrierte WLAN-Access Points. Moderne Geräte unterstützen nicht nur Wi-Fi 6/6E und zunehmend Wi-Fi 7, sondern auch Mesh-WLAN, bei dem mehrere Access Points als ein gemeinsames, selbstorganisierendes Netz auftreten. Dadurch lassen sich höhere Datenraten, geringere Latenzen und eine bessere Versorgung in größeren Wohnungen oder Häusern erreichen. Wie in Kapitel 8 beschrieben, hängt die tatsächliche Leistungsfähigkeit jedoch stark von den baulichen Gegebenheiten und der Funkplanung ab: Stahlbetonwände oder metallische Strukturen können die Reichweite erheblich verringern. WLAN-Repeater können Abhilfe schaffen, indem sie als Client gegenüber dem Access Point fungieren und empfangene Datenrahmen weiterleiten. Bei klassischen WLAN-Repeatern halbiert sich häufig die nutzbare Bandbreite, da jeder Datenrahmen zweimal über dasselbe Funkmedium gesendet werden muss. Zudem ist die Positionierung entscheidend: Ein Repeater muss sowohl eine stabile Verbindung zum Access Point als auch zu den angeschlossenen Endgeräten gewährleisten, was in der Praxis nicht immer einfach umsetzbar ist. Alternativ können Mesh-Systeme oder zusätzliche kabelgebundene Access Points eine deutlich leistungsfähigere Lösung darstellen.

Eine Alternative zu WLAN im privaten Bereich ist wie in Kapitel 8 beschrieben die Nutzung von Powerline. Dabei wird ein Powerline-Adapter in eine Steckdose in der Nähe des Routers gesteckt und über Ethernet mit diesem verbunden. In der Nähe des anzuschließenden Gerätes kann ein weiterer Powerline-Adapter in eine Steckdose gesteckt werden. Die Verbindung zu diesem erfolgt entweder wiederum über Ethernet oder über einen WLAN Access Point, der in einigen Powerline-Adaptern integriert ist.

Durch die Kombination von Powerline und WLAN scheinen die Platzierungsprobleme von WLAN-Repeatern auf den ersten Blick gelöst zu sein: Es gibt immer eine Steckdose an einem geeigneten Ort. Oft erfüllt sich diese Hoffnung jedoch nicht, denn wie in Kapitel 8 beschrieben, spielt die Topologie der Elektroverkabelung, insbesondere unterschiedliche Phasen und Sicherungskästen, eine große Rolle für die Verbindungsqualität über die Powerline-Technologie. Im Zweifelsfall empfiehlt es sich, sowohl Powerline- als auch WLAN-Lösungen praktisch zu testen, da die Leistungsfähigkeit stark von der individuellen Gebäudestruktur und den eingesetzten Geräten abhängt.

Router bieten in der Regel umfangreiche Konfigurationsmöglichkeiten über eine grafische Oberfläche, die von einem in den Router integrierten Webserver bereitgestellt wird. Um diese nutzen zu können, muss ein Rechner über Ethernet oder WLAN mit dem Router verbunden werden. Dazu muss in der Regel die Konfiguration per DHCP auf dem Rechner aktiviert werden. Ist die Verbindung hergestellt, kann über einen Webbrowser und eine in der Regel in der Bedienungsanleitung angegebene URL auf die Konfigurationswebseite zugegriffen werden.

Beispiele für übliche Konfigurationsoptionen, die auf jeden Fall geprüft werden sollten, sind:

- *Lokales Netz:* Hier kann DHCP aktiviert und konfiguriert werden. Dabei kann z. B. der Bereich festgelegt werden, aus dem die dynamisch zugewiesenen IP-Adressen stammen. Zusätzlich kann für ausgewählte Geräte festgelegt werden, dass diese immer die gleiche IP-Adresse erhalten sollen.
- *WLAN:* Hier kann z. B. der Name des Funknetzes (SSID) vergeben werden. Außerdem wird hier die WPA3-Verschlüsselung aktiviert, und die dafür notwendigen Passwörter werden vergeben. Gastnetzwerke und VLANs können zusätzlich eingerichtet werden, um Geräte und Nutzergruppen zu trennen. Zur Optimierung der Verbindungsqualität mit dem WLAN können Frequenzbänder (2,4 GHz, 5 GHz ...) und Funkkanäle ausgewählt werden.
- *Freigaben:* Hier kann zum einen festgelegt werden, welche Dienste aus dem internen Netz im Internet erreichbar sein sollen. Dies geschieht über URLs, IP-Adressen oder Ports. So kann beispielsweise der als unsicher geltende FTP-Dienst durch die Sperrung von Port 21 blockiert werden. Umgekehrt lässt sich oft konfigurieren, welche

internen Rechner und Dienste aus dem Internet erreichbar sein sollen. Dazu wird eine Port-Weiterleitung eingerichtet, die an der öffentlichen IP-Adresse und einem bestimmten Port ankommende Pakete an eine Kombination aus interner IP-Adresse und Port weiterleitet. Dies ist eine Vorkonfiguration von NAT bzw. PAT.

Die meisten Router bieten noch viele weitere Konfigurationsmöglichkeiten. Wer Zeit hat, sollte sich damit auseinandersetzen, um das Beste in Sachen Leistung und Sicherheit aus seinem Heimnetzwerk herauszuholen.

15.2 Büros und Kleinfirmen

Die Vernetzung mehrerer Büros und deren Anbindung ans Internet ähnelt in der Grundstruktur der Erschließung eines Haushalts. Im gewerblichen Umfeld sind deutlich höhere Anforderungen an Sicherheit und Verfügbarkeit zu erfüllen. Insbesondere müssen Kundendaten vor unbefugtem Zugriff geschützt werden.

Bei drahtlosen Netzwerken sind zwingend starke Verschlüsselungsverfahren und moderne VPN-Lösungen wie WireGuard oder IPsec einzusetzen. Solche Verbindungen lassen sich heute unkompliziert über dedizierte, vorkonfigurierte Hardware-Appliances realisieren, beispielsweise kleine VPN-Gateways, die zwischen Router und internes Netz geschaltet werden. Diese Geräte arbeiten weitgehend automatisch und stellen eine verschlüsselte Verbindung her, ohne dass tiefgehende Netzwerkkenntnisse erforderlich sind.

Sind die Büroräume gemietet, ist eine Anpassung an die vorhandene Gebäudeverkabelung erforderlich. Aus Sicherheitsgründen sollte eine Erweiterung bevorzugt über Kupferverkabelung mit zusätzlichen Mini-Switches erfolgen, anstatt ausschließlich auf WLAN zu setzen. Diese Switches sind kostengünstig und leicht zu implementieren.

Auch im KMU-Umfeld bieten viele Provider Komplettlösungen an. Die Wahl zwischen einer solchen Lösung und einer individuellen Planung hängt maßgeblich vom vorhandenen IT-Know-how ab: Eine IT-Beratungsfirma wird andere Anforderungen haben als eine kleine Rechtsanwaltskanzlei ohne interne IT-Ressourcen. Wer stark von einer stabilen Internetverbindung abhängig ist, sollte zudem unbedingt einen Wartungsvertrag in Betracht ziehen.

15.3 Mittlere und größere Firmen

Im Umfeld von mittleren und größeren Firmen stellt sich automatisch die Frage, eigene IT-Leute mit dem Netzwerk zu beauftragen und sie auszubilden oder fertige, gewartete Pakete zu kaufen. Oft ist dies heute noch getrennt. Die IT kümmert sich um

Endsysteme, Server und Software; das Netzwerk aber ist vom Gebäudebetreiber oder Provider gestellt oder im Outsourcing vergeben. Ab diesem Punkt genügen ein paar kleine Switches und ein einzelner Router nicht mehr – es ist eine professionell betriebene Netzwerkinfrastruktur erforderlich, die leistungsfähigere Geräte und deutlich mehr Fachwissen voraussetzt.

Professionelle Enterprise-Router bieten eine Vielzahl an Konfigurationsoptionen und ermöglichen eine sehr feingranulare Steuerung des Netzwerks. In modernen Umgebungen werden zusätzlich Software-Defined Networking-(SDN-)Ansätze und Microsegmentation eingesetzt, um Sicherheit, Flexibilität und Automatisierung zu erhöhen. Damit verbunden sind komplexe Anforderungen an VLAN-Design, Routing, Sicherheitsrichtlinien, Betriebsstabilität und Redundanzkonzepte. Solche Funktionen und die dafür erforderliche Zuverlässigkeit lassen sich mit Geräten der unteren Preisklasse in der Regel nicht mehr abbilden.

In vielen Unternehmen werden die unterschiedlichen Facetten der IT sehr ungleich bewertet. Häufig gilt IT – insbesondere aus Sicht von Finanzabteilungen oder Unternehmen ohne direkten IT-Bezug – primär als Kostenfaktor ohne unmittelbaren Mehrwert. Während sichtbare Dienstleistungen wie Softwarebereitstellung, Datenbanken oder E-Mail-Systeme von den Anwendern direkt wahrgenommen werden, bleibt das Netzwerk meist im Hintergrund. Seine Bedeutung wird oft erst deutlich, wenn es zu Ausfällen kommt – doch selbst die leistungsfähigste Datenbank ist wertlos, wenn sie aufgrund von Netzwerkausfällen nicht erreichbar ist.

Daher ist es unerlässlich, professionelle Netzwerklösungen zu implementieren und deren Betrieb dauerhaft auf eine solide Basis zu stellen – sei es durch den Aufbau einer qualifizierten internen Netzwerkabteilung oder durch ein geeignetes Outsourcing-Modell.

In der Praxis finden sich jedoch häufig provisorische Eigenbaulösungen, die bei Problemen kurzfristig angepasst wurden, ohne Rücksicht auf Sicherheit, Skalierbarkeit oder Betriebsstabilität. Dieser Ansatz birgt erhebliche Risiken: Ein Produktionsausfall aufgrund eines Netzwerkausfalls verursacht meist deutlich höhere Kosten als eine professionelle, vorausschauende Planung. Aussagen wie „Das funktioniert doch seit Jahren“ sind trügerisch – ähnlich wie bei Backups erkennt man den Wert erst nach einem Ausfall. So wie man Versicherungen gegen Brand, Einbruch oder Naturkatastrophen abschließt, obwohl diese Ereignisse selten eintreten, sollte auch die Netzwerkinfrastruktur mit der notwendigen Sorgfalt abgesichert und betrieben werden.

Die Planung, Implementierung und der Betrieb größerer Netzwerke erfordern Erfahrung und müssen zahlreiche Parameter wie Sicherheitsanforderungen, Betriebskonzepte, Betreuungsressourcen und vorhandenes Know-how berücksichtigen. Standardlösungen „von der Stange“ greifen hier zu kurz. Häufige Ursachen für Unzufriedenheit mit Netzwerken sind fehlerhafte Implementierungen und Sparmaßnahmen an kritischen Stellen – etwa bei der Geräteauswahl –, die langfristig zu hohen Folgekosten führen.

15.4 Planung eines Netzwerks

Wer ein Netzwerk auf der sprichwörtlichen ‚grünen Wiese' planen kann, kann sich sehr glücklich schätzen, muss aber auch am meisten Vorsicht walten lassen. Er kann schließlich hinterher niemand anderem die Schuld für auftretende Probleme geben. Wir wollen im letzten Beispiel ein Netzwerk von Beginn an planen, inklusive der Verkabelung und der Implementierung der Geräte.

15.4.1 Verkabelung

Während man in kleinen Bereichen vom WAN-/MAN-Anschluss nach außen vorgeht, muss eine komplette Planung einer größeren Umgebung vom anderen Ende her begonnen werden. Nicht nur die Verkabelung, auch die Auswahl der benötigten Geräte ist davon abhängig.

Heute wird für strukturierte Netzwerke eine Twisted-Pair-Verkabelung der Kategorie 6A oder höher (z. B. Kat 7/8) empfohlen, um auch zukünftige Anforderungen wie 10 Gbit/s oder mehr zu unterstützen. Abhängig von der Leitungslänge zwischen Rangierfeld und Arbeitsplatz kann in weniger anspruchsvollen Szenarien auch eine ungeschirmte UTP-Verkabelung ausreichend sein.

Die Glasfaser bis zum Arbeitsplatz hin ist immer wieder im Gespräch, sie ist aber, auch im Anschluss der Endgeräte, wesentlich teurer. Da heute auch Gigabit über Kupferverkabelung möglich ist, ist dies abzuwägen. Es gilt immer noch die Regel, dass in vertikaler Richtung (Backbone) am besten Glasfasern und in horizontaler Richtung (Access-Bereich) strukturierte Verkabelung eingesetzt wird. Im Heimbereich ist dies nicht relevant, hier stößt man in der Regel nie an Längenrestriktionen, bei größeren Gebäuden aber passiert dies leicht. Wer ganz sichergehen will, kann einen Access-Port pro Büro in Glasfaser, den Rest in Kupfer planen. Es gibt heute viele Switches, die einen Fiber-Uplink und Access-Ports im Gigabit-Standard haben und damit diese Flexibilität unterstützen. Dazu kommt noch, dass nie vergessen werden darf, dass es auch Services wie Telefonie gibt. Ein gewisser Anteil Kupferverkabelung wird in der Regel trotzdem benötigt.

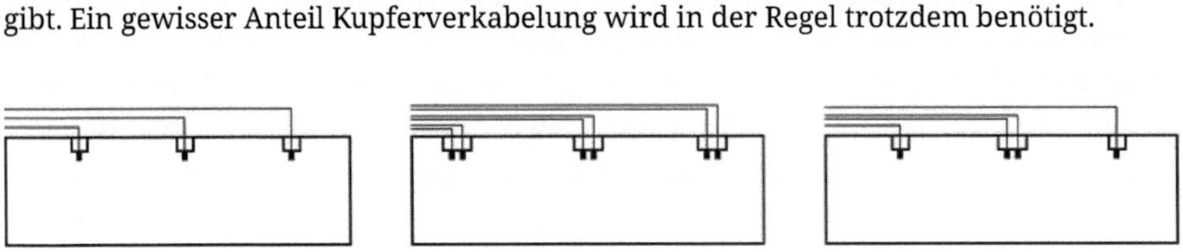

Bild 15.1 Die normale Erschließung eines Büros mit Twisted Pair (links). Die Erschließung eines Büros mit Fiber-to-the-Desk (Mitte), rechts eine Mischung. Alles wird mit Kupfer verkabelt, aber mindestens einer oder mehrere Anschlüsse werden zur Zukunftssicherheit in Glasfaser in die Büros verlegt.

Sehr wichtig ist, bei den Längenbetrachtungen nicht nur die Strecke vom Rangierpanel zur Wanddose zu beachten. Es kommen noch zwei Patchkabel dazu, die je nach Lage der Dosen und Standorte der Endsysteme etliche Meter ausmachen können. Hier muss eine Reserve mitgeplant werden.

Die nächste Entscheidung ist, wie viele Anschlüsse pro Büro geplant werden. Heute sollte an jedem Arbeitsplatz ein PC geplant werden. Drucker, die netzwerkfähig sind, müssen entweder an dedizierten Druckplätzen im Gebäude/Stockwerk vorgesehen werden oder je nach Bedarf sogar in den Büros. Weiter muss beachtet werden, dass es noch Telefone und Faxgeräte gibt. Mit der Haustechnik müssen dann die restlichen Services abgestimmt werden, die über die strukturierte Verkabelung verlaufen sollen. Die Anzahl und Art der Anschlüsse sind also von der Größe des einzelnen Raumes (der Anzahl Arbeitsplätze) bis hin zu seiner Funktion (z. B. als Druckerpool) abhängig.

Nachdem die Anzahl der möglichen Anschlüsse und Leitungen geklärt ist, kann weiter geplant werden. Das Nächste ist, das Rangierpanel zu planen. Bei Glasfasern muss die Steckertype der Patchkabel festgelegt werden. Dabei muss darauf geachtet werden, welche Zusatzgeräte wie Mini-Switches oder Medienkonverter verwendet werden sollen, wenn nötig, denn die Preise der Geräte unterscheiden sich ebenfalls nach Steckertype sehr. Adapterkabel mit zwei verschiedenen Steckertypen an den beiden Enden sind oft Standardware, können aber bei seltenen Kombinationen teure Exoten sein.

Die Anzahl der Anschlüsse bestimmt die Anzahl der Racks im Stockwerks- oder Gebäudeverteiler. Sind die Rangierpanel fertig geplant, kann die Netzwerkhardware wie Switches und Router bestimmt werden. Dabei ist zu berücksichtigen, ob ein VLAN-Konzept zum Einsatz kommt, ob bestimmte Umgebungen vollständig in der Vermittlungsschicht über Router voneinander getrennt werden sollen usw.

Der letzte Schritt ist, den Backbone zu planen. Meist bedingt eins das andere, und man muss ab und zu einen Planungsschritt zurückgehen und nachbessern, bis alles stimmig ist. Sehen wir uns die Planung nochmals Schritt für Schritt in der Zusammenfassung an.

Zuerst muss analysiert werden, wie viele Anschlüsse von welchem Typ in jedem Raum benötigt werden. Ist dies vorher nicht bekannt, muss eine vernünftige Abschätzung gemacht werden. Nicht vergessen werden dürfen Telefone, Faxgeräte und Drucker. Es ist später noch möglich, mit Mini-Switches zu erweitern, aber dies schafft von Beginn an Flaschenhälse. Wer Doppeldosen plant, aber später unter Umständen Gigabit will, muss auf die Längenrestriktionen achten und sich klar sein, dass Gigabit über Doppeldosen nicht funktioniert. Austauschen der Doseneinsätze ist möglich, halbiert dann aber die Zahl der möglichen Anschlüsse.

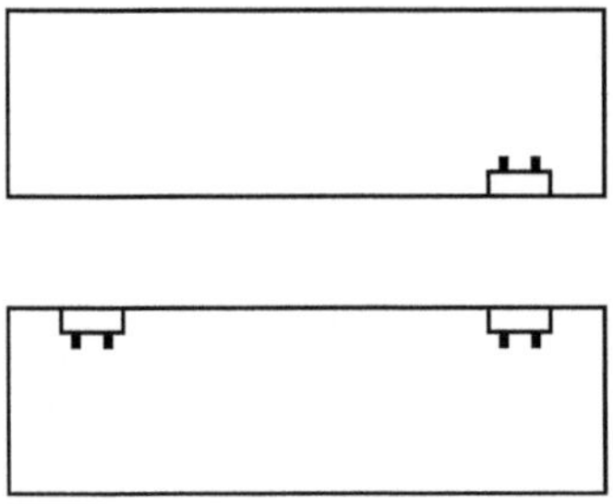

Bild 15.2
Die erste Planung gilt dem Erschließen der Räume nach Funktion und Auslastung, also der Zahl der Arbeitsplätze.

Ist die Zahl und Art der Anschlüsse bekannt, kann das Rangierpanel (Patchfeld im Stockwerks- oder Gebäudeverteiler) geplant werden.

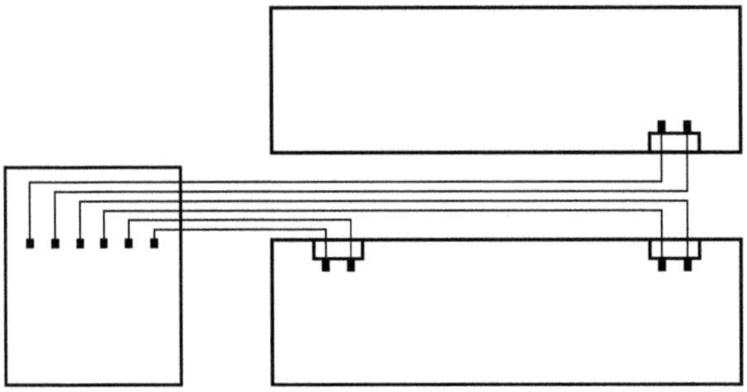

Bild 15.3
Das Rangierpanel wird nach der Anzahl der ermittelten Anschlüsse geplant.

Dann muss entschieden werden, ob ein VLAN-Konzept verwendet wird, und danach die Netzwerkhardware ausgewählt werden.

Bei der Planung der Switches bzw. zentralen Netzgeräte müssen die Steckertypen für die LAN- und Backbone-Verbindungen berücksichtigt werden.

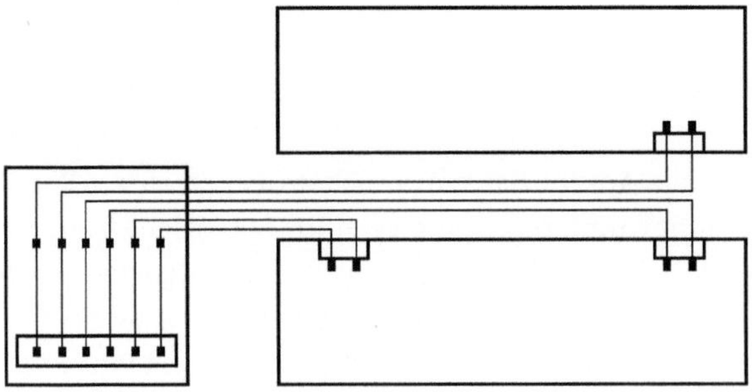

Bild 15.4
Das Rangierpanel wird mit geeigneten Konzentratoren bestückt.

Hier muss bereits das Backbone-Design einfließen. Dieser wird aufgebaut und der Internet-, WAN- oder MAN-Anschluss integriert.

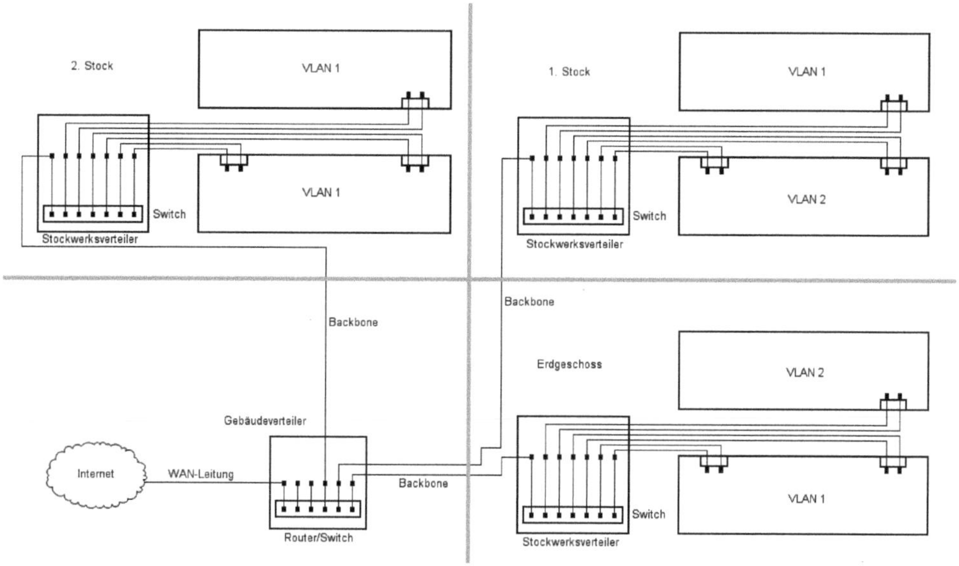

Bild 15.5 Das fertige Design

Damit ist das Design, hier ein Beispiel eines Gebäudes, fertig.

15.5 Stromversorgung

Bei der Netzwerkplanung darf die Stromversorgung nicht vernachlässigt werden: Alle Geräte – von Arbeitsplatzrechnern über Access Points bis hin zu Servern und Netzwerkkomponenten – benötigen eine zuverlässige Energieversorgung. In Büros, Server- und Verteilerräumen sollten daher ausreichend Steckdosen mit genügend Leistung eingeplant werden, da nachträgliche Installationen in der Regel kostenintensiv und aufwendig sind.

Für Server- und Verteilerräume empfiehlt es sich, die Stromkreise so zu trennen, dass allgemeiner Verbrauch (z. B. Licht, Reinigungsgeräte) und kritische IT-Infrastruktur (Server, Netzwerkgeräte) auf unterschiedlichen Phasen liegen. Dadurch lassen sich Störeinflüsse minimieren und spätere Erweiterungen, wie der Einbau von unterbrechungsfreien Stromversorgungen (USV) oder Batteriesystemen, erleichtern.

Zudem sollte bereits in der Planung Power over Ethernet (PoE/PoE++) berücksichtigt werden, um Geräte wie Access Points, IP-Telefone, Kameras oder IoT-Sensoren direkt über die Netzwerkverkabelung mit Strom zu versorgen. Dies reduziert den Bedarf an separaten Netzteilen und erleichtert den Betrieb verteilter Endgeräte erheblich.

15.6 Klimatisierung

Netzwerk- und Serverkomponenten wie Router, Switches und Server verbrauchen nicht nur Strom, sondern erzeugen auch erhebliche Abwärme. Serverräume sowie Stockwerks- oder Gebäudeverteiler sind jedoch häufig kleine, schlecht belüftete Räume. Ohne ausreichende Kühlung steigen die Temperaturen schnell auf ein Niveau, das die zuverlässige Funktion und Lebensdauer der Geräte massiv beeinträchtigt.

Neben der Temperaturkontrolle ist auch eine angemessene Regulierung der Luftfeuchtigkeit entscheidend, um Korrosion und statische Aufladungen zu vermeiden. Wird dieser Aspekt bei der Planung vernachlässigt, sind nachträgliche bauliche Anpassungen oft sehr kostenintensiv.

Daher sollte jeder Server- oder Verteilraum von Beginn an mit einer ausreichend dimensionierten Klimatisierung ausgestattet werden – inklusive ausreichender Kapazitätsreserven für zukünftige Erweiterungen. Investitionen in eine sorgfältig geplante Kühlung kosten bei der initialen Planung deutlich weniger als teure Nachrüstungen oder der Ausfall kritischer Systeme. Hier zu sparen bedeutet, ein hohes Risiko einzugehen.

15.7 Impressionen

Theorie ist wichtig – doch wie sehen Netzwerk- und Serverräume in der Praxis tatsächlich aus? Diese Bereiche, oft als „Herzstück" der IT bezeichnet, sind aus Gründen der Sicherheit und des Datenschutzes in der Regel nicht öffentlich zugänglich, was absolut nachvollziehbar ist.

Daher zeigen wir im Folgenden einige Beispielbilder, die typische Szenarien verdeutlichen. Es ist zu beachten, dass es sich um ältere Aufnahmen handelt, die nicht den neuesten Stand der Technik widerspiegeln.

Wer ein tieferes Verständnis für die eigene IT-Infrastruktur gewinnen möchte, kann in vielen Unternehmen nach Absprache eine Führung durch die EDV-Räume erhalten – sei es im Rahmen eines Tages der offenen Tür oder auf Anfrage für interessierte Besuchergruppen. Solche Einblicke werden von Administratoren meist gerne unterstützt, da sie helfen, das Bewusstsein für die Bedeutung einer zuverlässigen und gut gepflegten IT-Infrastruktur zu schärfen.

Bild 15.6 Ein Etagenverteiler für die strukturierte Verkabelung: Für die Netzwerkanschlüsse werden Kabel anderer Farbe verwendet als für die Telefonie, um Verwechslungen zu vermeiden.

Bild 15.7
Ein Rack mit WAN-Modems: Jedes Modem erschließt über eine Mietleitung ein oder mehrere Gebäude.

Bild 15.8
Ein Access-Rack mit VPN-Servern, Routern und Switches.

Bild 15.9 Ein Etagenverteiler in einer Fiber-to-the-Desk-Umgebung: Oben in Kupfer sind die Telefone verkabelt. Hier geht die Glasfaser direkt zum Arbeitsplatz. Im Konzentrator sind MT-RJ-Stecker, im Panel SC-Stecker.

Bild 15.10 Ein Gebäudeverteiler in einem Hochhaus: Der Core-Router erschließt über Glasfasern alle Etagenverteiler.

Bild 15.11 Ein Workgroup-Switch der Firma Cisco Systems mit 24 Access- und zwei Uplink-Ports: Die Uplinks sind Gigabit und können entweder über strukturierte Verkabelung oder mit speziellen Transceivern (SFP) an Glasfaser angeschlossen werden. Solche Geräte sind voll verwaltbar, VLAN-fähig und geeignet, kleine bis größere Umgebungen zu erschließen.

Bild 15.12 Ein Gebäudeverteiler: Er kann beides, ein Einschub bietet Glasfaser (MT-RJ) für Fiber-to-the-Desk an, ein anderer normale Kupferanschlüsse.

Bild 15.13 Vgl. Bild 15.12

Bild 15.14
Ein Access-Rack: Oben sind drei Einwahl-Server, die einen Zugriff von je 120 Linien ISDN oder analog im Vollausbau bieten können. Weiter zwei Firewalls und etliche kleinere Router, die Mietleitungen terminieren.

Bild 15.15 Rangierpanel eines LWL-Verteilers in der Netzwerkzentrale

Bild 15.16 Rangierpanel für Weitverbindungen und Telefonie (oben) über Glasfaser

Bild 15.17 WAN-Router, welche die WAN-Modems terminieren

16 Steckertypen

Viele verschiedene Steckertypen sind entwickelt worden und heute im Einsatz. In der strukturierten Verkabelung hat sich inzwischen ein Standard herauskristallisiert. In der Welt der Glasfasern jedoch gibt es viele Typen. Hier werden die gängigsten besprochen.

16.1 Thin-Wire

Thin-Wire-Koaxialverkabelung war früher weit verbreitet, kommt heute jedoch nur noch in Alt-Installationen vor. Geräte wurden über T-Stücke an einem gemeinsamen Koaxialstrang mit BNC-Steckern (abgeleitet von den Erfindern Bayonet Neill Concelman oder der Bezeichnung Bayonet Navy Connector) verbunden, der an beiden Enden mit einem Endwiderstand (Terminator) abgeschlossen werden musste. In modernen Netzen wird diese Technik nicht mehr eingesetzt.

Bild 16.1 Das Bild zeigt ein T-Stück mit Anschluss für eine Netzwerkkarte. Rechts verläuft das Kabel weiter, links ist das T-Stück mit einem abschließenden Terminator versehen. Dies ist ein Beispiel für das Ende eines Koaxialstrangs. Die Stecker müssen nicht angeschlossen sein. In kritischen Umgebungen sollte bei unbenutzten Steckern eine Metallschutzkappe (HF-Schutz) verwendet werden.

Bild 16.2 Hier nochmals alle Komponenten, demontiert.

16.2 Strukturierte Verkabelung

In der strukturierten Verkabelung hat sich der RJ-45-Stecker (8P8C) durchgesetzt. Er ist heute Standard in Kupfer-Ethernet-Netzen bis 10 Gbit/s (Cat 6A/Cat 7/Cat 8) und wird mit speziellen Crimp-Werkzeugen auf Kabel aufgepresst. Moderne Ausführungen sind abgeschirmt und PoE-tauglich, um höhere thermische und elektrische Anforderungen zu erfüllen.

Auch im Bereich der Telefonie ist er verbreitet, in sechs- und vierpoliger Bauform (hier RJ-12 und RJ-11 genannt). Im Namen wird codiert, welche Dose nötig ist und wie viele Pins des Steckers tatsächlich benutzt werden können.

P bedeutet die Zahl der Pins (und damit die Ausführung der Anschlussdose), C heißt Connectable, belegbar, also die Anzahl der belegbaren Pins. Die anderen Pinplätze sind leer.

RJ-45 (8P8C)	LAN, bis Gigabit, doppelte/einfache Dose, ISDN U- und S-Bus, analoge Telefonie
RJ-45 (8P6C)	LAN, kein Gigabit, einfache Dose, ISDN U- und S-Bus, analoge Telefonie
RJ-45 (8P4C)	LAN, kein Gigabit, einfache Dose, ISDN U- und S-Bus, analoge Telefonie
RJ-45 (8P2C)	kein LAN, ISDN U-, aber kein S-Bus, analoge Telefonie
RJ-12 (6P6C)	kein LAN, ISDN U- und S-Bus, analoge Telefonie
RJ-12 (6P4C)	kein LAN, ISDN U- und S-Bus, analoge Telefonie
RJ-12 (6P2C)	kein LAN, ISDN U-, aber kein S-Bus, analoge Telefonie
RJ-11 (4P4C)	kein LAN, ISDN U- und S-Bus, analoge Telefonie
RJ-11 (4P2C)	kein LAN, ISDN U-, aber kein S-Bus, analoge Telefonie

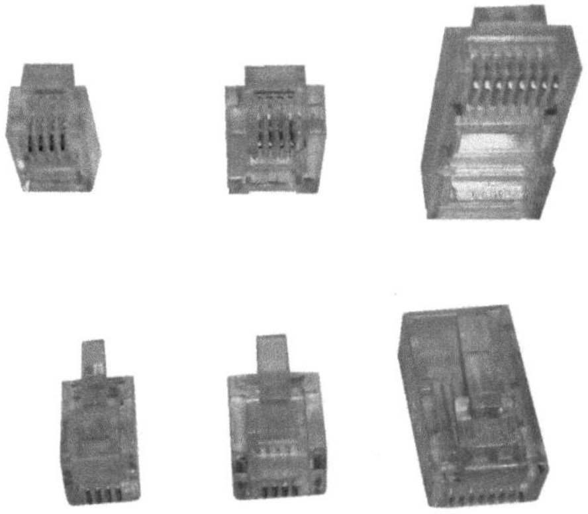

Bild 16.3
Das Bild zeigt drei Typen von Western-Modularsteckern in zwei Ansichten (links RJ-11 4P4C, Mitte RJ-12 (6P4C) und RJ-45 (8P8C)). Am mittleren Beispiel ist zu sehen, dass die äußersten beiden Pins nicht belegbar sind (6P4C).

Bild 16.4 Gebräuchliche RJ-45-Ausführung bei Netzwerkkabeln. Die Kabel besitzen eine Knickschutztülle, und die Stecker sind mit einer Metallumhüllung abgeschirmt.

16.3 Glasfaser

Im Bereich der Glasfasern gibt es eine Vielzahl an Steckverbindungen. Sie unterscheiden sich in der Güte und den Kosten erheblich. Hier sollte eine sorgfältige Auswahl erfolgen.

Für weite Verbindungen sollte eine sehr gute Steckerqualität gewählt werden. Für kurze Verbindungen, etwa in Steigschächten zwischen Stockwerken, kann auf kostengünstigere Varianten zurückgegriffen werden – es ist nicht immer sinnvoll, ausschließlich die teuerste Ausführung zu verwenden. Die Wahl der Steckverbindungen muss nach Geschwindigkeit, Fasertyp und Preis abgestimmt werden. Für eine Verbindung werden bei den gängigen Systemen zwei Fasern benötigt (Send und Receive).

Erhältlich sind Patchkabel und Stecker in Duplex-Ausführung, also beiden Fasern gemeinsam in einem Kabel und/oder Stecker oder isoliert als Simplex. Die gängigsten Typen sind die folgenden.

16.3.1 ST-Stecker (Straight Tip)

Der ST-Stecker war lange Zeit weit verbreitet und für alle drei Typen von Fasern geeignet (Multimode 50 µm, 62,5 µm und Single-Mode, 9 µm). Er besitzt einen Bajonett-Verschluss und stellt mittels Federmechanismus den physischen Kontakt zwischen den Fasern her.

Bild 16.5
ST-Stecker. Deutlich zu sehen ist der Bajonett-Verschluss.

Da die Stecker auch bei Duplex-Kabeln stets einzeln am Ende des Kabels sind, ist ein Kreuzen bei Verbindungen von Gerät zu Gerät hier kein Problem.

16.3.2 SC-Stecker

SC-Stecker waren lange Zeit Standard in Backbone- und Patchfeldanwendungen. In modernen Rechenzentren und Backbone-Netzen werden sie zunehmend von LC- und MPO/MTP-Steckern verdrängt. Sie sind ebenfalls qualitativ gut, aber günstiger. Sie sind für alle drei Fasertypen geeignet und sehr gut handhabbar.

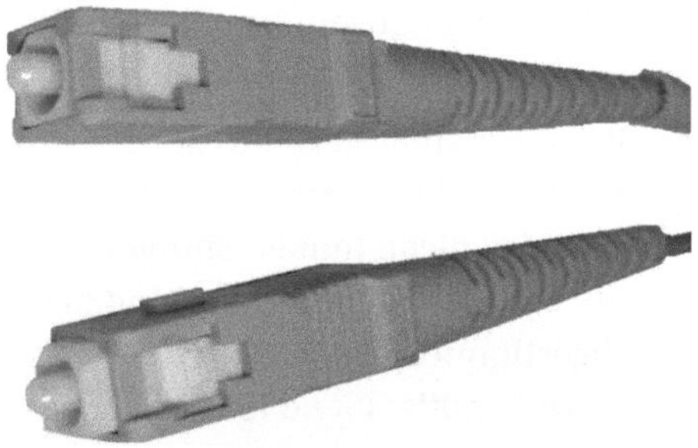

Bild 16.6
SC-Stecker

Auch hier wird durch Federn ein physischer Kontakt gehalten. Bei Neuverkabelungen kann dieser Stecker vor allem in Rangierpaneln empfohlen werden.

Bei Multimode-Fasern sind die Stirnflächen plan. Bei Single-Mode sind sowohl Plan- als auch Schrägschliff im Einsatz. Die Codierung erfolgt über die Farbe. Der Planschliff besitzt blaue Stecker, der schräge grüne.

SC-Stecker gibt es in drei Bauformen, Duplex, Simplex und als teilbare Duplex-Stecker. Wer unter Umständen kreuzen muss, sollte auf Simplex- oder teilbare Duplex-Stecker bei den Patchkabeln achten.

16.3.3 MT-RJ-Stecker

MT-RJ-Stecker wurden als platzsparende Alternative zu ST- und SC-Steckern entwickelt, sind heute jedoch in neuen Installationen kaum noch anzutreffen. Auch sie wurden weitgehend durch LC-Stecker und multifaserige MPO/MTP-Steckverbinder ersetzt. Sie sind für alle drei Fasertypen geeignet. MT-RJ-Stecker sind genauso groß wie RJ-45-Stecker, und beide Fasern sind fest integriert, teilbare Stecker gibt es nicht.

Bild 16.7
MT-RJ-Stecker

Links sind die beiden Fasern an der Kontaktfläche zu erkennen. MT-RJ-Stecker sind bei der Hausverkabelung sehr häufig im Einsatz. Da es sie nur als Duplex-Stecker gibt, muss für Geräteverbindungen ein Crossover-Kabel eingesetzt werden. Die Qualität ist nicht so gut wie bei SC-Steckern, aber bei kurzen Distanzen völlig ausreichend.

16.3.4 LC-Stecker

LC-Stecker sind aktuell der am weitesten verbreitete Standard für Glasfaserverbindungen in Rechenzentren und Backbone-Verkabelung. Sie bieten hohe Packungsdichte und gute Handhabung. Erhältlich sind sie in Duplex- und teilbarer Duplex-Ausführung. Für Neuinstallationen sind sie die erste Wahl.

Bild 16.8
LC-Stecker

LC-Stecker sind als Duplex- oder teilbare Duplex-Stecker erhältlich. Auch hier muss auf ein eventuelles Kreuzen geachtet werden.

16.3.5 MPO/MTP-Stecker

MPO (Multifiber Push-On) ist ein international standardisierter Glasfasersteckverbinder, der mehrere Fasern in einem einzigen Stecker zusammenfasst. MTP ist eine verbesserte Variante des MPO-Steckers mit optimierter mechanischer Stabilität und geringeren optischen Verlusten. Diese Steckverbinder haben sich vor allem in Rechenzentren und Backbone-Umgebungen etabliert, in denen hohe Packungsdichte und sehr hohe Übertragungsraten erforderlich sind. Sie sind mit 12, 24, 48 oder mehr Fasern verfügbar und ermöglichen parallele Datenübertragungen für 40 Gbit/s, 100 Gbit/s, 200 Gbit/s und 400 Gbit/s. Häufig werden MPO/MTP-Trunks mit Breakout-Kabeln kombiniert, die die einzelnen Fasern auf Duplex-LC-Stecker aufsplitten, um den Anschluss an Switches oder Server zu ermöglichen. Dank ihrer kompakten Bauweise und einfachen Handhabung sind MPO/MTP-Stecker heute der Standard für Hochgeschwindigkeitsverbindungen in modernen Rechenzentren.

16.3.6 E2000-Stecker

E2000-Stecker sind eine Entwicklung aus der Schweiz. Sie sind sehr kompakt, sehr gut handhabbar und auch qualitativ sehr gut. Sie sind für alle Fasern geeignet. Eine Schutzklappe, die sich beim Anschließen automatisch öffnet, sorgt dafür, dass keine mechanischen Schäden an der Faser entstehen.

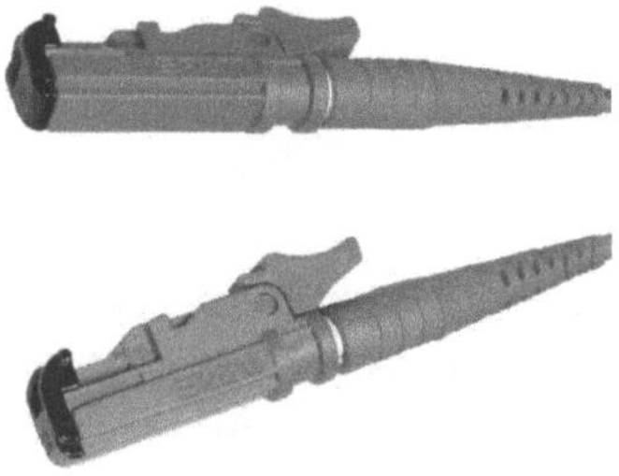

Bild 16.9
E2000-Stecker

In der Regel ist E2000 ein Simplex-Stecker. Durch die leichte Handhabbarkeit und Zuverlässigkeit ist er auch bei der Telefonie-Übermittlung über Glasfaser weit im Einsatz. Auch hier kann im Monomode-Bereich mit Plan- oder Schrägschliff gearbeitet werden. Die Stecker mit Schrägschliff sind grün gefärbt.

16.4 Bemerkungen zu Steckertypen

Es gibt noch viele andere Typen, diese sind jedoch nicht so häufig im Einsatz. Wer eine LWL-Umgebung plant, sollte viel Wert auf die Steckertypen legen. Man sollte genau überlegen, welche Konzentratoren mit welchen Interfaces gekauft werden. Viele Patchkabel benötigen an den beiden Enden verschiedene Steckertypen, da Rangierpanel, Konzentratoren und Netzwerkadapter unterschiedliche Steckertypen haben können.

Viele Patchkabel sind „Massenware“, zum Beispiel MT-RJ auf der einen und SC auf der anderen Seite. Es gibt sie genauso mit LC und SC oder SC auf beiden Seiten und damit wesentlich günstiger als Anfertigungen geringerer Stückzahl, wie zum Beispiel mit MT-RJ und E2000. Eine sorgfältige Planung kann hier erhebliche Kosten einsparen.

Besonderes Augenmerk gilt dem Poliertyp: Bei Glasfasersteckern kommen heute plane UPC- (Ultra Physical Contact) und schräge APC-Polierungen (Angled Physical Contact) zum Einsatz. Eine falsche Kombination (z. B. APC auf UPC) führt zu hohen Dämpfungen und Verbindungsproblemen.

Auch bei Duplex-Steckern ist besondere Aufmerksamkeit erforderlich. Wer Geräte untereinander verbinden will, muss LWL-Crossover-Kabel kaufen, wenn beide Enden der Patchkabel unteilbare Duplex-Stecker haben.

16.5 Schutz der Patchkabel und Dosen

Ab Werk sind die Kontaktflächen der Patchkabel mit Schutzhütchen versehen (Ausnahme E2000, kabelseitig). Durch die Schutzklappen, die die Stecker schützen, ist dies hier nicht notwendig. Rackseitig haben auch sie Schutzstecker. Diese verhindern, dass Wasser eindringt oder die Kontaktflächen beschädigt werden. Die Kontaktflächen sind hochpoliert, und selbst kleinste Kratzer können einen Stecker unbrauchbar machen. Staub zwischen den Kontaktflächen führt zu einer enormen Dämpfung des Signals und einer Streuung des Lasers. Kabel sollten daher stets mit Schutzhütchen gelagert oder transportiert werden. Dasselbe gilt für Netzwerkdosen. Beide Schutzkappen sollten erst kurz vor dem Patchen entfernt werden.

Wenn Anschlüsse zurückgenommen werden, müssen das Kabel und die Dose wieder mit Schutzkappen versehen werden. Das Nachspleißen von Anschlüssen ist sehr kostspielig, und auch Patchkabel selbst sind in der Regel nicht günstig.

Bei Weitverkehrsverbindungen und bei kritischen Belastungen sollten die Dosen vor Gebrauch geprüft werden. Hierzu gibt es spezielle Mikroskope und Reinigungsgeräte. Eine Sichtprobe zeigt, ob Verunreinigungen an den Kontaktflächen vorliegen. Diese müssen vor dem Anschluss entfernt werden.

Eine Anschlussdose sollte nie mit Pressluft ausgeblasen werden, denn normale Pressluft enthält immer Spuren von Öl.

Manche Techniker verwenden bei schlechten Messwerten in den Rangierpaneln ein sogenanntes Index-Matching-Gel, das die Werte verbessert und in die Patchstelle eingebracht wird. Dies sollte kontrolliert und vorher auf jeden Fall untersagt werden. Das Gel altert und wird trübe. Wenn Anschlussdosen oder Patchkabel hohe Dämpfungswerte aufweisen, ist eine Reinigung oder Politur der Dosen und ein Ersatz des Patchkabels in jedem Fall vorzuziehen.

Bild 16.10 Unbenutzte Patchkabel und Dosen müssen mit Schutzkappen verschlossen werden, wenn sie nicht in Gebrauch sind. Dies verhindert ein Eindringen von Feuchtigkeit, Schmutzteilchen und Staub. Hier als Beispiel SC-Stecker mit (links) und ohne Schutzkappen.

17 Fehleranalyse

Wenn das Netzwerk ausfällt, ist eine strukturierte Fehlersuche notwendig. In großen Umgebungen kann dies aufwendig sein, erfordert aber ein systematisches Vorgehen. Moderne Router und Switches bieten umfangreiche Diagnosefunktionen, darunter Webinterfaces, REST-APIs und Syslog-Ausgaben, die bei der Eingrenzung helfen. Sind diese nicht verfügbar, gibt es dennoch ein paar Tipps zur Fehlersuche, die allgemeingültig sind und zum Teil auf in Kapitel 13 gezeigten Methoden aufbauen.

17.1 Ein Rechner oder mehrere sind nicht am Netz

Sind einige Rechner in der Lage, nach außen zu kommunizieren, andere aber nicht, kann dies mehrere Ursachen haben. Hier eine Beispielumgebung mit Rechnern im selben Subnetz und mit einem gemeinsamen Internetanschluss.

Bei Problemen mit der Verbindung muss der Fehler eingegrenzt werden.

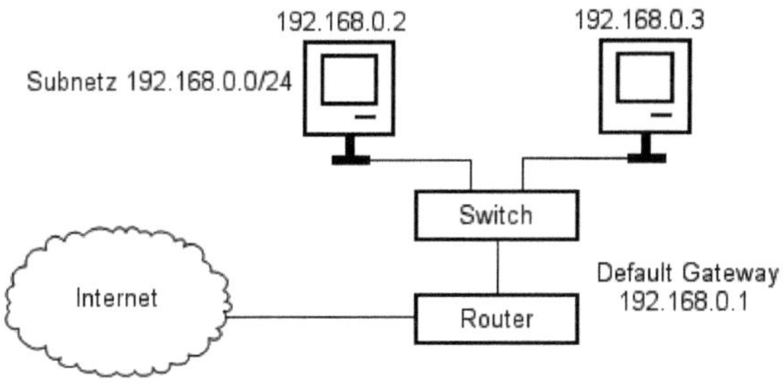

Bild 17.1
Beispielszenario

Beispiel 1: Der linke Rechner (192.168.0.2) funktioniert einwandfrei, der rechte Rechner (192.168.0.3) kann keine Webseiten öffnen. Versuchen wir schrittweise, den Fehler zu finden.

1. Überprüfen Sie zunächst die physischen Verbindungen: Leuchten die Link- und Aktivitäts-LEDs am Rechner und Switch? Bei verwalteten Switches kann zusätzlich der Portstatus über das Web- oder Kommandozeilen-Interface (CLI) eingesehen werden.

2. Ist die Netzwerkkarte aktiv? Unter Windows kann der Status der Netzwerkkarte in der Systemsteuerung angezeigt werden.

Bild 17.2 Die Statusanzeige der Netzwerkverbindung

Gibt es hier Fehlermeldungen, müssen wir im Gerätemanager nachsehen, ob der Treiber korrekt geladen ist. Dies geht über den Windows-Gerätemanager. Steht hier ein gelbes Ausrufezeichen vor der Netzwerkkarte, müssen wir einen passenden Treiber installieren.

Unter Linux: Öffnen Sie ein Terminal, und führen Sie die folgenden Befehle mit administrativen Rechten (sudo) aus. Mit `lspci` lassen sich alle PCI-Geräte anzeigen, darunter auch Netzwerkkarten. Aktive Netzwerk-Interfaces sehen Sie mit `ip link show` oder `nmcli device status`. Falls ein Adapter nicht aktiv ist, können Sie den Netzwerkdienst – je nach Distribution – mit `sudo systemctl restart NetworkManager` oder `sudo systemctl restart networking` neu starten. Schlägt dies fehl, prüfen Sie die Systemprotokolle mit `journalctl -xe`, oder sehen Sie gezielt nach Netzwerkmeldungen: `journalctl -u NetworkManager`

3. Ist die Grundkonfiguration in Ordnung? Stimmen die Daten zur IP-Adresse, zu dem Default Gateway, zur Subnetzmaske und den Nameservern?

   Unter Windows verwenden Sie die Eingabeaufforderung (`ipconfig`) oder PowerShell (`Get-NetIPConfiguration`), unter Linux `ifconfig` oder die modernen ip-Befehle (`ip a`, `ip route`). So lassen sich IP-Adresse, Gateway und DNS-Server schnell überprüfen.

Haben die Rechner, die betroffen sind, falsche Adressen (zum Beispiel aus dem APIPA-Range), überprüfen Sie den DHCP-Server. Ist der Adressenpool erschöpft? Sind MAC-Adressen IP-Adressen zugeordnet, die es nicht mehr gibt (Ersatz von Netzwerkkarten)?

4. Pingen Sie den Rechner vom anderen aus an. Kommt keine Antwort, verfahren Sie nach

   4a. Kommt Antwort, pingen Sie das Default Gateway. Pingen Sie dann irgendeine Adresse im Internet an. Wenn dies geht, sehen Sie unten unter *Router überprüfen* nach.

   4b. Prüfen Sie die Einstellungen zu Duplex und Geschwindigkeit Ihrer Netzwerkkarte. Windows: Über die Statusanzeige der Netzwerkkarte (siehe Bild 17.2) können Sie die Eigenschaften Ihrer Netzwerkkarte anzeigen. Nach einem Klick auf *Erweitert* erhalten Sie in etwa folgendes Menü:

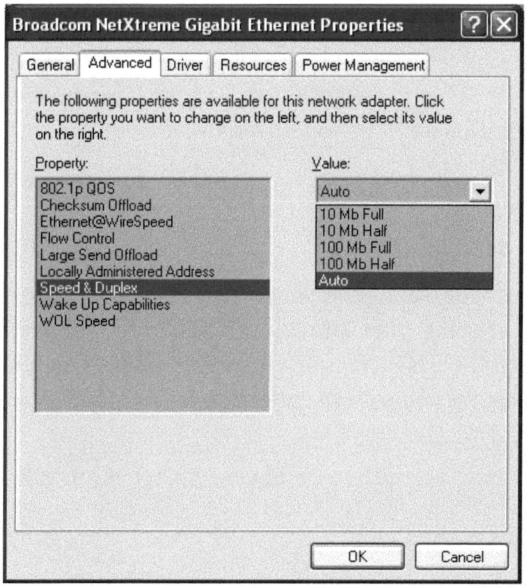

Bild 17.3
Die Parameter der Netzwerkkarte

Unter Linux geben Sie beispielsweise für die Schnittstelle eth0 auf der Kommandozeile `ethtool eth0` ein. Sie erhalten dann die Einstellungsdaten wie etwa `Speed: 1000Mb/s Duplex: Full`.

Überprüfen Sie die Einstellungen, und korrigieren Sie sie nach Bedarf.

5. Ist alles in Ordnung und der Rechner sieht trotzdem keine anderen Geräte, kommen noch Defekte in Betracht.

   Ist das Patchkabel defekt? Tauschen Sie beide Rechner an den Switch-Ports, und versuchen Sie nochmals den Ping-Test. Ist nun der andere stumm, kann von einem Defekt des Switches ausgegangen werden. Ist derselbe immer noch stumm, kann von einem Defekt der Netzwerkkarte oder des Patchkabels ausgegangen werden. Ersetzen Sie beides nacheinander, und testen Sie erneut.

17.2 Alle Rechner sind nicht am Netz

Im selben Szenario können alle Rechner nicht mit dem Internet kommunizieren.

1. Pingen Sie die Rechner untereinander an. Sehen sich die Rechner untereinander, aber kommen nicht ins Internet, sehen Sie unten weiter bei *Router überprüfen*.
2. Sehen sich die Rechner untereinander nicht, ist von einem Defekt des Switches auszugehen. Überprüfen Sie, ob eine Schleife vorliegt, also Ports des Switches miteinander verbunden sind. Achtung in größeren Umgebungen. Hier kann die Schleife auch an anderer Stelle verursacht sein, z. B. in einem Büro durch ein falsches Verbinden von Mini-Switches oder Wanddosen. Hier hilft nur das Trennen aller Verbindungen zum Switch. Schließen Sie zwei Rechner an, und pingen Sie sie gegenseitig. Funktioniert dies plötzlich, kann von einer Schleife ausgegangen werden. Stecken Sie nun Anschluss für Anschluss wieder ein, bis der Ping-Befehl einen Timeout liefert. Dann ist die Schleife gefunden.
3. Wenn nicht, ersetzen Sie den Switch. Es ist sehr unwahrscheinlich, dass auf einmal alle Netzwerkkarten gleichzeitig defekt werden.
4. Haben Sie kein zweites Gerät als Ersatz, schließen Sie einen der Rechner direkt am Router an. (Hier wird ein Crossover-Kabel oder Mini-Switch benötigt, der zwischengeschaltet wird! Da vorgesehen ist, an einen Router einen Hub oder Switch anzuschließen, hat er dieselbe Pinbelegung wie eine Netzwerkkarte, kann also nicht direkt angeschlossen werden.)

Können Sie nun alles erreichen, ist sicher von einem Defekt des Switches auszugehen.

17.3 Router prüfen

Treten Effekte auf, dass sich die Rechner untereinander erreichen können, aber alle oder einzelne nicht ins Internet kommen, muss der Router überprüft werden. Hier gibt es einige Möglichkeiten.

1. Kommt keiner ins Internet, aber die Rechner sehen sich untereinander, muss ein Fehler bei der Router-Konfiguration vorliegen. Hilft kein Test mehr und der Router scheint einwandfrei zu funktionieren, muss ein Rechner direkt an das DSL-Modem angeschlossen werden.
2. Ist der Router in Ordnung, kann der Zugang defekt sein. Der Test mit einem direkt angeschlossenen Gerät kann dies zeigen.

Funktioniert ein Rechner direkt, aber nicht über den Router, und dessen Konfiguration ist in Ordnung, muss von einem Defekt des Routers ausgegangen werden. Funktioniert ein direkt angeschlossener Rechner nicht, aber kann im LAN mit den anderen kommunizieren, ist wahrscheinlich der Zugang defekt.

17.4 Einige Rechner ohne Internet

Sind einige Rechner betroffen, andere aber nicht, muss der Router oder DHCP-Server (wenn eingesetzt) getestet werden.

1. Überprüfen Sie alle Konfigurationsparameter und die Parameter (wenn vorhanden) des DHCP-Servers. Sehen Sie sich die Adresszuweisungen aller Rechner an.
2. Sehen Sie nach, wie der NAT-Pool konfiguriert ist. Prüfen Sie, ob es Access-Listen auf dem Router gibt, die den Kontakt nach außen verbieten. Im Zweifelsfall müssen alle Access-Listen vorrübergehend entfernt werden. So lässt sich prüfen, ob Regeln vielleicht in Konflikt stehen.

17.5 Netzwerk ist langsam

Ist das Netzwerk sehr langsam, muss die Ursache systematisch eingegrenzt werden:

1. Überprüfen Sie die Schichten 1 und 2. Bei Switches prüfen Sie die Portstatistiken (über Webinterface oder CLI) auf Paketfehler, Duplex-Konflikte (unterschiedliche Betriebsarten an den beiden Enden einer Verbindung, z. B. Halb- und Vollduplex) und ungewöhnliche Auslastung.
2. Überprüfen Sie die Verkehrsmuster. Nutzen Sie Monitoring-Werkzeuge wie NetFlow, sFlow oder Wireshark, um Geräte oder Anwendungen mit hohem Verkehrsaufkommen zu identifizieren. Prüfen Sie, ob große Datenströme (z. B. Video-/Audiostreaming, P2P-Verkehr oder Backups) vorliegen, und erwägen Sie eine Segmentierung (z. B. über VLANs oder Routing).
3. Überprüfen Sie die angeschlossenen Geräte. Ein defekter Netzwerkadapter kann durch fehlerhafte Pakete oder ständige Übertragungswiederholungen die Leistung beeinträchtigen. Trennen Sie Geräte testweise vom Netz, und schließen Sie sie nacheinander wieder an, um den Verursacher zu identifizieren.
4. Überprüfen Sie sicherheitsrelevante Ursachen. Ungewöhnlich hohes Verkehrsaufkommen kann auf Schadsoftware, Botnet-Aktivitäten oder Ransomware hindeuten. Führen Sie aktuelle Viren- und Endpunkt-Scans durch, und kontrollieren Sie Firewall-Logs auf Auffälligkeiten.

Abkürzungsverzeichnis

ACL	Access Control List
ADSL	Asymmetric Digital Subscribers Line
AES	Advanced Encryption Standard
AP	Access Point
APIPA	Automatic Private IP Addressing
ARP	Address Resolution Protocol
ASCII	American Standard Code of Information Interchange
ASIC	Application-Specific Integrated Circuit
AUI	Attachment Unit Interface
BBR	Bottleneck Bandwidth and Round-trip propagation time
BGP	Border Gateway Protocol
BNC	Bayonet Neill–Concelman oder Bayonet Navy Connector
BPSK	Binary Phase Shift Keying
BSS	Basic Service Set
CGNAT	Carrier-Grade Network Address Translation
CIDR	Classless Inter-Domain Routing
CPU	Central Processing Unit
CSMA/CA	Carrier Sense Multiple Access/Collision Avoidance
CSMA/CD	Carrier Sense Multiple Access/Collision Detection

CTS	Clear to Send
CWDM	Coarse Wavelength Division Multiplexing
DAD	Double Address Detection
DAS	Direct Attached Storage
DDR	Dial on Demand Routing
DES	Data Encryption Standard
DFS	Dynamic Frequency Selection
DHCP	Domain Host Configuration Protocol
DMZ	Demilitarisierte Zone
DNS	Domain Name System
DOCSIS	Data Over Cable Service Interface Specification
DSL	Digital Subscribers Line
DSSS	Direct Sequence Spread Spectrum
DVB-S	Digital Video Broadcast (Satellit)
DVB-T	Digital Video Broadcast (terrestrisch)
DWDM	Dense Wavelength Division Multiplexing
ECC	Elliptic Curve Cryptography
EDV	Elektronische Datenverarbeitung
ELA	Ethernet Link Aggregation
EPA	Enhanced Privacy Address
ESP	Encapsulating Security Payload
EUI	Extended Unique Identifier
FCS	Frame Check Sequence
FHSS	Frequency Hopping Spread Spectrum
FLZ	Forward Lookup-Zone
FP	Format Prefix
FQDN	Fully Qualified Domain Name
FTP	File Transfer Protocol
FWA	Fixed Wireless Access
GIF	Graphics Interchange Format

GLN	Global Location Number
GMII	Gigabit Media Independent Interface
GSM	Global System for Mobile Communications
HBA	Host Bus Adaptor
HR-DSSS	High-Rate Direct Sequence Spread Spectrum
HTML	HyperText Markup Language
IANA	Internet Assigned Numbers Authority
ICMP	Internet Control Message Protocol
IEEE	Institute of Electrical and Electronics Engineers
IETF	Internet Engineering Task Force
IGMP	Internet Group Management Protocol
IGRP	Interior Gateway Routing Protocol
IKE	Internet Key Exchange
IMAP	Internet Message Access Protocol
IP	Internet Protocol
IPSec	IP Secure
IPX	Internetwork Packet Exchange
IS-IS	Intermediate System to Intermediate System
ISATAP	Intra-Site Automatic Tunneling Protocol
ISDN	Integrated Services Digital Network
ISM	Funkbereich für Industrial, Scientific, Medicine
ISO	International Organization for Standardization
IT	Information Technology
ITU	International Telecommunication Union
L2F	Layer 2 Forwarding
L2TP	Layer 2 Tunneling Protocol
LAN	Local Area Network
LEO	Low Earth Orbit
LTE	Long Term Evolution
MAC	Media Access Control

MAN	Metropolitan Network
MDI	Media Dependent Interface
MDIX	Media Dependent Interface, Crossover
MII	Media Independent Interface
MIMO	Multiple Input Multiple Output
MPEG	Motion Pictures Expert Group
MTU	Maximum Transmission Unit
MX	Mail Exchange
NAS	Network Attached Storage
NAT	Network Address Translation
NDP	Neighbor Discovery Protocol
NEXT	Near End Crosstalk
NFS	Network File System
NIST	National Institute of Standards and Technology
NLA	Next Level Aggregation
OFDM	Orthogonal Frequency Division Multiplexing
OFDMA	Orthogonal Frequency Division Multiple Access
OSI	Open Systems Interconnection
OSPF	Open Shortest Path First
OUI	Organizationally Unique Identifier
PAT	Port and Address Translation
PC	Personal Computer
PCI	Peripheral Component Interconnect
PCMCIA	Personal Computer Memory Card International Association
PDA	Personal Digital Assistant
PoE	Power over Ethernet
PON	Passive Optical Network
PPP	Point to Point Protocol
PPPoE	Point to Point Protocol over Ethernet
PPTP	Point-to-Point Tunneling Protocol

PTR	Pointer Record
PXE	Preboot Execution Environment
QAM	Quadrature Amplitude Modulation
QPSK	Quadrature Phase Shift Keying
QUIC	Quick UDP Internet Connections
QoS	Quality of Service
RADIUS	Remote Authentication Dial-In User Service
RARP	Reverse Address Resolution Protocol
RDMA	Remote Direct Memory Access
RFC	Request for Comments
RIP	Router Information Protocol
RJ	Registered Jack
RLZ	Reverse Lookup-Zone
RSA	Rivest, Shamir und Adleman
RSTP	Rapid Spanning Tree Protocol
RTS	Ready to Send
S/STP	Shielded/Shielded Twisted Pair
S/UTP	Shielded/Unshielded Twisted Pair
SAN	Storage Area Network
SIP	Session Initiation Protocol
SMB bzw. SAMBA	Server Message Block
SMTP	Simple Mail Transfer Protocol
SSH	Secure Shell
SSID	Service Set Identifier
SSL	Secure Socket Layer
STP	Shielded Twisted Pair
SNM	Subnetwork Management
TCP	Transmission Control Protocol
TFTP	Trivial File Transer Protocol
TIFF	Tagged Image File Format

TKIP	Temporary Key Integrity Protocol
TLA	Top Level Aggregation
TLS	Transport Layer Security
TPC	Transmit Power Control
TTL	Time to live
UDP	User Datagram Protocol
UGV	Universelle Gebäudeverkabelung
UMTS	Universal Mobile Telecommunications System
USB	User Serial Bus
UTP	Unshielded Twisted Pair
VDSL	Very High Speed Digital Subscriber Line
VLAN	Virtual Local Area Network
VLSM	Variable Length of Subnet Masks
VoIP	Voice over IP
VPN	Virtual Private Network
VR	Virtual Reality
WAN	Wide Area Network
WDM	Wavelength Division Multiplexing
WEBDAV	Web-Based Distributed Authoring and Versioning
WECA	Wireless Ethernet Compatibility Alliance
WEP	Wired Equivalent Privacy
WI-FI	Wired-Fidelity
WiMAX	Worldwide Interoperability for Microwave Access
WINS	Windows Internet Name Service
WLAN	Wireless Local Area Network
WOL	Wake on LAN
WPA	Wi-Fi Protected Access
WWW	World Wide Web
ZTNA	Zero Trust Network Access

Stichwortverzeichnis

Symbole

A

B

C

D

K

L

M

Q

R

S

T

U

V

W

X

Z